U0683373

曹禺诞辰110周年

国际学术研讨会论文集

潜江市曹禺研究会
湖北大学文学院 编

曹禺研究

第十七辑

长江出版社
CHANGJIANG PRESS

编 委 会 名 单

顾　　问

吴祖云　龚定荣　严义高　曹树钧　胡志毅

李　扬　邹元江　刘川鄂　周靖波

主　　编

傅海棠　聂运伟

编委会成员

宋　帆　彭振仁　高纯安　曹仁圣　陈焕新

胡逢林　杨生国　叶和玉　董尚元　刘志丹

贺　亮　王木祥

目录
Contents

曹禺戏剧文本研究

曹禺戏剧创作思想研究

曹禺研究之研究

双重记忆：田本相的曹禺研究

——纪念曹禺诞辰 110 周年

胡志毅[①]

　　今年是曹禺先生诞生 110 周年，也是田本相先生逝世一周年。我们采用文化记忆的方法来研究田本相先生的曹禺研究。我在编辑《田本相著作评论集》的时候就发现这样一个现象，田本相研究曹禺，是有着自己的"交流记忆"的，如《苦闷的象征》，这种"交流记忆"发展成为"文化记忆"。而我在分析田本相研究曹禺的时候，也有"交流记忆"，希望也发展成为"文化记忆"。在这里，又一个双重记忆的问题。

　　文化记忆理论认为，人类记忆分为三个维度——个人维度、社会维度和文化维度。通过个人的交流记忆，才能发展成为文化记忆。[②]我们在北京人民艺术剧院这个神圣的殿堂来纪念曹禺诞辰 110 周年，就具有扬·阿斯曼所说的"记忆的仪式"（officiummemoriae）的意味。[③]

　　田本相先生的曹禺研究，在中国现代文学界或者研究史上占据了重要的地位，他的研究在现在看来，是经典的、权威的，也是新时期中国现代文学，也是中国话剧研究的重大收获。田本相先生对曹禺的访谈和研究，更多的学者将他的名字和曹禺联系在了一起。

　　从《曹禺剧作论》《曹禺传》《曹禺评传》《曹禺年谱》《曹禺文集》，到《曹禺研究资料长编》，可以看出他一生在曹禺研究上的轨迹。

---

　　① 胡志毅，浙江大学传媒与国际文化学院教授、中国话剧理论与历史研究会会长。

　　② 扬·阿斯曼：《关于文化记忆理论》，陈新、彭刚主编：《文化记忆与历史主义》，浙江大学出版社 2014 年，第 10 页。

　　③ 扬·阿斯曼：《文化记忆：早期高级文化中的文字、回忆和政治身份》，金寿福、黄晓晨译，北京大学出版社 2015 年，第 85 页。扬·阿斯曼指出，文化记忆的概念所描述的现象中，有一部分也可以被称为传统或传承（Uberlielerung），但这样的概念忽视了这个现象中"接受"（Rezeption）以及越过"中断"而对过去进行的继承或延续的一面。同时，也忽略了其消极的一面：遗忘（Vergessen）和压抑（Verlrangen）。因此，我们需要一个能包含着两方面的概念：死者，或者说对死者的悼念并非"依传统而为"（tradieren），人们忆起死者，是因为情感的联系、文化的塑造以及有意识的、克服断裂的对过去的指涉。这些因素同样影响着我们称为文化记忆的现象，并使文化记忆有别于通常的传统积累。（扬·阿斯曼：《文化记忆：早期高级文化中的文字、回忆和政治身份》，金寿福、黄晓晨译，北京大学出版社 2015 年，第 27 页）扬·阿斯曼指出了文化记忆有别于"通常的传统积累"，它是有"情感的联系"，对于田本相的曹禺研究，我们有"情感的联系"。

同时，田本相先生也关注曹禺与北京人民艺术剧院的关系。杨景辉先生将田本相的有关论文搜集起来编成了《北京人艺论——纪念北京人民艺术剧院建院 60 周年》一书，其中有关曹禺和北京人民艺术剧院的关系有三篇《伟大的人文主义戏剧家——为纪念曹禺百年诞辰而作》《一个渴望自由的灵魂——为纪念曹禺百年诞辰而作》《曹禺对北京人艺的贡献——为纪念北京人艺五十周年而作》以及《走进北京人艺的殿堂——我与北京人艺》等。

本文从文化记忆的角度，对田本相的曹禺研究以及曹禺与北京民艺术剧院的关系来进行阐释。

一、双重记忆之一：田本相的曹禺研究

对于我来说，田本相的曹禺研究是双重记忆。1982 年，我读到田本相先生的《曹禺剧作论》。在我看来，《曹禺剧作论》是其学术的奠基之作。我曾经反复阅读过田本相先生的《〈雷雨〉论》《〈日出〉论》《〈原野〉论》和《〈北京人〉论》。曹禺前期的四大名作，可以是扬·阿斯曼所说的"卡农"或者"正典"（Kanon），用阿莱达·阿斯曼评价莎士比亚的戏剧的话说，可以说是"创造了一个民族国家的神话"，[①] 或者借用卡西尔的话说，就是"国家的神话"。

潘克明指出：

> 《曹禺剧作论》又可说是具[②]有开拓性的，这不仅因为它是第一部，而且在于著者研究的思路和提出的问题多有独到之处和启发意义。他准确地把握住了曹禺"这一个"剧作家的思路和艺术的特点，从创作个性、现实主义和话剧民族化、群众化这三个相互有紧密联系的方面，对剧作家的创作道路进行多元的深入探讨。

> 《曹禺传》则是他呕心沥血的传世之作。田本相先生撰写《曹禺传》这部传记的时期，是他一生学术生涯最平静的时期，他说，他甚至为此都没有参加关于"戏剧观"的大讨论。我觉得，田本相先生在撰写这部传记的时候，可以说是进入了一个创作的状态。他曾经创作过小说，并且投过稿，但是没有刊出，后来又开始写作文艺评论。这锻炼了他的文笔，因此，在写作《曹禺传》的时候，他的研究进入了最佳的状态。

田本相先生请南开大学中文系的宁宗一教授撰写了序。宁宗一是田本相先生从鲁迅研究成功地通过曹禺研究走向中国话剧史研究的见证人，他开宗明义地提出了"本相剧学"的概念。他认为，本相剧学之所以自成一家，我们不妨遵循其发展脉络，总结出一条鲜明的红线，即走进曹学，拓展话剧学，倡言诗化现实主义，最后建构了本相剧学的诗学体系。[③]这个序言可以说是对"本相曹学""本相剧学"的高度概括。

《田本相文集》收录了田先生关于中国话剧研究、现代文学研究和电视文化学的研究的论著，主要是中国话剧研究。田本相先生主编的著作在文集中没有收录，其实像《中国现代比较戏剧史》《中

---

① 阿莱达·阿斯曼：《回忆空间：文化记忆的形式和变迁》，潘璐译，北京大学出版社 2016 年，第 83 页。

② 潘克明编著：《曹禺研究五十年》，天津教育出版社 1989 年，第 241 页。

③ 宁宗一：《本相聚学浅论》，胡志毅编：《砚田集：田本相学术著作评论·序一》，广西师范大学出版社 2015 年。

国新时期戏剧述论》《中国话剧艺术通史》三卷本和即将出版的《中国话剧艺术史》九卷本，不仅是出自田本相先生的思想，而且也渗透了田本相先生的心血。

编者将以往评论田先生论著的文章收集齐了，基本可以分类一下几类：

第二类是对于田本相先生在曹禺研究方面的评论，其中不仅有朱栋霖教授《读〈曹禺剧作论〉》，也有朱栋霖教授的田本相先生《曹禺剧作论》再版的序言。

朱栋霖在序中说：

> 田先生在《曹禺剧作论》中论述曹禺是一位"内心滚沸着巨大热情的作家"，剧作家紧张的思考与探索，和他的紧张热烈激荡的戏剧风格。我看到的是，田本相先生自己就是一位"内心滚沸着巨大热情的"戏剧理论家，他对戏剧研究、戏剧事业永远保持的一股热情三十年来持续激荡，从《曹禺剧作论》到《曹禺传》再到《苦闷的灵魂》，他始终在紧张地思考与探索，一部较之一部地把曹禺研究推向一个又一个高度。①

这种评价只有自己也是深入研究曹禺的学者才能写出来，其中"持续激荡"是非常富有激情的评价。

在这一类评论中有姚锡佩的《〈曹禺传〉〈曹禺传〉的社会效应》和《重读〈曹禺传〉》，邹红的《田本相新时期曹禺研究》等。评论者尤其对田本相先生在曹禺研究方面的成就，给予了高度的评价。认为田本相先生从曹禺的剧作发现了诗化现实主义的理论命题。如焦尚志教授说：

> 田本相先生关于中国话剧诗化现实主义特征的揭示，首先在曹禺戏剧研究上获得了突破。以此为出发点，田本相又通过许多年对中国话剧全面、系统地考察与研究，尤其是对一批优秀的、经典性话剧创作的深入研究，发现诗化特征在中国现实主义的杰作中是一个比较突出的存在，因而到20世纪90年代中期，他又进一步作出中国话剧诗化现实主义的重要论断。②

《曹禺访谈录》的评论，有15位学者发言，其中有严家炎、徐中文、李希凡、李玉茹、刘厚生、苏民、董健、朱寿桐、郭启宏、吴福辉、孙玉石、王景山、舒乙、樊俊等。座谈会后，严家炎、王景山、董健、孙玉石、郭启宏、李玉茹、万黛、万昭、朱寿桐、章俊弟、邹红、秦晴等在各大报刊上发表了专文。他们认为，《曹禺访谈录》是一部现代文学大师的口述史，这本书以原生态的方式呈现了曹禺20世纪80年代以来面对相知者敞开心扉的几十次谈话，"大概还没有一个人像本相这样对一个作家进行这么多的研究，来探索一个作家的灵魂"（李希凡），"它们都是研究现代戏剧的文化积累，我们需要更多这样的文化积累"（刘厚生），"它使我们从作品以外的另一条途径，了解到曹禺的性格和经历，苦恼和追求，触摸到他的情感和灵魂"（严家炎），通过《曹禺访谈录》，"重新认识曹禺的作品，就是重新认识我们自身的灵魂"（孙玉石），"这部访谈录通过对大量史

---

① 朱栋霖：《〈曹禺剧作论〉序》，胡志毅编：《砚田集：田本相学术著作评论·序一》，广西师范大学出版社2015年，第50页。

② 位置不对，统一修改。

实史料的微观审视，打开了对曹禺以及对中国话剧发展史进行宏观把握的大门"（王景山）。"觉得此书之价值不仅在于它提供了许多史料，更为难能可贵的是，它带领我们接近了曹禺的灵魂！对曹禺研究来说，这是"空前"的，恐怕也是"绝后"的——不会再有访谈的机会了"（董健）。"呈现在我们面前的是大师赤裸的灵魂——一个真实的曹禺"（郭启宏），在《访谈录》中"田本相先生尽量把曹禺先生思路的跳跃性和常用的语汇，如实地呈现在读者面前，使人看了感到，仿佛曹禺就在你面前，坦坦荡荡和你说着心里话，是那么亲切，那么贴心"（李玉茹）。是可以和撰写歌德谈话录的艾克曼可以媲美，甚至超越的"访谈录"（章俊弟）。"苦闷的灵魂"是曹禺先生的内心真实写照。

我觉得，田本相先生的曹禺研究，达到了他所能达到的极致，我曾说，你能想到的曹禺研究，田本相先生几乎都研究了，在某种程度上说，几乎穷尽了曹禺的研究。

田本相先生去年去世了，这不仅是中国话剧界的重大损失，也是曹禺研究界的重大损失。我们应该在田本相先生的曹禺研究基础上，更深入地研究曹禺，开创曹禺研究的新的历史阶段。

这是曹禺研究界面临的处境。

从田本相先生的学术地位来看，朱寿桐教授认为，田本相先生是学术大家；再从田本相先生培养和影响的学者来看，穆凡中先生提出田本相学派，但是出于谨慎起见还是慎言"学派"，就像慎言"大师"一样。丁罗男教授从当下学科建设的角度认为，田本相先生是话剧界的领军人物。而编者认为，可以说如今出现了一个以田本相先生为首的"学术共同体"，因为，田本相先生以其学术领袖的坚忍的气质，统御了一支话剧研究的队伍，这支队伍包括了他的朋友、同行和学生，在话剧研究界，显示了一种筚路蓝缕、生气勃勃的精神！

田本相先生会研究曹禺，将研究和创作结合起来。

田本相创作过关于曹禺的《弥留之际》，他把曹禺临死之前的种种梦幻写出来了，把曹禺晚年的苦闷写出来了。这个戏在香港、澳门和北京演过三个版本。我曾经想给田老师写一篇评论，但是随着时间的流逝有些淡忘了。

我依稀记得，这三个版本，天津人民艺术剧院钟海导演的版本是将曹禺和其朋友的关系删减了，保留了曹禺剧中的人物贯穿全剧。沈阳师范大学王延松导演的版本却是忠于原剧，将曹禺弥留之际的整个过程表现出来了。

王延松导得非常自如，在一个病房里，曹禺进入弥留之际。但是舞台展示了不同的空间，一会儿回到年轻时期，一会儿进入他剧中的世界，空间调度非常自由。

二、双重记忆二：田本相论曹禺与北京人民艺术剧院：

田本相研究曹禺，不仅停留在剧本上，而且还延展到曹禺与北京人民艺术剧院的关系上。在这里，有一个扬·阿斯曼所说的"从仪式的一致性（rituellekohärenz）向文本一致性（textuellekohärenz）的过渡"①。曹禺的剧本在北京人艺上演，用阿莱达·阿斯曼评价莎士比亚的戏剧的话说是"民族国家的记忆"，②这种"民族国家的记忆"，也是"国家的仪式"。

在杨景辉编著的《北京人艺论——纪念北京人民艺术剧院建院 60 周年》一书中，有关曹禺和北京人民艺术剧院的关系有：《伟大的人文主义戏剧家——为纪念曹禺百年诞辰而作》《一个渴望自由的灵魂——为纪念曹禺百年诞辰而作》《曹禺对北京人艺的贡献——为纪念北京人艺五十周年而作》《我和北京人艺》等。

我曾经参加北京人民艺术剧院建院 60 周年的国际学术研讨会，而且点评田先生的《伟大的人文主义戏剧家——为纪念曹禺百年诞辰而作》，现在参照田先生的《一个渴望自由的灵魂——为纪念曹禺百年诞辰而作》可以看出，田先生对于曹禺的评价升华了。也就是说，田本相先生研究曹禺，将曹禺置于"一个伟大的人文主义戏剧家"和"一个渴望自由的灵魂"的高度来审视。他说：

> 曹禺作为一个伟大的人文主义作家，最令人敬佩的是，他的戏剧成为探索人性秘密的试验室，他是人性复杂的揭秘者和考察者，也是人性的深度和广度的探测者。③

在《一个渴望自由的灵魂——为纪念曹禺百年诞辰而作》中，田本相先生说：

> 在曹禺苦闷灵魂的深处，是一个渴望自由的灵魂，一个伟大的渴望自由的灵魂。④

《曹禺对北京人艺的贡献——为纪念北京人艺五十周年而作》这篇论文，可以说是田先生真正研究曹禺与北京人艺关系的力作。

田本相先生说：

北京人艺之所以成为一个具有蜚声世界的剧院，能够成为一个独具风格，自成一派的剧院，与曹禺先生是分不开的。

他认为：

> 曹禺不但是北京人艺的缔造者，组织者之一，而且自建院之日起，他就已经把自己的心血倾注在剧院的建设上，直到他生命的最后一息。可以说，他把自己大半生都献给了北京人艺。⑤

这两段评价高度概括了曹禺对北京人艺的贡献。

---

① 扬·阿斯曼：《文化记忆：早期高级文化中的文字、会议和政治身份》，金寿福、黄晓晨译，北京大学出版社 2015 年，第 86 页。

② 阿莱达·阿斯曼：《回忆空间：文化记忆的形式和变迁》，北京大学出版社 2016 年，第 80 页。

③ 田本相：《伟大的人文主义戏剧家——为纪念曹禺百年诞辰而作》，《论北京人艺——纪念北京人民艺术剧院建院六十周年》，山西教育出版社 2012 年，第 55 页。

④ 田本相：《一个渴望自由的灵魂——为纪念曹禺百年诞辰而作》，《论北京人艺——纪念北京人民艺术剧院建院六十周年》，山西教育出版社 2012 年，第 63 页。

⑤ 《曹禺对北京人艺的贡献——为纪念北京人艺五十周年而作》，《论北京人艺——纪念北京人民艺术剧院建院六十周年》，山西教育出版社 2012 年，第 72 页。

田本相先生以为曹禺对北京人艺的贡献在于：第一，建立北京人艺，可以说是他的夙愿。第二，是曹禺先生作为一个杰出的剧作家，他的声望、他的艺术品位、他的艺术修养，不但规范着制约着北京人艺的艺术格调和艺术品位，而且是的剧院得以团结一批艺术家，并得到郭沫若、老舍、田汉等人的大力支持。第三，是作为一个院长对总导演焦菊隐的信赖和支持。总之，他认为曹禺先生作为北京人艺的院长，他的艺术经验和艺术风范熔铸于北京人艺的艺术传统中，成为北京人艺的艺术精神和艺术灵魂的支柱。①

田本相从曹禺与北京人艺的创始时期的四巨头，即他与焦菊隐、赵起扬、欧阳山尊一起畅谈72小时，这和莫斯科艺术剧院斯坦尼斯艾夫斯基和契诃夫、丹钦科的48小说谈话可以媲美。

田本相说：

> 如果说，丹钦科和斯坦尼斯拉夫斯的合作成功地创办了莫斯科艺术剧院，创造出斯坦尼斯拉夫斯基演剧体系；那么曹禺、焦菊隐和赵起扬的合作，则成功地创办了北京人艺并缔造了北京人艺演剧学派。这在中国话剧史上将是永远值得纪念的。②

北京人艺夏淳导演曹禺的经典剧作《雷雨》，欧阳山尊导演曹禺的《日出》，林兆华导演曹禺的《北京人》，李六乙导演曹禺的《原野》《北京人》《家》以及特邀陈薪伊导演的《原野》等，田本相先生也论述了《日出》《原野》《家》等。

田本相先生对李六乙导演的《原野》《家》是有褒贬的。他说："六乙的景，解构了曹禺的景——曹禺的戏剧意象，曹禺所精心创造的诗意的、象征的、表现的而不是再现的，但却是一个蕴藉着深厚的"好黑的世界"！六乙的戏剧陈述，在我看来也是不大高明的叙述——所谓"片断性的、不完整的、碎片的"叙事，解构了曹禺的非常好看非常耐看的有机的、完整的、耐人寻味的戏剧故事"。③

田本相先生对李六乙导演的《北京人》作了肯定的评价，"从《北京人》，我看到六乙在舞台艺术处理上，这种对曹禺戏剧诗意的开掘和呈现；看来，似乎不是老人艺的艺术风格，但是在艺术上，却是象焦菊隐那样注重对剧本的诗意呈现。""《家》的演出，让我高兴的是，他正是沿着这一思路前进的；作了一次更为有益的探索。"

中国话剧的诗化现实主义或者中国话剧的诗话传统，这是田本相先生研究曹禺、研究北京人民艺术剧院的一大贡献，他研究北京人艺的《以诗建构北京人艺的艺术殿堂》一文是其代表作。

但田本相先生对北京人艺特邀陈薪伊导演的《原野》则有微词，尽管她运用了"总体艺术形象"——"人是会思考的芦苇"，田先生认为，用"芦苇意象"代替"黑森林"，"成为与故事缺

---

① 田本相：《走进北京人艺的殿堂——我与北京人艺》，《论北京人艺——纪念北京人民艺术剧院建院六十周年》，山西教育出版社2012年，第274页。

② 田本相：《曹禺对北京人艺的贡献——为纪念北京人艺五十周年而作》，《论北京人艺——纪念北京人民艺术剧院建院六十周年》，山西教育出版社2012年，第76页。

③ 田本相：《对〈原野〉和新版〈日出〉的断想》，《论北京人艺——纪念北京人民艺术剧院建院六十周年》，山西教育出版社2012年，第156页。

乏有机联系的附加物，是硬"罩"上去的。①

　　田本相是研究中国现代文学出身，从鲁迅转向曹禺研究，从而研究中国话剧文学，但是田本相先生非常重视戏剧的舞台研究，他生前想主编一套《中国话剧舞台艺术史》，他自己已经主编完成了《中国话剧表演史》，田本相引用曹禺的话说：

> "舞台是一座蕴藏着无限魅惑的地方，它是地狱，是天堂。""一场惊心动魄的成功的演出，是从苦恼到苦恼，经过地狱一般的折磨，才出现的。据说进天堂是美德的报酬。天堂是永远的和谐与宁静。然而戏剧的'天堂'却比传说的天堂更美，更幸福，它永不宁静，它是滔滔的海浪，是熊熊的火焰，是不停地孕育万物的土地，是乱云堆起、变化莫测的天空。只有看见了万相人生的苦和乐的人，才能在舞台上的得到千变万化的永生。"②

　　田本相先生现在和曹禺先生不仅继续访谈，研究曹禺和北京人艺，而且一起在天堂观看北京人艺的戏剧演出。

---

① 田本相：《新排〈原野〉：解读与创新的偏离》，《论北京人艺——纪念北京人民艺术剧院建院六十周年》，山西教育出版社2012年，第187页。

② 曹禺：《攻坚集·序》，《曹禺全集》第5集，第355页。

重读田本相《曹禺剧作论》

周靖波 [1]

在曹禺研究的历史上，田本相先生是一个承先启后或曰枢纽式的人物。在他之前，曹禺作品评论及其创作道路研究已经有了四十多年的历史。但总体上看，曹禺研究仍然处在较为片断的、偶发的、甚至片面的状态，仅仅作为一种作家作品论而存在，或作为文学史上与主流作家相对应的"民主主义"边缘作家群的成员而存在。尽管已经有了《曹禺的道路》（吕荧）、《曹禺论》（杨晦）这样有整体视角的研究，但相关论述或执著于论者的偏颇之见，或缺乏完整的历史考察。曹禺的戏剧创作作为一个整体，在中国现代文学史和现代戏剧史上有何独特贡献，他的艺术个性具有怎样的价值，一直是悬而未决的问题。这些不尽人意之处，都由于田本相先生的曹禺研究而改变了。他的相关研究成果有《曹禺剧作论》《曹禺传》《苦闷的灵魂——曹禺访谈录》《曹禺年谱长编》，与人合作的《草鱼研究资料》《曹禺词典》《中外学者论曹禺》等，直至晚年他还以学者身份创作了无场次话剧《弥留之际》，艺术形象的塑造与学术难题的攻克相映成趣，力图以形象思维的模糊性和包容性与逻辑思维的清晰性和排他性形成互补。田先生还多次谈到，在中国现代文学史上，曹禺是继鲁迅之后的又一个伟大的存在，无论是在创作灵魂的深刻性还是作品的可阐释性、影响的持久性上，都超过了其他的作家。可以说，田本相以宽广的学术视野和敏锐的艺术感悟，对曹禺的艺术世界进行了深入的探索与开掘，把曹禺研究的学术水平提到了学科的新高度。我们或许可以说，曹禺研究、钱钟书研究、张爱玲研究，是新时期以来中国现代文学史研究中鼎足而立的、最有成就的领域。而在研究工作的持续性展开上，曹禺研究又胜过一筹。在这方面，田本相先生有领袖群伦之功。

田本相的曹禺研究始于 1978 年。这一年，他在《南开大学学报》第 4～5 期合刊上发表了《〈雷雨〉〈日出〉的艺术风格》。今天看来，这篇文章在一定程度上带有向老校友致敬的意味，当然，也带有作者鲜明的个性。结合田本相翌年发表的《鲁迅小说风格初探》[2]，可以看出，田本相进入学术成熟期的标志就是对作家艺术风格的关注。

——

属于现代文学批评的曹禺剧作评论，紧随着《雷雨》《日出》的发表和演出就已经开始了，到

---

[1] 周靖波，中国传媒大学人文学院教授，中国话剧理论与历史研究会副会长。

[2] 《中国现代文学研究丛刊》第 1 辑，北京出版社 1979 年 11 月。（据田老师自己说，这篇文章在 1966 年以前就已经基本成型。）

了 20 世纪 40 年代，更出现了综合性的作家研究。由于批评观念的差异，还形成了两种对照鲜明的不同观点。一派观点从既有的"现实主义"定义出发，认为既然《雷雨》在批判和否定中国旧式家庭制度上已经迈出了可喜的一步，并且紧随其后的《日出》又展现了社会批判的锋芒，那么《原野》就不能仅停留在农民悲剧的描写，而应该在更加广阔的社会背景下农民命运的新的方向和新的可能。这一派尤其对曹禺在 20 世纪 40 年代初完成了政治题材的《蜕变》之后又回到旧式家庭题材，把更加超拔的创作才情投入曾家这群毫无生命力的人物的描写，甚至把巴金的《家》改编得格局更加狭小，把青年人的受害更加坐实在冯乐山这一具体的个人的人性之恶，表示不解。他们批评：从曹禺的作品中"闻不到一点战争的血腥，看不到一点国家民族的危机，以及整个民族的耻辱。仿佛这个国家的生死存亡的问题，并未临在作者的头上，而且作者也没有要搜索出一个答案的一般。"[1] 他们并且认为：作品在艺术上也是失败的。突出的问题是篇幅太长，只适合于有闲阶级观赏；其他的问题还有时代性模糊、地理方位凌乱、偶然性现象太集中、超出了艺术虚构的许可范围，等等。

另一派虽然从主题到题材均肯定曹禺的《雷雨》和《日出》，认定《雷雨》中人物的死亡"一方面暴露了封建家庭的残酷和罪恶，同时也正呈现了这个制度自身的破绽和危机"，[2] 但周扬之不同于黄芝冈者，乃是后者的"公式主义"；并且同样存在着将既定的现实主义标准理念套用在批评实践中的倾向。如周扬在分析《雷雨》中的人物时，就将重点放在鲁大海这个"不成熟"的形象上，以此证明剧本没有写出"性格和血统上"都代表工人的形象，把本应在社会层面揭示的工人阶级和资本家的对立冲突只停留在血亲层面。[3]

直到 20 世纪 50 年代末和 60 年代初，才出现了以钱谷融先生为代表的作品细读式的研究方法。以作品细读为基础、以人性论为理论核心的《〈雷雨〉人物谈》[4]，将周朴园和周繁漪不仅当作剧作结构上的主人公，而且当作具有真实人性的、有生命活力的因而也就具有多面性和复杂性的人加以研究，引起了学术界的关注和讨论，形成了有别于当时通行的"现代文学史"之外的另一股清流。《〈雷雨〉人物谈》后续的各篇论文直到 20 世纪 70 年代末才全部发表，成书的《〈雷雨〉人物谈》1980 年出版，[5] 迎合了新时期全社会的人性复归潮流，也呼唤着曹禺研究的新成果。

所以，从审美鉴赏和艺术风格研究为核心展开全方位的曹禺研究，既是田本相个人的学术兴趣的表现，也与现代文学研究从既定的概念和模式向文学本质和作家本体转向的时代潮流相吻合。

二

田本相先生在开始曹禺研究的时候，既有对现实的关切，又有对有着几十年历史的曹禺作品评

---

① 杨晦：《曹禺论》，田本相、胡叔和编《曹禺研究资料》（上），中国戏剧出版社 1991 年 12 月第 1 版，第 222 页。

② 周扬：《论〈雷雨〉和〈日出〉——并对黄芝冈先生的批评的批评》，田本相、胡叔和编《曹禺研究资料》（下），中国戏剧出版社 1991 年，第 862 页。

③ 周扬：《论〈雷雨〉和〈日出〉——并对黄芝冈先生的批评的批评》，同上第 828 页。

④ 《文学评论》1962 年第 1 期。

⑤ 上海文艺出版社 1980 年 10 月第 1 版。

论和研究的延续，他在心里时刻进行着与前人的隔空对话。这种对话的第一个主题，就是在从事作家作品研究时，应该从作家的艺术个性入手，而不能从批评者的既定理念入手。

欲研究一个作家，须找出这个作家的个性，然后才更有可能发现他的艺术世界的新奇之美；如果带着制式标准去衡量作家，就会发现越有个性的作家便越不符合标准，越有生命力的作家便越容易受到指责。这些在今天都已经是最基本的常识，但在四十多年前，却是带有探索意义的学术自觉，是对长期占据主流地位的以政治—意识形态为中心的研究方法的扬弃。

按照作家的创作历程，田著的第一章为《〈雷雨〉论》，在此之前的有关曹禺早期创作的专章《一个剧作家的诞生》自有其史料学价值，而笔者本文要提醒读者的是其中关于曹禺早期诗作意境的这句话："或凄婉清冷，或恬淡幽静，显示着他的文学修养。"显然，田本相在这里发现了作家艺术个性的最早的萌动。

田本相带着证实"雷雨式的热情和个性"的欲念进入《雷雨》的艺术世界："曹禺他不但是一位具有自己的巨大热情的作家，而且是一位对现实生活作着执著探求的作家。他在捶胸顿足地拷问着现实，拷问着自己，寻求着对现实课题的哲学的回答。"①曾被一些人认为充满唯心主义异端的《雷雨·序》是他进入《雷雨》的艺术世界的钥匙。田本相将深受影响着曹禺的西方戏剧史、曹禺的人生经历、《雷雨》情境等三方面结合起来解读《雷雨·序》中"对宇宙间许多神秘的事物"感到"不可言喻的憧憬"的文字，发现了《雷雨》的特异之处——也就是曹禺不同于同时代其他现实主义作家的艺术个性："在一个令人窒息的典型环境里，它的悲剧人物都在拼命挣脱，但都难以逃出'那残酷的井'，而这些悲剧人物都有着被压抑的痛苦和愤懑，作家总是深入他们痛苦的内心世界里，抒发着他们各自的感情。"②田本相认为，曹禺作品的现实主义特点在于，"一个并非马克思主义的作家，并非不可能对现实生活的某些方面具有自己的真知灼见。"③于是，他开始了对所谓"宇宙间许多神秘事物的一种不可言喻的憧憬"的分析。所谓"憧憬"就是神往，就是要走近神秘事物一探究竟的冲动。那么，作家自认为自己走进去了，就要把自己的所见所感记录下来，于是他就发现了"残忍"和"冷酷"；而当这种"残忍"和"冷酷"的原因无从寻觅时，曹禺就借用了宿命的、悲剧的叙事模式来表达自己的理性认识——尽管作家对这一叙事套路并不完全认同。

田先生对作品有了这样的整体认识后，接下来从"深刻的现实主义悲剧"的角度来定义剧中人的本质，就避开了简单的阶级分析方法的单一性和片面性，并且在人道主义和人性论之外找到了属于戏剧世界的人物—角色功能定位。例如他对周朴园的分析就超越了一些研究者关于这个角色"暴露了资产阶级的罪恶"，"揭露了资产阶级的反动、虚伪、残暴和精神上的脆弱"的定位，而指出他是"有着根深蒂固的传统道德"的"资产阶级家庭"的"专制暴君"，④这样就揭示了这个人物的历史错位，也就是中国民族资产阶级的历史命运的悲剧性，使具体人物形象通过艺术分析通提升

① 田本相：《曹禺剧作论》，中国戏剧出版社1981，第34页。（下文引用本书时，只标书名和页码。）
② 田本相：《曹禺剧作论》，第44页。
③ 同上，第35页。
④ 同上，第50页。这一页的脚注写道："笔者提出讨论的一些问题，对引文一般不列出姓出姓名，也不注明出处。"

到了历史的高度。《〈雷雨〉论》的相关结论，是与对《雷雨·序》的体认和细读分不开的。曹禺说："《雷雨》所显示的，并不是报应，而是我所觉得的天地间的'残忍'"。报应是一方对于另一方复仇的意志的体现，而"残忍"则是施害者不加选择地加害于被害者。田本相令人信服地得出结论，周朴园不仅是《雷雨》悲剧的制造者，也是他自己制造的悲剧的牺牲品。这正是田本相对于曹禺笔下的"天地间的'残忍'"的进一步阐释。

《〈雷雨〉论》还进一步明确了，《雷雨》的现实主义艺术的深刻性表现在：1.反映了20世纪初叶中国真实的社会关系和半封建半殖民地的典型图景；2.三条冲突主线（周朴园—周繁漪、周家—鲁家、周朴园—鲁大海）代表着三种类型的的社会矛盾和斗争，第一条是封建文化传统与五四新文化的冲突，第二条是社会统治阶级与被统治阶级的矛盾，第三条则是具有鲜明时代特色的社会关系的反映；3.剧作的矛盾冲突都是围绕这三条主线搭建的。

如果说在《雷雨》研究中，田本相还有一些重要问题要与前辈学者进行"隔空讨论"，在讨论中深化自己的研究的话，那么在《〈日出〉论》中，他就紧紧抓住马克思主义经典作家对于资本主义社会的本质的论述，把学术界对《日出》的评价推向了一个崭新的高度。"作家把他的艺术注意力倾注在对那个金融社会机体全部腐烂的描绘上，表明这是一个不可救药的社会。他把它全部否定了。既不存在任何幻想，更没有半点留恋。作家令人信服地揭示出，这个社会末日来临的必然趋势。"[①]《日出》的创作动机是要"试探一次新路"；所谓新，就在于它是对当代社会的"强烈仇恨和对社会主义的朦胧向往"，"是一条革命现实主义的道路"。[②]

《〈日出〉论》指出，剧中所有的罪恶的、腐朽的、怪异的现象，都是由不合理的金钱制度造成的，剧本"深入到了政治经济学和道德伦理学的领域"，暴露的是"金融都市社会的种种罪恶"。[③]剧中人物潘月亭是"金钱贪欲"的人格化，"发财的欲望""像鬼魂一样附着"于李石清的身上，同样的欲望又让黄省三变得"颠狂起来"。其余的顾八奶奶、胡四、翠喜、福升，无不被金钱的力量所颠倒和扭曲。田著写道："马克思曾指出：'货币不仅是发财欲望的对象，而且同时是发财欲望的源泉。自私自利没有货币也是可能的，发财欲望本身是一定社会发展的产物，它不是自然的而是历史的。'当作家深刻地反映了这种发财欲望，他就深刻地反应了'一定社会发展'的历史阶段。"[④]

接下来对陈白露的分析，则充分展示了田本相的学术个性：既严谨又热情，既遵循学术研究的缜密逻辑，又对作家笔下成功的人物形象充满珍惜和热爱之情。从《日出》诞生起，陈白露的形象就一直引起人们的争鸣，但直到田本相的《〈日出〉论》发表和《曹禺剧作论》出版后，陈白露这个形象才得到了全方位的、妥贴的阐释。从她的出身门第和家庭变故，到她闯入社会后的种种经历，以及由于看不到潜伏的危机而自我陶醉，田本相非常了解她的悲惨命运的根源乃在于早已潜伏在她生命中的精神因素。她的时代定位类似于繁漪，她的精神经历又类似于茅盾笔下的林佩瑶，只不过

---

① 田本相：《曹禺剧作论》，第92页。

② 同上，第90、91页。

③ 同上，第96页。

④ 同上，第98页。

她的个性更强，命运也因此而更加悲惨，她终于到了要靠着出卖唯一属于自己的可以换算成金钱的物品——肉体而维持生存的境地，也就是开始"堕落"了。田本相从恩格斯的相关论述中得到启发，确认陈白露的境况处于卖淫制度的迫害下的"既是受害者又是被腐蚀的堕落者的双重的矛盾地位"；"她是一个在个性解放道路上经历过一段历程的女性。尽管身陷罗网，她仍然打心里热爱生活，渴望自由"。① 这个人物的痛苦、挣扎和死亡，展示了美好的东西是如何一步步在社会的压迫下被摧残、被扭曲，寄托了作家最高的美学理想。

因此，田本相的《日出》研究超越了此前的所有的相关评论，甚至把作家未必意识到的思想深度和艺术感染力也揭示出来了。至此，田本相对曹禺的认知已经超出了对作家的艺术个性的认同，而达到了理性抽象的高度。所以他能透过各种矛盾现象看到曹禺的杰出之处，"在于能从腐尸气息中看到生命的跃动，在地狱中发现金子的闪光，在堕落中窥视到善良的灵魂"。②

在曹禺研究中，《原野》曾经是个难题。用刻板的现实主义尺度衡量，这个戏既没有反映风起云涌的农民革命，又没有许诺苦难之后的美好未来，视之为"曹禺最失败的一部作品"也就理所当然 ③。写作《〈原野〉论》时的田本相承认，以现实主义的标准来衡量，曹禺在《雷雨》和《日出》之后，推出《原野》这样的作品，有一些说不通的地方，尤其是剧中人物缺乏现实主义所要求的"典型化"特征。但他没有对此断然否定，而是试图从作家意识中的矛盾和苦闷来寻找创作动机和创作方法，这就从另一个侧面解释了《原野》独特的艺术风格。值得庆幸的是，田本相没有过多地纠缠于现实主义创作原则与《原野》之间的矛盾，而是发现了曹禺对美国剧作家尤金·奥尼尔的《琼斯皇》的借鉴，迅速将思路转向了《原野》与《琼斯皇》的比较，认为《琼斯皇》中的反抗热情正好与处于苦闷中的曹禺的情绪相吻合，《琼》剧"非现实的表现方法"④ 又正好能够克服他在塑造农民形象时的困难。我们无意对本书写作阶段的田本相先生作出不符合实际的过高评价，但是有一个事实必须提及：正是从这时开始，他萌生了展开现代比较戏剧研究的想法。

《〈北京人〉论》可以说是全书当中《〈日出〉论》之外的又一力作。首先，它纠正了多年来关于《北京人》属于悲剧的观点。虽然曹禺先生在20世纪50年代就说过这个戏"可能"是喜剧，"应该让观众老笑"⑤；但是在实际的演出和鉴赏过程中，人们仍普遍视其为悲剧。田本相认为，喜剧性是打开《北京人》艺术世界的一把钥匙。要穿过剧中营造的浓郁的抒情气氛纱幕，认清该剧的喜剧本质；而该剧的喜剧性乃是体现在，作家以"高昂的斗志和睿智的见地"，⑥ 发现了表面上可怕的现实，竟然是本质上可笑的、垂死的、失去了现实性的实体。其次，在分析了《北京人》的戏剧情境和戏剧人物之后，田本相指出，"喜剧并不总是令人发笑的"⑦；真正的喜剧在于，舞台上自

---

① 田本相：《曹禺剧作论》，第 118–119 页。

② 同上，第 108 页。甚至研究者内心的诗意冲动也被激发出来了，写出了一段段抒情文字，详见书中相关章节。

③ 杨晦：《曹禺论》，田本相、胡叔和编《曹禺研究资料》（上），中国戏剧出版社 1991 年，第 247 页。

④ 田本相：《曹禺剧作论》，第 162 页。

⑤ 张葆莘：《曹禺同志谈剧作》，《文艺报》1957 年第 2 期。

⑥ 田本相：《曹禺剧作论》，第 188 页。

⑦ 同上，第 201 页。

以为是的主角实际上是"真正的主角已经死去的那种世界制度的丑角"（马克思语），它们忘记了自己的真实身份，洋洋自得，却不知自己的处境实际上是走进坟墓之前的最后的狂欢。而《北京人》就是这样一场狂欢，只不过参与其中的曾皓等丑角们不自知而已。第三，论证了《北京人》乃作家最高的美学理想的实现，"完全脱尽了那些所谓'张牙舞爪'的痕迹。既不倚重过分的技巧，也没有了那种'太像戏'的感觉。它是这样地'平铺直叙'，一切都显得自然、逼真、熨帖、和谐。"①作家把他的现实主义的戏剧艺术推向了"一个更加深化的新境界。"②

三

通观《曹禺剧作论》全书，我们得到一个鲜明的印象：在作品论形式的这部专著里，文章的学术水平与作品的艺术水平呈正相关关系，《〈雷雨〉论》《〈日出〉论》《〈北京人〉论》等不仅是书中最重要的篇章，而且奠定了田本相先生在中国现代文学史研究领域的学术地位，此对后将近四十年的曹禺研究和中国话剧史研究有开启先河之功；而《〈明朗的天〉论》《〈王昭君〉论》等则与相关的剧作一样，较少被人提及。这说明，研究者的个性与研究对象（作家）的艺术个性以及作品的艺术成就和艺术风格密切相关，研究者的艺术鉴赏力是文学艺术研究工作的不可或缺的前提条件。在田本相后来的学术与生涯中，仍然以作为艺术家的曹禺为重点，将曹禺研究不断推向新的高度；另外一项具有开创意义的是"北京人艺演剧学派"研究，而北京人民艺术剧院恰恰是曹禺担任院长的剧院。余下的，田本相先生更多地以学术事业组织者的身份出现，对相关的项目仅作示范性研究，以实现对学术集体的方向和尺度的把握。研究者的个性对研究对象的个性的高度认同，是田本相的曹禺研究取得杰出成就的不可多得的条件。

《曹禺剧作论》给我们的第二个启示是，研究现代文学尤其是曹禺这样的"一缕一缕地抽取主人家的金线"③织就自己衣服的作家，必须具有比较广阔的学术视野，善于采用外国文学理论和批评资源。田本相属于新中国培养的第一代学者，他们的学术资源较多地集中在马列文论和苏俄现实主义文论上，但在研究中加以主动和积极利用，并取得突出成果的，田本相是最具代表性的人物之一。《曹禺剧作论》中多处引用了马列主义经典作家的悲剧观和喜剧观，多处引用了别林斯基等人的现实主义批评理论，读者从行文中还可以明显感到与杜勃罗留波夫的行云流水和激情澎湃近似的风格。还应当指出的是，田本相对苏联学者 B·叶尔米洛夫的《论契诃夫的戏剧创作》一书也有所借鉴，不仅《曹禺剧作论》全书的体例（"一个剧作家的诞生"加上"一剧一论"）与《论契诃夫的戏剧创作》的章节相似，每一篇作品论中的小标题的设计风格也相仿；特别是《〈日出〉论》和《〈北京人〉论》等篇章中关于"诗意真实"和"抒情喜剧"的论述，都可以说是受到了相关的启发。但这里有两个前提条件，一是曹禺确实受到了契诃夫的剧作风格的影响，二是相关的借鉴天衣无缝，就像曹禺"织就"的"衣服"那样。

---

① 同上，第 226 页。

② 同上，第 191 页。

③ 曹禺：《雷雨·序》。

湖北曹禺研究综述

余梦帆 [①]

内容摘要：湖北省的曹禺研究早在 20 世纪 40 年代就开始了，以新世纪为界，呈现出了不同的时代特点。尤其是新世纪以来，湖北潜江对曹禺文化进行了深入挖掘，相继展开以《曹禺研究》为代表的中国（潜江）曹禺文化周等活动，加上湖北高校的倾力支持，合力打造湖北曹禺研究文化品牌。

一

20 世纪湖北省的曹禺研究，主要是文本研究。有人分析曹禺戏剧中的人物形象和主题等相关内容，比如胡风；同时也有人关注到了曹禺一些不太受关注的作品，像张光年对《明朗的天》和《胆剑篇》的评论。还有刘绶松在撰写《中国新文学史初稿》之时，也注意到了曹禺的文学史价值。以及从叙事模式等理论角度研究曹禺戏剧，像吴建波。对曹禺研究的研究也相继出现，如昌切和龙泉明。此外还有从中西比较研究视角研究曹禺戏剧人物形象的研究者，如叶齐华、胡汉舫等。

胡风关于曹禺的评论文章一共有三篇，分别是《关于〈北京人〉的速写》《论曹禺的〈北京人〉》和《〈蜕变〉一解》。在《关于〈北京人〉的速写》中介绍了 1941 年 11 月 29 日至 12 月 1 日，由章泯指导的关于旅港剧人协会的演出情况。更详细的评论集中在《论曹禺底〈北京人〉》一文中。在这篇文章中，胡风从曹禺的创作心态谈起，将《北京人》中的人物分为三类：多余的人、托梦的人和介乎两者之间最终跨出寻梦脚步的瑞贞、愫方们。在主题方面，胡风明确指出了其中的破绽，"社会学上的内容的不足就不能够得到艺术学上的力量的强大，这是我们要从《北京人》中获得的教训。" [②]他认为曹禺的主题没有取得和现实历史那样深广的内容，人物也没有取得和现实人物相比那么具体多彩的性格。1943 年 4 月 1 日胡风在《文学创作》上发表的《〈蜕变〉一解》中，他认为《蜕变》终于和人民的愿望所寄付的政治要求相应，是这个剧本有感动力最基本的原因，但也指出这个剧本中丁大夫的人道主义传达是反现实主义的方向。

张光年关于曹禺的评价集中在《明朗的天》和《胆剑篇》。在 1955 年《曹禺的创作生活新进展——评话剧〈明朗的天〉》中，他认为像青年工人赵铁生等这类具有工人阶级优良品质的新型人物在曹禺的创作中是完全崭新的，这是一个需要重视的开始。但缺点是二幕二场在凌士湘客厅的戏，过分强调了压力和外力的推动作用，对人物的描写不利。《明朗的天》反映了丰富多彩的生活和辽阔的

---

① 余梦帆，湖北大学文学院博士研究生。

② 胡风：《论曹禺底〈北京人〉》，《青年文艺》1942 年 10 月创刊号。

舞台世界，"但也使得剧本装进的东西过多，曾经表现为某种程度的臃肿和芜杂。"①张光年在《戏剧报》1962 年第 1 期的《〈胆剑篇〉枝谈》中从火、剑、胆、马、米等方面来谈《胆剑篇》的历史细节，并认为《胆剑篇》是作者根据生活逻辑、性格逻辑和艺术逻辑的指引，经过深思熟虑创作的，可在第三幕仍有缺乏戏剧性的问题。在另一篇发表在 1962 年第 1 期《文艺报》上的《〈胆剑篇〉的思想性》中，张光年肯定了《胆剑篇》是经历过历史真实的艺术描写而产生的，却还存在笔力分散的问题。

刘绶松在 1956 年出版的《中国新文学史初稿》中，主要对《雷雨》《日出》《原野》《蜕变》《北京人》《家》六个剧本进行评价。他认为《雷雨》在一定程度上还是反映了社会真实，显露了作者卓越的才能和技巧，"宿命论"的观点和神秘气息却是其美中不足之处。《日出》虽然体现了作者的爱与憎、愤怒与希望，但不能说它科学地分析和真实反映了客观现实。他对《原野》的评价远低于《雷雨》和《日出》，认为它是一部失败的作品。刘绶松认为《蜕变》的成功对于"旧的恶的"的暴露和抨击，可对"新的生命"的讴歌是没有现实基础的，缺乏教育意义和感动的力量。《北京人》也不算一部成功的作品，在某些情节安排上仅仅是抽象式的象征说明，体现着曹禺在这个时期内思想上的模糊状态。他还认为：根据巴金小说改编而成的《家》，由于过多描写了恋爱婚姻问题而缩减了原作反封建的意义。并且认为曹禺的戏剧在结构完整、对话紧凑和反映旧中国社会某些方面是成功的，但作者缺乏对社会生活观察分析的思想武器，不能正确处理大变革时期等问题。

吴建波在《文学评论》1989 年第 1 期发表的《论"痴情女子负心汉"叙事模式的历史演变——从周朴园形象的塑造说开去》一文中概括了古典的"痴心女子负心汉"叙事模式，认为它在曹禺的《雷雨》中获得了新的艺术生命，呈现出现代叙事模式，并认为："他的一大贡献是为负心汉形象注进了具有民主和人道内容的'忏悔意识'。"②忏悔和怀念标志着周朴园正义感情的复苏。

昌切在他的论文《曹禺研究中的现实主义范式》中指出："广为曹禺研究者所信奉和采用的现实主义范式的理据之一是唯物论，真实性是与其唇齿相依的首要原则。"③20 世纪 5—60 年代，曹禺研究是顺着 30—40 年代现实主义的道路，到 70 年代后期至 80 年代中期，大都遵循现实主义的研究范式，很少有人从别的角度进入研究对象。但这种研究范式有其自身的两个局限：真实性和艺术性的尺度问题，是需要研究者们注意的。

龙泉明的《曹禺剧作的重心何在》，开篇便指出了曹禺研究中的问题，一些研究者为了创新，加大了曹禺剧本所承载的文化内涵，削弱了实际的社会历史内涵，疏离了曹禺剧作的重心。真正的剧作重心是历史的观照，现实政治斗争生活的表现是其主体框架和基本内涵，但缺乏更高的提炼与升华④。

---

① 张光年：《曹禺的创作生活新进展——评话剧〈明朗的天〉》，《剧本》1955 年 3 月。

② 吴建波：《论"痴情女子负心汉"叙事模式的历史演变——从周朴园形象的塑造说开去》，《文学评论》1989 年第 1 期。

③ 昌切：《曹禺研究中的现实主义范式》，《江汉论坛》1994 年第 2 期。

④ 《三峡学刊》1996 年第 2 期。

　　叶齐华、胡汉舫 1998 年发表的论文《爱河漩涡中挣扎的两个不幸女人——安娜·卡列尼娜与蘩漪女性形象比较》中认为，蘩漪和安娜反封建伦理道德的代表，体现了作者对整个社会问题的揭示和暴露封建家庭的罪恶。通过对比分析，发现两个女性形象的性格特点与她们所处的时代密不可分，反映了社会变革时期旧家庭的腐败，也展现了女性性格发展的三个阶段，从抑制感情到自由追求感情再到为自己争取生存权利和人格尊严，是两个富有生命力的艺术形象。

二

　　进入新世纪以来，湖北曹禺戏剧文本的外部研究增多。主要包括改编研究、版本研究、文化研究、"曹禺现象"研究、戏剧表演研究和综合研究这六个方面的内容。

　　在改编研究方面，金宏宇、原小平 2003 年的论文《忠实原著前提下的名著改编——以巴金〈家〉的改编为个案》，提出"在改编名著时，应准确把握原著精神并对原著进行艺术形式方面的创造性转换。"① 他们以曹禺和吴天的两个剧本为例，吴天从揭露和批判封建家庭的角度理解原著，认为曹禺着重突出觉新、瑞珏、梅芬为代表的爱情悲剧和青春的力量，尽管前者与原著更为相似，但曹禺的改编却更具有艺术生命力。对于歌剧《雷雨》的改编，刘暄在 2008 年发表的文章《关于"原创歌剧"〈雷雨〉艺术价值的思考》中认为在选材、对原作的理解、声乐形式、音乐创作和导演方式上都有着许多有待探讨的问题。2009 年原小平又发表了《曹禺话剧的影视改编》一文，认为话剧《日出》从原著的结构和内容上，比《雷雨》《原野》《北京人》更适合影视改编，可以看出原著的文本特性对影视改编有明显制约作用。2009 年胡非玄关于曹禺话剧的改编有两篇相关论文，《简论话剧〈原野〉之改编》和《话剧〈原野〉改编的三阶段及折射出的问题》，两篇内容相似，都是从《原野》的改编三个阶段说起：社会学改编阶段、再创造改编阶段和重现原著改编阶段，认为第三幕同前两幕在"人物性格"等方面不甚和谐。

　　在版本研究方面，2005 年金宏宇、吕丽娜的文章《〈日出〉的版本与修改》，从三次《日出》的重大修改入手，通过校对和比较看出不同版本的版本本性，《日出》的每一个版本都是独立的文本，但是又互相联系、互相参照、互相生发。还指出文学史不写作品之史是很吊诡的现象。

　　在文化研究方面，主要采取比较研究的方法，像汪树东 2003 年的论文《曹禺悲剧与喜剧精神立场之比较研究》，从曹禺的创作心态中探寻悲剧和喜剧不同的精神立场。认为曹禺在悲剧中的基本立场是超越精神，但在喜剧中他回归到了实用理性的立场，从而丧失了对现实人生的感受，他认为这也是 20 世纪中国知识分子的普遍遭遇。2007 年杜雪琴的《虚幻与现实的戏中"戏"——〈原野〉中"云"与〈琼斯皇〉中"月"的意象解读与比较》一文中，从"云"和"月"的意象比较分析不同文化背景下两位作家的价值取向和审美态度，主要包括三个方面的内容：一是两个意象都极富诗的魅力和抒情特质，富于审美表现力；二是两种意象都具有悲观主义的神秘色彩；三是两个意象分别凝聚着中西不同民族的文化积淀。在库慧君 2010 年的《走向"崇高"之境——曹禺的悲剧意识与

---

① 金宏宇、原小平：《忠实原著前提下的名著改编——以巴金〈家〉的改编为个案》，《黄冈师范学院学报》2003 年第 5 期。

奥尼尔剧作》之中，从悲剧的审美效果"崇高"这一角度，对比分析了解到奥尼尔对曹禺的影响不仅在戏剧创作的技法上面，还直接地影响了曹禺的悲剧意识形成。对于这种悲剧意识形成的原因，邓黛更是细分为"命运困境"和"文化困境"，她在 2013 年论文《从命运的悲剧到文化的悲剧——对《雷雨》与《北京人》中悲剧情怀的比较研究》中提到："从《雷雨》到《北京人》的创作历程，反映了曹禺先生创作心态和思想的转变历程，而其剧作所思索的命题也由早期的"命运困境"转变为"文化困境"。①曹禺深入到个人的内心世界，通过个人来呈现悲剧性的日常生活，是这样的一种文化困境。还有 2018 年汪余礼的《曹禺〈雷雨〉与易卜生〈野鸭〉的深层关联》一文中，从隐性艺术家的设置、太极图式的运用、宇宙秩序的探索和宗教意识的隐蕴四个方面来比较《雷雨》和《野鸭》中西不同的文化内涵。

从"曹禺现象"来看，孙子威在《马克思主义美学研究》2009 年第 2 期上发表的《真正的问题乃是如何解释这些现象——关于"思想进步，艺术退步"之争识小》一文中，认为《王昭君》《胆剑篇》虽是"为时而作"，却未能正确理解文艺和政治的关系，究其原因主题思想是先验的。需要作家有独立自由的立场，超越自我的精神，诚实客观的态度，更利于创造好作品。与此相似的观点，还有戚学英 2014 年的论文《"人民话语"与"十七年"文学的身份认证》是在"十七年"文学中，从"人民话语"的角度看待曹禺的剧作，认为曹禺《明朗的天》"无论是创作还是评论，其标准都是阶级性，而非作品的艺术水准。"②在《雷雨》的重写中也是增强了人物的阶级性。在章涛、陈国恩 2018 年的《在迈向"人民文艺"的途中——"曹禺现象"新论》中也有相关论述，都是将问题归因于作者，认为作者对于"新时代的复杂性和个人所获得的经验的不确定性，又使作家对创作转向所可能产生的主体悖论缺少思想准备。"③在 2020 年的《"曹禺现象"试探》中，许祖华进一步指明，曹禺"缺乏应对环境的智慧。也就是说，不善于根据环境的变化来调整自己的创作。"④曹禺对其所描写的对象缺乏热情，才会下笔艰涩，没有灵性。

在戏剧表演研究方面，唐继宜、陈国恩从戏剧音响功能角度出发，在 2010 年《暗夜里的生命"交响曲"——论〈原野〉戏剧音响的多重功能》中，认为《原野》里的戏剧音响不是纯粹的听觉符号，而是一种被赋予了"生命"、彰显"诗意内涵"的戏剧意象。邹元江发表了曹禺戏剧研究相关论文七篇，有代表性的见解包括 2007 年发表的文章《曹禺剧作与中国话剧意识的觉醒》中认为，曹禺从话剧中的布局、行动、性格、对话和情趣等方面，体现出他超越时代的话剧意识。在 2015 年发表的《论作为舞台艺术家的曹禺剧作》一文中，认为曹禺剧作具有很强的"舞台感"，曹禺的剧作不仅写对话，还能写出引领并显现舞台动作的"表演文本"。以及在 2015 年发表的《我们需要培养什么样的戏剧艺术研究者》中指出，戏剧艺术研究者不同于学院派的专家对文本的解读，而是要立足剧场和舞台

---

① 邓黛：《从命运的悲剧到文化的悲剧——对《雷雨》与《北京人》中悲剧情怀的比较研究》，《解放军艺术学院学报》2013 年第 2 期。

② 戚学英：《"人民话语"与"十七年"文学的身份认同》，《中国现代文学研究丛刊》2014 年第 4 期。

③ 章涛、陈国恩：《在迈向"人民文艺"的途中——"曹禺现象"新论》，《江汉论坛》2018 年第 7 期。

④ 许祖华：《"曹禺现象"试探》，《中国文学批评》2020 年第 2 期。

表演，"最终要将剧作的每一句台词加以打碎、隐匿而生成为'心灵图像'。"[1] 将学院派和戏剧艺术研究者区分开来，也提供了一种跨学科研究的思维方式。

湖北省在对曹禺的综合研究方面成果颇丰，主要包括著作成果、期刊杂志、论文等内容。在著作成果方面，2016 年何锡章主编、李汉桥等人执笔的《湖北文学通史》（近现代卷）中，将曹禺的戏剧人生进行分期概述，认为从 1910 年至 1922 年是曹禺戏剧人生的"酝酿期"；从 1922 年至 1928 年是"成长期"；从 1929 年至 1942 年是"成熟期"。从现代戏剧人物性格塑造的成熟、现代艺术技巧运用的成熟和现代戏剧语言的成型三个方面肯定了曹禺对中国现代话剧的意义。并且认为："曹禺式的'残酷审美'代表了中国话剧史上成熟的悲剧意识。"[2] 从"求新"与"怀旧"的历史维度、"东张"与"西望"的空间维度和"体验"与"创作"的现实维度这三个方面展开了对曹禺戏剧的全面解读。2017—2020 年，湖北大学团队历时三年，共同策划主编大型资料丛书《曹禺研究资料长编》（11 卷），全方位集纳曹禺研究资料，主要选收自 1935 年至 2018 年公开发表、出版的与曹禺研究有关的资料文献。选文内容涉及曹禺的戏剧创作、批评接受、比较分析、海外传播、剧作演出、艺术改编、综合研究等方面。在尊重历史客观事实前提下，从所编选的研究资料中，窥探在历史发展进程中曹禺个人的创作思想、创作风格的变化，读者、观众批评接受的复杂多样，力求真实、全面反映曹禺的文学史意义、曹禺剧作的艺术成就，并尽量凸显所选研究资料的学术价值。2018 年湖北大学团队与长江出版社合作，经过两年多的精心编校，编校完成《曹禺文集》（四卷本）。"文集"前三卷编入曹禺在新中国成立前自己创作的全部剧作，还包括翻译剧作、电影文学剧本等，以展示曹禺在戏剧创作上的巨大成就；第四卷则将曹禺在新中国成立前所有文字按历史先后顺序编排（前三卷已收入的剧作仅以存目的方式出现），以展示新中国成立前曹禺文学创作的历史全貌。荆楚文库版《曹禺文集》（新中国成立前）目前已进入校订出版阶段，即将将在潜江的"曹禺文化周"上隆重推出。即将面世的还有《曹禺综合研究资料》，刘川鄂为第一主编，此书通过全面整理新中国成立前后的曹禺综论、文学史中的曹禺、相关回忆文章与访谈，为曹禺研究的专家学者们提供了全面的综合研究曹禺的文献资料。在曹禺诞辰近 110 年之际，对前人研究做集中梳理，为后人研究作"批评之批评"的积累，对深化曹禺研究有一定的意义。

湖北大学团队于 2015 年开始与潜江合办《曹禺研究》集刊，改进了办刊方针，拓宽了编辑视野，增强了学术含量，扩大了刊物的影响力。作为国内唯一的曹禺研究专刊，《曹禺研究》聘请著名曹禺专家田本相、曹树钧、邹元江、刘川鄂等为顾问，潜江市曹禺研究会会长傅海棠、湖北大学文学院教授聂运伟为主编。刊物常年开设"曹禺戏剧文本研究""曹禺戏剧舞台、表演研究""海外曹禺研究""曹禺家世、生平研究"等栏目。目前《曹禺研究》已编辑出版 16 辑，先后刊载过田本相、曹树钧、刘厚生、蓝天野、陆葆泰、黄维钧、杨剑龙、朱寿桐、许怀中、崔国良、袁国兴、黄会林、王延松、邹元江、吴卫民、李乃忱、洪忠煌、库慧君、石曼、胡德才、宫立，以及（日）濑户宏、（日）饭冢容、（日）张景姗、（韩）韩相德、（越）陈雪绒等国内外曹禺研究大家、名家的论文，

---

① 邹元江：《我们需要培养什么样的戏剧艺术研究者》，《四川戏剧》2015 年第 17 期。
② 何锡章主编：《湖北文学通史》（近现代卷），长江文艺出版社 2016 年版，第 266 页。

是曹禺研究相当重要的一份专业杂志。另外，还不定期推出"曹禺文化"相关栏目，参与主办相关曹禺主题学术会议，协助办好"曹禺文化周"。学术活动主要有："纪念《雷雨》诞生80周年暨《曹禺研究》创刊十周年"座谈会（2013）、"第三届中国（潜江）曹禺文化周""曹禺国际学术研讨会"（2014）、"纪念《日出》发表80周年学术研讨会"（2016）、"纪念曹禺《原野》发表80周年国际学术研讨会"（2017）、"纪念《我是潜江人》发表30周年研讨会"（2019），与潜江市人民政府、北京人民艺术剧院、潜江曹禺纪念馆、天津曹禺故居纪念馆、相关曹禺研究专家等建立起广泛联系，成为湖北曹禺学术文化品牌。

在2020年刘川鄂、汪亚琴的论文《曹禺综合研究述评》中，总结出曹禺综合研究呈现出三个阶段性的特征：新中国成立前是褒贬兼有、毁誉不一；新中国成立后到新时期是综论性文章停滞、文学史研究定型；新时期至今海内外是多视角全面推进。认为："综合研究的'不综合现象'、批评思维固化等，也是需要整体反思的问题。"① 关于曹禺研究的诸多问题，都从侧面印证着中国"五四"以来争论的命题：艺术还是主义，审美还是启蒙。还有湖北大学团队在《中文论坛》上发表的一系列曹禺研究的相关论文，有刘继林的《主持人语》，池周平的《"众声喧哗"论〈雷雨〉——《〈雷雨〉研究资料》导言》文章中，介绍《〈雷雨〉研究资料》是在1934年至2018年的各个不同历史发展阶段对《雷雨》研究一次较为全面和系统的梳理。周少华的《暗夜里的流萤引我们迫近清晨的太阳——以《〈日出〉研究资料》为考察对象》文章里审视过去八十年对《日出》的研究，也存在用单一的理论去规范文艺创作，遮蔽了《日出》的原始意义。张义明、黄晓华的论文《八十载风雨〈原野〉路——曹禺〈原野〉研究综述》中，认为从1937年至1949年、1949年至1978年、1978年以来三个阶段，对《原野》的评价几经沉浮，但成就还是主要的。阳燕的文章《在争议中沉淀与丰富——曹禺〈北京人〉研究述评》中，以20世纪40年代、20世纪50年代至70年代、20世纪80年代迄今三个时段评述《北京人》的研究，从研究的角度呈现《北京人》经典化的路径。在汪亚琴的《"剧情"的开始与落幕——〈曹禺其他作品研究资料〉导言》一文中，认为对曹禺"非经典"作品的研究很不充分，是日后曹禺研究大有可为之处。

三

由中国文联、湖北省人民政府主办的中国（潜江）曹禺文化周于2004年11月28日成功举行，《曹禺研究》是其中重要研究成果之一。十六年来，作为国内唯一的曹禺研究专刊，《曹禺研究》大致一年一刊，包括曹禺家世、花鼓戏缘、故乡情结、研究视角等栏目，内容丰富。从2015年与湖北大学团队合力办刊以后，逐渐向学术化的曹禺研究方向发展。

《曹禺研究》目前共16辑，每辑栏目（序、附录和后记不在此列）、辑数和文章数量如表1所示：

---

① 刘川鄂、汪亚琴：《曹禺综合研究述评》，《中国现代文学研究丛刊》2020年第4期。

表 1　　　　　　　　　《曹禺研究》栏目、辑数和文章的分布情况

栏　目	辑　数	文章数
曹禺家世（生平、思想研究）	1、2、4、12、13、14、15、16	27
花鼓戏缘（花鼓情缘）	1、2、8、	17
故乡情结	1、2、3、4、5、6、7、9、	51
魂兮归来	1	5
名剧品评（名剧评介）	1、3	5
文化盛会	2、8	13
研讨视角（学术研究、曹禺戏剧文本研究、海外曹禺研究、专论、曹禺研究资料汇编）	2、3、4、5、6、7、8、9、10、11、12、13、14、15、16	195
往事追怀（往事追忆）	2、4、6、10	20
乡人品戏	2	2
人文潜江	2、3、4、5、7、8、9、10、11、16	10
缅怀曹禺（怀念父亲、纪念与缅怀、怀念曹禺）	3、8、9、15、16	35
中国作家曹禺故里行	3	6
万氏家族	3、5、6、8、9、10、11	17
话剧百年	4	4
舞台行角（舞台天地、曹禺戏剧舞台表演研究）	4、5、6、7、8、9、10、11、12、13、14、15、16	82
新著评介	4、5	8
信息传递	4、5、6、7、8、9、10、11、12、13、14、15、16	66
追思李玉茹	5	5
经典赏析（艺术鉴赏、名剧鉴赏）	5、6、7、9	9
曹禺书简	6、9、10、12	10
曹禺百年（百年曹禺）	7、8	21
书评	7	1
作品评介	8	5
今日潜江	8	2
学子论坛	10、11	17
我与《曹禺研究》	10	4
剧本新作	10	3
资料库存	11	4
名家风采	11	2
曹禺文化研究	12、13、14、15、16	13
品系心语	13	10
剧本选载	13	1

　　由上表可知，《曹禺研究》的栏目名改变较大，同一类型在不同辑里名称也不一样，像"研讨视角"是第二辑的名称，第三到十一辑都用的是"学术研究"，从第十二辑开始到十六辑用的都是"曹禺戏剧文本研究"。自第十二辑起，由湖北大学团队参与改版，从外观到内容上有明显改变，加入了海外曹禺研究等栏目，还保留了家世研究、曹禺书简、信息传递、人文潜江等栏目，在继承了十多年的《曹禺研究》传统栏目之后，还让栏目命名更加有针对性，分类也更加学术化，湖北曹禺学术文化品牌的定位也更加清晰。

　　占比较大的栏目有学术研究相关内容、戏剧舞台表演、信息传递和故乡情结等栏目。可见《曹禺研究》还是以学术研究为主导方向，对戏剧舞台表演研究也逐渐重视起来，在信息传递栏目也在坚持不懈宣传曹禺文化，从故乡情结来看，仍然是以曹禺故乡——潜江作为文化载体，致力于打造好湖北潜江曹禺研究文化品牌。

　　以其中占比最大的学术研究相关栏目来看，包括海内外曹禺研究的知名学者专家的文章，例如田本相在第五辑的文章《走向〈雷雨〉之路》中，通过回顾曹禺的学生时代，认为曹禺是在世界潮流、时代呼唤和生活的声音中，在外来影响的启迪和深刻的领悟中，才焕起他革新的创造力，形成他创新的戏剧观念。第八辑中的《伟大的人文主义戏剧家——曹禺》，曹禺前期剧作中展现了命运和人物性格的悲剧，认为他"是人性复杂的揭秘者和考察者，也是人性的深度和广度的探测者。"①还有曹树钧第五辑中的文章《论钱谷融的曹禺研究》。钱谷融对话剧《家》有很高评价，分析了《家》的四个特点：浓厚的抒情性；充分的个性化；凝练含蓄，意蕴深厚，充满着潜台词；舞台指示的诗意。他认为这都是钱谷融对曹禺研究的独创精神的重要体现。第六辑中《一次成功的艺术再创造——简论中篇弹词〈雷雨〉的艺术特色》，他为苏州评弹版的《雷雨》提出了几点建议，要注意悲剧因素与喜剧因素的交叉，尽量吸收原著一些富有性格化的台词等，他认为评弹是曹禺戏剧多元化的舞台呈现。海外的学者的论文有，第二辑日本学者濑户宏的《试论建国后曹禺作品的演出》中，他认为新中国成立前曹禺作品的重要特色是鲜明的阶级性，新中国成立后曹禺本人为适应新时代付出了很多努力。韩国学者韩相德在第六辑中的《论曹禺三部曲的文学地位和它相关的贡献》，认为曹禺三部曲的成就在于：成功人物性格创造；性格化的语言和具有动作性的语言的成功运用；尖锐的、紧张的戏剧冲突的成功安排。贡献是突破了中国传统的悲剧观念，曹禺三部曲的出现改变了戏剧创作规模。

　　此外，《曹禺研究》每一辑还有不同的侧重点，比如第五辑侧重"批评之批评"，第六辑偏重改编研究，第十三辑《日出》和《北京人》的单篇研究较多，第十四辑有《原野》专论等。特别是第十六辑关于纪念《我是潜江人》30周年的特稿中，刘川鄂的《打造地方文化品牌的情怀和担当》一文中，介绍了建设了三十年的潜江曹禺文化品牌，并认为"文学艺术应该是大众的，尤其是戏剧，话剧是提升大众文化品牌的一个很好的途径，但往往难以收到立竿见影的效果。"②刘继林在打造潜江曹禺文化品牌上做了更具体地思考，在《高质量完成十一卷本〈曹禺研究资料长编〉》一文中，

---

① 田本相：《伟大的人文主义戏剧家——曹禺》，《曹禺研究》2011 年 9 月第 164 页。
② 刘川鄂：《打造地方文化品牌的情怀和担当》，《曹禺研究》2020 年 5 月第 29 页。

介绍了《曹禺研究资料长编》的准备工作，并对潜江今后的文化传播工作提出了自己的建议，合理利用大学生群体和网络平台可能效果更好更快。邹元江的《全面开创潜江曹禺文化发展新局面的战略构想》中，提出了自己的十一点构想：建设曹禺剧团、打造潜江话剧小镇、开展曹禺系列讲座等，使潜江曹禺国际研究中心成为真正的决策中心、资料中心、研究中心和信息中心。

在今后的湖北曹禺研究中，可以加深文本批评拓展到跨学科批评研究，从伦理学、人类学、传播学等角度，利用当代戏剧理论对曹禺剧作进行再解读等方法，重新打量湖北曹禺研究。并且应该要继续大力发展中国（潜江）曹禺文化周这类文化研究活动，立足现有的研究资源，借用网络平台等多媒体方式，发展更有特色的湖北曹禺研究，这些是需要继续思考的问题。

曹禺戏剧域外传播研究

关于保加利亚出版的第一本中国戏剧集的发言稿①

［保加利亚］卡丽娜·斯特凡诺娃　翻译　刘昌晶

第一部分：曹禺在保加利亚：为什么？怎么样？

我们这本书的编撰工作，从一开始，就是互动的文化交流。那段时间，我在忙着两卷本的《变形记：东欧戏剧精选集》的准备工作并且刚从上海戏剧学院参加了一个研讨会回来。在那次研讨会上，一位中国的同行向大家介绍了一部由保加利亚文学之父伊万·瓦梭夫（Ivan Vazov）创作的剧本，这让我感到非常惊喜。加上此前已经在中国翻译出版的两部保加利亚的剧作和另一部去年刚刚在上海戏剧学院的学报上发表的剧作，这就让引入中国的保加利亚戏剧的总数量达到了四部。因此我觉得也是时候让保加利亚的读者能够有机会阅读和欣赏更多的中国戏剧了。此外，在过去的十年间，保加利亚的读者们有幸阅读了那些从中文直接翻译为保加利亚语的名著，比如说曹雪芹的《红楼梦》和诺贝尔文学奖得住莫言写作的现代文学作品等等。这些之前出版的作品，反响都很好。

说起中国现代的戏剧，第一个在我脑海里冒出来的名字，是曹禺的《雷雨》。在上海戏剧学院的龚宝荣教授给我的推荐剧作家及其代表作的名单里，曹禺是排在最前面的剧作家之一。我在此也想向龚宝荣教授表达我最诚挚的谢意，感谢他将曹禺的作品推荐给我。此外，武汉大学的汪余礼教授也向我介绍过曹禺和《雷雨》。汪余礼教授为《雷雨》写作的导读文《追寻生命的意义》为读者提供了一个充满见解的分析和引人入胜的故事。在此，我也一并向他表示我最衷心的感谢。除此之外，我还要感谢协助我编辑工作的艾薇丽娜·海英博士，她是一位出色的翻译，为我翻译了《雷雨》及其序言，以及汪余礼教授的导读章节。

也许因为曹禺为其作品《雷雨》写作的序言首先进入我们编辑工作的视野，我们好像是发现了一位作家，而不是一位编剧。他不仅拥有自己独特的个人风格，还熟练地掌握丰富的词汇和充满表演力的语言。当我们阅读曹禺为《雷雨》写作的原版序言之时，我们可以深入地感受到他对于人类灵魂的关切和对于人性的深情。这一点在《雷雨》剧本的正文中，更加得到了具体的展现。

此外，这部作品的角色设置和舞台说明都可圈可点，它们为包括导演和演员在内的舞台创作者们提供了启发性的行动指导和充分的发挥空间。同时，我也认为这部剧对于专业的批评家们也大有

---

①　《中国现代戏剧导读：曹禺的〈雷雨〉和老舍的〈茶馆〉》，该书作为《看见中国》书系的其中一本，于2020年在保加利亚出版，编辑：卡丽娜·斯特凡诺娃教授，保加利亚国立戏剧与电影艺术学院，翻译：艾薇丽娜·海英博士和艾福杰尼·卡劳拉洛夫。

脾益，它能教会评论家们成为一名评论家的前提条件就是对于人类内心世界的理解与同情。简而言之，引人注目的舞台说明和对于人性的深刻剖析以及层次丰富的语言表达，让《雷雨》这部作品在现代中国数量众多的戏剧作品中脱颖而出。尤其是本剧中的舞台说明，揭示了人物的动机、表现了角色的心理。不像我们在世界上其他剧作中看到的那种简单而枯燥的舞台说明，它是令人难忘的散文，充满了诗意和表现力。这也是这部作品丰富艺术魅力之所在。

《雷雨》剧本中所蕴含的诗意和文学性，使我想起了如今的欧洲戏剧界甚嚣尘上的一个潮流：随着所谓的导演戏剧或者说后剧场戏剧的盛行，很多人都忘了剧本才是一剧之本。近几十年来，欧洲戏剧一直在强调导演的作用和舞台的表演，将导演默认作为戏剧艺术的中心，将剧作家和剧本放在了次要的位置。很多情况下，剧本似乎只是各个导演的"素材"，由他们任意的剪切、重组和改编。有时候，导演们甚至会完全无视剧本，他们完全抛弃了剧作家创作的故事和角色，只是借着这个题目，进行"挂羊头卖狗肉"的再创作。正如美国杂志《纽约客》的评论家亚历山德拉·施瓦兹（Alexandra Schwartz）在评论由知名的荷兰明星导演伊沃·范·霍夫（Ivo van Hove）所创作的百老汇戏剧《西区故事》所说的那样：他想让我们用崭新的视角去看待这部经典的戏剧作品，可是我们在这部戏里看不到《西区故事》的影子，我们只看到导演他自己。

在这样的剧场思潮之下，曹禺的《雷雨》使我想起了我们保加利亚最伟大的诗人和剧作家之一的佩约·亚沃洛夫（Peyio Yavorov）说过的一句话，他说：剧本首先是一种文学体裁，可以被搬上舞台演出是剧本区别于其他文学题材的一大特点和优势。也就是说，剧本不仅可以被用来阅读，还能用来表演。只有意识到剧本所具备的重要辅助性，戏剧才能以正确的方式发展。当然，佩约·亚沃洛夫所宣称的观点并没有得到所有人的赞同和认可。当代剧场艺术的飞速发展和以导演为中心的戏剧舞台所取得的艺术成就，已经从某种程度上有力地反驳了亚沃洛夫的以剧本为中心的观点。很多当代戏剧和行为表演，是连完整的剧本都没有的。但剧本的重要性对于包括曹禺的《雷雨》在内的很多经典戏剧来说，依然是毋庸置疑的。因此改编经典作品应该参考和依据剧本。

第二部分：期待之外的精神联系：曹禺的《雷雨》和佩约·亚沃洛夫的《雷霆来袭 & 回声如何消逝》

佩约·亚沃洛夫不仅是一位擅长咏叹爱情的象征主义诗人，一位参加过 1912 年巴尔干战争、为了马其顿独立而浴血奋战的革命主义者，还是保加利亚的杰出的戏剧家。早在 1908 年，他就被当时保加利亚国家剧院的院长、著名诗人彭乔·斯拉威科夫（Pencho Slaveikov）选拔任命为该院的艺术秘书（也就是驻院的戏剧顾问）。也正是在这一年，佩约开始准备写作《雷霆来袭 & 回声如何消逝》（When Thunder Strikes, How the Echo Fades Away），当然，这距离他真正完成这部代表作还有好几年的时间。在 1910 年，他先写完了他的此后人生中的另一部代表作《维托莎的郊区》（In the Outskirts of Vitosha），他写作这部剧本的时间非常的短，大概从 1910 年的 11 月 4 日到当年的 12 月 17 日。不久之后，他又用三个月的时间（1911 年 10 月 27 日至 1912 年 1 月 29 日）完成了他最著名的作品《雷霆来袭 & 回声如何消逝》。

这个戏讲述的是在某个雷雨沉闷的日子里，一个家庭的幸福生活突然溃散的故事。当上校（同时也是女主人公比斯特拉的丈夫的好友）在达尼尔从巴黎返乡那天再次出现的时候，一个隐藏了23年的身世秘密终于被揭开了，原来达尼尔是比斯特林和上校的儿子。《雷霆来袭 & 回声如何消逝》其实是由两部分组成。第一部的标题为《雷霆来袭》，该部分的所有动作全部发生在一天以内（具体来说，是在 1908 年的某一天），属于典型的三幕戏剧。《雷霆来袭》以妻子自杀未遂却误伤了上校，最后真正的一家三口远走他乡为结局。第二部叫《回声如何消逝》发生在四年后的 1912 年。第二部分中的时间限定甚至更短，所有的动作都发生在一个下午。作家本人将《回声如何消逝》定义为短篇小说（尽管它实际上是以戏剧的形式写成）。在该部分中，在《雷霆来袭》中已经暗示过的平行或者说镜像情节线得到了加强，主要讲述的是儿子和他的年轻妻子以及作为第三者的中尉之间的三角恋爱关系。原本在第一部分中只存在于台词里的中尉在第二部成为了一个主要角色。此外，儿子法律意义上的父亲已经死了，在海外某所修道院里致力于宗教工作的母亲又回到家乡探望了她丈夫的坟墓。儿子的亲生父亲上校也随之返乡。

除了在情节方面存在明显的相似之处，雷声的重复发生及其象征意义，以及对于古典三一律的某种坚持，曹禺的《雷雨》和亚沃洛夫的《雷霆来袭 & 回声如何消逝》还有很多其他的共同特征，尤其是在主题方面。两部作品第一个相同的主题是命运：包括主要角色对于命运的反抗斗争和逆来顺受。在这两部作品中，命运都将主要人物玩弄于股掌之中。正如亚沃洛夫这部剧中的主要女性角色比斯特拉在第二幕中所说那样："我对这些事情感到很奇怪……好像我和你（她的丈夫），都是不可避免的苦难的受害者……仿佛我的意愿从来都不能为我服务，而是为了某种比我们更强大的、看不见的力量服务。"或者就像儿子达尼尔在第一幕中发现真相之后所说的那样："我要去哪个地方才能感觉到脚下的大地！我就像一颗飞速坠落和燃烧的流星……在我达成心愿之前，我会在悲伤中燃烧殆尽。"

曹禺的《雷雨》和亚沃洛夫的《雷霆来袭 & 回声如何消逝》的第二个共同的主题，便是虚假，谎言的揭穿，撕破了这两个家庭的幸福假象。就好像亚沃洛夫所说的那样：我写这部戏，主要是想探讨人类心理层面的问题。在 23 年的谎言之后，真相终于曝光了，雷霆来袭。让我们看看谎言是如何影响戏中人的生活以至于让他们一步步最后走向奔溃的。我不是一位社会学家，我也不是一名道德的卫道士。我只是一个诗人和艺术家"。

当然，这两部戏还有一个重要的不同点，那就是戏中人物的动机不一样。《雷雨》中的繁漪是为了所谓的畸形爱情而以身试险，《雷霆来袭：回声如何消逝》中的比斯特林则是为了借种生子而屈从于上校的淫威，因为她和丈夫结婚三年都没有孩子，她渴望有一个孩子，来维持自己的婚姻海市蜃楼般的完整，即使这个孩子的来历是不清不白的。

顺便说一下，《雷霆来袭 & 回声如何消逝》于 1913 年 10 月 12 日首映。仿佛戏剧中主人公悲剧宿命的延续，原作者亚沃洛夫的现实生活也出现了"雷霆来袭"。1913 年 11 月 29 日，亚沃洛夫的妻子由于嫉妒和吃醋而自杀。妻子死后，亚沃洛夫也试图自杀殉情，可是他却没死成，反而把自己弄瞎了。由于主创人员家庭生活的丑闻，这一版的舞台演出仅进行了 11 场之后，就在观众的非议声中被迫暂停。当时很多保加利亚人都认为亚沃洛夫应该为他妻子的死亡负责，众说纷纭，流言四起。受不了失去挚爱的痛苦和社会舆论的压力，亚沃洛夫不到一年时间之内又再一次试图自杀。1914 年

10 月 29 日，他采取了双重自杀措施，先服用毒药然后开枪射杀自己。很不幸，这一次，他成功了。

在亚沃洛夫死后的一个多世纪，《雷霆来袭 & 回声如何消失》这部戏被保加利亚不同的导演搬上过舞台。最新的一版，是保加利亚国家剧院于 2018 年和 2019 年演出的版本。该版本由比娜·哈拉兰皮耶娃（Bina Haralampieva）执导，并邀请朱瑞·达切夫（Jury Datchev）的对原著剧本稍作改编。朱瑞是一位才华横溢的编剧和戏剧评论家，他对原作进行了适宜于舞台表演的艺术化处理，他也被认为是保加利亚戏剧界当代最成功的戏剧家之一。

保加利亚戏剧界对于《雷霆来袭 & 回声如何消逝》对这部作品的浓厚兴趣以及这部作品和《雷雨》的众多相似之处，让我有充分的理由相信，曹禺的《雷雨》非常有可能在未来、被改编后搬上保加利亚的舞台。同时，我也希望保加利亚国家剧院能够参与其中，使得《雷雨》成为第一部在保加利亚公演的中国戏剧。

当然，《雷雨》这部作品之所以有可能在保加利亚公演，还得感谢艾薇丽娜·海英博士的出色翻译。除了曹禺的序言以及王余礼教授的论文之外，海英博士还翻译了本书中的其他四篇文章，即：龚宝荣教授的关于中国话剧历史的文章，彭涛教授的关于老舍及其代表作《茶馆》的文章，于建村教授撰写的关于"数来宝"的文章以及由李炜教授撰写的关于《雷雨》和《茶馆》的影视化改编的文章。

《茶馆》的翻译工作由另一位杰出的专业人士艾福杰尼·卡劳拉洛夫（Evgeni Karaulanov）完成。诸位朋友可以在本书的前言中了解他通往汉学研究之路的有趣经历。在接下来的演讲中，我也会向大家分享他的求学故事。

我刚才说了这么多，主要是想和在座的诸位分享一下我编撰《中国现代戏剧导读》这本书的背景和心路历程。该书是"看中国"系列作品的其中一本，该书系分为中国文化、历史、经济、戏剧等很多部分。在《中国现代戏剧导读》这本书中，我将《雷雨》和《茶馆》这两个剧本介绍给了保加利亚读者，期待它们能够充当一个跳板，让保加利亚的读者更好地阅读和理解中国。

第三部分：书的序言

从命运口袋散落出的豌豆

（人生如戏，戏如人生）

向往天空与谦逊

我喜欢凌空飞翔的感觉。坐飞机的时候，我总是等不到飞机上升到足够高度，就着急将身子探出舱外：在云间漫步，踮着脚尖在山峰间奔跑，在网格般的田野上跳房子。如果恰巧晚霞或朝晖把天边变成地球外的海洋，我就一头扎进这橙金与柔粉之中，再抬起头吸走这整片童话般的美，然后再次扎进去，一次又一次。直至沉醉眩晕时，我才会从窗子撤回，蜷缩起来，同其他旅客一起，就像躲进上帝的手中。

在梦里我也喜欢飞翔。通常我会像小孩子那样，沿着一条街道蹦蹦跳跳，一点点地轻轻蹬地，向上跃起，在空中略作停留。不久，在空中停留的时间变得更长，高度也更高，我先是触碰到树枝，接着是树冠，从一个树冠弹到另一个树冠，我在树冠间翻着跟头。然后我突然落到屋顶，一般都是摩天大楼的楼顶，只朝下看了一眼，这令人眩晕的高度就让我颤抖，因为我觉得从那儿下不去了。

不过，我又重新起飞……

　　我喜欢探寻生活中不可见的浅滩。形形色色的人物、事件、情形、相互之间的关系，亦或是某种颜色或者某件物品、一个不同寻常的特点，人们从中总是可以发现同自己相关却又深藏不露的秘密，由此生发出一条线索，通往类似的事件、情形、相互关系、特点……，如此举一反三。它们一个接一个地出现，看似突然和不经意，却也像穿过溪流的浅滩中的石头一般排列。好似从命运口袋的洞里洒落出来的豌豆一样，特意给我们每一个人规划道路[①]。

　　当我第一次亲眼看到汉字时，我意识到我正走在这样的一片浅滩上。实际上，早在我第一次看亚洲演出的时候，我就沿着这浅滩出发了。演出中，可见的与不可见的世界彼此穿越，是十分自然的事：为了能继续和自己的所爱在一起，逝者回到我们身边——有时还同处一世，而不仅是在来生；魂灵与人们平静共生，四目相望。

　　我说"亲眼"看到的汉字，指的不是刻得规规矩矩的字，而是水墨画诗行里的字，是博物馆里画作旁展出的书法作品里的字，或是北京公园里，人们挥舞着大毛笔在小路上写的字。当我沉浸在这个，我认为的，汉字的真实世界，我明白了它们为什么不是字母，因为它们不能被禁锢在排版里头，一次就永远地服从于某种搭建起来的秩序排列。它们不只是纸张王国的居民，它们脚尖轻触纸张，只是碰到，就像芭蕾舞舞者在起跳前的瞬间脚尖点地。同时，书法家们也有着艰巨的任务，去捕捉它们的痕迹，它们短暂的纸上之旅，和更难的——它们飞往来时的地方——精神领域。

　　被汉字这种切实的非物质性所俘虏，我开始学习汉语。那时我了解到了汉字又一个不同寻常的特点。我的老师也懂古汉语，详细地跟我解释每个字是怎么演变到今天的写法的。比如，"意"字以前是由心和心发出的声音组成的，因为中国人认为人就是用心想。"知"字是由矢和口组成的，也就是说，当知识是我们说的那个真知，那就正中靶心。我觉得，我不是在学字，而是在学整个故事，更确切地说是寓言——人与自然交流的寓言，我们的过去与现在的寓言。寓言似乎是另一个世界的角度，这个世界看得见我们，我们却看不见它，或者更确切地说，我们已经看不见它了。

　　非物质与物质的这场游戏，它们无处不在的交织，完美地体现在了"诗"与"寺"这两个字上：它们用同一个字写的，只不过为了让"诗"成为言之寺，就多加了一个偏旁部首。到如今，很多中国人仍然保留着写对联的传统，贴在门两边，就像家的保护神一样，这并非偶然。

　　（顺便说一句，关于诗在中国受教育阶层的生活中千百年来的意义，我们不仅有机会学习到了解到，也有机会在曹雪芹所著、汉学家韩裴（Петко Хинов）译的中国古典小说《红楼梦》（Сън в алени покои）里享受到。赛诗是《红楼梦》里众人物最爱的游戏，他们每个人都有韵牌匣子。保加利亚语里我们已经有了一些中国诗歌的范例，有一些是优秀的业余汉学家埃维格尼·卡拉乌拉诺夫（Евгений Карауланов）翻译的，他也是《茶馆》译者。）

　　汉字之后，我在上海的一个公园里偶然遇到了浅滩里的下一块"石头"。我多次看过人们打太极，或在网上，或在现场，都是团体的。然而，当我远远地看到一位师傅独自练习时，我觉得眼前的是幻觉。

　　[①] 见格林童话《蓝灯》。

就好像在某些特别的波段上，空气抖了一下，变得浓厚，聚成一个身体的形状，之后又立马变成透明，接着又以另外一种姿态重现，如此反复。这次相遇让我想起了张艺谋的电影《英雄》里武术大师们独具一格的动作。对它们进行电脑处理不烦人，至少我觉得不烦人，因为这使得物的内在精神对外在自由的渴望具体化了。

我开始看中国传统戏剧的时候，也就是中国戏曲，在很多剧种的舞台上我都发现了汉字书写腾飞的能量（和轨迹），这让我很是吃惊。一个代表性的细节是长长的袖子。长袖一般堆叠在手腕和手肘之间，某一刻演员们一下子把它们"射"到旁边或上边去，就像体操运动员的彩带一样。这些长长的袖子，还有传统戏曲里长长的元音———一般是用假声发出的话，飞到歌里———讲述了神奇的舞台故事。一场关于梅兰芳的表演里如是说："这不是一个普通的夜晚，这是满月与长袖之夜。"至于梅兰芳，我们稍后再谈。寄托于物质的精神，借长袖向自己的家园伸出手臂，尝试向上飞往家园，或至少让那个我们普通肉眼不可见的东西靠近我们。

有趣的是，中国传统文化某些元素里飞翔的感觉，与不可见相统一的感觉，跟狂喜和兴奋没有任何共同之处，甚至和常见的欢喜都没有相同之处。与狂喜无关，但伴随着一种特别的平静的喜悦。就像一些佛像的微笑。就像德才兼备者脸上散发出的慈悲。或者像对健康的感觉，当我们的身体一切都好时，我们根本感觉不到健康，就连空气也像皮肤的自然延伸。

中国传统文化的另外一个特点，不断地打动我，也勾起深深埋藏于我心底的东西，那是敬畏权威和崇拜智慧。

我永远都不会忘记，第一次看到一位年轻、不过已获认可的教授，在会议上发言前，站到演讲台旁鞠了一躬。如此谦逊，这般激动，真挚感谢，有机会在这些听众面前发言，他这一躬好像在亲吻大厅里知名前辈学者的手，向他们的智慧致敬，向知识致敬。在那之后，我也看到过鞠躬———有的是正式的，没错，其他的也像这个这么真诚。

我在中国的一些学生，尤其是博士生身上，看到他们对学习全身心的投入，我一直深受感动。他们摒弃其他一切，专心致志学习，如同古代伟大先贤的弟子们所说。

我曾读到过，一所学校邀请学生家长，组织孩子们给他们洗脚，这让我想到了我的外公。我母亲和她的三个姐妹每晚轮流给他洗脚。不久前，上海戏剧学院附近的建筑外墙上都有海报，上面是一个年老的男人，坐着，脚在水盆里，他的儿子蹲在他面前给他洗脚，而在他身后，孙子在给爸爸揉背。我看到这幅海报的时候，也感觉像在自己家里，我想，对于我们该如何对待老人，这是多么有益的提示！

我觉得对智慧的崇拜，或者换种说法，在比我们更强大的东西面前的谦逊，还有对天空的憧憬，仅仅是第一眼看来无共同之处。我觉得，两者都是同样的统一必要性的表达，是某种非理性信念的表达，一切都是相互联系的，归根结底我们是一体的———我们生来怀有信念，不过，唉，我们忘得太快了。

我面前的浅滩，我自己将其称之为"飞翔和谦逊的浅滩"，越来越清晰可见，我想要分享这份喜悦；同这"一对"传统中国文化突出特点仍新的表现相遇，想分享这份喜悦，这是我要做这本书的初衷。

后来还有别的。一些从命运口袋掉落出来的其他豌豆———这次是来指引戏剧的，世界戏剧，与之对应，勾画了在整个地球上的足迹。

《汤姆叔叔的小屋》非同寻常的舞台命运或中国戏剧开始说话时

1852 年哈里特·比彻·斯托的小说一出现就成为了畅销书，当年年底，在美国卖出 30 万册，而在英国——一百万册。后来的几十年间人们对这本书的兴趣没有衰退，到 19 世纪末《汤姆叔叔的小屋》成为当时销量仅次于《圣经》的书。

然而，与斯托夫人的故事在戏剧方面所取得的成就相比，这一成绩不值一提。早在连载之时，在书出版前的一年，美国很多剧院就对它产生了巨大的兴趣，着手将其改编成戏剧。1852 年，乔治·艾肯按照他叔叔的要求创作了最有名的一版，他叔叔是纽约州特洛伊市剧院的经理。

在特洛伊的首演相当成功，连演一百多晚——而这个城市的居民只有 3 万人。接着在纽约首演，《汤姆叔叔的小屋》在那里上演了 300 场，有时一天三场。由于观众非常感兴趣，接下来的几年里在五家剧院同时上演。伦敦也一样。内战时期中断后，又开始了新一轮的表演，1879 年已有 49 个团全国巡回表演自己的版本。到 1899 年，巡回团的数量增长到了 500。1901 年在纽约呈现了一场特别的、壮观的表演，有 200 多个歌手和舞者，还有 18 个巨大的舞台装置。

还有一些令人惊诧的数字：第一场演出（在特洛伊市）上演了几乎 34 年。有人认为，仅到 19 世纪末，在美国共有 300 万戏剧观众看过了《汤姆叔叔的小屋》不同的演出。巡回团一直在全国巡游，在舞台上呈现这个故事，一直到 1927 年！伦敦之后，还在整个西欧演出——从丹麦到西班牙。[①]

每次，当我在美国戏剧课上跟学生讲这些的时候，我总是和他们一起惊讶。然而，最令人不可思议的事还在后面。我自己是 2007 年第一次到中国的时候非常意外（偶然？）了解到这一点的。

1907 年，《汤姆叔叔的小屋》的舞台版也到了日本（这部小说 1896 年被翻译过去的）。在东京，中国的春柳社将它以《黑奴吁天录》之名搬上舞台。同年，另外一帮中国的话剧爱好者，自称为"春阳社"，也演出过由斯托夫人这部小说改编的戏剧。这次是在上海。

这里令人吃惊的不仅仅是《汤姆叔叔的小屋》在世界舞台的成功巡演延续到了世界的另一头。远不止于此。

这两个表演改变了中国戏剧的命运，奠定了中国西式戏剧的基础！

由《汤姆叔叔的小屋》起，中国戏剧可以说是说起话来了。"因为直到那时，中国戏曲是唱的。直到现在，在中国大约 360 种戏曲的传统舞台上还是唱的。有一则基于真事的趣闻，十分贴切地说明了变化之初观众的困惑。在一个遥远的乡村地区，西式的戏剧表演已经开始了，但有些观众仍在说话。对此，一个被责备的观众回答："别紧张！表演还没开始——演员还在说话呢！"

1928 年，这种新式戏剧在中国有了正式名称——"话剧"。1907 年到 1928 年间的事，还有 20 世纪稍晚一些直到现在的事，各位可以参考下一篇文章[②]。现在我只谈，中国的话剧在这头几十年

---

① 具体数字引自加尔夫·威尔逊《美国戏剧三百年》（Garff Wilson，Three Hundred Years of American Drama and Theatre）一书，第二版，1982 年，普伦蒂斯·霍尔出版社（Prentice-Hall Inc.）。

② 详见后文，《西方戏剧在中国发展的主要阶段》，Гун Баожун 宫宝荣教授。

间发展非常迅速，到 1933 年是已经创作了西式新剧杰作之一——曹禺所作的《雷雨》，收录于此——该剧本不仅一直令中国的观众激动，现在也在全世界成功上演。有趣的是，20 世纪 30 年代初，世界戏剧的豌豆不仅由西向东引领。正是那时，突然出现了一个新的踪迹——由东向西——反之带来了重大变化，这次是面向西方戏剧。

梅兰芳影响

　　三个世纪里，梅家的男人们在传统京剧中扮演着女性角色。梅兰芳的祖父是 19 世纪一位太后"最喜欢的男旦"。不过梅兰芳超越了他，不仅因为他天赋卓然，也因为他是杰出的革新者。梅兰芳生于 1894 年，八岁开始习练京剧唱念做打四项基本功；十岁登场，20 世纪 20 年代成为了最有名气的京剧演员，影响了京剧的所有部分，将其变成了一种新星体裁。他写剧本（舞台表演 60 年间写了 200 篇），在妆容、服饰方面都做出了整体改进，在伴奏乐器中增加了二胡，把演员送回戏班子教她们。同时，梅兰芳也是艺术家，出演默片。

　　最重要的是，梅兰芳是第一个把京剧带到海外的创作者，带去的正是经由他改进的。他三次到日本巡演（1919 年、1924 年和 1956 年），在日本取得的成功没有妨碍他在被占领时期蓄须，从而拒绝在中国为日本人唱戏。1930 年，梅兰芳在美国舞台上表演了整整 72 天，从纽约到火奴鲁鲁，结识了美国知识精英，并影响了卓别林这样的创作者。1935 年，他第一次到苏联，在那里同斯坦尼斯拉夫斯基、梅耶荷德、爱森斯坦、布莱希特等人交谈。

　　在莫斯科的舞台上梅兰芳不仅表演了京剧，他还专门为评论家和戏剧工作者即兴展示了京剧这门艺术的准则，没穿戏服，而是身着常服，不带一点妆。据说，正是在这剔除了外部戏剧性即兴表演的时候，梅兰芳激发了布莱希特的灵感提出"陌生化效果"。

　　其实，梅兰芳给布莱希特和斯坦尼斯拉夫斯基留下的印象一样深。这只有第一眼看上去矛盾，因为他们两个人都反对在剧院里装假，两个人都寻求舞台的"真"，尽管他们沿着不同的道路。还有，梅兰芳不是呈现、展示故事，而是讲述故事，因为他表演的时候不装假，布莱希特和斯坦尼斯拉夫斯基两位都找到了对各自理论的支撑。斯坦尼斯拉夫斯基这样写道："在同我的交谈中，梅这位艺术大师强调心理上的真实是表演自始至终的要素，……梅说，只有坚持我们所有人共同的原则，中国艺术才能达到顶峰，尽管是通过不同的道路。而原则就是，表演者要忘记角色，要与人物融为一体。"

　　奇怪的是，20 世纪的头几十年里，在中西方戏剧道路上这些硕果丰厚的十字路口，二者明显互补，传统的中国戏剧在我们看来仍然像是来自于另一个星球——美轮美奂，其意义很大程度上对我们来说是模糊的。一个在剧院里和梅兰芳戏剧一同度过的奇妙夏夜让我窥见（我不敢用"洞见"这个词）中国传统戏剧的内在，感受我们之间的差异或许源自哪里。为更详细地讲述这一经历，我得再跑下题。不仅是为了分享这份奇妙，也是因为中国戏剧正是西方戏剧的镜鉴，西方戏剧品质与局限的镜鉴。当然，反之亦然。

镜鉴或梅兰芳的影响在继续

　　各位是否还记得张艺谋《大红灯笼高高挂》里大部分故事发生的大院？典型的旧式中国宅院，

被一层的围墙围起来，除了大门，几乎什么都看不见，而大院的"门脸"，连同所有的窗户，还有通往各处的门，向内窥探。现在"扭曲"一下电影里大院的大小，屋顶足够接近人们跳起来的实际高度，想象一下，周围都是深蓝与墨绿的木墙，还有黄、红的图案。再想象一下，淡淡墨水一抹特别而又鲜活的色彩，在其中行进，呼吸，闪烁，似乎可以触摸到，就像树木本身那么真实。因为是傍晚时分，35 度以上，湿度接近 85%，空气里上百万看不见的小水珠神奇地折射上方的等光，反射到周围的墙上。

看，在这个背景里，更确切地说，在这柔和的墨色之中，亮起长形的红灯笼。在一扇门前挂起。只不过，不是像电影里那样，挂在老爷选中的女人门前。而是纪念梅兰芳和梅家所有扮演女角的男人们。正是在正乙祠里。这原是座财神庙，1667 年由商人兴建。1710 年扩建成北京剧院，有当时少见的两层建筑，也就是"戏楼"。如今，重修之后，它是纯木质结构（是世界上唯一一个这样的室内剧场），音响效果经过设计，在戏楼里无需麦克风或扩音设备。

内部主色是红色，带有绿色、蓝色和黄色的图案，还有雕刻的图案，像蕾丝似的，非常温柔、精致，如果风能吹到那儿，它好像就会摇晃。大厅一周的看台就是这样。嵌入剧院的舞台——像一张大床那么大——是这样，四周都是柱子。舞台上方的"台子"是这样，上面也有表演。一楼一边的包厢也是这样——其实，是帘后放了桌子，帘子可以拉上，坐那儿的观众能看戏，别人看不见他们。

大厅不是很大：比实际的两层楼高一点，给人以舒适与奢华雅致之感。我们就像是在一个童话般漂亮的珠宝盒子里。而《梅兰芳华》表演开始的时候，完成了又一场神奇的转变：珠宝不是简单出现在我们面前，而是它本身的完美融入我们之中，与我们融为一体，让我们感受到自己闪闪发光的美丽和雅致。

随着灯光熄灭，台前放下一块很是精美的半透明屏幕。上面有袅袅的烟——是香烟的烟，或是火苗的烟，是什么的烟不重要；重要的是，当它袅袅飘着的时候，就像在空里写汉字。之后，烟悄无声息地注入摇晃的水面。然后渐渐浮现出不甚明显的、模糊的脸部轮廓。我们处在梅兰芳的时代——20 世纪初。稍后从屏幕到舞台的过渡也如此平滑、轻柔、自然。梅兰芳的人物在那里，在他最有名的角色里，在他的戏服里。这些戏服不是真品，但是复制品制作得非常精细，第一次京剧戏服的花色，在我看来不过于艳丽花哨，恰恰相反——我感受到了它本身的精美。可能是因为地点的自然，因为背景的多彩，因为我们与人物的近距离——不仅是舞台离得近，表演的方式也直抵人心。

曲目体裁上也是特别编排的：英雄式的，滑稽的，又是英雄式的，爱情英雄式的，神奇的……曲目之间和曲目之中出现梅兰芳的影像，还是在演出开场时的同一块屏幕上，在台前，或在舞台两侧，或在右边，作现场乐队班子的延续，与观众平行。乐队班子有男有女。而一个女孩——穿的不是真正的戏服，而是类似于练功服——开场。（演员们各式各样的服装带来一种感觉，我们不是在博物馆里，就是在梅兰芳的家里，也是他的学校。）

"这不是一个普通的夜晚"，她说，而中英双语的字幕也出现在了旁边的屏幕上，"这是满月与长袖之夜。"

《北京晚报》评论，"看《梅兰芳华》你会有一种新的感觉，那就是听京剧也是件非常讲究的事。"我觉得，远不止此：看完《梅兰芳华》我们带着一种特别的轻松和内心的自由——独一无二，弥足珍贵，我们无需保存它，因为它会永远留在我们心里。

《梅兰芳华》极大地丰富了精神世界，并没有让我们经历西方的悲剧艺术引起的感情净化。而是通过另外一种途径：用少有的完满和谐（与我们自己的和谐和与世界的和谐）直接满足我们的感官和精神，只唤起美好与温暖。

这是因为中国传统戏曲的观众不寻求表层情感的临时起伏，可怕，可怖，无解的戏剧张力，而是追求更深刻与更持久的东西：享受完美。完美在于演员的表演（在于每一个手势、表情和声音细节），在于戏装，在于舞台布景，不仅在于肉眼前的一切"东西"，还在于精神之眼前的一切。曲目之间普通的"一丝"笑也"服务"于完美——为了对比；在搞笑不和谐的背景下，和谐显得更为重要。就像莎士比亚的浪漫喜剧，非常擅长的西方导演寥寥无几，却常常在亚洲导演的手里化为令人难以忘怀的魅力，这不是偶然。

中国传统舞台艺术对完美有目的的聚焦里，有着某种典型西方观众追求的不同于日常生活的东西。不过这不是所谓的"逃避主义"——只管自己逃跑，不管逃去哪里，大多是朝着无脑娱乐的方向，结果明显跟精神毫不相干。这里"逃避"生活的坎坷是在和谐的幸福平和中，和谐总是把人"送"回剧场之外的世界，身心已被调整到和谐的频率上——这一频率实际是精神固有的、自然的。

伟大的西方戏剧的目标也是揭开我们面前不可见的幕布，让我们窥见生活的本质——精神的永恒。不过，在日常的层面上，西方戏剧首先提供了机会，让我们积累经验，让我们感受当我们处在某种境地里意味着什么，同这样或那样的人们交流能给我们带来什么。专注于人是西方戏剧的长处，不过也是它的短处——是一种锚，重力紧紧拉着它踩在地上。因为西方戏剧主要住在人的世界里，所以有天花板。要拓展边界，只能是通过进入人的更深处，也就是人的精神，这样间接地触及无限。

另一方面，中国的传统戏剧只是步入尘世，但实际上定居在另外的、大地之上的地方，我甚至想说超越凡尘的地方。中国戏剧的焦点不是人的不完美或残破的痛。中国戏剧也讲故事，但故事本身不重要，它们只是一点具体的抓手。演员们更重要的任务，可以说是要把观众调到那些超越生活的频率上去，在这些频率上，让观众感觉像普遍完美的一部分。用嗓子或者乐器发声之前，演员们应该净化自身，调整到内心平静、完整不可侵犯的波段，这并非偶然，因为只有如此，他们才能成为和谐的传递者。中国戏剧的主要表达手段是音乐，这也不是偶然，因为音乐能通过声音的频率或者通过音乐本身的和谐调到某个波段。

还有一面出乎意料的镜子：要深刻理解中国把西方戏剧称为"话剧"，转向我们的木偶戏看看足矣。妮娜·迪米特洛娃（Нина Димитрова），导演，演员，信条剧团（Театър Кредо）的创立者说过，在我们木偶的表演方法里"对物质世界有很不一样的态度"。"木偶不能说得很长。所以我们在处理文本的方式上更自由"。[1] 实际上，迪米特洛娃发展了她的老师、知名教授阿塔纳斯·伊尔科夫（Атанас Илков）的一个重点，即如何克服"话语的重量"[2]。

---

① 引自《剧团遇见木偶》（Theatre Meets Puppetry）个人访谈. 于保加利亚，卡莉娜·斯蒂芬诺娃（Kalina Stefanova）娃娃 / 面具 冬 / 春 2016/2017，斯洛文尼亚。

② 《搭档》，卡特里娜·伊尔科娃（Катерина Илкова），七路公司（Севън Уейс ООД），2018。

　　传统的中国戏曲有时被误认为木偶戏，并非巧合。中国戏曲在说的台词上就不受文本约束。它也不受理性的束缚，理性是这种文本性质的一部分。歌和音乐像是话语的"运载火箭"，把它从自身的重量中释放出来，也就是从理性的重力里释放。

　　自然我们会有一个问题，中国传统戏曲这样歌唱的、超越话语的特点是如何影响中国"话剧"的？是通过某种方式嵌入其中吗？在此处收录的两篇剧本里能看出来吗？

《雷雨》和《茶馆》：只是"话剧"？

　　如果《雷雨》里的名字改一改，环境说明改一改，再改改人物描写里的几处小小细节，那它完全可以被当作西方剧本，还是语言和戏剧技巧大师写就的。曹禺与易卜生能相提并列，并非偶然。在曹禺身上能找到很多与古希腊戏剧家相似的地方。我觉得和尤金·奥尼尔也很相近。《雷雨》的剧本，遵循几近古典的三一律，巧妙转折令人印象深刻，是改编成电影的好材料。[1]但于我而言，《雷雨》首先是因为曹禺的语言和他对人性的了解而引人注目。洋洋洒洒几页的人物描写和注释，不仅仅为导演们提供了现成的性格和行为动机的心理分析。这么多页第一等的文学，连同曹禺剧本的前言原文，说明了他是一个伟大的作家。我们能感受到他的笔墨，自然要归功于《雷雨》的译者埃维丽娜·海因（Евелина Хайн）——归功于她丰富的词汇、她对细节的感知、她的才华，曹禺的话语有时节奏很紧凑，而她能用保加利亚语对其进行再创作，再现他作为一个个体和创作者的敏感与文雅。

　　《雷雨》是西式的，主要聚焦于人，还有与最亲近的人们之间的相互关系——在这部剧里是两个家族内和两个家族间的（爱情）纠葛，《茶馆》的关注则更广。《茶馆》里不仅人是主角，时间也是主角——时间的变化无常反映在人的命运之中。从 20 世纪初到 20 世纪中叶——时间跨越中国近代史上的半个世纪。《茶馆》回响着中国史诗的回声，正如在诺贝尔奖得主莫言的《生死疲劳》里一般，只不过《生死疲劳》讲述的是 20 世纪下半叶。这篇剧本里有一种特别的宽广、辽阔与宏大，是中国水墨画的特点，画中场景辽远宽阔，画家的视角仿佛是从宇宙出发。与此同时，细节出人意料地精细。

　　《茶馆》里还有纯粹的中国元素：人物里有说书的，有唱京剧的，最重要的，还有傻杨——我最喜欢的人物——这是从街头戏曲几百年的传统直接引进的。此外，他说得有节奏、有旋律，几乎就是唱的。傻杨是一种杂糅，介于莎士比亚的小丑和一个人的希腊歌队之间，几乎完全独立于主要情节，也独立于故事主要发生的地点。他总是在茶馆前，像歌队一样，他同时是舞台和观众间的媒介，一部分观众被"放"上台。在每一幕的开头和结尾，他向观众讲述接下来要发生的事，评论总结已发生过的，传递重要的历史背景信息，也就是说，对那个看不到，但十分重要的角色——时间（或者说历史）给出信息，很大程度上推动情节发展。正是通过《茶馆》里傻杨一角的编入，老舍成为了中国第一位成功将传统中国戏剧和西方新式戏剧的元素有机结合起来的剧作家。[2]

---

[1] 详见后文《〈雷雨〉和〈茶馆〉剧本的电影改编》，Li Wei 李炜副教授。

[2] 详见后文，《街头戏曲数来宝在中国戏剧艺术里的地位》，Ю Дзиенцун 俞建村教授。

　　老舍笔下的人物是典型的中国人，不过同时，他们在心理上和感情上听起来和我们十分接近。在他们身上有着我们 19 世纪末、20 世纪初文学人物的东西。如果你们常去小卖店或者餐厅，现在也会看到和他们相似的人，如果你们原则上热爱人类，如果你们对人的命运感兴趣，很快就能了解他们，也会觉得他们很可爱，尽管他们明显还有种种不足。

　　《茶馆》把我带回童年，带回到离我们一个街口远的酒馆，我常去那儿买柠檬水，也许是因为我都是白天去，所以在那儿除了我们的刺猬，没有看到别的东西喝醉——一个邻居把它带去的，打赌把刺猬灌醉以后，它就蜷不成球了。在这家酒馆有一副巨大的油画，画着哈吉·迪米特尔和三个仙女，排队的时候我出神地看着这幅画，听着人们的故事。这里的温暖，对陌生人的亲近和共鸣，时间如何同时穿过我们所有人的感觉——我被《茶馆》唤起的这份回忆，使得这出戏特别贴近我的心。

　　翻译埃维格尼·卡拉乌拉诺夫（Евгений Карауланов）在《茶馆》的原文和保文之间架起桥梁，我也没有亲眼见过他。他是退休工程师，接受过化学和经济教育。他下班后总是钻研古汉语和文学，现在住在巴尔干山和中部山脉之间玫瑰谷的小村庄里，从事翻译并将译作献给他的妻子与孙辈，通过网络和电话同世界其他人交流。在如今，非常不可思议的是：他坚决拒绝有偿劳动。我敬佩他纯粹的热爱——这种热爱是我们当中越来越少见的理想主义者的特点——理想主义者他们工作不是为了活着，他们活着是为了工作，自始至终为了崇高的事业。

　　同埃维莉娜和埃维格尼（注意他们的名字）一起工作真的很愉快——我们一同沿着两国文化的浅滩前行。

　　我感谢命运，因为沿着浅滩前行时，我们又和我的出版人尤莉安娜·托莫娃（Юлиана Томова）一起同行，她和埃维莉娜一样，也是一位多姿多彩的女性，难能可贵。我说她是"我的"出版人，因为她出版的不仅有我关于世界戏剧的书，还有我在文学领域的首次尝试《安娜的小矮人》的保语版和英语版。因为命运的豌豆从来都不是随意指路，正是因为这两版书，《安娜的小矮人》不仅被翻译成其他语言出版，而且正好是中文第一次出了第二版，也已经一年了。

其他桥梁

　　当我们准备这第一本中国戏剧的保语书时，中国出版了第一本类似的关于东欧戏剧的书，我有机会为上海戏剧学院准备。十二篇剧本里有两篇是保加利亚的——斯塔尼斯拉夫·斯特拉蒂埃夫（Станислав Стратиев）和赫里斯托·博伊切夫（Христо Бойчев）所作。实际上，它们不是最先被译成中文的保加利亚剧本。去年上海戏剧学院的杂志，中国最有声望的戏剧杂志，就发表了一篇博伊切夫的剧本。在一次会议上，一位老师分析了伐佐夫的《升官图》，我非常惊讶！这表明，剧本很早就同我们其他很多经典作品一起被翻译成了中文。

　　从本世纪初起，中国建了 200 多家新剧院，都可以说是建筑明珠。连同全部翻新的剧院，这一数字达到 266。浙江剡溪旁，一年时间从零开始建立起第一个世界戏剧小镇。尽管是为越剧而建，不过已经邀请、很快也会呈现外国戏剧表演。在它以北不到 200 公里，离上海不远，童话般美丽的古镇乌镇，像威尼斯一样有着很多水乡，2013 年年底，乌镇举办了国际戏剧节，以惊人的速度成为了今天的世界节日地图上最具吸引力的、梦想中的目的地之一。在那里可以看到最好的当代世界戏剧，比如，彼得·布鲁克、托马斯·奥斯特梅尔、贾恩·卡勒塔、乔格什·布拉尔等的新作。

我希望在这些舞台上，也为一部或多部保加利亚戏剧拉开幕布。我希望在保加利亚也能上演我们在此讨论的这两部剧。

让我们在书的封面间相遇，也在戏剧里相遇。

《中国现代戏剧导读：曹禺的〈雷雨〉和老舍的〈茶馆〉》封面

论曹禺《雷雨》鲁大海的形象

濑户宏[①]

内容摘要：曹禺剧作《雷雨》中，鲁大海的人物形象一直被认为塑造得不太成功。有些《雷雨》演出甚至删去了鲁大海。鲁大海是否是《雷雨》中可有可无的人物？对于这个问题，笔者要重新探讨鲁大海这个人物形象的创作源泉和意义。笔者并不否认作为戏剧实验演出的尝试而删去鲁大海，但要研究曹禺执笔《雷雨》时的创作思想，鲁大海就是不可缺少的存在。这是笔者的结论。

关键词：《雷雨》；鲁大海；工人形象

一、问题的所在

《雷雨》既是曹禺的代表作，也是中国现代文学、戏剧的代表作。需要特别指出的是，中文文化圈中没有演出《雷雨》的时代和地域，只有"文化大革命时期"的中国大陆和"戒严时期"的台湾。[②] 笔者在此参阅的《雷雨》版本是根据文化生活出版社（1936年第一版）出版的人民文学出版社（1994年第一版，以下简称人民版）。

《雷雨》八个登场人物都各有鲜明的个性。相比其他人物，工人运动领袖鲁大海被认为是塑造得不太成功的人物形象。1979年改革开放初期，钱谷融先生在《〈雷雨〉人物谈》中指出，"鲁大海这个形象，写得的确是简单了些，并不成功。"[③] 后来，钱谷融先生的这一说法似乎成了某种定论。1990年代以后，有些《雷雨》演出竟删去了鲁大海。据笔者了解，删去鲁大海的《雷雨》演出包括：中国青年艺术剧院《雷雨》（王晓鹰导演，1993年3月首演）；安徽省黄梅戏剧院《雷雨》（王向明导演，2005年4月首演）；北京电影学院表演系的青春版《雷雨》（刘兵导演，2006年10月首演）。

第一次删去鲁大海的《雷雨》演出的导演王晓鹰谈了他的理由，"我产生这样的大胆想法，一方面是为了减去"罢工"这条与矛盾冲突主线关系不那么密切的线索以缩短篇幅，但更重要、更具本质性的意义却在于变一个思路、换一种眼光来解读《雷雨》。我想穿越人物之间社会阶层差别带来的对立冲突的表面，进入那些任务复杂隐秘的情感世界，力图开掘人物更深的生命体验，从而掘

---

① 濑户宏，日本摄南大学名誉教授。

② 濑户宏：《中国の现代演剧 中国话剧史概况》，东方书店2018年，第119页。

③ 钱谷融：《〈雷雨〉人物谈——四凤、鲁大海、鲁贵》，《文学评论》1979年第6期，后收入《〈雷雨〉人物谈》，上海文艺出版社1980年。

出《雷雨》超越时代的深层意蕴"。①

第二次删去鲁大海的《雷雨》演出是安徽省黄梅戏剧院的戏曲演出，强调形式美和爱情关系。对于这台演出，笔者不打算多谈。

第三次删去鲁大海的《雷雨》演出是北京电影学院表演系学生的毕业演出，演出时称"青春版"。学校毕业演出之后，又走出校门，在北京和上海演出了几次。导演刘兵对《北京青年报》记者说，"对名著进行改编是本着保留原著精华的基础上，彰显人性的冲突和矛盾。"②上海演出时，有剧评说，"最主要的内容方面，尽可能迎合年轻人的口味，对剧情进行了大胆的删改。被删减掉的是年轻人所不喜欢的那部分，即有关"阶级矛盾""社会斗争"的部分，于是乎最下层最无产阶级的鲁大海被整个拿掉了。"③

后来，齐齐哈尔话剧团从2015年起演出刘兵版《雷雨》，至2019年断断续续演出，2015年去台湾演出。④如果将北京电影学院的演出和齐齐哈尔话剧团的演出看作是不同的演出，删去鲁大海的《雷雨》演出一共是四个版本。

那么，《雷雨》中鲁大海是多余的人物吗？钱谷融先生同时指出，"但要说他'僵硬''不真实'，是个'可怕的失败'，却也并不切合实际。"⑤探讨鲁大海这个人物在《雷雨》剧中的意义就是本论文的目的。

二、创作鲁大海的源泉

我们已经知道，曹禺创作鲁大海的形象有几个创作源泉。

第一，1931年"九一八事变"后，曹禺去保定从事抗日宣传，在火车上碰见的铁路工人。

曹禺曾回忆道，"'九一八'时，我正在清华大学读书，参加了救亡运动。有一回，和同学们组织一个宣传队到保定去。在火车上，我们看见一个工人，年纪约三十岁左右，神色非常沉着亲切。（中略）他在长辛店下的车，我们断定他大概是长辛店铁路工厂的工人。这个陌生的朋友，激起我一些思想和情感，使我开始知道，在受苦，受压迫的劳动大众里，有一种有头脑的了不起的人，这种人叫做'产业工人'。这些模糊却又深深引入脑内的认识和印象，在后来写《雷雨》的时候，给了我很大的帮助。"⑥

这是曹禺在1950年代的回想，显然受了当时时代思想潮流影响，但却是曹禺亲自谈到的创作鲁大海的源泉。

第二，受到约翰·高尔斯华绥《争斗》（曹禺改译题目《争强》）的影响。

① 王晓鹰：《曹禺与一出没有鲁大海的〈雷雨〉》，《〈雷雨〉八十年》，天津古籍出版社2015年，第5页。
② 无署名：《北京电影学院表演系改编〈雷雨〉探索新形式》，《北京青年报》2006年10月13日。
③ 姜洪伟：《由鲁大海被删谈起——青春版〈雷雨〉观后感》，《作家》2008年1期。
④ 无署名：《齐齐哈尔市话剧团首次赴台湾演出圆满成功》，《齐齐哈尔日报》2015年11月17日。
⑤ 钱谷融：《〈雷雨〉人物谈》。
⑥ 张葆莘：《曹禺同志谈剧作》，《文艺报》1957年2期《曹禺研究专集》上，第141页。

约翰·高尔斯华绥（John Galsworthy，1867—1933）是英国著名小说家、剧作家，1931年获得诺贝尔文学奖。1920年代，早期中国话剧受了高尔斯华绥的剧作比较大的影响。陈大悲曾翻译了高尔斯华绥的几个剧本。

Strife是高尔斯华绥1909年发表的剧本，描写资本家和工人的斗争。1920年，日本和氣律次郎翻译了Strife，译名是《争闘》，由丛文阁出版，1930年收入改造社的改造文库。1934年，石田幸太郎也翻译了此剧本，译名还是《争闘》，收入了岩波书店的岩波文库。

在中国，1926年郭沫若翻译了Strife，译名是《争斗》，由商务印书馆出版。通过看译名，我们猜测，郭沫若很可能受了日译本的影响。南开新剧团根据郭沫若的《争斗》改译成《争强》，并于1929年演出，1930年出版。根据田本相的《曹禺传》等记载，具体改译工作是曹禺做的。

《争斗》的剧情如下：

一家铅版公司已经进行了为期三个月的罢工。公司上层（资本家）、工人双方都很疲劳，都要妥协。但资本家约翰·安东尼（铅版公司总经理）、工人代表大卫·罗伯池态度都很强硬并且反对妥协。最后，安东尼被解职，其他工人代表背着罗伯池跟公司妥协，罢工结束。

《争强》是把郭沫若翻译的《争斗》中不合适演出的台词改成合适演出的，同时将《争斗》的情节和人名改成中国的。《争强》和《雷雨》有几处相似点：资本家这一类型人物的代表，是将铅版公司总经理改成矿山的董事长（《雷雨》周朴园也是矿山的董事长）；工人领袖的名字从大卫·罗伯池改成罗大为，和鲁大海发音有点像；《争强》和《雷雨》的舞台指示都很长。

《争强》和《雷雨》的相互影响关系已有研究包括：刘欣《论曹禺的改译剧〈争强〉对〈雷雨〉的影响》（《曹禺研究》第八辑，2011年，CNKI未收录）、黄莹《试析曹禺对郭沫若译剧〈争斗〉的改译——兼谈高尔斯华绥对曹禺戏剧创作的影响》（《现代中国文化与文学》，2018年03期）等。笔者也在日本也发表过有关论文——濑户宏「曹禺と南開新劇団」『摂大人文科学』27号2020年。由此，《争斗》的大卫罗伯池（《争强》的罗大为）是《雷雨》鲁大海这一人物的重要创作源泉是具有一定依据的。

第三，开滦煤矿大罢工的记忆。剧作中，周朴园所在的煤矿名字没写出，但根据剧中人物对话应该是开滦煤矿。《雷雨》事件1922年左右发生。然而，就是1922年开滦煤矿发生了大罢工，从10月23日起持续了25天，10月26日警察开枪打死了几个工人，罢工以失败结束。当年天津报纸《大公报》报道了开滦煤矿大罢工，笔者因别的事情查天津《大公报》时发现了《大公报》有关报道。开滦煤矿罢工跟鲁大海的罢工很像，引起了笔者的注意。《雷雨》的鲁大海知道罢工已经结束、工人复工时，这样骂了周朴园——

鲁大海（惊，怒）怎么矿上警察开枪打死三十个工人就白打了吗？[①]

天津《大公报》从1922年10月24日至11月20日有如下报道：

---

① 曹禺：《雷雨》，人民文学出版社1994年，第94页。

10 月 24 日　唐山罢工风潮愈形扩大

10 月 25 日　开滦矿罢工风潮之扩大

10 月 28 日　时评 唐山罢工风潮 开滦五矿实行总罢工

10 月 29 日　开滦矿工潮日趋嫌恶

以后几乎每天有罢工报道。

11 月 16 日　警厅诰诚工人之布告

11 月 20 日　唐山罢工潮已有转机

　　这些报道中，值得注意的是 10 月 29 日报道《开滦矿工潮日趋嫌恶》。报道称，"保安队至此遂有枪杀工人之事。此事发生于二十六日下午六句钟。（中略）保安队遂举枪乱放。当场击毙工人二名。"（按六句钟是六点钟的错字。后来知道被击毙的工人一共六名。）

　　田本相《曹禺传》等曹禺传记都指出，曹禺在小学时已看了很多中国古典小说和《东方杂志》等一般报刊。开滦煤矿大罢工时，曹禺已经上中学（南开中学），他很可能看过天津报纸《大公报》的有关罢工报道，尤其是警察开枪击毙工人的报道给曹禺留下了很深刻的印象。《争斗》《争强》都没有工人被警察枪毙的情节。鲁大海的台词很可能是曹禺根据开滦煤矿大罢工的记忆写出来的。

　　鲁大海形象可能不存在具体的原型人物，但鲁大海形象的创造不只是曹禺的想象，更有 20 世纪 20—30 年代中国社会现实的影子。

三、《雷雨》中的鲁大海

　　笔者试图分析《雷雨》中鲁大海的人物形象。剧中出现鲁大海的场面如下。

序幕　没有出场，没有言及

第一幕　介绍性的出场（人民版，p21-p24）

第二幕　跟周朴园对决，被周萍殴打、给侍萍向周萍说一声的机会（p92-p96）

第三幕　骂鲁贵（p103-p109），跟侍萍商量卖家具事（p101），跟周冲对话，没收周冲交给鲁贵的钱、还给周冲（p117-p123），要殴打周萍（p132-p133）

第四幕　跟周萍对话（p149-p156，北京人艺的演出本基本上删去这个部分），带着侍萍进周公馆来（p159-p164）

尾声　没有出场。下落不明，侍萍一直等待鲁大海，周朴园找鲁大海找了十年但没找到。

　　剧中，鲁大海在第二幕和第三幕起了重要作用。笔者要先确认鲁大海的基本性格和剧中所处位置。《雷雨》第一幕鲁大海出场时，舞台指示为，"鲁大海进，（中略）显着颧骨异常突出，正同他的尖长的下巴一样地表现他的性格的倔强的。（中略）还正是和他的妹妹一样年轻，一样地热，都是火山的爆发，满蓄着精力的白热的人物。"①

此外，曹禺在《雷雨》序里也说："在夏天，炎热高高升起，天空郁结成一块烧红了的铁，人们会时常不由己地，更回归原始的野蛮的路，流着血，不是恨便是爱，不是爱便是恨；一切都走向极端，要如电如雷地轰轰地烧一场，中间不容易有一条折衷的路。代表这样的性格的是周繁漪，是鲁大海，甚至于周萍。"②

由此我们能了解，曹禺创作《雷雨》时的本意，是要将鲁大海跟繁漪、周萍、四凤一样，都创作成为重要的人物。

我们看《雷雨》时觉得鲁大海是工人运动、大罢工的领导，可以说属于英雄人物。鲁大海作为失败的工人运动领袖，跟别的人物一样，同为悲剧性人物。这跟整个《雷雨》的悲剧色彩相协调。

但是，我们要注意的是，在到周朴园矿山工作以前的鲁大海的性格是懒惰的。鲁贵在第一幕这样评价鲁大海，"他哪一点对得起我？当大兵，拉包月车，干机器匠，念书上学哪一行他是好好地干过。"③

这跟《雷雨》中的英雄人物形象很不一致。笔者对这个问题的思考是，鲁大海在矿山从事工人运动的过程中，性格方面在不断成长。还有我们可以了解，周朴园、周冲、周萍是在通过跟鲁大海对话、冲突的过程中，更鲜明地表现他们的性格以及阶级性。

当然，鲁大海这一人物形象的创作有很多不足。

第一，鲁大海罢工失败，基本上跟《雷雨》其他人物无关。周朴园的行为虽然导致罢工失败并决定开除鲁大海，但周朴园的行为在舞台开始前已经结束了，且只是用台词说明罢了。

第二，《雷雨》的读者和观众不能了解罢工的具体状况以及鲁大海在罢工中起的作用。

第三，读者和观众不能了解"雷雨"事件后的鲁大海的情况。作为工人运动积极分子继续活动？从事地下共产主义运动？离开"运动"过了平凡的生活？还是自甘堕落、恢复了原来懒惰的性格？

笔者认为这是鲁大海这一人物形象带有的弱点。也许正因这些弱点的存在，有的导演在排演作品时要删去鲁大海。

四、同时代的中国文学戏剧中的工人形象

《雷雨》发表于1934年。当时是左翼作家联盟（文学）、左翼戏剧家联盟（戏剧）等左派文学艺术运动的高潮期。与《雷雨》同时期的左翼戏剧文学中，出现工人形象的作品如下：

1930　冯乃超、龚冰庐《阿珍》

1931　田汉《梅雨》《顾正红之死》

1932　叶秀《阿妈退工》

---

① 曹禺：《雷雨》第一幕，人民文学出版社1994年，第21页。

② 曹禺：《雷雨》序，人民文学出版社1994年，第182页。

③ 曹禺：《雷雨》，人民文学出版社1994年，第18页。

1933　茅盾《子夜》

笔者不打算在此详细研究这些作品，但可以说，1930 年代中国现代文学戏剧的工人形象还不成熟、不够丰富，公式化、概念化的色彩比较浓厚。鲁大海比起这些工人形象来绝不逊色。尤其是《雷雨》第二幕、第三幕的人物形象塑造可以说很出色、很生动。

五、结语

笔者已经谈到了不能否认鲁大海的形象比《雷雨》中其他人物逊色或显得不够丰富。我们已经确认，鲁大海是曹禺自发并且根据中国现实创作的形象，不是奉命写出的，它的存在表明了曹禺创作的一种必然性。鲁大海作为周家人物的对照，起着让周家的人物形象、性格特点更鲜明的作用。笔者并不否定作为戏剧的实验演出而删去鲁大海，但综合、俯瞰地研究曹禺创作《雷雨》时的思想，鲁大海是不能缺少的存在。

笔者在此要指出，《雷雨》是曹禺作品中较为特殊的作品。剧中（尤其是序幕 / 尾声）出现天主教教堂、尼姑、颂主歌等带有浓厚宗教（基督教）色彩的象征物，还出现鲁大海这个工人形象与工人和资本家斗争的情节。剧作采用了序幕 / 尾声的戏剧形式（剧中时间从现在回溯到十年前，最后又回到十年后的现在）。这些特点在《日出》以后的曹禺作品中几乎不再出现。这些因素很可能反映着《雷雨》创作时的曹禺思想、向往性。但笔者认为，过去的研究不一定能说清楚其理由。《雷雨》作为一部著名的且带有相当影响力的戏剧作品，对其研究的论文非常多，但还是存在着未解决的问题。

附：有关鲁大海的论文资料目录（初稿）

●中文论文

1. 钱谷融：《〈雷雨〉人物谈——四凤、鲁大海、鲁贵》，《文学评论》，1979 年 12 月。收入于钱谷融《〈雷雨〉人物谈》，上海文艺出版社，1980 年 10 月。

2. 张明健：《关于鲁大海——〈雷雨〉人物小议》，《山西师院学报（社会科学版）》，1981年 07 月。

3. 李翔：《浅探而已——扮演鲁大海的点滴心得》，载于苏民、杜澄夫、张帆、蒋瑞编：《〈雷雨〉的舞台艺术》，上海文艺出版社，1982 年 6 月。

4. 陆穆：《曹禺创造鲁大海形象时运用想象的经验》，《上海师范大学学报（哲学社会科学版）》，1990 年 10 月。

5. 李昌栋：《周萍、鲁大海究竟多大？》，《中学语文》，1992 年 03 月。

6. 王晓鹰：《鲁大海被删去以后……》，《剧本》，1993 年 04 月。

7. 海风：《删繁辟蹊径标新探底蕴——"没有鲁大海的〈雷雨〉"观后》，《戏剧文学》，1994 年 01 月。

8. 陈留生、贡献：《鲁大海悲剧地位论》，《盐城师专学报（哲学社会科学版）》，1996 年 10 月。

9. 陆葆泰：《曹禺创作鲁大海形象时运用想象的经验》，《曹禺剧作魅力探缘》，2000 年 8 月。

10. 陆葆泰：《鲁大海和他的外国哥儿们》，《曹禺剧作魅力探缘》，2000 年 8 月。

11. 陆葆泰：《中外名家笔下的两对资产阶级父子——〈雷雨〉与〈斗争〉的一点比较》，2000 年 8 月。

12. 姜洪伟：《由鲁大海被删谈起——青春版〈雷雨〉观后感》，《作家》，2008 年 01 月。

13. 杨永红：《从鲁大海的形象看曹禺早期的思想》，《韶关学院学报》，2008 年 05 月。

14. 王晓鹰：《与曹禺大师倾谈——没有鲁大海的〈雷雨〉》，《中国戏剧》，2010 年 10 月。

15. 刘欣：《论曹禺的改译剧〈争强〉对〈雷雨〉的影响》，《曹禺研究第八辑》，2011 年 9 月，中国文史出版社，CNKI 未收录。

16. 王晓鹰：《没有鲁大海的〈雷雨〉》，《曹禺诞辰 100 周年纪念文集》，2011 年 11 月。

17. 郭永贞：《迟来的父爱——从周朴园与鲁大海的关系看周朴园的人性》，《语文学刊》，2012 年 02 月。

18. 王晓鹰：《曹禺与一出没有鲁大海的〈雷雨〉》，《艺术评论》，2013 年 12 月。

19. 范瑞刚：《一个没有精神生活的存在——〈雷雨〉中鲁大海形象简析》，《现代语文（学术综合版）》，2014 年 01 期。

20. 魏松根：《〈雷雨〉中的"四凤"与"鲁大海"的身份之谜》，《山西师大学报（社会科学版）》，2015 年 05 月。

21. 许佳慧：《鲁大海的"私生子"身份探寻》，《艺苑》，2015 年 10 月。

22. 陆炜：《鲁大海、周冲的再欣赏——从〈雷雨〉演出删除鲁大海说起》，《南大戏剧论丛》，2016 年 08 月。

23. 黄莹：《试析曹禺对郭沫若译剧〈争斗〉的改译——兼谈高尔斯华绥对曹禺戏剧创作的影响》，《现代中国文化与文学》，2018.03 期。

24. 惠博文：《突破"自我"化身"角色"——谈创作鲁大海的形象塑造》，《吉林艺术学院学报》，2019 年 02 月。

25. 郭凤娇：《鲁大海与周冲的比较》，《美与时代（下）》，2019 年 02 月。

26. 姜则宇：《精神分析视域下的鲁大海人物形象》，《吉林艺术学院学报》2019 年 03 月。

27. 陈思彤：《浅析〈雷雨〉中青年一代的人物形象设定及其原因——以周萍、鲁大海、周冲为例》，《中国文艺家》，2019 年 12 月。

● 日文论文

1. 瀬戸宏　曹禺と南開新劇団　『摂大人文科学』27 号，2020 年 1 月。

越南语《原野》的演绎与传播

蔡曙鹏 [①]

内容摘要： 近年，越南演出中国剧本或中国故事的话剧不多。越南国家话剧院曾在数十年前演出曹禺的《雷雨》，轰动一时。当代越南戏剧界的领军人物人民艺术家阮丽玉创办的丽玉剧团，汇集了一些有理想、有追求的话剧演员与舞台技术人员。邀请我担任艺术顾问。她有感于搬演世界名剧是戏剧发展的重要行动，经多次讨论，于 2016 年，决定再次把曹禺作品搬上舞台。我们选定排演之后《原野》，阮团长邀请我担任导演。经典剧作需要通过不断演出获得持久的生命力，在二度创作要有新创造。在地化的越南语《原野》将故事地点转移为三十年代的越南农村，并且将戏压缩成95 分钟。加了两首插曲和一段舞蹈，增添了焦阎王逼婚的场面，取消了牛头马面的戏。戏剧结构严谨的《原野》，以两代人的冤仇为主线，反映了中国旧时代封建农村宗法制下农村的悲苦社会现实。《原野》2018 年在河内歌剧院首演后，移师大南剧院，受到观众的热烈支持。之后南下到胡志明剧院公演与高校巡演，举行多场讲座会，大学青年听众讨论热烈。2019 年，越南语《原野》受邀参加孟加拉国际戏剧节，在首都达卡的国家剧院演出，并举行了演后观众对话会，观众热烈参与。本文回顾排演与海内外演出的创作过程，并阐述这个越南语版本的《原野》的导演理念、演出状况与文化意义。

关键词： 越南语《原野》；丽玉剧团；在地化；插曲；舞蹈；孟加拉

文化交流是通往广阔视野的大路。为河内的丽玉剧团排演越南语《原野》，让我经历了曹禺作品在越南、中国和孟加拉三个国家演出的宝贵经验。

我与越南戏剧界建立深厚友谊，缘起于 1993 年。当时，我在曼谷的隶属东南亚教育部长组织的东南亚考古与艺术中心担任高级专家。中心负责学报与规划每年在东南亚会员国主办各种培训课程与学术研讨会。那年，我主持的一个学术活动的承办单位是越南电影与戏剧学院（河内校区），我也因此作为东南亚表演艺术保存与纪录研讨会的组织者，前往越南主持活动。自此，与越南艺术界结缘。

那年，从机场到市区，一路上几乎看不到任何高楼，民宅比较破旧，抵达市区前，沿路也几乎没有路灯。一路接待人员告诉我，在 1986 年的越南共产党第六次全国代表大会上，时任越南共产党中央总书记阮文灵发起了经济更新政策（Chính sách Đổi Mới），经济发展初见曙光，生活正在逐渐改善。

---

① 蔡曙鹏，越南电影与戏剧学院讲座教授。

　　当时，在河内郊区的 Mai Dich 的越南电影与戏剧学院（河内校区），设备比较简陋，室外冷风瑟瑟。但越南表演艺术界的朋友们的热情，让来自东南亚各国的参与者深深感动。承办单位组织的丛剧、嘲剧和改良剧和歌舞节目，让大家感受到越南的表演艺术教育、创作与传承，有很高的水平。

　　那次我在河内只有短短两周左右，却与许多戏剧家、舞蹈家、学者、艺术教育界精英和文化官员结下深厚友谊。此后，我受邀常去河内讲课，参加学术研讨会，担任国际木偶戏艺术节、国际舞蹈节、国际戏剧节评委，导演话剧、越南丛剧、改良剧、嘲剧、舞剧，在艺术院校讲课。在教学与创作过程，我也得到无数学习与研究越南戏剧与舞蹈艺术的机会。

　　1996 年，我担任在新加坡举行的东盟舞蹈节（ASEAN Dance Festival）组委会主席，很高兴地接待了越南舞蹈家协会、越南歌舞剧院院长、我的老朋友朱翠琼带领的越南代表团。两年后，我担任新加坡戏曲学院院长期间，邀请越南国家丛剧院前来演出。由著名表演艺术家黎进寿、国家丛剧院院长带领南来。除了在广场公演之外，还在戏曲学院呈献传统折子戏《何月姑》与丛剧旗舞蹈、并发表专题演讲。

一、从《老鼠嫁女》到《原野》的艺术之路

　　2014 年，越南国家话剧院阮世荣院长邀请我为该院导演我在 2003 年创作的儿童剧《老鼠嫁女》。除了翻译成越南语之外，还建议将这部儿童剧在地化，用越南音乐、设计越南式服装，舞台上还挂上越南民间传说的《老鼠嫁女图》。演出得到媒体广泛报导，十分卖座。《老鼠嫁女》一演再演，场场满座。我们剧组从排练到演出，无比欢乐。引导演员创作期间，我们成为非常要好的朋友。扮演鼠妈妈的阮丽玉多次表示感激。后来我排《金鸡偷油》，她演戏里的鼠姐。不过角色性格与鼠妈妈完全不同。2016 年，她获得了人民艺术家的荣誉。翌年，演出我为国家话剧院编导的《红楼梦》，扮演贾母。她的精彩的演绎，获得专家与观众的认可。从国家话剧院退休后，热爱戏剧的阮丽玉决定成立一个民间专业剧团，邀请我担任剧团的艺术顾问。剧团的第一部戏是我为她编导的 50 分钟的独角戏《美人客栈》。在《美人客栈》里，剧中女主角从年轻开店，经历了抗美战争到国家统一，历尽沧桑。《美人客栈》在孟加拉国家剧院首演，得到戏剧节的评委的一致好评。

　　2016 年从孟加拉回越南后，阮丽玉与我商议的结果，决定排演《原野》。考虑到以剧中人为名更能吸引当地的观众，因此取名《金子》。

二、《金子》

　　1937 年广东出版的《文丛》，从 4 月第 1 卷第 2 期连载《原野》至 8 月的第 1 卷第 5 期、同年 8 月由上海文化生活出版社出版。曹禺应上海业余实验剧团给剧团说戏。曹禺指出："对一个普通的专业剧团来说，演《雷雨》会获得成功，演《日出》会轰动，演《原野》会失败，因为它太难演了。一是角色很难物色。一是因为角色很难演。几个角色的戏都很重，尤以焦氏最不易，而每个角色的心理上的展开，每人的长处，是很费思索的"[①]。其实，这恰好是我们选演《原野》的原因之一。

---

　　① 田本相：《曹禺》，中国戏剧出版社 2010 年，第 110 页。

阮丽玉是一位敬业、执著、富有使命感的表演艺术家。我与她合作多年，知道她乐于挑战自己，知难而进，努力不懈。尽管她已是知名演员，但在排练场上，她虚心记下所有反馈，记下所思所闻所见。知道曹禺说过"尤以焦氏最不易"后，阮丽玉更决心要演好焦大妈。她的焦大妈，在焦阎王死之前并没有太多话语权。但丈夫死后，她扛起焦家的大梁。保护软弱的儿子，对付倔强的眼中钉成为她生活内容的中心。有了小黑子之后，她多了一个新的生活内容。阮丽玉以她对焦母的理解，创造了一个极力保护儿子与孙子的女性地主夫人，对焦家的过去带有几分悔恨，心中充满矛盾。金子在存在，让她感到坐立不安。仇虎的出现，更构成严重的威胁。因而想尽办法，要侦缉队除掉他。

阮丽玉演过另一部以 20 世纪 30 年代越南农村为背景的话剧《氏娜和志飘》。写农民与乡长（也是地主）的戏与鲁迅的阿Q正传的主题与人物有不少相似之处。写出那个年代的农村贫困的悲凉，也刻画了几个典型人物的个性。阮丽玉分饰地主三太太与贫女氏娜两个角色。她说："《金子》的背景、情节我很能想象。其实和三十年代的越农村有相似之处。焦大妈对仇虎的到来，她认为对她的生命、儿子和孙子的安全都构成巨大威胁。一方面通知常五找侦缉队抓他，一面与他'谈判'。这是《金子》最精彩的一段戏"。

越南语《原野》在火车飞驰而过声中幕启。头十秒没有灯光，但六位演员各就各位站，从左到右是常五、焦大星、金子、仇虎、焦大妈、白傻子。灯光师给没个角色准备了聚光灯。一会儿，对着焦大妈的灯亮。她坐在有靠背的椅子上，若有所思，拿起藏在身后的木头人，瞪大眼睛，似乎满腹怨恨，用原本插在发髻里的一根钢针，拼死扎刺另一只手里的木头人。灯灭后金子灯起，愁眉苦脸，一肚子冤情似的。她身旁的焦大星灯亮。兴冲冲拿着礼物给金子。金子望了他一眼，充满同情，摇摇头把大星推开。切光后轮到白傻子的戏。拿着斧头在原地跑，斧头突然掉地上，他蹲下想去拾起来的时候，发现地上有高大的人的影子。抬头一看，吓到跌坐地上。双手按住头，好像怕被那人打似的。白傻子之后，该轮到常五了。他拿着写着"焦"字的白灯笼，像在找人一样。停下脚步，拿出一串钱细数，露出满意的微笑。继续探讨寻找他的目标。最后一个出现在聚光灯下的是仇虎，他脚上还有一条不短的锁链。眼睛燃烧着报仇的火焰，跑啊跑啊跑啊。切光，火车声越来越近，越来越大声。

一列火车从远处奔来，一个人跳下火车。是从监狱里逃出来的仇虎的，他脚上拖着锁链。听到人声，赶紧躲到大石块后藏身。定睛一看，发现那人手里有斧头，于是上前抢斧头。对方认出他是仇虎，非常高兴，大声嚷嚷道："他回来啦，他回来啦"。仇虎来不及阻止他，却引来好奇的焦大妈。"谁回来了？谁回来啦？"白傻子没有回答，一面喊一面跑下去了。焦大妈也跟着追下去。仇虎用斧头砍断锁链后，金子突然出现了。与旧情人花金子重逢。

三、金子和仇虎的两段歌舞

饰演金子的青年演员吴氏顺，在我导演的《老鼠嫁女》里反串乌云，也是《红楼梦》里的王熙凤。她演的金子在戏开场时十分压抑、痛苦，因为家婆对她的不信任、冷漠、事事挑剔、处处提防、总在鸡蛋里挑骨头。但她知道大星爱她，却懦弱与胆小，她受委屈被冤枉时也没有办法保护她。那天清早仇虎出现时，她冰冷的心，燃起了希望。朝思暮想的爱人又出现在眼前。这里，我安排了一段双人舞，表现两人重逢的惊喜、激动、伤痛，怀疑自己身在梦中。金子轻轻唱道：

> 日也等，夜也等，等了十年整。
>
> 醒着盼，睡也盼，盼得断肝肠。
>
> 被逼嫁，进焦家，地府一片黑压压。
>
> 仇虎啊仇虎，
>
> 带我走吧，走到海角天涯，
>
> 建立我们的新家。
>
> （仇虎点头，拥抱金子。拉着她的手，跑啊跑啊，跑了大圆场，一圈再一圈，把金子抱起来。又把她轻轻放下。放在石墩上。）
>
> 仇虎：不，我们暂时不走。（跪在金子身旁）
>
> 金子：为什么？
>
> 仇虎：看我虎口拔牙！
>
> 金子：虎口拔牙？
>
> （耳语。金子欣喜、妩媚的看了仇虎一眼，推开他。仇虎拉金子起来，兴高采烈的下场）

吴氏顺的金子，金子一方面厌恨着诅咒她、处处为难她的婆婆，另一方面又怨恨对母亲的豪不思考是非而百依百顺丈夫焦大星。仇虎回来，燃起了她要同仇虎远走高飞的希望。但她还是怜悯对她真爱但又懦弱无能的大星。

最后一场戏，我安排了另一唱段。那是在仇虎中枪之后。歌词如下：

> （合唱）：
>
> 这一枪响天塌下，
>
> 幸福前程堕悬崖。
>
> 金子：仇虎，仇虎！
>
> 仇虎：金子，金子！
>
> 仇虎：（唱）：
>
> 黄金地就在不远处，
>
> 寻找自由只差一步。
>
> 收起眼泪你不要哭，
>
> 保住娃娃找出活路。
>
> 金子：（唱）：
>
> 仇虎仇虎你要挺住，
>
> 金子一人没有活路。
>
> 你不能丢下我先走一步，
>
> 要走两人一起走。

走到天边白云飘飞处，

天上造间房子起住。

（仇虎挣扎起来想说什么，说不出口便断气。金子心如刀割，泪如泉涌）

金子：仇虎！！！仇虎！仇虎……

戏就在金子凄厉的叫声中落幕。

四、《金子》的首演、巡演与海外传播

《金子》在河内歌剧院首演前，先在红河剧场为文化、体育与旅游部官员评审预演。越南文化、旅游和体育部的官员中有不少舞台艺术的专家，他们提出了宝贵的意见。正式公演时，水平有所提高。演员对人物性格、理清人物关系，对角色的人性做了更深度的挖掘。例如焦大星（刘文黄饰演）比首演时更能深入到人物最深邃的感情世界。焦大星是在他不知情的情况下娶了仇虎的未婚妻金子。一直深爱着这个善良美丽的妻子。当他演到焦大星知道仇虎就是与金子相爱的"那个人"的真相后，感情的崩溃，心理的冲突，叫人对他这段的被安排的婚姻悲剧，深感同情。

首演之后，移师到红河剧场、大南剧场演出，之后南下到胡志明高校巡演。并举行多次座谈会。大学生对《金子》热烈提问，随团越南学者明泰也介绍了曹禺的《雷雨》与《日出》。大学生也对排戏过程演员怎样设计造型深感兴趣。常五的扮演者黄林松曾以他导演的一部名叫《渴望》的戏，参加 2017 年的深圳参加国际青年节，获得最佳导演奖。他也是在马尼拉举行的东南亚电影节时最佳男主角的获奖者。他告诉提问者道："一部戏的人物造型不能孤立设计，服装色彩、发型、化妆，都要整体一起考虑，颜色的配搭，也要讲究。我演常五，第一次出场拿着鸟笼，最后一次出场提灯笼。拿着鸟笼到焦家，带着焦大妈给他的任务来探秘。却对金子毛手毛脚，心存不轨。最后一次出场，在林子里找仇虎的踪迹。心里想的是帮忙捉到仇虎后的金钱奖赏。我想从动作设计上表现这个小人的内心的世界外化。对焦大妈是卑躬屈膝，以前跟着焦阎王是因为他的财势，趋炎附势是为了自己的利益。贪小便宜，鬼头鬼脑，要从眼神表现出来，与焦大妈讨价还价，要用多次数焦大妈给他的钱这一动作来表现"。黄林松的常五戏不多，丰满的表演为戏添彩。

2018 年，《金子》受邀到南宁参加中国—东盟戏剧周的演出，是越南语《金子》第一次出国。2019 年，《金子》受邀前往孟加拉首都达卡参加国际戏剧节。在跨文化语境下的交流与碰撞中，观众需要从演员的声调、语气和身体释放的文化符号理解角色的心境、情感与思路。我一向主张演员表演要细化、身体语言要强化，来完成舞台画面的营造，让观众对戏剧内容有更清晰地的理解，达到有效果传播的目标。

排演时我多次提醒演员用好各自的道具。焦大妈的拐杖、木头人、钢针、木鱼、槌子拐杖；仇虎的花、枪；白傻子的斧头、灯笼；焦大星的刀、包袱、给金子的钱包、给常五的钱，礼物；金子的手绢，常五的鸟笼、灯笼。并再三强调身体姿态的重要性，因为演员的身体语言是演出符号系统中最重要的组成部分之一。一举手、一顿足、一抬头、一俯视、一挺肚、一躬身，都有不同意涵。要学习戏曲演员的亮相，也要学舞蹈员的表演美感，学习运动员对动作速度和力度的精准把握，让

每一个动作发出鲜明的信息。

　　《金子》在中国广西南宁市演出时，剧名还原为《原野》。我们放了中文字幕。不过中国的观众熟悉《原野》的情节，很多观众其实都不看字幕。即使不熟悉曹禺作品的青年观众也看得津津有味。因为《原野》的结构很严谨，一环扣一环，引人入胜。越南语版本压缩为 90 分钟，也在观众容易接受的时间内。

　　《金子》在孟加拉演出时虽然放映英文字幕，但一些精通英文的观众选择不看字幕而专心看戏。例如戏剧工作者 Mamunur Radhid 说："我看了剧情简介，知道故事情节，看演员表演更为享受，不愿意看字幕。剧情本身就很吸引人。越南演员的情感表达很清晰。例如白傻子被焦大妈逼问看到什么人时的吞吞吐吐，金子向白傻子眨眨眼、暗示他不可泄漏秘密，又送上一个香吻这段戏，观众看得哈哈大笑。又如焦大星拿来酒瓶踉踉跄跄回来，不一会把刀子插在桌子上，与仇虎说了一大段话那段戏，我可以感受到他内心的极度痛苦。戏，我看懂了。"我想，因为曹禺的《原野》，是一个舞台性很强的剧本，给二度创作提供了很多有利条件，是跨文化演出成功的重要因素。

　　《金子》的每一个角色都有戏。在 2019 年 6 月 20 日在孟加拉演出时能获得观众与专家的认可，还有一个重要因素，那就是我从事中华戏剧海外传播时一向坚持的演出前后的讲座或交流会。我前后参加了 16 次孟加拉主办的戏剧节，主办方的戏剧节三个内容是戏剧展演、相关剧目专题展览、导演讲座以及学术研讨会。与我的主张十分吻合。那次也不例外。演出后，主办方在国家剧院的前厅摆放桌椅，我带着演员与观众交流。在对话会上，我讲述导演构想与回答提问，加深了大家对《原野》的理解，我也从中了解到孟加拉观众观戏文化。

　　20 多年来，我与越南剧团与艺术院校在相互学习和合作交流中结下了深厚的友谊，建立良好的跨文化合作关系，排演《原野》也是水到渠成。大家以共同排演世界经典名剧为荣誉，一天排练 11 个小时也无怨无悔。跨文化传播戏剧，是增进各国人民相互了解与友谊的最佳媒介。而跨文化合作，是激发创造力的关键。

曹禺戏剧价值研究

论曹禺戏剧的民族性与世界性

李　扬①

内容摘要： 曹禺是中国现代戏剧史上最伟大的剧作家，他以自己独树一帜的剧作，将中国话剧推向了成熟。但在曹禺接受史上，也有人不断质疑曹禺剧作的原创性。这是对文学发展逻辑的一种曲解，曹禺固然在创作中不断地汲取着前辈的滋养，但这种滋养并没有妨碍曹禺的创新之路：他给世界戏剧舞台贡献了一个又一个来自中国的"这一个"形象，并通过这些形象表现着作家对现代人悲剧命运的思考；他将"形式本身就是内容"的艺术理念发挥到极致，使诞生不久的中国话剧很快融入了世界话剧艺术潮流。

关键词： 曹禺；民族性；世界性；内向化；有意味的形式

曹禺是中国现代戏剧史上最伟大的剧作家。他时刻关注着世界戏剧发展潮流，并不断在前辈的创作中汲取着营养，并借以创造出隶属于自己的独特剧作。他近乎以一己之力，将中国话剧剧本的"文学性""剧场性"提高到了有能力和世界戏剧文学对话的高度。他曾经不止一次说过这种影响的存在：《雷雨》的"序幕"和"尾声""仿佛有希腊 chorus 一部分的功能，导引观众的情绪入于更宽阔的沉思的海。"② "我记起几年前着了迷，沉醉于柴霍甫深邃艰深的艺术里，一颗沉重的心怎样为他的戏感动着。……我想再拜一个伟大的老师，低首下气地做个低劣的学徒。""在这一幕里（指《日出》第三幕）我利用在北方妓院一个特殊的处置，叫做'拉帐子'的习惯，用这种方法，把戏台隔成左右两部，在同一时间内可以演出两面的戏。这是一个较为新颖的尝试，我在欧尼尔的戏（如Dynamo）里看到过，并且知道是成功的。"③ "写第三幕比较麻烦，其中有两个手法，一个是鼓声，一个是有两景用放枪的尾，我采取了欧尼尔氏在《琼斯皇帝》所用的，原来我不觉得，写完了，读两遍，我忽然发现无意中受了他的影响。这两个手法确实是欧尼尔的，我应该在此地声明，如若用得适当，这是欧尼尔的天才，不是我的创造。"④ 但是，自曹禺剧作问世以来，作家的一再申明并没有中止各式各样的质疑。曹禺的戏剧是盲目的因袭、低劣的模仿，还是一种借鉴与创新，历来是学界争执不休的话题。本文将围绕如何理解后代作家与前辈作家的关系、曹禺创作中的民族性及其

---

① 李扬，南开大学文学院教授、副院长，中国话剧理论与历史研究会副会长兼秘书长。
② 曹禺：《我如何写〈雷雨〉》，《大公报》（天津版），1936 年 1 月 19 日第 9 版。
③ 曹禺：《我怎样写〈日出〉》，《大公报》（上海版），1937 年 2 月 28 日第 12 版。
④ 曹禺：《原野·附记》，《文丛》第 1 卷第 5 号。

世界性展开讨论。

一

在中国现代文学史上，任何一个经典作家都与古今中外的前辈存在着千丝万缕的联系，但没有一个经典作家像曹禺一样遭受过这么多因袭、模仿的质疑。《雷雨》问世之初，李健吾即在《〈雷雨〉——曹禺先生作》一文中指出了它与西方戏剧的关系，他一方面说女性是《雷雨》刻画得最为成功的性格，另一方面又提醒作者："容我胡问一句，作者隐隐中有没有受到两出戏的影响？一个是希腊尤瑞彼得司 Euripides 的 Hippolytus，一个是法国辣辛 Racine 的 Phédre，二者用的全是同一的故事，后母爱上前妻的儿子。"[1]朋友的质疑，虽令曹禺很惊讶，但他并没有回避这一问题，直接在《雷雨》创作谈中直接回答了这一问题："我很钦佩，有许多人肯费了时间和精力，使用着说不尽的语言来替我的剧本下注脚；在国内这些次公演之后更时常地有人论我是易卜生的信徒，或者臆测剧中某些部分是承袭了 Euripides 的 Hippolytus 或 Racine 的 Phédre 的灵感。认真讲，这多少对我是个惊讶。我是我自己——一个渺小的自己：我不能窥探这些大师们的艰深，犹如黑夜的甲虫想象不来白昼的明朗。在过去的十几年，固然也读过几本戏，演过几次戏。但尽管我用了力量来思索，我追忆不出哪一点是在故意模拟谁。也许在所谓'潜意识'的下层，我自己欺骗了自己：我是一个忘恩的仆隶，一缕一缕地抽取主人家的金线，织好了自己丑陋的衣服，而否认这些褪了色（因为到了我的手里）的金丝也还是主人家的。"[2]几十年以后，刘绍铭依然指责曹禺的这次回应"扭扭捏捏"，进而指出："曹禺的问题，不在'偷了大师们的金线'，而是未能好好的利用这些'金线'。"甚至引用林以亮的话，说曹禺的作品"浅薄得不能入流派"，而这样一个作家，竟然在中国话剧史上"不但占一席位，而且占极其重要的一席位（与他齐名的田汉和洪深，现在重读远较曹禺'浅薄'）。"[3]在如田本相先生所说，刘绍铭"除对《原野》《北京人》有较多首肯，几乎差不多把曹禺说成是一个外国戏剧的模仿者了。"[4]尽管十多年后，刘绍铭在和曹禺见面时部分地修正了他的判断："我首先向曹禺招供，如果我今天重写《曹禺论》，我对他剧作的评价，会高许多。我对《雷雨》和《日出》二剧批评得极不客气，理由不外是那时我刚念完比较文学的课程，眼中尽是希腊悲剧以来的西方戏剧大师，而把曹禺的作品与易卜生、契诃夫和奥尼尔等人，平放着来看，那曹禺自然吃亏些。那时我没好好的考虑到，第一，曹禺写《雷雨》（1933）时，年纪才不过二十三岁。第二，而且也是最要紧的一点，他的作品，与易、契、奥诸人比起来，虽然失色，但在中国话剧史上，他实在是一代宗师。在他以前的别家作品，今天看得下去的，几乎没有。在他以后的，也不多见。我一九六六年写成的

① 刘西渭：《〈雷雨〉（四幕剧）——曹禺作》，《大公报》（天津版），1935 年 8 月 31 日第 12 版。

② 曹禺：《我如何写〈雷雨〉》，《大公报》（天津版），1936 年 1 月 19 日第 9 版。

③ 刘绍铭：《〈曹禺论〉自序》，转引自王兴平等编《曹禺研究专集》上册，海峡文艺出版社 1985 年，第 392-393 页。

④ 田本相主编：《中国现代比较戏剧史》，文化艺术出版社 1993 年，第 684 页。

英文《曹禺论》论点失诸持平，也就是因为没有兼顾到这几点客观因素。"①但这也不过是研究者的一种修辞策略而已，年纪小，从来不是后辈作家不能超越前辈作家的理由，实际上，在他心目中，曹禺在世界戏剧史上依然是一个不入流的剧作家。

我们认为，在这个问题上，不是剧作家陷入了"影响的焦虑"，而是批评家曲解了"影响的焦虑"。至于曹禺自己，对这个问题倒是很坦然，有时候甚至说得比批评家更直白："写戏的人接受前人的经验很重要，要'古为今用，洋为中用'。拿我个人体验来说，读外国剧本、中国剧本，真有好处，人们常说'千古文章一大抄'，'用'就得'抄'，但这种'抄'绝不能是人家怎样说你怎样说，而要把它'化'了，变成你从生活中提炼出来的东西。借鉴与抄袭的界限就在于此。"②在中外文学批评史上，对相似甚至相同题材的反复书写的作品比比皆是，但是从来没有因为前人处理过此类题材后人就不能再写的道理，关键是"怎么写"。对这个问题，近世文论家多有讨论，在朗松看来："即使那些个别既伟大又优秀的人物，我们的研究也不能局限于对于个人的研究。首先，如果我们只关注他们自身，我们就无法对他们有所认识。最有独创性的作家大多在他身上既装载着前几代的沉积，又作为当代各项运动的总汇：他身上有四分之三的东西不是他自己的。要发现他本人，那就必须把所有那些外来成分从他身上剥离。应该认识延伸到他身上的那段过去，渗透到他身上的这个现在；这时我们才能得出他真正独创的东西，把它确定下来，予以测度。然而我们还只是有可能认识他真正独创的东西而已；要想知道这东西的真正性质和强度，我们还必须看它如何行动，如何发挥它的功效，也就是说，我们要对作家在文学生活与社会生活中的影响进行跟踪。所以我们必须研究围绕大作家及杰作的一般事实、文学类型、思潮、鉴赏趣味和感情状态。其次，个人才华最美好最伟大之处，并不在于把它孤立起来的那个独特性，而是在这个独特性中凝聚着一个时代或一个群体集体的生命，是它的象征，是它的代表。因此，我们应该努力认识在伟大的作家身上表现出来的人性，认识由他们体现其方向及巅顶的全人类或一个民族的思想感情的起伏曲折。"③而布鲁姆说得更决绝："诗的影响——当它涉及到两位强者诗人，两位真正的诗人时——总是以对前一位诗人的误读而进行的。这种误读是一种创造性的校正，实际上必然是一种误译。一部成果斐然的'诗的影响'的历史——亦即文艺复兴以来的西方诗歌的主要传统——乃是一部焦虑和自我拯救之漫画的历史，是歪曲和误解的历史，是反常和随心所欲的修正的历史，而没有所有这一切，现代诗歌本身是根本不可能生存的。"④"我的学生经常问我伟大的作家为什么不能从零开始，身上没有任何过去的包袱。我只能告诉他们这是不可能的，在现实生活中灵感不外乎影响，看莎士比亚的词句就知道了。被影响就是听前人上课，一个年轻作家总是在阅读中得到教导，这就是为什么弥尔顿要读莎士比亚，克

---

① 刘绍铭：《君自故乡来——曹禺会见记》，田本相 邹红主编《海外学者论曹禺》，广西师范大学出版2014年，第360–361页。

② 王育生整理：《曹禺谈〈雷雨〉》，《人民戏剧》1979年第3期。

③ 朗松：《文学史方法》，见昂利·拜尔编：《方法、批评及文学史》，徐继曾译，中国社会科学出版社1992年，第7页。

④ 哈罗德·布鲁姆：《影响的焦虑》，徐文博译，三联书店1989年，第31页。

兰要读惠特曼，梅里尔要读叶芝。"①因此，所有伟大的作家都是站在巨人肩膀上起步的，如果一个作家与他的前辈没有任何关联，反而是可疑的。影响不是问题，关键的问题是如何在影响的基础上创造出超越前辈的作品来。

其实，在曹禺与前辈作家的关系问题上，是毋需引证这么多理论家的话语来为他辩护的，对那些已经戴上了有色眼镜的批评者来说，这种辩护肯定也是徒劳的。因为，在继母爱上前任的儿子这件事情上，这些批评家们从来没有考虑过奥尼尔、拉辛是如何借鉴了欧里庇得斯的《希波吕托斯》的，更没有想过如何评价这种借鉴或影响，更无视不伦之恋仅仅是《雷雨》的一条线索而不是全部。他们在意的只是乱伦书写是前人曾经处理过的题材，曹禺又写了这件事情，因而就是低劣的模仿。同样，他们也只关心《原野》中的表现主义手法他的前辈作家已经使用过，而从不思考：仇虎身上所积蕴的内在冲突，其心理结构、内在肌理和奥尼尔笔下的琼斯有什么不同之处。

另一方面，曹禺的剧本形态也是很多理论家、导演、演员所诟病的问题。在刘绍铭看来，"曹禺的舞台说明特色这一就是不厌其详。对角色绘影绘色地描写，当然用心在增加演员对戏剧中人物的了解。但毛病是，一个演员若是一丝不苟地依着这种'说明'去做，即使他有极高演戏天才，也受限制。"②事实上，作家的舞台提示只是给读者、导演、演员提供的一种理解的思路，剧本一旦发表，作家就失去了驾驭文本的权力，任由导演、演员去处理，即便作家看不下去了，也只有抱怨的份儿，根本没有能力干预导演、演员的二度创作。放眼中国话剧文学史，就舞台指示而言，曹禺的剧本确实是最为繁复的一个。即便在世界戏剧文学史上，无论是古希腊悲剧作家，还是莎士比亚、易卜生、契诃夫，舞台指示都要比曹禺简洁得多。应该承认，简洁有简洁的好处，繁复有繁复的妙处。如果人们立论之先，仔细参详过尤金·奥尼尔的剧本形态，或许理论家们在谴责曹禺时会稍微审慎一些，因为就剧本的舞台指示而言，曹禺与奥尼尔是最为相像的。不过，在曹禺自己看来，"我写戏时，有个想法，演出自然是最好的，但是如果不准备演，也能叫人读。也就是说，我写的剧本，能读也能演，以前没有人写那么长的舞台提示，我是想多写点，主要也是增加剧本的文学色彩，使读者能够更深入地了解人物，也希望有助导演和演员理解人物，为此，我写的时候，是下了功夫的，是用心写的。"③正是曹禺对舞台指示的这种处理，使他的剧本在"文学性""剧场性"之间取得了一种奇妙的平衡：既摆脱了纯粹案头剧的尴尬，又为表、导演艺术家们提供了自由驰骋的疆场。

在我们看来，影响的存在不但不是羁绊曹禺成为伟大作家的障碍，反而是曹禺成为经典作家的重要推动力。关键的问题不是是否存在影响，而是曹禺是如何在影响的阴影中完成了他的自我超越。我们认为，无论曹禺接受了哪位作家的影响，他给我们创造出来的都是属于中国的"这一个"。他笔下的人物，无论是着西服洋装、还是长袍马褂，无一不是在中国文化土壤中成长起来的人，而这个人的遭际似乎又隐喻着普天之下所有现代人的命运。

① 哈罗德·布鲁姆：《影响的剖析》，金雯译，译林出版社2016年，第12页。

② 刘绍铭：《从比较文学的观点去看〈日出〉》，转引自田本相等编《曹禺研究资料》下，中国戏剧出版社1991年，第806页。

③ 田本相 刘一军：《曹禺访谈录》，百花文艺出版社2010年，第123页。

二

  1980 年以前的 30 年间，中、西方对中国现代文学都充满了意识形态的偏见，只不过两种偏见所走的路径恰好相反而已。但 1980 年代以降的中国现代文学研究，在纠偏的过程中，走向了另外一种偏颇：以西方汉学家的是非为是非。以至于一些对中国现当代文学的基本材料都没有搞好的人，也在那里洋洋洒洒地指点江山，而一些掌握了大量第一手资料、本应更具发言权的人，因各种原因，忍而不发。公平地说，这不是正常的学术讨论应该走的道路。我们只想从纯粹学理层面探讨这个问题，而不想无端地陷入意识形态纠葛。1980 年，曹禺和英若诚访问美国，夏志清、刘绍铭曾经作陪，氛围总体上是友好的，但从事后夏志清的《曹禺访哥大纪实》、刘绍铭的《君自故乡来》两文可以感受到两人发自内心的优越感和意识形态偏见：当米勒讲到"文学、戏剧超过国家、文字的限制，具有大家都能欣赏的普遍性。曹禺的剧本读起来就让他联想到俄国、美国戏剧传统。米勒特别提名称赞《雷雨》，说它的结构很具气魄。接着他说曹禺在'四人帮'当权期间，在猪圈里喂过猪。但我们美国人不必笑中国。五十年代麦卡锡当权的时候，他也给传讯过，吃了不少苦。"在夏志清看来，"他这样乱比，实在是很不通的。"① 由此看来，虽然生活在自由言说的空间里，夏志清、刘绍铭的意识形态偏见并不比内地理论家少多少，这种偏见使他们在观照中国现代文学时，以一种盲视取代了另一种盲视：

  现代的中国作家，不像陀思妥也夫斯基、康拉德、托尔斯泰，和托马斯·曼那样，热切地去探索现代文明的病源，但他们非常关怀中国的问题，无情地刻划国内的黑暗和腐败。表面看来，他们同样注视人的精神病貌。但英、美、法、德和部分苏联作家，把国家的病态，拟为现代世界的病态；而中国的作家，则视中国的困境为独特的现象，不能和他国相提并论。他们与现代西方作家当然也有同一的感慨，不是失望的叹息，便是厌恶的流露；但中国作家的展望，从不逾越中国的范畴，故此，他们对祖国存着一线希望，以为西方国家或苏联的思想、制度，也许能挽救日渐式微的中国。假使他们能独具慧眼，以无比的勇气，把中国的困塞，喻为现代人的病态，则他们的作品，或许能在现代文学的主流中，占一席位。但他们不敢这样做，因为这样做会把他们心头中国民生、重建人的尊严的希望完全打破了。这种"姑息"的心理，慢慢变质，流为一种狭窄的爱国主义。②

  这是屡屡被现代文学研究者征引的一段话，李欧梵甚至在引述了夏志清的这一断语后又追加了一句："就连最深刻的中国现代作家鲁迅似乎也不能超越这种感时忧国的精神。"③实事求是地讲，"感时忧国""爱国主义"本不是一种坏的东西，但问题的另一面是：中国现代作家作品中呈现出来的，是否真得如夏志清所说，只有这种"感时忧国""爱国主义"精神？是否真得没有他所称赏的"把国家的病态，拟为现代世界的病态""把中国的困塞，喻为现代人的病态"类型的作品？还是信仰

---

  ① 夏志清：《曹禺访哥大纪实》，田本相 邹红主编《海外学者论曹禺》，广西师范大学出版社 2014 年，第 340 页。

  ② 夏志清：《中国现代小说史》，刘绍铭等译，广西师范大学出版社 2014 年，第 378 页。

  ③ 李欧梵：《追求现代性（1895—1927）》，孙乃修译，见《现代性的追求：李欧梵文化评论精选集》，三联书店 2000 年，第 239 页。

蒙上了论者的眼睛，没有发现不断在他眼前晃来晃去的那些具有这些品质的作家、作品？

即以在李欧梵看来"不能超越这种感时忧国"精神的鲁迅所创作的小说《示众》为例，按照原有的阐释逻辑，它所指向的不过是作家对看客心理和国民劣根性的批判。然而，当我们抛开这一角度，从人的存在的角度来审视这篇小说时候，"示众"这一场景所显示的不再是国民性，而是人类生存世界的"相对性"。小说中的任何一个"看客"在看别人的时候，都是一个充满了主动性的"主体"，其目光都是贪婪而又肆无忌惮的；不幸的是，"看客"本身也反过来成为被"看"的对象，由此构成了"看"与"被看"的对立与循环。人类的令人悲哀之处在于，任何一个"看人"的人永远不会关心"被看"的人的感受，同时也想象不出自己"被看"时的样子。人们就这样浑浑噩噩地生活着，只知道"看"的愉快，而忘记了"被看"时的窘迫。作家通过"示众"这一场景，写尽了现代人的悲哀。如果沿着这一思路思考，鲁迅的《狂人日记》《在酒楼上》《孤独者》《伤逝》等名篇都具有了更为深广的哲理内涵。事实上，中国现代文学史上的许多作家作品中都蕴含着对现代人命运的思考，在李金发、沈从文、曹禺、钱锺书、施蛰存、冯至、卞之琳等作家和现代诗派、新感觉派、九叶诗派的作品中，我们都应该能感受到他们对"人"的命运的思考，只不过是在很长一段时期以来，论者有意或无意地忽略了中国现代文学作品中的这一精神向度。

曹禺是前进在这一行列中的现代作家之一。1949年以前，曹禺时常告诫人们不要用"社会问题剧"的眼光审视自己的作品，告诉人们自己所思考的是"人"的生存困境："我念起人类是怎样可怜的动物，带着踌躇满志的心情，仿佛是自己来主宰自己的运命，而时常不是自己来主宰着。受着自己情感的或者理解的捉弄，一种不可知的力量的——机遇的或者环境的——捉弄；生活在狭的笼里而洋洋地骄傲着，以为是徜徉在自由的天地里，称为万物之灵的人物不是做着最愚蠢的事么？我用一种悲悯的心怀来写剧中人物的争执。……他们怎样盲目地争执著，泥鳅似地在情感的火坑里打着昏迷的滚，用尽心力来拯救自己，而不知千万仞的深渊在眼前张着巨大的口。他们正如跌在泽沼里的羸马，愈挣扎，愈深沉地陷落在死亡的泥坑里。"①"我却更恨人群中一些冥顽不灵的自命为'人'的这一类的动物。他们偏若充耳无闻，不肯听旷野里那伟大的凄厉的唤声。他们闭着眼，情愿做地穴里的鼹鼠，避开阳光，驼鸟似地把头插在愚蠢里。"②正是出于这个用意，他把《雷雨》的"序幕""尾声"中的背景音乐设为巴赫的《b小调弥撒曲》，并特意指明从"Benedictus qui venit in Nomine Domini"段落开始，于是就出现了如下场景——当大幕开启时，传来远处教堂的钟声，《b小调弥撒曲》正演唱至《圣哉经》的如下片断：

Benedictus qui venit, in nomine Domini（奉主名而来的，当受称颂）

按照巴赫《b小调弥撒曲》，接下来段落应该是：

Hosanna, in excelsis（和散那，欢呼之声，响彻云霄）

《羔羊经》

---

① 曹禺：《我如何写〈雷雨〉》，《大公报》（天津版），1936年1月19日第9版。

② 曹禺：《我怎样写〈日出〉》，《大公报》（上海版），1937年2月28日第12版。

Agnus Dei， qui tollis peccata mundi（除免世罪的上帝的羔羊）

Miserere nobis（求你垂怜我们）

Agnus Dei， qui tollis peccata mundi（除免世罪的上帝的羔羊）

Miserere nobis.（求你垂怜我们）

Agnus Dei，qui tollis peccata mundi（除免世罪的上帝的羔羊）

Dona nobis pacem（求你赐给我们平安）①

在上述弥撒曲的渲染下，舞台上演绎着的是周朴园在腊月三十下午来看望繁漪、侍萍的场景。作者在舞台指示中不断地用"沉静""忧郁""衰弱""失神""迷惘""呆滞""绝望"来描述周朴园，而医院的姑奶奶甲、乙则是不断地对人物表露出"同情""怜悯""矜怜""虔诚"……在这一过程中，侍萍从屋里走出来，"跪倒在舞台中"。而恰在这一时刻，"外面远处合唱声又起……"尽管曹禺并没有在剧作中明示什么，但在此弥撒音乐的衬托下，周朴园、侍萍、繁漪似乎都成了受难的羔羊，需要得到垂怜、救赎，赐予他们平安。曹禺肯定不是借此宣扬基督教义，他只是通过这一宗教仪式表现自己对"人"的命运的悲悯之心。这种通过宗教仪式透露出来的悲悯情怀，恰恰与研究者过去对《雷雨》表现阶级斗争、暴露封建家庭罪恶的主题相抵牾，它超越了善与恶、剥削与反抗的纠葛，把周朴园看作和繁漪、侍萍、周萍、鲁大海、周冲、四凤一样，都是遭遇"自然法则"的冷酷而又残忍地蹂躏的一类人，值得人们的同情、怜悯。

即便是在最具社会批判意义的《日出》中，曹禺也说："《日出》里没有绝对的主要动作，也没有绝对主要的人物。顾八奶奶、胡四与张乔治之流是陪衬，陈白露与潘月亭又何尝不是陪衬呢？这些人物并没有什么主宾的关系，只是萍水相逢，凑到一处。他们互为宾主，交相陪衬，而共同烘托出一个主要的角色，这'损不足以奉有余'的社会。""《日出》里这些坏蛋，我深深地憎恶他们，却又不自主地怜悯他们的那许多聪明。（如李石清，潘月亭之类。）奇怪的是这两种情绪并行不悖，憎恨的情绪愈高，怜悯他们的心也愈重。究竟他们是玩弄人，还是为人所玩弄呢，写起来，无意中便流露出这种偏袒的态度。"②在这种情况下，对人的存在的探询代替了阶级分析，在《日出》中我们同时可以看到"人"——无论是好人还是坏人——的凄惨遭遇：李石清倾尽全力挣扎着，为了向上爬，活得象个人样，他在上司面前装得象孙子一样；尽管贫困，但宁可当掉衣物，也要让自己的太太陪大人物们打牌；为了升迁，他可以要挟潘月亭，也可以在自己儿子病重的时候，不闻不问……但这并没有改变他的境遇，最终被人玩弄。顾八奶奶为了留住胡四，用尽了一切伎俩，满足胡四的一切要求，甚至寻死觅活，但依然被胡四所抛弃，只不过是她茫然不自知罢了。潘月亭为巩固自己的地位使尽了一切手腕：抵押产业建造大楼，以制造繁荣的假象；为了不使这一秘密泄露，提升李石清为襄理；千方百计讨好金八，以推迟金八提款的时间；为了做好公债生意，四处打探消息……但这一切最终于事无补，依然挽救不了破产的命运。那个可怜的黄省三，凭着良心拼命工作，

---

① 王丹丹：《巴赫〈b 小调弥撒〉音乐风格研究》，上海音乐学院出版社 2012 年，第 272 页。

② 曹禺：《我怎样写〈日出〉》，《大公报》（上海版），1937 年 2 月 28 日第 12 版。

换来的不过是让人辞退的命运；他想为了孩子活下去，但又找不到借以养家糊口的工作；当他丧失了生的希望，转而求死的时候，却又求死不得；尽管他在清醒状态下杀死了自己的孩子，但法庭偏偏认定他是一个疯子，对自己的行为不需负责……正象他自己所说的的那样："人不能这么待人呀，人不能这么待人呀！前些日子我孩子们在，我要活着，我求你们叫我活着，可是你们偏不要我活着。现在他们死了，我要死了，我要死，我求你们叫我死，可是你们又偏不要我死。……我们都是人，人不能这么待人呀。"这正是曹禺在《我怎样写〈日出〉》中所说的"求生不得，求死不得，是这类可怜的动物最惨的悲剧。"①

尤其值得注意的是，按照丹纳的理论，曹禺所要表现的"人"的境遇并不仅仅是"持续三、四年的一些生活习惯和思想感情""持续二十年、三十年、四十年"的特征，而是"同一精神状态会统治一百年或好几百年"甚至是"原始地层""寿命与民族一样长久"的东西。②无论剧作表现的是什么题材，曹禺似乎总是在不经意间凸显传统对人的规训作用，而这种"规训"决定了人"从哪里来""到哪里去"。在曹禺的笔下，《雷雨》中的周朴园、《北京人》中的曾皓都有着一套引以自豪的"教育"方式：周朴园说"我教育出来的孩子，我绝对不愿让人说他们一点闲话的"；曾皓"非常注意浮面上的繁文褥礼，以为这是士大夫门第的必不可少的家教"，给人一种"曾家的婴儿们仿佛生下来就该长满了胡须，迈着四方步的"印象。而曹禺则总是在不动声色中通过仪式的力量传导着传统对主人公的价值和行为规训力量。《雷雨》中的周冲告别、《北京人》为曾文清送行的场景把这种力量渲染的淋漓尽致。

"夫为人子者，出必告，反必面，所游必有常，所习必有业。"（《礼记·曲礼上》）这是传统中国人从小就经受的礼仪教育，在每个中国人的成长过程中，都会潜移默化地受到这种理念的影响，深入骨髓，最终演化为对长辈威权的绝对服从：

> 朴：你说把你的学费分出一部分？——嗯，是怎么样？
>
> 冲：（低声）我现在没有什么事情啦。
>
> 朴：真没有什么新鲜的问题啦么？
>
> 冲：（哭声）没有什么，没有什么，——妈的话是对的。（跑向饭厅）
>
> 朴：冲儿，上哪儿去？
>
> 冲：到楼上去看看妈。
>
> 朴：就这么跑了么？
>
> 冲：（抑制着自己，走回去）是，爸，我要走了，您有事吩咐么？
>
> 朴：去吧。（冲向饭厅走了两步）回来。
>
> 冲：爸爸。
>
> 朴：你告诉你的母亲，说我已经请德国的克大夫来，跟她看病。

---

① 曹禺：《我怎样写〈日出〉》，《大公报》（上海版），1937 年 2 月 28 日第 12 版。

② 丹纳：《艺术哲学》，傅雷译，天津社会科学院出版社 2007 年，第 269–274 页。

冲：妈不是已经吃了您的药了么？

朴：我看你的母亲，精神有点失常，病像是不轻。（回头向萍）我看，你也是一样。

萍：爸，我想下去，歇一回。

朴：不，你不要走。我有话跟你说。（向冲）你告诉她，说克大夫是个有名的脑病专家，我在德国认识的。来了，叫她一定看一看，听见了没有？

冲：听见了。（走了两步）爸，没有事啦？

朴：上去吧。

　　［冲由饭厅下。］

　　在以往对《雷雨》"喝药"一景的阐释中，研究者将重心放在了周朴园、繁漪身上，而忽略了周冲身上充溢着的妥协因素——在这一场景中，周冲至少有三次屈服于周朴园，而正是这种不断的"妥协"，预示了周冲未来的人生道路，而不理解周冲的驯顺，也就无从理解周朴园、周萍所走过的人生道路。这并不是曹禺的临时起意，他经常在剧作中经常不动声色地呈现这种日常生活中的仪式，如《北京人》中曾文清向曾皓辞行的场景再度彰显了这一仪式：

思：（恭顺的样子）文清跟爹辞行啦。

文：（低声）爹，跟您辞行！

　　［文跪下三叩首，瑞贞和曾霆都立起，"北京人"与袁任敢瞪眼，互相望着。……］

皓：（对霆与瑞，和蔼地）你们也该给你们父亲送行哪！（于是——）

　　［瑞、霆复立起来，执酒壶，到文面前，斟酒。］

思：（非常精明练达的样子，教他们说）说爹一路平安。

瑞、霆：（同时呆板地）爹一路平安。

思：说以后请您老人家常写家信。

瑞、霆：（同时呆滞地）以后请您老人家常写家信。

思：（又教他们）儿子，儿媳妇不能常侍候您老人家了。

瑞、霆：（又言不由衷地）儿子，儿媳妇不能常侍候您老人家了。

　　［说完了就要回坐。］

思：（连忙）磕头啊，傻孩子！（很得意地望望袁任敢）

　　［霆与瑞双双跪下三叩首，文立起……］

　　上述片断只是中国人日常生活中习见的仪式，已经达到了百姓日用而不知的程度，人们坦然地按照这一常模行事，根本不会追究其中所隐含的深意，但曹禺却通过这种仪式昭示着固有传统文化的强大逻辑。因此，曹禺所说"天地间的'残忍'""自然的法则"并不是指社会政治、法律制度的不公，而是千百年来生成的生活积习对人的生命的致命桎梏。

　　在曹禺剧作中，人的无路可走这一母题，更多的不是社会制度、阶级斗争等问题所导致的结果，而是无处不在的文化力量，决定了每个人生命的基本走向。这就是为什么我们说曹禺戏剧表现的不是三五年、二三十年的时代特征，而是表现"原始地层"的原因。正如荣格所言，"伟大的诗歌总是从人类生活汲取力量，假如我们认为它来源于个人因素，我们就是完全不懂得它的意义。每当集体无意识变成一种活生生的经验，并且影响到一个时代的自觉意识观念，这一事件就是一种创造性行动，它对于每个生活在那一时代的人，就都具有重大意义。一部艺术作品被生产出来后，也就包含着那种可以说是世代相传的信息。因此，《浮士德》触及到每个德国人灵魂深处的某种东西。""某种特殊的艺术气质负载着一种对立于个人的、集体精神生活的重荷。艺术是一种天赋的动力，它抓住一个人，使他成为它的工具。艺术家不是拥有自由意志、寻找实现其个人目的的人，而是一个允许艺术通过他实现艺术目的的人。他作为个人可能有喜怒哀乐、个人意志和个人目的，然而作为艺术家他却是更高意义上的人即'集体的人'，是一个负荷并造就人类无意识精神生活的人。为了行使这一艰难的使命，他有时必须牺牲个人幸福，牺牲普通人认为使生活值得一过的一切事物。"[①]在曹禺早期戏剧的深处，时常在不经意间流露出文化传统对主人公的规训作用，而这种规训最终决定了他们成为何人，又走向何处。

表面上看，我们讨论的似乎是曹禺剧作的民族性问题，但在某种意义上讲，它更是世界性的。这里所说的"民族性"和"世界性"，并不是人们时常所说的"越是民族的，越是世界的"，也不是讨论话剧民族化时所讲的艺术表现形式上的民族风格，而是指：无论在中华文明的语境中，还是在其他文明的语境中，只要有"文化"——尽管在每一个民族的"文化"都有不同的内涵——存在，任何"人"都要感受到她对人的思维和行为模式限定，左右着人的生命轨迹。正像西美尔所说的，"每一种文化形式一经创造出来，便在各种不同程度上成为生命力量的磨难。"[②]曹禺剧作对集体无意识的这一表达，使曹禺戏剧超越了时间和空间的限制，成为被各种文化所规约的人类的共同精神财富。

曹禺剧作的世界性同样体现在他对戏剧艺术形式的理解上。在中国话剧发展史上，曹禺的前辈胡适、洪深、田汉等都曾对世界戏剧有所借鉴，但戏剧主题似乎总是游离于形式之外，没有形成自己的具有内在统一性的戏剧风格。曹禺的出现，这种状况得到了极大的改观，他将戏剧的形式与内容融为一体，极大地推动了中国戏剧的现代化进程。《日出》问世之初，英国人谢迪克就说"它可以毫无羞惭地与易卜生和高尔绥华兹社会剧的杰作并肩而立。"[③]

在中国剧作家中，曹禺是最看重内容和形式相统一的剧作家。他曾经说过，"如果技巧脱离了人物的灵魂，脱离了人物的思想感情，技巧就会变成'把戏'"。[④]在他看来，形式绝不应该是外在于内容的存在，它本身就应该是内容的一部分。以《雷雨》为例，在作家的精心营造下，其背景

① 荣格：《心理学与文学》，冯川 苏克译，三联书店1987年，第138，141页。

② 西美尔：《现代文化的冲突》，王志敏译，见刘小枫主编《人类困境中的审美精神》，东方出版中心1994年，第241–242页。

③ H.E.Shadick（谢迪克）：《一个异邦人的意见》，《大公报》（天津版），1936年12月27日。

④ 梁秉堃：《戏剧大师曹禺的生命之幕》，《倾听雷雨》，上海文艺出版社2000年，第84页。

音乐、情节结构、"序幕"和"尾声"等的安排都服务于"自然的法则"和"天地间的'残忍'"的戏剧主旨，实现了内容与形式的高度统一。对此，我曾经在《论〈雷雨〉的形式意味》[①]一文中对此有过详细讨论，在此不赘。实际上，曹禺的早期戏剧创作一直贯穿着这种把内容和形式相统一的努力。遗憾的是，曹禺剧作问世 80 多年了，我们依然未能在舞台上把前辈的这种努力开掘出来。

在以往曹禺戏剧的舞台呈现中，人们一直把紧张激烈的戏剧冲突看作是获得良好剧场效果的不二法门。实际上，这种剧场效果的追求在某种程度上遮蔽了曹禺剧作的内向化特征，而这种特征恰恰是易卜生、斯特林堡、梅特林克、契诃夫、奥尼尔等所追求的一种风格。不过，像追求戏剧的"文学性"和"剧场性"的平衡一样，曹禺在追求这种"内向化"特征的同时，并没有放弃紧张剧烈的外在戏剧冲突，这是曹禺对中国话剧所做出的一项重要贡献。在西方戏剧发展史上，占据主导地位的是外向化的戏剧美学观，这种戏剧强调的是"外在的冲突，即人与社会之间的斗争，或两人之间的斗争，或男女之间的斗争"；"这种冲突发生在两种形体力量（可能是人物）之间，或在两种精神之间，或在一个人与非他力所能及的力量之间。"[②]它讲究故事的完整性、情节的复杂性和外在冲突的尖锐性，观众很容易被剧情所吸引，沉浸在外在事件的矛盾冲突中，而不关注人物自身心灵的矛盾冲突。内向化戏剧则是在 19 世纪后期才逐渐发展起来的一种潮流，研究界对这种戏剧的称谓并不统一，有着"心理象征剧""静态的悲剧""沉默的戏剧""内在戏剧性"等多种名称，但其指向却是一致的：对人的内心矛盾冲突的关注。梅特林克要求人们关注"广袤领域中心灵的内部生活"，并认为人的"心理活动千百倍高于肉体活动。"[③]曹禺在回顾自己一生创作的时候则说，"我倾心追求的是把人的灵魂、人的心理、人的内心隐秘、内心世界的细微的感情写出来。"[④]正是这种对"人"的内心世界的关注，决定了曹禺戏剧的"内向化"倾向。在关注这种戏剧创作浪潮的同时，曹禺走的似乎是另外一条道路，他关注人的内在矛盾冲突，同时也没有放弃外在的戏剧冲突。因而在曹禺剧作中形成了这样一种景观：人的内在心理矛盾与外在戏剧冲突如影随行，但将人物推入终极困境的，往往是人的内在心理危机。

在《原野》中，人们一直把注意力集中在仇虎复仇这条线索上，甚至强调仇虎身上的"蛮性的遗留"、生命力量，但却有意无意地忽略了仇虎内心的矛盾、挣扎。曹禺这样写仇虎作出决定时的痛苦与艰难：

　　　焦花氏：（委婉地）不过大星是个好人。
　　　仇　虎：（点头）是的，他连一个蚂蚁都不肯踩。可——（内心争战着）可是，哼，他是阎王的儿子！
　　　焦花氏：（再委婉些）大，大星待你不错，你在外边，他总是跟我提起你，虎子，他是你

① 李扬：《论〈雷雨〉的形式意味》，《戏剧艺术》2014 年第 1 期。
② 阿·尼柯尔：《西欧戏剧理论》，徐士瑚译，中国戏剧出版社 1985 年，第 115、109 页。
③ 梅特林克：《卑微者的财富》，郑克鲁译，《文艺理论研究》1981 年第 1 期。
④ 1982 年曹禺与田本相的谈话，引自田本相《曹禺传》，东方出版社 2009 年，第 298 页。

从小的好朋友，虎子！

仇　虎：（点头）是，他从前看我象他的亲哥哥。（咬住嘴唇，忽然迸出）可是现在，哼，他是阎王的儿子。

　　　　……

焦花氏：（忽然）那你现在为什么不动手？为什么不！

仇　虎：（挣扎，慢慢地）嗯，动手的，我要动手的。（点头）嗯，我要杀他，我一定杀了他。

焦花氏：（逼进一层）可是你没有，你没有，你的手下不去，虎子。

仇　虎：（极力否认）不，不，金子！

焦花氏：虎子，你说实话，你的心软了。

仇　虎：（望着空际）不，不，我的爸爸，（哀痛地）我的心没有软，不能软的。（低下头）

焦花氏：（哀恳地）虎子！你是个好人！我知道你心里是个好人，你放了他吧！

仇　虎：（慢慢望着前面，幽沉地）金子，这不成，这——不——成。我起过誓，我对我爸爸起过誓，（举拳向天）两代呀，两代的冤仇！我是不能饶他们的。

显而易见，仇虎的复仇既不是蛮性遗留所驱动，也不是个体欲望所诱使，而是文化律令使然：在整个复仇过程中，他念念不忘的是对"爸爸起过誓"。仇虎的全部矛盾在于他身上展开的文化指令和个人意愿之间的激烈冲突。一方面，仇虎承负着文化赋予他的使命：他的父亲和妹妹被焦阎王害死了，按照"父之雠，弗与共戴天"（《礼记·曲礼上》）的原则，他要替父报仇；另一方面，焦大星又是那么善良，是一个"连蚂蚁也不敢踩死"的"好人"，而且还是仇虎儿时的好友。这使仇虎陷入替父复仇和朋友情谊的无休争执中。因此，无论复仇，还是不复仇，仇虎都要遭受良心的谴责，这最终使杀死大星之后的仇虎迷失在黑森林中，这是仇虎的心狱在作怪。正象花金子所说的："我们是一对可怜虫，谁也不能做了自己的主，我们现在就是都错了，叫老天爷替我们想想，难道这些事都得由我们担待么？"这种戏剧冲突的"内向化"与曹禺对"人"的理解完美契合，这是既是曹禺对戏剧风格的一种自主选择，也是他对世界戏剧发展潮流的一种认同。

但长久以来，我们无视了曹禺剧作中的这种"内向化"的存在，总是在不经意间抹平剧中人物的内心波澜。在这方面，《原野》并不一个孤例，《雷雨》中侍萍与周朴园相见一景，侍萍的心理冲突同样被我们无视了。在以往的接受语境中，人们过度看重她与周朴园的矛盾的一面：她撕碎了周朴园给她的支票，并告诉他是"不公平的命指使我来的"；而忽略了侍萍另一面：尽管她答应过周朴园不会母子相认，但当真的母子相见时，一句"你是萍，——凭，——凭什么打我的儿子""我是你的——你打的这个人的妈"透露出了她内心深处的血缘亲情，这屡屡的"口误"表明了她无意识深处母性的呐喊。"欲走还留"才是侍萍与周朴园相见时的心态的真实写照：

周朴园：你是新来的下人？

鲁侍萍：不是的，我找我的女儿来的。

周朴园：你的女儿？

鲁侍萍：四凤是我的女儿。

周朴园：那你走错屋子了。

鲁侍萍：哦。——老爷没有事了？

周朴园：（指窗）窗户谁叫打开的？

鲁侍萍：哦。（很自然地走到窗前，关上窗户，慢慢地走向中门）

在此之前，侍萍已经知道自己又回到了周公馆，而周朴园还蒙在鼓里，如果她真的对周朴园毫无感情，本可以马上找他报仇，或者径直离开这里。但非常怪异的是，当周朴园告诉她"走错屋子了"的时候，本应该就此退场的她，却主动提醒周朴园："老爷没有事了？"这表明在她的内心深处根本不愿意就此不声不响地离开，甚至当周朴园再度让她离开时，她总能找出理由留下；而每当周朴园相信不再会有人记得那件"旧事"时，她又总是用"也许""无论什么事，……托他们打听总还可以"来让周朴园燃起一线希望。在侍萍的一再诱导之下，周朴园终于认出了她：

周朴园：三十年前，在无锡有一件很出名的事情——

鲁侍萍：哦。

周朴园：你知道么？

鲁侍萍：也许记得，不知道老爷说的是哪一件？

周朴园：哦，很远的，提起来大家都忘了。

鲁侍萍：说不定，也许记得的。

周朴园：我问过许多那个时候到过无锡的人，我想打听打听。可是那个时候在无锡的人，到现在不是老了就是死了，活着的多半是不知道的，或者忘了。

鲁侍萍：如若老爷想打听的话，无论什么事，无锡那边我还有认识的人，虽然许久不通音信，托他们打听点事情总还可以的。

…………

周朴园：好，你先下去。让我想一想。

鲁侍萍：老爷，没有事了？（望着朴园，眼泪要涌出）老爷，您那雨衣，我怎么说？

周朴园：你去告诉四凤，叫她把我樟木箱子里那件旧雨衣拿出来，顺便把那箱子里的旧衬衣也检出来。

鲁侍萍：旧衬衣？

周朴园：你告诉她在我那顶老的箱子里，纺绸的衬衣，没有领子的。

鲁侍萍：老爷那种衬衣不是一共有五件？您要哪一件？

周朴园：要哪一件？

鲁侍萍：不是有一件，在右袖襟上有个烧破的窟窿，后来用丝线绣成一朵梅花补上的？还有一件，——

周朴园：（惊愕）梅花？

鲁侍萍：还有一件绸衬衣，左袖襟也绣着一朵梅花，旁边还绣着一个萍字。还有一件，——

周朴园：（徐徐立起）哦，你，你，你是——

显而易见，在侍萍的内心世界里，存在着另一个自我：一方面，她对自己过去的遭遇心存愤恨；但另一方面，她又不甘心就此离开，因而一步一步地逼迫周朴园认出了自己。在这一过程中，曹禺展现了侍萍身上的两个相互矛盾的"自我"的斗争，在这种情况下，侍萍不再是一个代表着特定阶级的符号，而成为一个立体化的充满人性的活生生的人。这种表现人物心灵的矛盾与冲突手法，在一定程度上深化了我们对"人"的理解。因此，戏剧冲突的"内向化"，是曹禺区别于其他中国现代剧作家的一个最为鲜明的特征。

曹禺是中国现代戏剧史上形式创新的先锋。在他的早期创作中，几乎每一部剧作都有着对新形式的探索，而每一次新形式的创造都包含了特定的内容要素，在一定程度上升华着作品的思想内涵。《日出》中"拉帐子"手法的运用是又一例证。曹禺在剧中不断提示，左右两面是"同时"进行的，胡四、方达生虽然处在同一个时间与空间内，但双方互不相扰，构成了一个各自独立的"对话"场景，应合着现实世界的众声喧哗。表面上看，胡四和方达生并没有"对话"，但在深层世界里，人物各怀心事，形成了水和油不能相混的"对话"关系。左面的方达生一本正经地寻找着丢失的小东西，虽然他对这个地方有着本能的厌恶，但出于对小东西的关爱他又不得不耐着性子与这里的各色人等周旋。但同时在另一面演绎着的却是另外的故事：轻浮、放荡的胡四正在那里和翠喜尽情地调笑着，对小东西、要饭的乞丐们毫无怜悯之意，在他们看来，方达生是有"精神病"的"小疯子"。这一场景非常真实地表现了一个没有统一话语的充满"复调"的人生世界。作家说得很明白，"如若演出的人也体贴了个中的妙处，这里面自有许多手法可以运用，有多少地方可以施展演出的聪明，弄得好，和外面的渲染氛围的各种声响打成一片，衬出一种境界奇异的和调是可能的"。[①]在这种情况下，复调不再是纯粹的技巧，而在某种程度上蕴含了生活中的真理：人并不是生活在一个充满了内在统一的、富有决断性的独白场景中，而往往是生活在犹疑、徘徊、反思之中，在不断的追问、回答乃至自我反诘的对话关系中，人类不断走向完善。四十年后，高行健在《车站》中，又开始了多声部的戏剧实验，并被诸多戏剧评论家所赞赏。曹禺戏剧创作的先锋性特征，由此可见一斑。在一定程度上讲，曹禺对戏剧形式的这种自觉追求，使中国话剧加入了世界戏剧发展潮流的大合唱之中。

综上所述，曹禺固然在创作中不断地汲取着前辈的滋养，但这种滋养丝毫没有妨碍曹禺的创新之路：他给世界戏剧舞台贡献了一个又一个来自中国的"这一个"形象，并通过这些形象表现着作家对现代人悲剧命运的思考；他将"形式本身就是内容"的艺术理念发挥到极致，使诞生不久的中国话剧很快融入了世界话剧艺术潮流。今年是曹禺诞辰110周年，曹禺先生离开我们也已经有26年了，先生已经以自己的创作奠定了他在中国话剧史上神一般的地位，作为后辈，我们似乎远没有把前辈留给我们的遗产发扬光大。曹禺永远是说不尽的。

---

① 曹禺：《我怎样写〈日出〉》，《大公报》（上海）1937年2月28日第12版。

民族性不可或缺，民族化则未必

——试论曹禺对"话剧民族化"问题的态度

马俊山 [①]

今年是曹禺诞生 110 周年，《雷雨》发表 86 周年，曹禺研究发轫也有八九十年了。今天，我们所处的是一个崭新的历史时代，也就是所谓的"新时代"。这个时代既不同于文革前的"十七年"，也跟文革后的"新时期"有着巨大的区别，特别是思想基调或文化氛围的变化是显而易见的。在这样一个特殊的思想文化环境里，我们纪念曹禺，总结他的创作成就，探究其成功的奥秘，有哪些新的话题或新的发现呢？

曹禺是中国话剧史上最优秀、最具代表性的经典作家，也是近代以来中国最伟大的剧作家。这样说需要做两个让步，一是他的作品数量有限，二是他在 1949 年以后的创作总体上乏善可陈。但 1949 年以前曹禺所达到的艺术高度，特别是他的四大名剧《雷雨》《日出》《原野》《北京人》，一举将中华民族的戏剧审美能力提高到 20 世纪的世界水准，这是一个了不起的成就。四大名剧具有极其丰富的历史文化内涵和极高的商业价值，在许多方面至今还很难超越。

毫无疑问，曹禺的剧作具有鲜明的中国特色、中国气派，也就是人们通常所说的民族品格或民族性。但这个品性，是现代的而非传统的，是中国戏剧传统现代化的结果，而非近现代西方戏剧中国化或民族化的结果。它所代表的是现代中国戏剧审美的成就。

在曹禺研究中，民族化是一个绕不过去的话题。甚至有人认为，曹禺的成功在很大程度上应该归功于他把话剧这种外来的艺术形态给民族化了。从曹禺的剧作中，似乎可以找到很多这方面的证据，如功能性人物的设置、戏曲情节的化用、对人物内心世界的关注和抒情性的追求等等，都跟中国戏曲传统有着某种相似性或相关度。例如，《雷雨》第一幕"重逢"和《原野》第二幕"叙旧"，人物关系及其行动，都跟京剧《八大锤》里王佐说书的情节高度相似，但也仅仅是相似或相关而已。就曹禺的创作追求或自觉意识而言，却很难找到民族化的有力证据。

曹禺极少使用民族化这样的概念。查田本相和刘一军主编的《曹禺全集》（花山文艺出版社 1996 年初版），以及一些因各种原因而未编入全集的佚文，只有为数不多的几例。

一是 1981 年在一篇关于首届上海戏剧节的专访中，曹禺谈到芭蕾舞剧《雷雨》时，提到"芭蕾舞要走民族化和性格化的道路"。显然，跟话剧的民族化问题无关，可以不论。

---

① 马俊山，南京大学戏剧与影视艺术系教授。

二是 1982 年为《北京人民艺术剧院三十周年纪念册》一书所写序言，其中提到焦菊隐时说，"他在北京人艺尽心致力于中国话剧民族化的创造，奠定了现实主义创作方法的基础。他创造了富有诗情画意、洋溢着中国民族情调的话剧。他是北京人艺风格的探索者，也是创始者。"说的是焦菊隐，以及北京人艺的演剧风格，虽与曹禺的创作关系不大，但跟话剧的民族化问题有关。

三是 1985 年在中国舞台美术学会全国理事代表会上的讲话中，曹禺说道："文学艺术受到西方的影响是不可避免的，但我们是中国人，是中国的舞台美术家，必须搞出我们自己的东西，创造出有我们自己民族特色的舞台美术。""我总觉得，学习外国的舞台美术，要有选择，不是拿外国的东西去替代自己的东西，更不是哗众取宠，而是要创造性地运用，使之融化到我们的创造中，成为有中国气派的、有中国民族特色的，为中国人民所喜闻乐见的舞台美术。这是真正从中国的土地上生长出来的一种舞台美术形式。"曹禺是以文联和剧协领导人的身份讲话的，虽然含有民族化的意思，但对用什么化、如何化却只字未提，给人以泛泛而谈的印象。

四是 1987 年在"张庚戏剧理论研究会"上的讲话，称赞《话剧民族化与旧剧现代化》的观点不是闭门造车，也不是拾人牙惠，而是张庚的独创，影响极为深远。

五是在 1988 年发表的《张庚的道德文章》一文中，曹禺进一步肯定了张庚的思想贡献。"他在一九三九年写的《话剧民族化与旧剧现代化》提出了一个根本的观点，这个见解影响了很多人，这个观点对于中国戏剧的发展确实是非常重要的。话剧这个形式原来是外国的，要它适应中国观众的需要，就必须使它民族化。戏曲是我们民族的古老的艺术，但它要适应今天的时代，就必须使它现代化。建国以来很长时间我们就是努力做这两方面的工作。因为时代在不断前进，民族传统也在不断向前发展，因此民族化和现代化是不可分割的，这也是我们今后长期的任务。当然，说话剧要民族化和戏曲要现代化不是说都要搞成一个样子，民族化和现代化也都是要百花齐放的。"值得注意的是，曹禺把张庚的两化思想跟 1949 年以来的戏剧实践联系起来，从而限制了它的适用边界。同时，又试图以文化进步论化解两化在时间向度和文化内涵上的尖锐冲突，使之更具合理性。但是，这是说张庚，说当代，实质上是把曹禺自己和 1949 年以前的情况都排除在外了。

在话剧民族化思想的发展演变过程中，张庚是较早对其进行了全面理论阐释的人。但张庚的两化思想有一个共同的基点，就是彻底的现实主义，"现实不但可以克服工作中的困难，加强信心，而且面对现实，描写现实，也必然使洋化的渐渐变成中国的，落后的变成现代的。"①张庚说，话剧在中国是一种新兴的、先进的现代艺术，但受条件的限制，战前的话剧局限于大城市，受众则以市民为主，大众化也就是市民化。全面抗战爆发后，话剧运动的重心应转向农村，主要任务是教育并动员农民参加抗战。因此，它必须向传统戏曲和民间艺术学习，"大众化这口号，在现阶段具体化起来，就是民族化"。所以，战前的"卡尔登路线"（城市，大剧场正规商业演剧）必须停止，"话剧大众化在今天必须是民族化，主要的是要它把过去的方向转变到接受中国旧剧和民间遗产这点上面来，而不仅仅是从描写都市生活，转变成描写农村这一个意义。"张庚进而认为，要把现实主义

---

① 《话剧民族化与旧剧现代化》，《理论与现实》1939 年第一卷第三期，下同。

和民族化结合起来，创造"中华民族的新戏剧"，只能通过"地方化的具体形态"来推行。特别是方言演剧，既便于农民观众接受，也有利于培养地方戏剧人才，值得大力提倡。

张庚的话剧民族化理论的主要依据有三。一是中国话剧自身发展的需要，从大众化开始，经民族化、地方化、接受旧剧和民间遗产，到方言演剧，是历史的必然。二是战时动员特别是动员农民参加抗战，需要民族化、地方化的话剧；三是话剧需要通过民族化、地方化的形式达到彻底的现实主义。张庚的民族化思想里，既有终极理论预设，也包含着某些权益之计。前者如建设现实主义的民族戏剧，后者如战时动员和培养戏剧人才等等。二者有时是统一的，有时又有矛盾。但总体来看，张庚的思路跟向林冰相似，是一种变相的或根据地里的"旧瓶装新酒"理论。

以上五条材料，大多数都是表态性的讲话，跟话剧、跟曹禺关系不大。只有最后关于张庚的这篇文章，似乎跟曹禺有些关系，但也是间接的，顶多只能说它反映了曹禺1980年代后期对于话剧发展路径的一些看法而已。而且。曹禺的看法跟张庚并不完全相同。张庚把话剧民族化、地方化、戏曲化放在现代化和市民化之上，而曹禺则认为二者不可分割，跟随时代发展，才是问题的关键。

张庚的文章本来是他在延安鲁艺的一个讲话稿，经修改后发表于1939年中共在重庆主办的一个理论刊物《理论与现实》上。该文发表前后的几年时间，正是"民族形式"论争的高潮时期，很多文学家艺术家理论家都卷入其中，纷纷撰文表态。1940年田汉等人还曾在重庆和桂林召开过专门的"戏剧的民族形式"（其实是话剧的民族形式）问题座谈会，出席者既有郭沫若、欧阳予倩、田汉、夏衍、阳翰笙、杜宣、章泯、许之乔、王瑞麟、茅盾、老舍、聂绀弩、胡风等戏剧家和文学家，也有杜国庠、宋云彬等颇具政治色彩的人物。这时候，曹禺正跟随剧校一起从重庆迁往江安，而且深陷一场婚外恋的痛苦之中，再加上他的剧校教务长身份，还有原左翼文艺阵营对他某些偏见，这些因素可能都是他未参加座谈会，也没有直接参与这场讨论的原因。但曹禺对这场历时数年、影响深远的大讨论、大交锋不可能充耳不闻，无动于衷，起码他是了解的，甚至是知情的。纵观曹禺一生，除了极少数迫不得已的情形，如反胡风和反右之外，曹禺对各种文艺争论，都持不表态、不参与的态度。但不表态不等于没有立场、没有原则，只是不说出来而已。

其实，这场讨论中的主流思想，如欧阳予倩、田汉、夏衍、葛一虹等人所主张的基于现实生活，充分借鉴外国戏剧经验，合理运用传统戏剧资源，创造新的民族形式的观点，应该说比较切合曹禺的创作实践。欧阳予倩说，未来戏剧的民族形式，应该是"中国的、现代的、大众的"。[1]他特别强调，所谓"中国的"首先是开放的而非封闭的。充分吸收外国戏剧之精华，既是构建现代中国戏剧的必要条件，也是中国戏剧传统的一部分，而"旧瓶装新酒"只能是死路一条。

当时曹禺是怎么想的，我们已经无从了解。但有两个问题值得我们关注，一是话剧民族化问题，并非抗战时期的特产，而是由来已久的一个难题。从1920年代余上沅等人搞的"国剧运动"，到1930年代王泊生夫妇的山东实验剧院、潘公展王平陵提倡的"民族主义文学"、陈大悲主持的上海剧院等，都想在话剧民族化、中国化、本土化上有所作为，但都以理论破产和推行失败而告终。在

---

① 见"戏剧的民族形式座谈会"纪要，《戏剧春秋》1940年第一卷第二期。

一定意义上说，抗战以前文学艺术领域里的民族化运动，多少都跟官方有些勾结，而为进步文人所不耻。1936 年之后，特别是全面抗战爆发以后，由于统一战线的建立，原来左翼文人的广泛参与，给民族化问题注入了大量新的内容，甚至在一定程度上控制了民族化问题的阐释权，情况才有了实质性改观。之前，曹禺不屑与右翼的民族化为伍，之后，曹禺不愿与左翼的民族化为伍。

二是民族化从来都不是曹禺的艺术追求。从四大名剧的序跋里可以看得很清楚，他关心的是如何借鉴外国的戏剧经验、如何写实（特别是内心的真实）、如何呈现（表导演及舞美），以及如何争取观众这四大问题。而他的观众定位，大致就是他作品里表现的那些人，从妓女、二奶、佣人、蓝领、白领、农民工、新女性到阔少、流氓、商人、大亨、各式文人、遗老遗少等等，也就是通常所说的市民大众。所以，他的戏适合在都市演，适合在卡尔登演，而不适合在农村演，更不能在传统戏台或土台子上演。凡此种种，我觉得都是曹禺长期以来对民族化问题闭而不谈的原因，即便是在 1938—1966 年民族化理论甚嚣尘上，几乎无孔不入的时代，曹禺也保持了少有的清醒。进入 1980 年代之后，民族化理论逐渐失去以往的霸权地位，而新潮戏剧的兴起甚至将其催生出更加积极的意义。在此情形之下，曹禺才偶尔谈到这个话题并且明确给与肯定。

当然，不谈民族化并不等于没有民族性。这是两个问题。民族化的关键是以什么来化、化什么、化成什么东西。几十年来，通行的民族化理论是以戏曲消化话剧，努力使之成为一种不中不西、不伦不类的东西。而在实践上，凡是如此炮制的剧目，几乎都乏善可陈。即便是焦菊隐执导的《蔡文姬》，其舞台呈现方式（表导演舞美）可以说是戏曲味十足，的确为话剧发展提供了某些重要经验，但其成功的前提是古代题材，所以这个经验并不具有普适性，也不能推而广之。至于焦菊隐执导的《龙须沟》《茶馆》之类比较贴近现实的剧目，其成功的原因，首先是写实、真实，以及浓重的地方色彩——京华味。民族性极其鲜明，但跟民族化完全不沾边。民族性可以很传统，也可以很现代，而民族化却只能回归传统，化为不是戏曲的戏曲。

曹禺剧作具有鲜明的民族性。民族性是所有作家作品与生俱来的一种基本品性，没有民族性的作家是不存在的，也是不可思议的。首先，民族性是一种获得性文化遗传。曹禺曾多次提到他年幼时看京剧、评剧、文明戏的情景，特别是对传统戏的编剧技巧和表演方式印象极深，评价甚高。这些东西经过话剧艺术的消化，最终成为曹禺剧作民族性的某种底色。但是，更重要的是语言和内容。因为，创作需要语言，也需要生活素材，而语言与生活素材最能反映一个民族的特色与气派。因此，我们可以说，正是剧中那些现代中国的人情世故和言行各异的人物，使之具备了鲜活的民族品性。这种民族性主要是通过写实构建起来的。

民族性不可或缺，而民族化则未必。这也许是当下我们对曹禺创作的一个新的认识。

曹禺的意义——纪念曹禺诞辰110周年

邹　红①

内容摘要： 俄罗斯著名文学评论家别林斯基曾经说过："在所有的批评中，最伟大、最正确、最天才的是时间"。我想他的意思是说，任何批评家曾经的意见，都不如岁月的甄别，时间的汰选。时间如大浪淘沙，不仅会让那些平庸之作随波而逝，荡然无存，同时也会显露出优秀作品内在的璀璨，使之更加光彩夺目。

　　今年是曹禺诞辰110周年，曹禺辞世24周年，也是曹禺成名作《雷雨》发表86周年。随着时间的流逝，曹禺剧作的影响与日俱增，其在中国现代戏剧史、文学史上的地位仍呈上升态势。那么，是哪些因素决定了曹禺及其剧作历久弥新，成为学界持续关注的话题，舞台上永不落幕的经典？或者说，作为一名剧作家，曹禺留给我们的最可宝贵的财富是什么？

曹禺提供了中国现代戏剧的文学典范

　　曹禺的意义，首先在于他为中国现代话剧舞台提供了优秀的、完全符合西洋戏剧规范的文学脚本。

　　我们知道，话剧作为一种舶来品，如何使之在中国的土壤上落地生根、开花结果，是20世纪前期中国戏剧工作者一直努力解决的历史难题。如果说1924年洪深改编并执导《少奶奶的扇子》获得成功，标志着西洋话剧演出形式开始得到中国观众的认可，那么十年后，曹禺《雷雨》的问世，则意味着中国戏剧舞台此时已拥有真正属于本土的话剧创作，从而进入到中国现代戏剧发展的新的时段。

　　与先前翻译改编之作的本土化处理有着本质的不同，《雷雨》讲述的是一个地道的中国故事，而其表现形式却是纯正的西方古典戏剧。得益于南开中学剧社文化和清华大学外文系浓郁的戏剧氛围，曹禺对自古希腊以来西方戏剧的经典之作颇为熟悉，并熟练地掌握了话剧这一外来样式的写作技巧。正如评论家们经常提到的，话剧《雷雨》严格遵循三一律，无论是戏剧冲突、悬念的设置，还是回溯式技巧的运用，乃至极富动作性的人物语言、细致完备的舞台提示，无不显示出剧作家对西方编剧手法的熟谙。同时我们不要忘了，这可是一出不折不扣的大戏，全本演出时长在四小时以上。尽管80余年来，我们对《雷雨》的认识、评价屡有变化，但无可否认的是，在中国现代戏剧史上，

---

① 邹红，北京师范大学教授、博士生导师、戏剧影视文化研究中心主任。

《雷雨》不仅具有里程碑的意义，而且是当之无愧的扛鼎之作。

曹禺继《雷雨》之后创作的《日出》《原野》《北京人》《家》同样堪称经典。尤其值得称道的是，在这些作品中，曹禺自觉借鉴西方现代戏剧的写作技巧，不断尝试新的表现形式，同时又融入了鲜明的中国作风和中国气派。在某种意义上说，正是有了曹禺及其创作（当然也还有其他剧作家如丁西林、李健吾、田汉、夏衍等人的努力），1930年代以后的中国话剧舞台才彻底扭转了仰仗译作的跛足格局，而中国现代戏剧创作也才真正跻身于文学行列，成为可以和诗歌、小说、散文并驾齐驱的存在。无怪时至今日，曹禺的上述作品仍是各大剧院的保留剧目，地方剧种和影视移植、翻排的对象，更是戏剧院校学生的必修功课。

曹禺丰富了中国现代文学的人物画廊

其次，曹禺的意义还在于他成功地塑造了一大批人物形象，丰富了中国现代文学的人物画廊。

曹禺是写人的高手。他擅长将人物置于尖锐的戏剧性冲突之中，展示、描摹人物丰富而复杂的内心世界；他也擅长赋予人物充分个性化的语言，或对白，或独白，于举手投足、一颦一笑之间显露人物的性格特征；他还擅长利用道具、音响等因素营造舞台氛围，烘托、渲染人物的心境，推动剧情的发展，使演出于叙事之外，兼具诗的情韵。曹禺前期创作的五部作品，无不塑造了个性鲜明，令读者（观众）过目难忘的人物群像。如《雷雨》中的繁漪、周朴园、四凤、周萍、鲁贵，《日出》中的陈白露、潘月亭、李石清、方达生，《原野》中的花金子、仇虎、焦大星、焦母，《北京人》中的愫芳、曾文清、曾思懿、江泰，以及《家》中的觉新、瑞珏、鸣凤、梅表姐等，都在中国现代文学史上占有一席之地。通过这些人物形象的塑造，曹禺融入了作家本人深切的人生体验和博大的人文关怀，形象而生动地诠释了"文学是人学"这一至理名言。

曹禺写人，尤重揭示人性的多面样态。他笔下的人物是立体的，而非平面的；是圆形的，而非扁平的；是一个个有血有肉的真实可感的存在，而不是某种社会身份的标签。曹禺曾对人表示："我喜欢写人，我爱人，我写出我认为英雄的可喜的人物，我也恨人，我写过卑微、琐碎的小人。我感到人是多么需要理解，又多么难以理解。没有一个文学家敢说我把人说清楚了。"可以说，对人性的探讨和关注人的生存处境，始终是曹禺戏剧创作的出发点和归宿点，也是曹禺剧作能够取得如此成就的根本原因。进而言之，曹禺剧作之所以历演不衰、光景常新，成为学术界不断讨论的对象，也就因为这些作品并不止于社会问题或阶级斗争，而是深入到人性的内面，从而表现了具有超越性的文学母题。可惜的是，对于曹禺剧作在这方面的成就，长期以来不为人知，直到曹禺晚年，20世纪80年代以后，学界才开始意识到曹禺剧作的真正价值之所在，并逐渐形成共识。

应该说，曹禺在人物塑造上的成功，是其剧作能够成为中国现代文学经典的重要前提。他不只是一个卓越的剧作家，同时也是一个卓越的文学家。

曹禺深化了中国现代戏剧创作理论和技巧

再次，曹禺对其创作意图的阐述和创作经验的总结，同样是他留给后人的一笔宝贵财富。

曹禺是一个优秀的剧作家，但他的贡献并不止于创作领域，在戏剧理论，尤其是戏剧创作理论和技巧方面都有独到的见解。他早年写作的《〈雷雨〉序》和《〈日出〉跋》两篇长文，不仅对后人理解、排演这两出戏具有不可替代的价值，而且折射出曹禺本人的戏剧创作理念及美学追求。除此之外，曹禺后来写作的《编剧术》（1940）、《漫谈剧作》（1962）、《戏剧创作漫谈》（1980）、《我的生活和创作道路》（1981）、《我对戏剧创作的希望》（1981）、《和剧作家们谈读书和写作》（1982）等文章，包括大量剧评，也都结合自己的阅读和创作经验，从不同角度为怎样才能写出优秀剧作提出了不少真知灼见，值得今人学习借鉴。

譬如说在《编剧术》一文中，针对抗战时期的戏剧创作，曹禺特别指出：剧作家必须有一种戏剧的整体意识，必须熟悉"戏剧本身"。和小说、诗歌、散文等文体的创作不同，戏剧特为舞台演出而作，因此剧作家应该深知戏剧受制于舞台、演员、观众，"戏剧原则、戏剧形式与演出方法均因为这三个条件的不同而各有歧异"。此外，关于材料的收集、主题的确立、人物的塑造，以及写作时应该注意的若干问题，如开场、动作、高潮、结局、对话等，曹禺也都提出了很好的意见。这些意见即使在今天看来仍未过时，对于当下的戏剧创作仍具有切实的指导意义。

不过，这还不是曹禺戏剧创作理论中最值得关注的部分。依我之见，曹禺有关戏剧创作最重要也是最核心的观点主要有两点：一是强调剧作家的创作必须从生活出发，遵从自己的内心感受。早在《雷雨序》中曹禺就明确表示："《雷雨》对我是个诱惑"，"写《雷雨》是一种情感的迫切的需要"。后来谈论戏剧创作时曹禺也一再告诫："要写从自己的精神世界中真正深思熟虑过的，真正感动过的，真正是感情充沛的东西"。（《我的生活和创作道路》）"我们写剧本一定要有真情实感，总是会有一个地方使你激动，让你产生非写不可的创作冲动，于是你就把许多事情集中和贯穿在一起"。（《和剧作家们谈读书和写作》）二是希望剧作家同时也是一个思想家，传达自己对社会、人生的理解。"一个写作的人，对人，对人类，对社会，对世界，对种种大问题，要有一个看法。作为一个大的作家，要有自己的看法，自己的思想，有自己的独立见解"。（《我对戏剧创作的希望》）曹禺认为，剧作家应该在其作品中提出能够引发观众思考的问题，并以艺术的形式呈现出来。这是作品的思想性所在，也是作品能够打动人，获得历久不衰的艺术生命力的关键。

曹禺创作经历留给今人的反思

此外，曹禺后来创造力的衰退发人深思，这段经历对后人同样具有启示意义。

1979年，曹禺多年的挚友巴金致信曹禺："希望你丢开那些杂事，多写几个戏……多写你自己多年想写的东西。你比我有才华，你是一个好的艺术家，我却不是。你得少开会，少写表态文章，多给后人留一点东西，把你心灵中的宝贝全交出来。"四年之后，同为挚友的黄永玉也致信曹禺，信中除了将曹禺与美国剧作家阿瑟·米勒相提并论之外，还特别表示："你是我极尊敬的前辈，所以我对你要严！我不喜欢你新中国成立后的戏，一个也不喜欢。你心不在戏里，你失去伟大的通灵宝玉，你为势位所误！从一个海洋萎缩为一条小溪流，你泥溷在不情愿的艺术创作中，像晚上喝了浓茶清醒于混沌之中。"这两封信，田本相先生的《曹禺传》都予以抄录，并将巴金之言"把你心灵中的宝贝交出来"作为该书终章的标题。

其实，巴金、黄永玉对曹禺的批评和期望，曹禺本人又何尝不知，何尝不想！只是心有余而力不及，再难回到从前那个充满"蛮性"、向往"原野"的青年曹禺了。作为回应，田著特别引述了曹禺对"王佐断臂"的感慨："这个故事还是挺耐人寻味的。明白了，人也残废了，大好的光阴也浪费了。让人明白是很难很难的啊！明白了，你却残废了，这也是悲剧，很不是滋味的悲剧。我们付出的代价是太多太大了。"显然，曹禺将无法写出令人满意的新作视为自己的悲剧，而造成这个悲剧的原因，与其说是为杂事所累，为势位所误，不如说是受制于种种有形无形的羁绊。可想而知，作为一个旧时代的过来人，一旦曹禺先前那些赖以成名之作屡遭质疑，甚至批判，他怎能不陷入困惑、迷惘，又怎能不自我怀疑，自我否定？仿佛是一位曾经的武林高手久遭禁锢，待到重新获得肯定，恢复自信时，却发现往昔矫健的身手早已生疏。

从 1933 年到 1942 年，曹禺在十年的时间里先后写出《雷雨》《原野》《日出》《北京人》《家》五部传世之作，而此时曹禺不过三十出头，风华正茂。可在接下来的数十年间，曹禺虽仍有创作，却再未达到从前的高度。这的确令人惋惜，也的确值得后人深入研究。

曹禺无疑是中国现代最负盛誉的剧作家，或许正是有见于此，人们每每将曹禺称为"中国的莎士比亚"。而在我看来，除了将曹禺比作莎士比亚之外，我们也可以说曹禺是"中国的易卜生""中国的奥尼尔"，甚至"中国的契诃夫"。毕竟曹禺是一位现代剧作家，且明显受西方现代派戏剧影响，在《雷雨》《原野》《北京人》等剧作中多少可以看出曹禺对上述外国剧作家的借鉴，事实上也确有学者作过相关比较研究。更重要的是，曹禺是一位走向世界的中国剧作家，其声名早已远播海外。

说到声名，中国国内长期以来一个流行的排名是：鲁迅、郭沫若、茅盾、巴金、老舍、曹禺，减缩为"鲁郭茅巴老曹"。历史地看，这个排名有其一定的合理性，能够反映出一定时期国人对这些文学大家地位的认识。但在时间这位"最伟大、最正确、最天才"的批评家看来，排名并非一成不变，而总是处在不断的调整变化之中。这实际上主要取决于两个因素：一是其历史作用，二是其后世影响。前者相对恒定，后者则充满变数。如果我们兼顾历史、后世两方面的影响，同时考察这些作家在各自所擅长的文学领域的贡献，那么，将曹禺和茅盾的名次对调，改为"鲁郭曹巴老茅"，是不是更为客观公允呢？

曹禺：一个剧作家，几部话剧，半部话剧史

谷海慧[①]

内容摘要：作为代表作品都是经典之作的最重要的剧作家之一，曹禺的名字支撑起了半部中国话剧史。因为被谈的太多，面对曹禺时，有时会觉得没有更多、更新的东西可谈，但是，只要回到他的创作原点、情感源头，回到他的人物、他的戏剧观念，我们就会有重新回到曹禺的亲切，重新发现曹禺的新奇。下面，本文尝试从天生的敏感使曹禺成为剧作家、失去生母的悲哀是他塑造女性人物的情感起点、现代性精神成就戏剧经典并推动了话剧历史等几个角度，再次贴近和认识曹禺。

一、曹禺之所以会成为剧作家

天性敏感和对"生之痛苦"的体察，是曹禺成为剧作家的基本条件。

早在田本相先生的《曹禺传》里，我们就看到：曹禺自幼便有一颗苦闷的心灵。这一方面因为他那"沉静得像坟墓"一样的家庭气氛，另一方面是他忧郁的天性使然。[②] 在曹禺诞辰 110 周年之际，万方新作《你和我》问世。这是曹禺研究的新材料，可以与田本相先生的《曹禺传》做互文性解读。虽然万方说："我写这本书不是想介绍一位剧作家，我要写的是我的爸爸和妈妈，我要细细探索，好好地认识他们，还想通过他们认清我自己。"但事实上，从《你和我》中，我们得到了认识曹禺的多个角度，加深了对他戏剧创作的了解，也获得了许多对研究界已有研究成果的佐证。这是作为女儿的身边人、知情人对曹禺先生的近距离观察，也是一个文学家对另一个文学家艺术心灵的理解和贴近。因此，对于曹禺研究而言，这部新作具有极为宝贵的资料价值。《你和我》提供的一个非常重要的佐证是让我们看到：曹禺是天生敏感的精神孤儿，他有着与生俱来和终身未去的孤儿感受。

万方的《你和我》为我们提供了一个天赋异禀、具有超常艺术敏感的剧作家形象。作品从多个角度再现了曹禺作为一个敏感、丰富的个体，在自己独特的体验和感受中拥抱艺术、进行艺术创造的过程。由此，我们更加确认：天赋是曹禺进行艺术创作的独特资源，在与世界遭遇、交手时，天赋使他像一个没有皮肤、直接裸露着神经的人，更敏锐地体会到人间的苦与乐、爱与痛，又让他能抓住它们，用富于灵性的文字表达出来。

正因为天性敏感，童年曹禺在得知自己的母亲并非亲生后，雪上加霜地强化了自己孤儿感受。《你

---

① 谷海慧，国防大学教授。

② 田本相：《曹禺传》，北京十月文艺出版社 1988 年，第 7-10 页。

和我》中，有这样一段记述：这是在曹禺七八岁时①，一个和继母闹别扭的女佣告诉他：这个妈不是你亲妈。"男孩儿没有表现什么，没有去问爹爹，更没有去问母亲，只在心里想着、想着、想着，任凭敏感的天性浸润在悲伤和孤寂之中。虽然继母没有再生育，待他很好，然而从那刻起他一直是、终生都是一个失去母亲的孩子。"②

其实，每个人都是一座孤岛，能不能成为艺术家取决于个人的孤岛意识和孤岛感受。曹禺之所以能成为剧作家，就在于他天生敏感，强化了自己的孤儿意识。同时，他还在对别人生活的观察中，体味了"生之痛苦"。父亲的暴躁、大哥的颓废、父亲与大哥的冲突，都对童年曹禺构成了极大的刺激。让他不断躲避，不断向内转，从精神孤岛走向精神深渊。这个深渊就是他的戏剧世界，一个深不见底的宇宙深井和难以找到出口的人性迷宫。

二、曹禺和他笔下的女性人物

曹禺非常善于写"人"。失去母亲，不仅让曹禺善感的心灵终生笼罩着忧伤，而且决定了他对待女性的态度，进而决定了他的创作态度。在《你和我》中，万方回忆，曹禺不止一次拉起万方的手，"可怜，我的小方子，真是可怜。""女人，女人真可怜。"这里，曹禺说的"可怜"，包含了对女性由性别使命和社会角色所带来的人生遭际的同情，更蕴含了他对女性现实处境和需要的理解。这不是一种居高临下的同情，而是以己观人的换位思考、贴心贴肺的关切体察、绵密细腻的爱护怜惜。正是以知己的姿态，让他有了与笔下女性人物平等的、对位的、感同身受的"共情"。这种情感态度的形成，除了来自他见过的、爱过的女性，譬如繁漪的灵感来源——同学的嫂子，翠喜那个妓院是受了太原妓院的触动，而愫芳的原型就是方瑞等。除了这些生活阅历和情感经历，曹禺同情女性的情感源头在他未曾谋面的生母。直到八十岁，他在北京医院住院时，还"写过一首十几页的长诗，写为他而失去生命的十九岁的母亲，写他永远的心疼。那心疼存在于他的每一部剧作中，化为无限的怜爱，怜爱着他剧中的女性人物。只要他活着，他就会对女性保有这份童真的爱恋。"③未曾谋面的生母对曹禺对待女性态度的影响是终生的。他敬重女性所有的付出与牺牲，怜爱女性所有的绽放和凋谢，理解她们所有的愿望和忍耐，珍重她们所有的飞扬和挣扎。这种情感倾注到他笔下的人物身上，就有了一个个具有独立灵魂和丰富性格的女性人物：繁漪、陈白露、花金子、愫芳……换个角度看，生母命运也是曹禺剧作所显示的具有现代意识的女性观念的起点。

我们都说，繁漪不是东方女性的代表，她是《雷雨》在最具雷雨性格的人物，白热、炽烈，具有极强的破坏力，如同美狄亚。我们又说，陈白露不是因为靠山倒了而自杀，她吞安眠药前，一面一片一片数着安眠药，一面对着镜子里的自己自语：还这么年轻，这么美……也就是说，如果她愿意卖，她还有资本。我们还说，野性的花金子向往"金子铺的地，房子都会飞"的理想国，圣母般

① 这段故事在《曹禺传》中也有记述，但《曹禺传》提供的曹禺年龄是五六岁。无论五六岁还是六七岁，都无妨生母早逝这件事对童年曹禺的心灵影响。参见田本相：《曹禺传》，北京十月文艺出版社1988年，第13页。

② 万方：《你和我》，北京十月文艺出版社2020年，第35页。

③ 万方：《你和我》，北京十月文艺出版社2020年，第35页。

的愫芳，最终也因为对文清的绝望而选择了自我解放。这些女主人公，无论经历和性格多么不同，她们追求的都是自我解放。因此，从对他倾心塑造的女性人物身上，我们能够清晰地看到曹禺的现代意识。如果说这种现代意识的确立与曹禺成长的五四时代、与他接触的西方文化有着最为直接的因果关系，生母在 19 岁的花季年龄生下曹禺三天后即逝于产褥热，则是曹禺对女性深切同情、支持女性解放的情感起点。失母的痛苦影响了曹禺终生，也深刻影响了他的创作。

另外，我们还有一个观察曹禺笔下人物的角度，即作家与人物的关系。这是一对并不新鲜的关系，也是作家研究中一个的重要角度。《你和我》中，万方提出了一个非常重要的观点：曹禺笔下的每一个人物都是他自己。田本相先生在《曹禺传》中也提到过这样一个观点："据说，作家写的每个人物都有着他自己，这并不是说，某某人物就是作家本人的化身。但他的情绪、感情、爱憎是如此强烈而分明地折射在他笔下的人物性格上。曹禺也是这样。"① 在万方看来，繁漪是作者的化身，陈白露和翠喜都是作者"生之痛苦"的表达，《北京人》里曾浩、曾庭、文清、江泰等每个男人身上都有作者的影子。有意思、有价值的讨论就在这里：从万方的叙述中，我们看到曹禺与他笔下"在情感的火坑里打着昏迷的滚"的人物是一体的。包括那些女性人物，也是曹禺自己。对于父亲曾经爱和再爱、再婚，万方将父亲现实中的爱情与他对剧中人物的感情合二为一，她说："他爱女人，像干涸的泥土地需要水，他需要爱更需要付出爱，繁漪、愫芳、陈白露，她们都是他的心尖儿，他珍爱她们，疼她们，多少男人里才有一个会这样地爱女人啊！这些女人已经进入了他的生命，也许一个真正的好作家就应该是雌雄一体的吧。"这似乎是在说父亲是贾宝玉式人物，实际是从侧面提出了婚恋与曹禺创作有着密切关系。这不仅是女儿对父亲精神世界的探究，也是一个文学家对另一个文学家的情感理解。

曹禺，这个终生渴望爱的男人，他自己心里的不竭情感和创造爱的能力，就在他笔下的女性人物身上。

三、曹禺和中国话剧史

我们都知道，中国话剧史上有一部令人百说不厌的作品，一部标志现代戏剧成熟的作品，出自一个 23 岁的青年之手。那部作品叫《雷雨》，这个青年叫曹禺。

现代文学史上，能被用"横空出世"这个词描述的，只有两个作家，一个是曹禺，另一个是"出名要趁早"的张爱玲。为什么，只有他们两个人算得上"横空出世"？一来第一部作品就成熟到令人震惊，二来正同学年少。两人都是起手就在巅峰上。

在曹禺之前，中国现代话剧自然已经开始了不懈探索和努力，也取得了阶段性成果。不过，春柳、春阳阶段的探索也好，民众戏剧社的社会关怀也好，田汉的艺术教育与唯美理想也好，在人物塑造、情节设计、语言艺术方面看，艺术成熟度都不如《雷雨》；尤其今天回头看，能够在话剧史上流传下来，成为舞台经典的作品，也是自《雷雨》始。何况除了《雷雨》，还有《日出》《原野》《北京人》等常演常新的作品。

什么是经典？卡尔维诺给出的十四个定义中，有三个与曹禺作品特别契合。

其一，"一部经典作品是一本每次重读都像初读那样带来发现的书。"说的是常读常新，曹禺

---

① 田本相：《曹禺传》，北京十月文艺出版社 1988 年，第 146 页。

作品则是常演常新。其二，"一部经典作品是一本即使我们初读也好像是在重温的书。"说的是似曾相识，人类共通经验的不断印证。其三，"一部经典作品是一本永不会耗尽它要向读者说的一切东西的书。"①说的是见仁见智，只有内涵丰厚才能被不断解读，正是"说不尽的曹禺，谈不完的《雷雨》"。《雷雨》就是这样一部经典作品。2020 年 9 月 26 日，在北京人艺看《雷雨》是一次奇妙的观剧经验。年轻演员多少有些稚嫩和生硬，观众不断笑。按说，这不是《雷雨》期待的效果。记得 6 年前（2014 年）《雷雨》公益场演出，大学生观众的笑声曾激怒了周朴园扮演者杨立新，我也为此感到痛憾，应该引起惊惧和同情的作品怎么会笑场呢？于是应约写了一篇《"后"文化时代的笑声——也谈〈雷雨〉公益场"笑场事件"》，批评当下大学教育中戏剧教育与经典教育的缺位。但今年 9 月，在首都剧场里，依然笑声连连，一些笑点，譬如繁漪与周萍之间一追一躲的周旋、鲁大海与鲁贵的冲突、周冲要对父亲说想帮助一个人受挫后再不敢说、繁漪骂周冲怎么不像自己的孩子等，这些地方的表演有轻喜剧效果。而这种轻喜剧效果，似乎是演员们追求的，并且丝毫没有影响到大结局时悲剧力量。《雷雨》成为了悲喜剧。第二天周朴园扮演者王斑参加我们纪念曹禺诞辰 110 周年研讨会，他说年轻演员受到笑声的激励，在与观众的互动中不再那么紧绷，表演更为放松了。王斑的说法很让我震惊，没想到剧场笑声成为了一个"双赢"的润滑剂。这是戏剧的剧场性、戏剧与时代审美演进中非常有意思的现象，也是经典常演常新、似曾相识、见仁见智的特征的再现。所谓经典，就是这样被检验出来的。所以，曹禺的名字成为了中国话剧史上的高光点。

而曹禺之所以能起手就在巅峰上，源于他的文学观念、戏剧观念的现代性。新近，我们发现了一篇非常有价值的材料——1946 年曹禺在纽约市政厅关于现代中国戏剧发展的讲演，这篇刚刚被发现和翻译的《现代中国戏剧巡礼——1946 年在纽约市政厅的讲演》②，一方面展示了曹禺对中国话剧发展历程的熟悉，相当于截至 1946 年的简版中国话剧史，另一方面则清晰地表达了曹禺的文学和戏剧观念的现代性。简单地说，曹禺告诉大家：中国新剧即话剧的出发点是启发民智，是对社会问题的讨论、对人的灵魂的发现。在中西戏剧关系中，曹禺指出：中国话剧作为西方舶来品，从一被引进就站在具有现代性的起点上。易卜生的《玩偶之家》所以能在五四时代对中国知识阶层产生深远影响，就在于其精神内核是现代的，表达了人的独立价值这种现代精神的觉醒。在新旧戏剧对比中，曹禺明确表达了自己的戏剧观念和戏剧理想。在他看来，旧戏更多是被赏玩的对象，受众接受的是形式美，推崇的是技术派。演员们从小接受正规训练，表演方式高度标准化程式化。新剧则是启蒙者，重视智识，将剧场作为反映现实、讨论问题的讲坛，想通过戏剧来开启民智。通过大量实例，曹禺在这篇演讲中，以作家的才情和学者的渊博，让人们看到中国话剧的现代性，同时也由此联想到他的剧作的现代性。正因为这种现代性启蒙意识，让曹禺的剧作在人的觉醒、人的挣扎、人的困境、人的解放等高度上站在了精神高峰。

一部标志现代话剧成熟的作品，几部传世经典，观念上的现代精神与艺术上的天纵才华，让曹禺作品支撑起了半部中国话剧史。

---

① [意]卡尔维诺：《为什么读经典》，黄灿然、李桂蜜译，译林出版社 2012 年，第 3-4 页。
② 曹禺：《现代中国戏剧巡礼——1946 年在纽约市政厅的讲演》，《雨花》2019 年第 11 期。

弘扬曹禺文化的责任与担当

陈焕新 [①]

一

2004 年，潜江市在举办首届中国（潜江）曹禺文化周之际，中共潜江市委、市政府决定成立潜江市曹禺研究会。

在筹建曹禺研究会的过程中，我们认真地讨论了为什么要成立曹禺研究会？这绝对不是什么权宜之计或临时动议，为文化周凑凑热闹、扎个花架子给别人看看；而是富有远见卓识之举，是为了打造曹禺文化品牌、挖掘城市文化底蕴、提高城市文化品位和知名度的需要，也是坚持先进文化的前进方向，弘扬中华民族传统优秀文化，促进物质文明、精神文明和政治文明建设协调发展的重要举措。那么曹禺研究究竟研究什么呢？是曹禺思想？曹禺理论？曹禺精神？曹禺作品？曹禺人品？……或其他。最后的结论是曹禺文化，包括曹禺的思想、理论、精神、作品和人品都在其中，因此在曹禺研究会的章程上第一次提出了"曹禺文化"之词。有人说：全国文化名人很多，有"鲁、郭、茅、巴、老、曹"之说，而没有听说有鲁迅文化、郭沫若文化、茅盾文化、巴金文化和老舍文化，没有这样的先例。经过认真地讨论，反复地推敲，大家一致认为：曹禺文化周，或者说以《雷雨》发表 70 周年为契机举办的中国（潜江）曹禺文化周，都是没有先例的，曹禺研究会的成立也没有先例。可是，路是人走出来的，人类的各种文化，都是人创造出来的。既然成立了这个研究组织机构，就应该确定一个研究的目标，使之有所遵循，有所寄托，有所向往，有所追求，有所作为。与其说是没有先例的话，倒不如说是一种文化自觉与自信，或者说是理论创新。

《辞海》中对"文化"二字的定义是："从广义来说，指人类社会历史实践过程中所创造的物质财富和精神财富的总和。从狭义来说，指社会的意识形态，以及与之相适应的制度和组织机构。文化是一种历史现象，每一社会都有其相适应的文化，并随着社会物质生产的发展而发展。作为意识形态的文化，是一定社会政治和经济发展的反映，又给予巨大影响和作用于一定社会的政治和经济。" [②]

曹禺戏剧文化，是一定社会政治和经济发展的反映，又对社会的政治和经济给予巨大影响和作用，这是众所周知、无可置疑的。然而，戏剧文化，来源于人民群众之中，来源于他的生活背景和生活经历。所谓"人生如戏，戏如人生"，戏剧就是对人生最真实而又浪漫的写照，因此，曹禺对人类的研究、对社会的研究、对历史的研究都是极其深刻的。他在剧作中刻画出各种各样的人物形象，

有血有肉，血肉丰满，光彩照人，道出了许多人生哲学的哲理，有人称他为哲学家，也是名符其实的。

　　曹禺与故乡人民的频繁接触与密切往来，开始也源于戏剧。1984 年初，潜江荆州花鼓戏剧团进京公演大型现代戏《家庭公案》，曹禺及其夫人李玉茹应邀观看了首场演出。演出结束后，曹禺异常兴奋地走上舞台会见全体演职人员，并激动地高声呼叫："老乡见老乡，两眼泪汪汪。你们的戏演得好，我很高兴啰！"嗣后，剧团负责人及剧组主创人员 10 余人登门拜访，受到了曹老夫妇的热情接待。大家欢聚一堂，促膝恳谈。

　　事后，曹禺写了一篇文章："潜江新花——推荐《家庭公案》"刊登于《光明日报》1984 年 1 月 26 日第三版头条。文章的结尾："潜江的山水，潜江的人民培育着这些艺术家们。潜江荆州花鼓戏剧团给首都人民送来这样一个跟上时代的好戏，我和你们一样，期待着首都观众的喜爱和好评，获得同行和专家的赞赏与帮助。这个戏将会不断提高，更加完美。祝贺你们，在我心中将会长久存在的潜江荆州花鼓戏剧团。"①

　　潜江荆州花鼓戏剧团载誉归来，为了不忘曹禺的教诲，将他们的排练厅改装为"曹禺戏楼"，不时对外开放，扩大影响。剧团的演员们牢记着曹禺"曲高要和众，不能和寡，和众就是雅俗共赏"的教导，每天面对着曹禺，苦练基本功。功夫不负有心人，这里练出了一批优秀的表演艺术家，其中有中国戏剧梅花奖获得者胡新中、李春华，有中国文华表演奖获得者孙世安，有上海白玉兰戏剧表演艺术奖新人配角奖获得者付潜芬，潜江剧团现已升格为湖北省花鼓戏艺术研究院。

　　曹禺为故乡题写了许多名称，如湖北省潜江中学、明星商业城、江汉大市场、园林公园、南浦荷香（景点）等等，成为了潜江市区一道人文风景。还有对许多单位的题词，如对获得国家金奖的"园林青"酒业题词："万里故乡酒，美哉园林青"，成为了闻名国内外的广告词；对潜江自来水获得国家星火计划三等奖的题词："走自来水开发之路"，使潜江市的自来水事业走向市场化，不靠官办靠民办，不靠输血靠造血，不靠硬件靠软件，让全市人民都喝上了卫生、清洁的自来水；对潜江市图书馆的题词："知识之海是填不满的，人生之路是曲折复杂的，充分学习、钻研、善用知识，才能铺出一条人类和平幸福斗争的大道"；对潜江撤县设市的题词："添水乡异彩，建盐化新都"。每一项题名和题词的背后，都有一段广为传颂的故事，既有曹禺的故乡情结，热爱家乡、热爱祖国的情怀，又有文化名人的效应，已经构成了潜江的地方文化现象和特色，应该说是一种社会政治和经济发展的反映，而又给予巨大影响和作用于社会的政治和经济，人们叫它名人文化，说得更直白些，就是曹禺文化。

二

　　过去，我们从教科书里得知曹禺姓万名家宝，籍贯湖北潜江。可是，在潜江的土地上已经找不到有关曹禺的任何痕迹了，连他的祖居都无影无踪。潜江市政协文史办原主任毛道海同志，为了收集整理文化名人资料，沿着曹禺父亲万德尊的人生轨迹，上溯到万氏家族的始祖万邦，从江西迁居潜江，子孙繁衍，代代相传，一直下传到曹禺这一代，已是 13 代人了。他从万氏家族第七世祖万锟

---

① 傅海棠：《江汉平原的艺术奇葩花鼓戏》，第 217 页。

开始，往下一代一代地都作出了翔实的考证。但那也是纸上谈兵，人们看不见，摸不着。

20 世纪 80 年代末叶，潜江县人民政府为撤县设市积极创造条件，进一步地挖掘和展示城市文化底蕴，在征求曹禺本人的同意后，建立了曹禺著作陈列馆，从而点亮了曹禺故里之光，正式打出了曹禺故里文化品牌。因此，曹禺著作陈列馆迅速成为了潜江市的一个旅游亮点和热点。凡是国内外的旅客游人，在潜江市召开的各种会议以及市内广大干群亲朋好友聚会都要去参观曹禺著作陈列馆，文艺界的朋友们将它奉为文艺的殿堂，逢来者必往之。特别是市内中、小学校与共青团所发启的"知我曹禺，爱我潜江"的征文活动，使陈列馆的参观人员川流不息，讲解员应接不暇。毗邻县（市）的学生和文学社团组织，也纷至沓来，在这里采风，搜集资料。

1996 年，曹禺离开了这个世界，为了实现他生前回乡的夙愿，经征求曹禺遗属的同意后，在潜江城区国家森林公园内兴建了曹禺陵园和陵墓。次年将曹禺的骨灰迎回潜江，让曹禺魂归故里，落叶归根，安息在他生前魂牵梦绕的故土之上。

从此，曹禺故里又增加了一项标志性的建筑，强化了曹禺故里的底色与根基。同时，也成为了森林公园的一个景点和旅游热点。全市中小学校组织学生春游和清明节扫墓都选择这里，是对学生进行爱国主义教育和传统教育的最好课堂。国内外旅客游人，特别是会议集体参观，看了曹禺著作陈列馆之后，必到曹禺陵园去瞻仰，成为了一对连体景观。还有些慕名而来的国内外游客，以此作为缅怀和朝拜曹禺的圣地，如日本研究曹禺的专家濑户宏教授到北京参加文化交流活动后，又借此机会来到潜江，再次参观曹禺纪念馆，并向曹禺陵墓敬献花篮。曹禺纪念馆和潜江市曹禺研究会联合举行欢迎会，会上进行了中日文化交流。古诗云："江山也要伟人扶，神化丹青即画图。赖有岳于双少保，人间始得重西湖。"岳飞、于谦两位民族英雄葬于西湖之滨所带来的社会影响，是举世瞩目的。潜江市从建立曹禺著作陈列馆到建立曹禺陵园和陵墓，所产生的社会影响和文化效应，进一步显示了曹禺文化的魅力。

三

中共潜江市委、市政府为了把曹禺文化这块蛋糕做大做强，提出了创建文化名市的号召，从 2004 年至 2014 年，连续举办了三届中国（潜江）曹禺文化周，把曹禺、潜江、我是潜江人这三个词组紧密地连在一起，不仅聚焦了全国乃至全世界的目光，提高了潜江的知名度，还通过对全市人民的广泛教育，开展了"学曹禺，爱潜江"的活动，造成了热爱潜江、建设潜江的浓厚氛围，强化了人们的城市意识，提高了城市的文明程度，改观了市容市貌，改善了投资环境，吸引了外商投资，成批量的工业项目在潜江落户，促进了经济的繁荣与发展，使潜江市跻入了全国百强县（市）的行列。潜江人民读懂了"我是潜江人"这篇文章，并逐步成为了潜江百万人民的共同心声和志同道合、底气十足的豪言壮语。

通过连续三届曹禺文化周的举办，潜江市先后在城区内建成了曹禺公园、曹禺纪念馆、曹禺铜像、曹禺祖居、梅苑、仿古建筑一条街、曹禺大剧院和曹禺文化旅游城。有人叫他曹禺建筑群，当然也是新时代的建筑文化，但戴上了曹禺的桂冠，于是成为了曹禺文化的重要组成部分。

中国戏剧家协会授予潜江"中国剧协曹禺剧本奖创作基地和梅花奖艺术交流中心"的称号，并在这里举办了挂牌仪式。随后，又由中国电影家协会文学创作委员会授予潜江"中国电影家协会文学创作基地"，又由中国电视艺术家协会编剧委员会授予潜江"中国电视艺术家协会编剧创作基地"，四块国字号的招牌，耀眼夺目。他们先后在这里举办了多次读书班活动、颁奖活动、剧本创作研讨会以及剧本推介交易会的活动。他们提出要把潜江打造成为"中国戏剧之都"。

四

潜江市曹禺研究会为了向世人表明这个组织的存在及其存在的价值，创办了自己的会刊《曹禺研究》年刊，也是向市委市政府以及全市人民汇报工作的一部文字资料，这是我们办刊的初衷。十多年来，从曹禺的文本研究，到舞台艺术的赏析与品评；从曹禺的作品研究，到曹禺人品的追思与缅怀；从曹禺家世的研究，到万氏家族的追根溯源；从花鼓戏缘的研究，到多种戏曲的关注与推崇；从曹禺故乡情结的研究，到人文潜江的推介以及故乡文化底蕴的挖掘与弘扬；从本土学者的供稿，到全国各地知名人士、大学教授，直至国外研究曹禺专家学者的赐文；从潜江市曹禺研究会的独家主编，到与湖北大学文学院的联合主编；从下里巴人，到阳春白雪……版面扩大了，规格提高了，内容丰富了，成为了国内外研究曹禺专家学者展示自我的平台，也是进行学术交流的桥梁和纽带。以书为媒，广交朋友，以此网络了全国22个省市和地区乃至11个国家，研究曹禺的专家学者近300人次。事实上曹禺故里已成为世界研究曹禺的中心，唯有这里每年向全世界推荐一本《曹禺研究》专辑，搭起了曹禺文化交流之桥；唯有这里不定期地云集全世界研究曹禺的专家学者在一起高谈阔论，进行学术交流；唯有这里可以提供曹禺在各个时期、各种版本的多国文字剧作以及国内外多种形式、多种类型的演出史料；唯有这里可以为曹禺寻根问祖。上海沪剧院导演、院长助理、研究员刘恩平说："曹禺研究会之于潜江的诞生，意味着曹禺先生心灵还乡之夙愿的达成。而《曹禺研究》这本会刊每年夏秋之际的面世承诺，不仅是对先生其人其作的铭思，更是对其心其魂的应答。这也许是《曹禺研究》最素朴也最虔敬的意义所在。"[①]

举办曹禺国际学术研讨会，是每届曹禺文化周的重头戏之一。会议规模都在60到70人左右，其中来自国外研究曹禺的专家学者，三次文化周的累计，近20人次。他们还在研讨会上赠送了本国研究曹禺的有关资料，如日本摄南大学外国语学院教授濑户宏赠送了80年前日本的《雷雨》首译本以及《蜕变》《日出》和《中国现代戏剧集·曹禺特集》上下集的日本译本。第三届中国（潜江）曹禺文化周，曹禺国际学术研讨会采取了论文交流与曹禺戏剧展演相结合，三天看了四场戏，其中有一场戏是参加学术研讨会的中外专家学者带来的《原野》戏剧专场，中外演员同台演出，演出单位有新加坡亚太艺术中心导演蔡曙鹏带来的《原野》舞剧，有英国学者李如茹带来的英国利兹大学学生《原野》钢琴独奏，有上海戏剧学院教授曹树钧带来的学生《原野》演出片断，不仅说明了曹禺戏剧走向了世界，而且说明了曹禺戏剧已走进多个剧种领域。

曹禺故里的曹禺故事，远不止这些。笔者就自己所站的角度，较为肤浅的认识。来说明潜江人民为弘扬曹禺文化所付出的努力和得到的效果。

---

① 《曹禺研究》第10辑，第419页。

曹禺戏剧舞台研究

论王延松版《原野》知觉现象学的导表演视野

邹元江 [①]

内容摘要：王延松版《原野》从导表演观念上自觉不自觉地确立了非体验式的借助演员"身体本身的空间性"的完型"身体图式"呈现方式。所谓"身体本身的空间性"就不是物理实在的"位置空间性"，而是基于具身性知觉现象学意义上的"处境的空间性"，即"身体面对其任务的处境"。这就是一种身体姿态的"新的存在"表演。无论是陶俑的造型及其处境晦暗的表演，还是 44 分钟两张条凳"处境的空间性"的展开，都契合了曹禺《原野》剧作的现象学视野。但王延松囿于坚持与知觉现象学相左的斯坦尼斯拉夫斯基导表演观念，因而，虽然从表演效果上看，他的确迈出了走出斯坦尼斯拉夫斯基导表演观念的重要一步，但从导表演观念的创新上而言，他并没有实质性的突破。

关键词：王延松版《原野》；知觉现象学；导表演

2006 年 3 月 22 日，王延松版《原野》在北京首演，引起轰动。当年 12 月 6 日，在北京人民艺术剧院小剧场，笔者和中国话剧理论与历史研究会的同仁一起观看了演出。之后在 2010 年，王延松在上海人民出版社出版了《戏剧解读与心灵图像》一书，其中有新版《原野》的导演手记等。2014 年，王延松在中国社会科学出版社又出版了更加详尽的对《原野》《雷雨》《日出》的新解读文本《戏剧的限度与张力——新解读"曹禺三部曲"导演文稿》。阿瑟·丹托说："了解艺术家的阐释，实际上就是鉴定他或她所做的是什么。"[②] 这正是本文所要追问的。

一、可见本体与处境晦暗

曹禺的《原野》原本就是充满了现象学意味的杰作。该剧的"序幕"第一行字"秋天的傍晚。大地是沉郁的，生命藏在里面。"[③] 就引起了王延松的创作冲动，古陶俑的演出形象由此而孕育。王延松思索，生命为什么要藏在大地里面呢？唯一能将藏在大地里面的生命显现出来的就是"由活人扮演的古陶俑，在第一时间，从沉郁的原野大地里重生，他们直面今天剧场里的观众，神秘而陌生，引起种种猜想。这就是我想要的《原野》开场。"[d] 读到第三幕，连续五场的"黑森林"又强烈

---

① 邹元江，哲学博士，武汉大学哲学学院教授、博士生导师。

② [美] 阿瑟·丹托著：《艺术的终结》，欧阳英译，江苏人民出版社 2005 年，第 52 页。

③ 田本相、刘一军主编：《曹禺全集》第一卷，花山文艺出版社 1996 年，第 405 页。

④ 王延松著：《戏剧的限度与张力——新解读"曹禺三部曲"导演文稿》，中国社会科学出版社 2014 年，第 16 页。

刺激了王延松，惊呼曹禺先生"变招了！非写实的、象征的'黑森林'一发而不可收。"①但他觉得，"'黑森林'到第三幕才出现似乎晚了。"他要让"这种'黑森林'的象征力量一开始就出现"，方法就是"用'古陶类形象'替换'黑森林'……要用'古陶类形象'开场，要用'古陶类形象'贯穿，并在新的叙事方式中游刃有余。"②由此，王延松从导演阐释开始就自觉不自觉地进入知觉现象学的视野："对白是日常性的，场景是现实主义的，但是导演偏要从中建立起表现人物灵魂出窍的样态，使象征意味就长在这些看似日常性的表演叙事之中。象征无时不在，表现无处不在，具象与抽象二元对立统一，统一在富有魅力的人物形象上。"③这种不同于现实主义的象征意味的表现性，就是王延松创造的极其独特的"演出形象"——黄土烧结的古陶。他说："'古陶类形象'参与表演叙事，将成为这版《原野》留给观众独特审美感受的总体戏剧形象。"④为了使这7个（后来演出时增加到9个）添加到剧中的古陶俑们从头至尾发挥出"强大的象征叙事功能"，他给这些古陶俑的扮演者提出了"形体造型的任务"，明确告诉他们舞台上要出现的是"身体造型各异、参差不齐、画面感极强的这么一组陶俑类形象。"⑤为此，他特别强调要创新这些古陶俑的服装造型、化妆造型，"服装设计不成功，造型设计不成功，这个戏就不可能成功。"将古陶俑服装、化妆造型的演出形象提高到无以复加的程度，这在话剧的演出史上都是非常令人吃惊的！与此同时，王延松也特别关注与古陶俑的演出形象相呼应的舞美设计，对国家话剧院的刘科栋设计的三稿设计效果图大刀阔斧地做减法，"去掉了能够去掉的多余的东西，没有铁轨，没有老屋，没有黑森林，只留下的一些斑驳的铁砂网，层层叠叠地围出这种神秘的气场，等待着'原野'里的人，等待着从'原野'里站立起来的那些'黄土烧结的古陶'。"⑥此外，大提琴的引入也是为了强化古陶俑的表演叙事。王延松说："我用大提琴帮助角色们、古陶俑们造型，为的是把对白的一些表面的意义藏在形象的后面，让观众品头论足。有的时候，我们只是演了一个'形'，观众却能说出许多意义来。这就是象征的好处。"⑦大提琴既有与古陶俑"并置在一起"⑧强化古陶俑的表演叙事的一面，也是"独立的叙事主体"。王延松说，在第二幕开场时，大提琴还是放在原来的位置，"但是提琴手已经不在现场演奏，却依然传出大提琴的声音，一束光打在大提琴上，像是大提琴在倾诉，这和上一幕结尾大提琴手很痛苦地离开故事现场有联系，预示着某种不幸的事情将要发生。大提琴的处理可以再远一点，再空一点，它不是为了帮助古陶俑找感觉，而是一个独立的叙事主体。"⑨王延松这一系列

---

① 王延松：《戏剧的限度与张力——新解读"曹禺三部曲"导演文稿》，第10页。
② 王延松：《戏剧的限度与张力——新解读"曹禺三部曲"导演文稿》，第12页。
③ 王延松：《戏剧的限度与张力——新解读"曹禺三部曲"导演文稿》，第20页。
④ 王延松：《戏剧的限度与张力——新解读"曹禺三部曲"导演文稿》，第15页。
⑤ 王延松：《戏剧的限度与张力——新解读"曹禺三部曲"导演文稿》，第20、21页。
⑥ 王延松：《戏剧的限度与张力——新解读"曹禺三部曲"导演文稿》，第17、17–18页。
⑦ 王延松：《戏剧的限度与张力——新解读"曹禺三部曲"导演文稿》，第31页。
⑧ 王延松：《戏剧的限度与张力——新解读"曹禺三部曲"导演文稿》，第12页。
⑨ 王延松：《戏剧的限度与张力——新解读"曹禺三部曲"导演文稿》，第52页。

的灵感构想就使他进入了知觉现象学的导表演视域。

现象学是一门关于"意识现象"的学说。胡塞尔说，"唯一具有决定性的东西是现象——即我们所体验到的现象"。所谓"所体验到的现象"就是心理现象，他不同于外感知的物理现象，它"只能在内在意识中被感知到"。①胡塞尔对这种现象拒绝形而上学的思辨，而主张在"看"、在"直观"中直接"面向事实本身"。②显然，古陶俑这个所面向的"事实本身"就不是外在客观的事实，而是被王延松灵动（感）的心内在给予的艺术世界符号。面对古陶俑，观众常态化的、进入剧情规定性的、自居的观看经验就瞬间发生了断裂。过去进入剧情规定性的自居的观看经验就是把所看之"物"看作真实的存在物，并自居的被所看之"物"带入规定情境所营造的幻觉，随之喜、怒、哀、乐，长吁短叹，不能自抑。

但从梅洛 – 庞蒂依据胡塞尔"不能客观化的活动"（隐）是根据"能客观化的活动"（显）③构成的知觉现象学的视域看，王延松的古陶俑却并不会被视作客观真实的存在"物"，与其说它对观众难有亲和性，不如说具有疏远感、间离性。因此，面对古陶俑，正像梅洛 – 庞蒂面对一幅画时那样，"我们并不是像'看一个物体'那样看一幅画，'与其说我看见它，不如说我依据它，或者说随着它而看'。"我们很难再将一幅画、一组古陶俑还原为某一个与其相对应的熟悉的"物"，于是我们只能随着这幅画、这组古陶俑而"看"。而这个"看"显然也不是肉眼直视，而是身心在场的"亲证"，即直接心目、心观"面向事实本身"。梅洛 – 庞蒂把它叫作"可见的本体论"。他说："什么是图像？显然观看图像与看一个物完全不同。我们依据图像来看……而这一分离敞开了什么？并不是'意义'（更不是可见的物），而是存在者"。④用图像、古陶俑、大提琴声所显现的存在者就是"可见（可听）的本体论"视域。但这个"可见（可听）的本体论"并非就是对象性的可直观的客观物象，而是基于非对象性的心观意象、乐象。王延松说："我要用古陶俑演绎出种种内心的意象，使《原野》故事的魅力不局限于对白的表面意义。"⑤的确，语词"对白的表面意义"容易遮蔽语词对白后面的丰富蕴含，尤其是会遮蔽语词对白隐匿、消逝之后而显现的视听意象、乐象。王延松试图通过古陶俑和大提琴声将这语词对白后面的意象、乐象动态视听化。但这些意象、乐象是很难被确指、被定义化的。王延松在《原野》导演手记（三）中说："《原野》的演出形象是：黄土烧结的古陶。它象征着一种原野大地里的生命样式。这个生命样式里有血肉、有灵魂、有爱恨仇苦。有色彩、有声响、有梦幻天地。"⑥显然，这个黄土烧结的古陶俑的"生命样式"就不是对

---

① 倪梁康：《胡塞尔选集》下，上海三联书店 1997 年，第 680 页。

② 倪梁康：《胡塞尔选集》上，"编者引论"，第 4 页。

③ [德] 胡塞尔：《逻辑研究》第二卷，第五章，第 387 页及以下。转引自 [法] 莫里斯·梅洛 – 庞蒂著：《知觉现象学》，姜志辉译，第 373 页。

④ [法] 艾曼努埃尔·埃洛阿：《感性的抵抗——梅洛 – 庞蒂对透明性的批判》，曲晓蕊译，福建教育出版社 2016 年，第 112 页。

⑤ 王延松：《戏剧的限度与张力——新解读"曹禺三部曲"导演文稿》，第 50 页。

⑥ 王延松：《戏剧的限度与张力——新解读"曹禺三部曲"导演文稿》，第 14 页。

象性的可直观的客观物象，它是朦胧的、不确指的，虽然也能让我们在非对象性的心观知觉中领悟到几千年前残酷的随葬品、屈死的冤魂，包括仇虎一家的遭际等诸多重叠的视像和地底下撕心裂肺的呐喊声（大提琴的呜呜咽咽声）。也即，这只是象征隐喻人在特定的处境中晦暗的、不明晰的"生命样式"。这就是知觉现象学表导演观念的悖论。看似是"面向事实本身"的"可见（可听）的本体论"，能够更加清晰知觉语词对白后面的视听意象、乐象，可恰恰是这些"面向事实本身"的动态视听意象、乐象却是晦暗的、不明晰的"生命样式"。但正是这种看似晦暗的、不明晰的抽象的"生命样式"（譬如古陶俑、大提琴声），却打破了自以为是的营造模仿体验论的逼真幻觉的导表演观念，让人们重新回归当下"此在"的现实处境。

梅洛－庞蒂正是从人的"处境"的现象学意义上指出，不应"试图把局部的、分散的现象夹在镊子尖上仔细查看"，而应归还"物"原有的晦暗性，将"有机组织或种类看作大块现实"。① 所谓"大块现实"就是特定的处境中的晦暗、不明晰的"生命样式"。画家的"镊子尖"就是画笔尖。西方的油画笔的笔尖其实并不能写生描摹出人的存在本质的透明性之"真"，这就如同用传统的摹仿体验论并不能就纤毫毕现地在舞台上逼真再现活生生的人物此在一样。与其煞费苦心欲摹仿体验写生出人的外在似真似幻的表象，不若像王延松这般回归人作为世间最高存在物作为"物"的本源的晦暗性、混沌性和轮廓性。这就是王延松通过他的舞台上的古陶俑、大提琴声所注解的梅洛－庞蒂所说的"绘画的非逻辑本质"的"可见（可听）的本体论"的意义。古陶俑就是立体呈现的、让观众可"流动着的感知"的、"非逻辑本质"的舞台绘画、软雕塑群像，大提琴声就是作为"独立的叙事主体"，仿佛古希腊歌队般对舞台上发生的悲剧加以倾诉（叙述）、啸歌（表演）、呜咽（评价），它们都是将人作为"类"的在场性的"可见（可听）的本体论"载体。而正是这种晦暗的、看似"可见（可听）的本体论"的陶俑视像、大提琴声，反而强化了观众难以确切直观完型、一语道破观感的焦躁、苦闷的观赏心理。这正是王延松希望看到的面对人类难以挣脱的悲剧的发生而又无能为力阻止的具有痛感、崇高感的剧场审美效果。②

二、处境空间与完形存在

王延松说："让观众看到角色的内心世界，不能只靠表演。"③ 这是他敏锐地跳出他所熟悉的导表演窠臼，积极寻找与曹禺《原野》相适应的非逼真现实化的导表演新路径。过去的观众理解角色的内心世界，就只能靠由台词刺激而反射的巴浦洛夫生理心理体验式的表演，而这种表演是尽可能地贴合角色真实的内心世界的。王延松却要打破这种体验式逼真表演的依赖性，试图"改变你看的方式"——"流动着的感知"。④ 为什么是流动着的感知，这是因为如胡塞尔所说的，"任何一个可想象的显现方式都无法完整地给予出一个显现的对象；在任何一个可想象的显现方式中，显现

① [法]艾曼努埃尔·埃洛阿：《感性的抵抗——梅洛－庞蒂对透明性的批判》，曲晓蕊译，第59-60页。
② 邹元江：《对新世纪原创话剧〈家客〉思想贫弱的反思》，《云南艺术学院学报》2020年第1期。
③ 王延松：《戏剧的限度与张力——新解读"曹禺三部曲"导演文稿》，第50-63页。
④ 倪梁康：《胡塞尔选集》下，第701、700页。

的对象都不是最终的切身性（Leibhaftigkeit），即那种能够提供这个对象的竭尽无遗的自身的最终切身性；每一个现象都在空乏视域中伴随着一个超越的多……在每一个感知被给予性中，都以一种奇特的方式混杂着已知性和未知性，这未知性指示着新的可能感知，并通过新的可能感知而成为已知性。"① 正是因为可想象的显现方式并不是现实客观化的直接呈现，而是有空乏视域的非切身性的空白、未知性，因而，作为对这种非传统的显现方式就很难被动静观的接受，而必须是主动的参与对这些空乏视域的领悟和对非切身性的空白和未知性的猜测判断补充。这正是"改变你看的方式"的现象学"流动着的感知"。所谓"流动着的感知"就是对伴随着超越的多不断充实给予。

　　话剧演员缺少戏曲演员"身体图式"的养成训练，这逼迫着王延松要求演员必须加强"身体图式"的训练。所谓"身体图式"一般理解为对"我们的身体体验的概括（着重号是原文所有，下同——引者注），能把一种解释和一种意义给予当前的内感受性和本体感受性。"② 梅洛 – 庞蒂说："'身体图式'是一种表示我的身体在世界上存在的方式。"③ 在他看来，"身体图式一定是在童年时期，随着触觉、运动觉的关节觉内容相互联合，或与视觉内容联合从而能越来越容易地唤起视觉内容，逐渐形成的。"④ 既然身体图式是在童年时期就逐渐形成的一个"新的整体"，⑤ 那么对戏曲演员的童子功而言，这就是双重的身体图式的生成：即它既是内在感受性的本体生成，又是童子功强化的身体姿态的"习惯"（第二天性）生成。由此，"身体图式"就被进一步定义为它"不再是在体验过程中建立的联合的单纯结果，而是在感觉间的世界中对我的身体姿态的整体觉悟，是格式塔心理学意义上的一种'完形'。"⑥ 所谓对"身体姿态的整体觉悟"只能建立在双重的身体图式生成的基础上，即童子功在童年时期逐渐形成的内在感受性的"新的整体"基础上，又塑造领悟了具有时空超越性的完形身体姿势，而"完形是一种新的存在"。⑦ 所谓"新的存在"即超越了物理 – 化学的身体拼凑物或一般机体觉的拼凑物。原本身体图式是动力的，即"我的身体为了某个实际的或可能的任务而向我呈现的姿态"。⑧ 或曰："我的身体朝向它的任务存在"。⑨ 既然身体图式是动力的，因此，"身体的空间性不是如同外部物体的空间性或'空间感觉'的空间性那样的一种位置的空间性，而是一种处境的空间性。"⑩ 所谓"处境"就是主动的"身体面对其任务的处境"。中国戏曲艺术的上下场就是戏曲演员面对其出场"亮相"的"处境"，上场门、下场门所显现的处境（时）

---

① 倪梁康：《胡塞尔选集》下，第 700、706 页。

② [法] 莫里斯·梅洛 – 庞蒂：《知觉现象学》，姜志辉译，商务印书馆，2001 年，第 136 页。

③ [法] 莫里斯·梅洛 – 庞蒂：《知觉现象学》，姜志辉译，第 138 页。

④ [法] 莫里斯·梅洛 – 庞蒂：《知觉现象学》，姜志辉译，第 136 页。

⑤ 梅洛 – 庞蒂在此处引用席尔德《身体图式》中的一句话加以注释："这样的一个系统不是其部分的总和，而是对其部分而言的一个新的整体"。

⑥ [法] 莫里斯·梅洛 – 庞蒂：《知觉现象学》，姜志辉译，第 137 页。

⑦ [法] 莫里斯·梅洛 – 庞蒂：《知觉现象学》，姜志辉译，第 137 页。

⑧ [法] 莫里斯·梅洛 – 庞蒂：《知觉现象学》，姜志辉译，第 137 页。

⑨ [法] 莫里斯·梅洛 – 庞蒂：《知觉现象学》，姜志辉译，第 138 页。

⑩ [法] 莫里斯·梅洛 – 庞蒂：《知觉现象学》，姜志辉译，第 137–138 页。

空间不是实体的物理的（时）空间，而是由演员的身体（身段所显现的"虚的实体"）所显现的（时）空间（"空的空间"）。①1932 年梅兰芳挥汗如雨、不厌其烦地教授国剧传习所的学员练站姿、练脚步，其实就是要让他们尽可能补上或感受双重身体图式生成的童子功，由此才能让这些学员具身性感知并初步确立"身体本身的空间性"。b

王延松不期然在朝着这个方向向演员提出了"形体造型的任务"，因而使全剧具有了一般话剧少见的大幅度的演员身体动作表演，尤其是 44 分钟条凳非现实"身体图式"的设计。这就是一种非现实的处境的空间性的身体姿态的"新的存在"表演。王延松说："焦母此刻最不希望让大星知道金子偷的人就是虎子。这场戏充满了暗流。焦母是在这种情况下把眼前的条凳当成金子打翻在地的，有些出乎观众意料。且三次打翻条凳，焦母一再给大星力量，大星又三次扶起来，看出他内心的矛盾和软弱。'三打三扶'，无论焦母还是大星都是一个内心情绪递进的过程，都是非常合情合理的'你打我扶'的情感要求。"③ 其实，焦母与大星"三打三扶"；之后金子与焦母一人一凳，金子三次搬开凳子，金子与焦母调换位置；然后虎子与焦母对坐对晃（峙）、顶头；接着虎子、金子坐一条凳，大星坐另一条凳；往下大星与虎子坐两条凳，大星将两条凳拼成一个长条；最后大星、虎子坐一条凳，金子上三人叉腿站在两条长凳间，大星将金子压在凳子上要杀她，大星打到凳子一边一个……所有这些凳子的调度，都不是斯坦尼斯拉夫斯基意义上的客观实在的空间处理，围绕着两条长凳的演员的表演也不是模仿逼真体验的现实主义表演，而只是一种处境的空间性的身体姿态的"新的存在"空间调度和"身体本身的空间性"的展开表演。

王延松说："这个戏的形式表达不能在内容需要的时候突然间没招了，一个戏里有一两招儿不难，难就难在一笔笔都要精确地描上去，构成舞台语汇的完整丰满。"④ 如何才能"一笔笔都要精确地描上去，构成舞台语汇的完整丰满"，《原野》这出戏的探索是成功出彩的。该剧或整体贯穿，或局部凸显的表现性结构所具有的现象学意味主要体现在以下三个方面：一是古陶俑构成全剧具身性舞台语汇的完整结构贯穿；二是大提琴声既是与古陶俑并置、强化古陶俑的造形，也是独立的叙述主体；三是第二幕 44 分钟两张条凳的空间结构转换生成了处境的空间性身体姿态的"新的存在"表演方式。胡塞尔说："每一个感知……对象的每一个个别的角度自身都指向一种连续性，即可能的新感知的多种连续，恰恰是在这种连续中，这同一个对象将会不断地展现出新的面。"⑤ 古陶俑造型、大提琴声和两张条凳调度都是从个别的角度指向了多层次的连续性，因而不断使全剧展现出令人目不暇接的新的视听画面和乐象。

阿瑟·丹托认为，"从传统的杰作观念看，艺术品经常或永远涉及体现它们所需的精湛技艺，

---

① 邹元江：《空的空间与虚的实体——从中国绘画看戏曲艺术的审美特征》，《戏剧艺术》2002 年第 4 期。

② 邹元江：《梅兰芳具身与非具身戏曲传授实践的启示》，《民族艺术》2018 年第 5 期。

③ 王延松：《戏剧的限度与张力——新解读"曹禺三部曲"导演文稿》，第 54 页。

④ 王延松：《戏剧的限度与张力——新解读"曹禺三部曲"导演文稿》，第 62 页。

⑤ [德] 胡塞尔：《感知中的自身给予》，倪梁康译，见《胡塞尔选集》下，第 699 页。

因此，作品的直接题材（如果有的话）通常只是真正题材的一个机会，真正题材就是显示精湛技艺。"[①]
曹禺的《雷雨》《日出》《原野》《北京人》都是"真正题材"的传统杰作，而《原野》尤其不同于其他三部剧作的地方就是它的非现实主义的现代性，尤以第三幕的"黑森林"为代表。这就给导演和表演留下了巨大的施展"精湛技艺"的空间。王延松版《原野》正是抓住了这个"真正题材"，以极其灵动可见可听本体论的创造不期然进入了知觉现象学的表导演视域，取得了巨大的成功！

巴尼特·纽曼说："要使艺术品成为艺术品，必须超越语法和句法。"[②]句法和语法结构是逻辑性的，而艺术是超逻辑的、非理性的存在，是不能用常识性的、逻辑性的语言加以阐释的。王延松版《原野》从表象上看的确超越了作为模仿体验论的语法和句法逻辑，走出了逼真的幻觉剧场，而进入人的混沌、非确定的此在处境，因而让观赏者陷入了对剧作主旨、人物性格等难以确指、不可归类的尴尬困境，这就具有了说即不中，已落第二义的禅的意味。

三、思维限制与呈现限度

非常令人深思的是，王延松虽然在导排演《原野》时不期然进入了知觉现象学的表导演视野，就像他所说的，"感知戏剧是从直觉出发，而不是从理性出发的观念戏剧，也不是从哲学出发的思辨戏剧，更不是从商业出发的娱乐戏剧。"[③]但他启发演员的表演观念却仍是处处不脱离斯坦尼斯拉夫斯基表演体系的"进入角色""活在角色里""不要演自己，要演那个人""贯穿动作""制造悬念""戏剧高潮""戏剧情境""内心活动""心理停顿"[④]等等体验论的惯性思维。这并不是他所说的"在所谓经典戏剧的现代性上，我要强调不同美学价值的碰撞与链接"，"呼唤一种更加开放的演出观念，它包容了可能彼此对立的思维模式"[⑤]就能够解释的。王延松是始终坚持斯坦尼的导表演理念的。[⑥]他说："这么新鲜的样式，要求演员个个敢演，要靠心理技术的掌控。比如，焦母只要把条凳当成金子一再打翻，清楚地知道内心要求与这个外部动作的关系，就会演得出神入化。"[⑦]这里的所谓"心理技术"就是斯坦尼表导演体系的核心。正是因为王延松仍坚持与知觉现象学视野相左的导表演理念，所以，他虽然有意无意中寻找到了"面向事实本身"的"可见（可听）的本体论"的"新的存在"表演理念，可他仍只是将这种表演理念视作"换个演法"的"招儿"。他说："从以古陶俑全剧开场，到这最后一幕全剧高潮戏，我们的难点是：要把《原野》的故事换个演法"。[⑧]既然仍只是个"换个演法"的"招儿"，自然就不会想到这是对话剧导表演观念突破

① [美]阿瑟·丹托：《艺术的终结》，欧阳英译，第108页。
② [美]阿瑟·丹托：《艺术的终结》，欧阳英译，第77页。
③ 王延松：《戏剧的限度与张力——新解读"曹禺三部曲"导演文稿》，第2页。
④ 王延松：《戏剧的限度与张力——新解读"曹禺三部曲"导演文稿》，第24、30、32、50、52、54、63页。
⑤ 王延松：《戏剧的限度与张力——新解读"曹禺三部曲"导演文稿》，第12、13页。
⑥ 邹元江：《我们需要培养什么样的戏剧艺术研究者？》，《四川戏剧》2015年第11期。
⑦ 王延松：《戏剧的限度与张力——新解读"曹禺三部曲"导演文稿》，第59页。
⑧ 王延松：《戏剧的限度与张力——新解读"曹禺三部曲"导演文稿》，第64页。

的一次尝试。

　　的确，相对于王延松用话剧体验论的表演观念来导演原本就具有现象学意味的京剧《奥赛罗》所必然产生戏曲表演理念与话剧导演理念相脱节的尴尬，① 王延松从"换个演法"的"招儿"的视角导演《原野》时，其实已经自觉不自觉地进入了知觉现象学的视野，应当说这对话剧导表演观念而言还是富有新意的。所谓"自觉"，是说王延松的确是意识到如此导表演《原野》这是新"走向"。他说："这些古陶俑的台词，原本都是曹禺为《原野》的开场写的舞台提示，现在由古陶俑这样演出来，奇特而玄妙，是一个建构和解构的过程，同时为全剧的展开奠定了现代戏剧叙事的走向，诗意而象征。"② 所谓"不自觉"，是说王延松的"变招"是受到曹禺《原野》原作第三幕的启发而灵机一动的创意，而不是从根本上跳出话剧导表演观念的斯坦尼斯拉夫斯基陷阱。所以，严格来说，这个新意是不彻底、不自觉的。这就是王延松的思维的限制所导致的呈现的限度。

　　所谓"思维的限制"是指王延松和他同时代的斯坦尼斯拉夫斯基导表演体系的再传弟子、门徒们，并没有真正了解、明白斯坦尼斯拉夫斯基晚年从梅兰芳的表演中所意识到的具身性表演的重大意义，尤其不知晓斯坦尼斯拉夫斯基晚年在他申请新成立的歌剧－戏剧学校尝试学习中国戏曲的"身段动作和外在特征"，最重要的是迅即"对体系做了修改"这个重大的事件。③ 关于这一点，国内的斯坦尼体系的门徒们甚至还远远落后于梅耶荷德、阿尔托、布莱希特、格洛托夫斯基、巴尔巴等西方导演艺术家对东方戏剧，尤其是对中国戏曲表演观念的领悟力。所谓"呈现的限度"是指王延松没有系统掌握戏曲演员童子功具身训练或当代西方戏剧演员身体训练的基本方式，虽然他也导演过黄梅戏《徽州往事》、京剧《奥赛罗》等戏曲剧目，也曾赴美国排演过英文话剧《潘金莲》，观摩过美国导演约瑟夫·格雷夫斯对中国非职业演员为期一周的基本功训练等。④ 另一方面，在导演《原野》的一个多月时间里，即便他向演员提出了"形体造型的任务"，但对从未系统接触过戏曲童子功具身训练或西方当代话剧演员形体训练的天津人民艺术剧院的演员而言，如何理解并且实践王延松提出的"台词后面的意义往往在于身体的表达"⑤ 是比较为难的，也很难在短期内建构比较稳定的"身体图式"。因此，王延松版《原野》的新"招儿"都是比较外在的，而不是根基于唤醒演员内在的"身体本身的空间性"的"身体图式"的完型呈现方式。两张"条凳"是什么？这可不仅仅是工具性的"招儿"能解释的，而是代表着类同戏曲"一桌二椅"的现象学的表演观念符号。它可以是不断被焦母用铁棍打翻的金子肉身的隐喻符号，也可以是链接命运的链条（三轴平行），或仇虎与焦母对晃（峙）

---

　　① 苗瑞珉、张荔、张威：《亮相伦敦——"东方扮演"〈奥赛罗〉片段参加萨姆·沃纳梅克戏剧节的对谈》，《新世纪戏剧》2015 年第 3 期；邹元江著：《跨文化戏剧坚守戏曲主体性的尝试——评新概念昆曲〈邯郸梦〉》，《戏剧》2019 年第 1 期。

　　② 王延松：《戏剧的限度与张力——新解读"曹禺三部曲"导演文稿》，第 23 页。

　　③ 邹元江：《梅兰芳表演艺术对当代世界戏剧进程的影响》，《南国学术》2019 年第 2 期。

　　④ 王嘉嘉：《"古陶俑"〈原野〉的世界表情》，中国社会科学出版社，2016 年，第 52–71 页。

　　⑤ 王延松：《戏剧的限度与张力——新解读"曹禺三部曲"导演文稿》，第 32 页。此处写成"全身心表达"，第 398 页写为"身体的表达"。显然，后者更准确。

的平台等等，但是，"三打三扶"、一字形、八字形、相对平行形等各种凳子的位置变动，并不都能用斯坦尼斯拉夫斯基的心理动机、最高行动线等话语体系加以解释。

王延松受到曹禺《原野》第三幕连续五场"黑森林""变招"的启发，为了逃避曹禺所说的现实主义表演《原野》"一定失败"[①]的魔咒，他找到了非传统斯坦尼斯拉夫斯基逼真话剧的新"招儿"——非现实的古陶俑、大提琴和两把条凳的导表演方式，不期然进入了知觉现象学的视域。但新"招儿"只是表象，原本应走向话剧导表演观念的本质转向，但可惜的是，王延松只是借助了一个与他的斯坦尼斯拉夫斯基导表演术语相左的另类的外观形象（陶俑、大提琴、条凳）给了观众一点惊异感，虽然规避了"一定失败"的魔咒，却并没有给话剧的导表演观念带来根本性的变革。

这或许与王延松在这出戏中把关注的焦点不是或主要不是放在演员身上，而是放在导演身上有关。王延松对演员说："寻找新语汇的初衷，不是想颠覆什么，是希望呼唤到意象崇高且具有审美价值的表现形式。那种只看演员表演，没有新鲜的令人愉悦形式的戏剧已经过去了。"[②]言下之意，过去导演都隐匿于演员的身后，观众看见的只是演员台上的精彩。现在不同了，导演的智慧不仅仅隐匿于演员的表演中，而且也明明白白体现为非演员表演形态的舞台呈现的形式中。《原野》这出观众耳熟能详的戏，观众关注的重心显然已经不再仅仅是剧作的价值和演员的如何表演，而是导演如何将这出经典剧目重新加以别样呈现的。这就是王延松导演《原野》这出戏的初衷和已经惊艳达到的目的。对此，王延松很是自信，他说："关于仇虎杀死大星和焦母误杀小黑子的戏，我要当众演出来！我要求这几位陶俑都在现场注视着所发生的一切。这就像被钉在十字架上的时候所有在场的人都看着一样！这是一个带有浓烈哲理意味的画面。这是一个人类播种罪恶种子的画面。古陶俑这一刻被赋予的出场任务将催化剧场里观众的现场感受，我们不是让观众分析到什么，而是把戏剧的暗示、隐喻及其审美的作用直接演出来让观众感受到。戏剧既然是当众表演的艺术，好戏、好点子要立马奏效。"[③]

毫无疑问，从表演效果上看，王延松的"好点子"的确"立马奏效"了，他的确迈出了中国话剧导演艺术走出斯坦尼斯拉夫斯基导表演观念的重要一步。但从导表演观念的创新上而言，王延松并没有自觉的实质性的突破。因此，王延松还不能止步于此，他以及中国话剧演艺界与当代世界主流戏剧观念严重脱节滞后的问题甚至还没有清晰意识到，他们还有更远、更艰难的路要走。

梅洛-庞蒂经常会谈及所有作品难免遇到的悖论："只有当一部作品被作为重述的对象再次呈现，它才能充分显示出自身的原创性，而其内在一致性也只有通过这种延伸才能体现出来。"[④]曹禺的《原野》自从1937年在《文丛》第1卷第2～5期发表，1937年8月由上海文化出版社初版以来，80多年来不断作为被"重述的对象再次呈现"，毫无疑义地证明了其"原创性"。而在近40年来公演

① 王延松：《戏剧的限度与张力——新解读"曹禺三部曲"导演文稿》，第1页。

② 王延松：《戏剧的限度与张力——新解读"曹禺三部曲"导演文稿》，第63页。

③ 王延松：《戏剧的限度与张力——新解读"曹禺三部曲"导演文稿》，第21-22页。

④ [法]艾曼努埃尔·埃洛阿：《感性的抵抗——梅洛-庞蒂对透明性的批判》"中文版作者前言"，曲晓蕊译，第4页。

的话剧《原野》各版中，① 王延松版的《原野》无疑是最具有开拓性的。透过王延松版的化解、变形、重述，我们才能真正领悟曹禺《原野》是超越时代的极具知觉现象学意味的杰作。这就是所谓作品的意义"只有通过被化解，才能真正显示出来。"②

① 中央戏剧学院版，港、澳、台各版，新加坡多地各版，北京人民艺术剧院版，上海戏剧学院版等。

② [法]艾曼努埃尔·埃洛阿：《感性的抵抗——梅洛－庞蒂对透明性的批判》"中文版作者前言"，曲晓蕊译，第4页。

论曹禺戏剧的光色艺术及其剧场性追求①

刘家思　刘桂萍②

内容摘要：曹禺的戏剧创作非常重视光色的运用，它不仅是一种手段，更是一种艺术，营造了强烈的剧场性。在曹禺的戏剧中，无论是开放性场景光色运用还是封闭性场景光色的运用都非常真实精细，但以开放性光色为主要形态。曹禺善于把握光与色、明与暗、强与弱的效度，从灯光的运用到日光等自然光的采用，灵活运用内外结合的方式，通过色调变化和光线强弱的对比组合，巧妙把握和发挥光色变化的效能，优化了戏剧效果，显示了自己的审美追求。曹禺总是从整个戏的艺术表现与排演要求出发进行光色配置，充分利用光色的动态变化、亮度强弱、色调调配来凸显思想意蕴、深化人物描写、表现戏剧转场和推进情节发展，显示了突出的审美功能，收到了强烈的审美效果。

关键词：曹禺戏剧；光色预设；艺术追求；审美功能

在戏剧创作中，光色的设置是非常重要的。"因为美丽的、谐调的、艺术的结果，可因配合光色的得当而生，但倘一不加仔细研究，则各种布景的图画，各式服装的颜色，以及演员的化妆，一定丑陋不堪，而且与剧本情调不和谐，使全剧毁坏。所以配光配色，在戏剧的表演上，实居首要。"③戏剧是在时间和空间中展开活动的艺术，光色是后期舞台演出中重要的剧场元素。光色包括光与色两种物质现象，但它们是密不可分的孪生兄弟。一种同样的自然色，在不同光线的映照下，会产生许多变化；而每一种光，又因颜色之分，而有了强弱，冷暖之别。而且，光的色彩、落点、配合不同，引起的情绪反应也就大不相同。同样一束绿光，打在植物造型上显得生机勃勃，打在人物身上就有了一种怪异诡秘的感觉。从来源上讲，光色包括灯光和自然光两种。灯光是制作的，早期主要是为演出提供照明。后来，随着电光的运用及其技术手段的进步，其作用就日益丰富起来。自然光以日光为主，包括雷电等，在剧场演出中也是需要用电光制作的，因此有些戏剧学理论著作中将它统一称为灯光。随着科技的发展，光色在话剧中的地位也越来越突出。

在现代剧场中，灯光的强弱、色彩和运动状态对戏剧演出效果的优化起着重要作用。运用光色

---

① 本文为国家社科基金项目"曹禺戏剧的剧场性研究"（编号 06BZW048）阶段性研究成果。

② 刘家思，二级教授，浙江越秀外国语学院中国语言文化学院院长，中国话剧理论与历史研究会常务理事，浙江省中国现代文学研究会副会长。主要从事曹禺戏剧与越中现代知名作家作品研究。刘桂萍，教授，宁波职业技术学院，主要从事现代作家作品研究。

③ 焦菊隐：《焦菊隐文集》第1卷，《焦菊隐文集》编辑委员会编，文化艺术出版社 1986 年，第 119 页。

艺术强化艺术效果，越来越成为现代戏剧家创作戏剧时重要的表现手段，尤其是戏剧演出中的重要艺术手段。我们既可以用它来限定戏剧的客观环境，也可以通过色彩、形状、明暗的变化，进行艺术渲染，加强舞台景物的视觉冲击力。曹禺戏剧是中国话剧文学走向成熟的标志，他在创作中非常重视光色的运用，营造了强烈的剧场性。这不仅在中国早期的话剧文学创作中比较少见，就是在后来乃至当代的话剧文学创作中也不多见。当我们探讨曹禺戏剧艺术，认识其剧场性追求的时候，这个问题值得我们关注。本文试图就这个问题进行一些探讨，以期抛砖引玉，就教于大家。

一、曹禺戏剧的光色设置类型

光色对剧场具有"染色"功能，他对于人思想情绪、情感节奏、空间重构、舞台行动等起着"重塑性"的控制和调节作用。"在我们所处的世界中，色彩就是光、波和不同频率的电磁辐射，各种物体的表面吸收和反射着光波。眼睛是仅有的接收器，在狭窄的波长范围内选择有用信号，然后大脑对接收到的信号进行编辑，并翻译成人类能够凑懂的语言，这就是我们独特的色觉体验。"[①]因此，充分运用光色艺术，是强化剧场艺术、增强剧场性的重要手段。所谓光色艺术，实际上是指戏剧中的光色采用方式，既包括灯光的配置与运用，也包括日光等自然光的采用。本来，日光就是太阳照射地球而呈现的状态，但是平常的平面性日光在戏剧中没有特别的意义，只有当它作为一种特别预设的光线照射到剧场中，才具备戏剧意义。灯光是戏剧家能够自己控制的，可以根据创作的需要进行设置，赋予其戏剧意义。这正是为什么戏剧在白天演出还要将剧场中各种帷幕拉下，形成一个黑暗的接受空间的缘由所在。从演绎形态来看，通常的戏剧故事不是在封闭的空间发生，就是在开放的空间中发生。因此，戏剧的光色艺术又可分为开放性场景光色运用和封闭性场景光色运用两种类型。无论在哪种场景中排演戏剧，光色的运用都更能体现戏剧家的综合能力。在曹禺的戏剧中，这两种类型的光色设置都是非常用心的。

（一）开放性场景光色设置

所谓开放性光色设置，是指戏剧场景中的光色从室外到室内相互并存，共同作用的光色形态。戏剧是对人类生活的集中表现，人类活动的空间是变动的，但是要受到自然光色的照射。不管是在室内还是在室外，都是这样。曹禺戏剧根植于生活，他的光色形态的设置体现了充分真实的原则。因此，开放性光色成为曹禺戏剧中主要的光色形态。从《雷雨》到《日出》再到《原野》都是这样。请看《雷雨》第三幕的光色设置：

> 车站的钟打了十下，杏花巷的老少还沿着那白天蒸发着臭气，只有半夜才从租界区域吹来一阵好凉风的水塘边上乘凉。……无星的天空时而打着没雷的闪电，蓝森森地一晃，闪露出来池塘边的垂柳在水面颤动着。闪光过去，还是黑黝黝的一片。

> 渐渐乘凉的人散了，四周围静下来，雷又隐隐地响着，青蛙像是吓得不敢多叫，风又吹起来，柳叶沙沙地。在深巷里，野狗寂寞地狂吠着。

---

① [乌克兰] 玛依耶芙娜：《色彩心理学》，闫泓多译，河北美术出版社2015年，第6页。

以后闪电更亮得蓝森森地可怕，雷也更凶恶似地隆隆地滚着，四周却更沉闷地静下来，偶尔听见几声青蛙叫和更大的木梆声，野狗的吠声更稀少，狂雨就快要来了。

……

屋子很小，像一切穷人的屋子，屋顶低低地压在头上。……小圆桌上放着一盏洋油灯，上面罩一个鲜红美丽的纸灯罩；还有几件零碎的小东西；在暗淡的灯影里，零碎的小东西虽然看不清楚，却依然令人觉得这大概是一个女人的住房。

外面强烈的闪电和屋里暗淡的灯光交织在一起，显示一种象征意义：屋子的主人正遭遇内外的挤压。屋内的暗淡隐喻着家庭情绪与气氛的压抑，心理幽怨；而外面蓝森森的闪电预示着生命的危机，环境的险恶与恐怖已经逼近。这样的光色，给人以强烈的心理和情绪的控制力，其审美效果自然是很理想的。

（二）封闭形光色设置

所谓封闭性光色设置，就是指戏剧场景中的光色只是屋内的灯光或亮色，是没有与室外光色发生关联的光色形态。室内的光色虽然也大多是太阳光照射的结果，但是在戏剧排演中，许多光色并没有明显的与室外自然光色的嫁接与联系，我们将这种光色统一视为封闭性光色。自然，这种光色以室内的灯光为主。在曹禺的戏剧中，封闭性光色形成了很强的艺术效果，从《日出》到《原野》到《北京人》到《家》，这种光色都是精心设置的。请看《日出》中的光色设置：

是××大旅馆一间华丽的休息室……为着窗外紧紧地压贴着一所所的大楼，所以虽在白昼，有着宽阔的窗，屋里也嫌过于阴暗。除了在早上斜射过来的朝日使这间屋有些光明之外，整天是见不着一线自然的光亮的。

屋内一切陈设俱是畸形的，现代式的，生硬而肤浅，刺激人的好奇心，但并不给人舒适之感。……右角立一架阅读灯，灯旁有一张圆形小几，嵌着一层一层的玻璃，放些烟具和女人爱的零碎东西，如西洋人形，米老鼠之类。

正中悬一架银熠熠的钟，指着五点半，是夜色将尽的时候。幕开时，室内只有沙发旁的阅读灯射出一圈光明。窗前的黄慢幕垂下来，屋内的陈设看不十分清晰，一切丑恶和凌乱还藏在黑暗里。

缓慢的脚步声由甬道传进来。正中的门呀的开了一半。一只秀美的手伸进来拧开中间的灯，室内豁然明亮。

这是对陈白露住处光色的设置。可以说，这是一个黑暗的世界，这里的光色总是虚幻的，不是自然的。只有等到早上太阳升起之后，这里才有一丝自然的光亮。然而，此时太阳还没有升起，室内只有一架阅读灯射出了一圈光明，但屋内的陈设都看不清晰，一切丑恶和凌乱还藏在黑暗里。在这样一个封闭、黑暗的场域中，只有陈白露的到来，才开启了光明，室内才拥有了明亮。显然，这种光色的设置，既是对整个黑暗环境的隐喻，也是对人物的定位，还是对剧情发展的暗示。由于这种光色的变化与刺激，受众的接受欲望得到了刺动，剧场性也就营造起来了。

戏剧光色，是关系到戏剧效果的重要问题。无论是故事发生在哪种场域中，戏剧的光色都是重要的艺术构件。"舞台上所用各种灯光颜色，全是赖光以射出的，而颜料及染色只靠光的反射。"[1] 曹禺深知戏剧场景的观色设置的重要性，他对于两种类型的戏剧光色的设置，显示了他的艺术功力，收到了强烈的艺术效果。

二、曹禺设置戏剧光色的审美追求

曹禺时代，人们对电灯的光色认知和使用技巧远远没有达到今天的程度，就是舞台光色对受众的审美接受所具有重要影响力，在戏剧界也不像现在这样成为共识。但是，一个具有现代意识的优秀戏剧家对于戏剧场景的光色总是有着自身的艺术敏感，能够有意识去配置剧场的光色，发挥剧场光色的艺术表现力，以优化戏剧的审美张力，强化剧场性，吸引受众的审美注意力。"舞台上的一切，藉了光的媒介刺激了我们的神经。舞台上的光，非特使我们看得见，而且刺激我们的情绪。"[2] 曹禺的戏剧创作显示了这一点。对于戏剧光色的设置，曹禺非常重视，虽然当时的技术手段和认识程度不如当下，但他善于把握光与色、明与暗、强与弱的效度，从灯光到日光等自然光，都灵活运用内外结合的方式，通过色调变化和光线强弱的对比组合，精心细致地把握和发挥光色变化的效度，使舞台各个组成部分形成有机统一体，不仅彰显了舞台景物的轮廓，而且渲染了舞台气氛、活化了舞台景象、刺激了剧场情绪、强化了观众的主观感受、营造了强烈的戏剧氛围。这种审美追求，在如下两个方面得到了很好的展示。

（一）在内外对比中显示光色的效度

对于光色的设置，剧作家在文本中不能像其他服饰或场景着色一样进行比较直观的描写和确定性的规定，但却可以从光色的明暗度、色调的高低等方面对舞台光色进行预设和要求。因此，在对比中谋求光色的剧场性效度，是曹禺戏剧光色配置突出的审美追求。如在《日出》中，曹禺一开幕就设置其光色："为着窗外紧紧地压贴着一座座的大楼，遮住了光线，屋里也嫌过于阴暗。除了在早上斜射过来的朝日使这间屋有些光明之外，整天是见不着一线自然的光亮的"。这种阴影下的光亮一直贯穿剧中，非自然的光亮下，人物、场景都覆盖了一层暗冷色调。而其第二幕的光色设置就是这样的："天快黑了，由窗户望出，外面反映着一片夕阳；屋内暗淡，几乎需要燃起灯才看得清楚。"在这里，外面的夕阳与屋内的暗淡形成了鲜明的对照，受众透过黑暗的内景看到窗户外的阳光，情绪、心理乃至情感都会受到刺激，从而会激发受众的审美兴趣。《原野》的环境氛围一直笼罩着一层诡秘、恐怖的气息，其光色的设计也是呈现出很强的对比性。如序幕中这样写道："怪相的黑云密密匝匝地遮满了天"，"远处天际外逐渐裂成一张血湖似的破口，张着嘴，泼出幽暗的褚红，像噩梦，在乱峰怪石的黑云层堆点染成万千诡异艳怪的色彩。地面依然昏暗暗，渐渐升起一层灰雾，是秋暮的原野，远远望见一所孤独的老屋，里面点上了红红的灯火。"黑云、褚红的天光、诡异艳怪的色彩、灰暗的地面、老屋的灯火，构成了鲜明对比，也就是在这种对比中形成了视觉冲击，营造出压抑、

① 焦菊隐：《焦菊隐文集》第 1 卷，《焦菊隐文集》编辑委员会编，文化艺术出版社 1986 年，第 117 页。

② 焦菊隐：《焦菊隐文集》第 1 卷，《焦菊隐文集》编辑委员会编，文化艺术出版社 1986 年，第 99 页。

躁动、神秘的氛围，催生剧场郁闷、焦虑的复杂情绪，可以增强剧场性张力。显然，光色的对比展示，是曹禺戏剧光色配置的追求审美效果的重要手段。光色明暗的强烈对比，能够营造剧场性，形成艺术张力，激发受众的主观感受，能够使其审美心理随着光色的变化追随剧情，从而获得艺术享受。

（二）在突出光色瞬间变化中强化刺激效果

光色的传递是迅速的，其传递过程人们几乎无法感觉，除了现代科技手段，普通民众的肉眼是法捕捉到。除了黑白之外，其对普通人的日常影响通常不显著。光色只有在舞台场景中呈现一定时间长度才能对受众形成影响。但是，如果光色长时间停驻，又会使受众的视觉感应趋向沉静，不利于形成剧场性。因此，好的戏剧光色的配置是稳定中有变化，变化时让受众有知觉，这样就能展现其审美接受的牵引力。这就需要设置好光色，并运用光色演变原理。"灯光的戏剧性变化会对色彩感知产生很大影响。如果绿色和黄色的方块被强烈的蓝光照射，绿色看起来会是饱满的蓝绿色，但是黄色看起来会有点黑，因为它的分子反射了极其微量的蓝色光。这使得黄色看起来好像一点都不亮似的。这就是舞台灯光的核心。通过改变灯光的颜色，我们可以根据叙事的需要加强或者减弱舞台布景灯光的颜色，使同一个舞台布景看起来截然不同。"[①]曹禺作为戏剧大师，深谙光色配置所具有的独特功能，也深知光色对受众视觉影响的效度与限度。因此，他在戏剧创作中总是以形成剧场引力为前提，精心设置光色，使其成为营造剧场性的重要手段。其中，突出光色变化瞬间的视觉冲击力，进而对人物心理进行控制，进而裹挟受众的审美情绪，就是他谋划光色的剧场性效果的重要手段。《雷雨》第三幕描写蘩漪突然出现在杏花巷10号鲁家窗外，这本来是没有剧场刺激力的，可是曹禺为了形成剧场性张力，刺激受众的审美情绪，他在光色设置上很用心。他运用闪电特有的功能来强化光色的剧场性功能，使蘩漪在窗外也产生了强烈效果。请看：

　　雷声轰轰，大雨下，舞台渐暗，一阵风吹开窗户，外面黑黝黝的。忽然一片蓝森森的闪电，照见了蘩漪惨白发死青的脸露在窗台上面……闪电止了，窗外又是黑漆漆的。再闪时，见她伸出手，拉着窗扇，慢慢地由外面关上。雷更隆隆地响着，屋子里整个黑下来。黑暗里，只听见四凤在低声说话。

这里的光色只有黑白两色，但是因为使用了闪电这一光色，能够在一瞬间迅速刺激人们视觉的特有功效，从而使受众目睹着蘩漪惨白发死青的脸出现在这一特殊时刻，就猛烈地撞击着心魂，形成了强烈的剧场性。许多排演，充分地展现了这一光色，使剧场产生了强烈的震撼力。在《原野》中，无论是焦阎王的半身相片，还是红灯笼，其瞬间的闪现，很好地发挥了光色所孕育的剧场性作用，对金子形成了强烈影响，创设了剧场性。如第一幕金子好不容易将奉命来侦探其是否屋里藏着野男人的常五打发走，仇虎立即出来了，这时作者设置的光色是"外面天更暗了"，自然屋里更加暗，但是挂在墙上的巨阔、油渍的焦阎王半身像此时因为光线照射角度反而颜色更加明显，花金子因为心里自责和恐惧，因此一抬头看见这张照片光色随即一闪，似乎看到焦阎王的眼睛在动，似乎在对她笑，因此立即惊叫起来："相片！相片！（失了颜色）他看着我，他看着我。"正是这种光色的

---

①（美）霍尔农：《视觉艺术色彩 在艺术与设计中理解与运用色彩》，浙江摄影出版社2014年，第18页。

瞬间变化，给剧中人物心理上造成影响，促使了人物失态的举动，进而强化了剧场的动感和效果。在《北京人》第二幕中，江泰又发酒疯在屋里吵闹，引来了曾皓，使"皓瞥见他卧室的灯光，悄悄走到他的门前，掀开帘子望去"，曾文清在屋内暗哑地质问"谁？"一听到这声音，曾皓受到沉重打击："谁！（不可想象的打击）你！没走？"曾文清听到他的声音，立即"昏沉沉地竟然拿着烟枪走出来"，致使曾皓痛心地跪在他前面，气得"中了痰厥"，瘫在沙发近旁，冲出房间的江泰"在烛光摇曳中看见了曾皓坐在那里像入了定"，因为看不清楚到底是怎么回事，就愤愤地说："啊，你在这儿打坐呢！"然后疯狂地怒骂曾皓。这样，戏剧立即产生了喜剧效果，剧场性迅速得到强化。其实，这种效果是光色发生瞬间变化所导致的。显然，这里再次说明，曹禺善于借助光色的瞬间变化来强化剧场性。

戏剧光色是戏剧布景的组成部分，是营造剧场性的重要抓手。在戏剧创作中，"布景必须在表现一剧之中心意念上有所贡献"[①]，这是许多戏剧家都很用心和用力的所在。曹禺以其强烈的艺术敏锐性，抓住了光色本身及其运用方式所蕴含的特殊表现力，尤其是突出了光色的对比运用和瞬间表现生成的剧场引力，都是围绕着戏剧中心意念来创设的。可以说，基于对剧场性营造的需要而去谋求光色配置的艺术效果，是曹禺戏剧创作的重要艺术手段。

三、曹禺戏剧中光色艺术的审美功能

戏剧的光色艺术是现代戏剧不可缺少的重要构件。戏剧光色的预设，是作者出于艺术表现的需要而主观预设的。没有哪一个剧作家对于戏剧中各种艺术元素的运用是非"功利"性的，他们总是寄予了自己的主观愿望和期待，使其成为艺术作品完美架构中的重要组织构件。一个优秀的戏剧家，就是一部戏剧的总设计师，不光会创作剧本，还对导演、表演、舞台置景、服饰配置、光色采用，都会进行精心的"设计"。曹禺是一个伟大的戏剧家，他与许多戏剧家的区别所在，最显著的一点就是"总体设计"。我们阅读曹禺戏剧，在中外戏剧史上，像他这样十分详尽地考虑到戏剧排演要求方方面面的剧作家实在罕见。曹禺对于戏剧光色的设计也非常重视，总是从整个戏的艺术表现与排演要求出发。因此，他的戏剧的光色配置，显示了重要的审美功能。

（一）以光色的变化凸显作品的主题

在文艺创作中，任何艺术手段，都是为表现思想内容服务的。自然，在戏剧创作中，任何戏剧构件都要围绕思想表现来运用。光色作为戏剧中一种故事内容之外的艺术元素，似乎游离于戏剧本体，很容易被当作纯粹的外在的附加因素来处理。因此，很多剧作家没有重视这一块内容，不是丢给了导演，就是放给了布景师或灯光师，由他们根据戏剧文本予以添加，从而导致其审美功能不能得到很好发挥。曹禺不是这样，他的作品没有不讲究光色的。他总是将光色的配置与思想意蕴的表现统一起来，收到了强烈的审美效果。《日出》最后一个场面的光色设置就非常具有强烈的表现力，营造了强烈的剧场性。陈白露吃了安眠药后，曹禺这样设置光色："这时阳光渐渐射过来，照在什物狼藉的地板上。天空非常明亮，外面打地基的小工们早聚集在一起，迎着阳光由远处'哼哼唷，

---

① 赵越：《舞台布景初程》，商务印书馆 1950 年，第 10 页。

哼哼唷'地又以整齐严肃的步伐迈到楼前。"这种反衬性光色对受众视觉具有强烈的刺激力。接着，"她挺起胸走到窗前，拉开帘幕，阳光照着她的脸。"这里既突出了陈白露的美貌，也显示了她内心对于光明的向往。可是，"她忽然关上灯又把窗帘都拉拢，屋内陡然暗下来，只帘幕缝隙间透出一两道阳光颤动着。"为什么呢？因为这么美的一个人，内心对光明如此渴望，却在这太阳出现之前就被黑暗的社会吞噬了。显然，这就深化了思想表现。最后，戏剧是这样结束的：

　　方达生：（左右望）竹均！我告诉你——（忽察觉屋里很黑，他走到窗前把幕帷又拉开，阳光射满了一屋子。雀声吱吱地唱着）真奇怪，你为什么不让太阳进来。（他走到左面卧室门前）竹均，你听我一句，你这么下去，一定是一条死路，你听我一句，要你还是跟我走，不要再跟他们混，好不好？你看，（指窗外）外面是太阳，是春天。

　　〔这时小工们渐唱渐近，他们用下面的腔调在唱着"日出啊东来呀，满天（地）大红（来吧）……"

　　方达生：（敲门）你听！你听（狂喜地）太阳就在外面，太阳就在他们身上。你跟我来，我们要一齐做点事，跟金八挤一挤，我们还可以——（觉得里面不肯理他）竹均，你为什么不理我？（低低敲着门）你为什么不说话？你——（他回转身，叹一口气）你太聪明，你不肯做我这样的傻事。（陡然振作起来）好了，我只好先走了，竹均，我们再见。

　　〔里面还是不答应，他转过头去听窗外的夯歌，迎着阳光由中门昂首走出去。

　　〔由外面射进来满屋的太阳，窗外一切都亮得耀眼。

　　〔砸夯的工人们高亢而洪壮地合唱着《轴歌》，（即"日出东来，满天大红！要想得吃饭，可得做工！"）沉重的石碡一下一下落在土里，那声音传到观众的耳里是一个大生命浩浩荡荡地向前推，向前进，洋洋溢溢地充满了宇宙。

　　〔屋内渐渐暗淡，窗外更光明起来。

　　在这里，光色的变化是因太阳光照射进来而发生的。太阳慢慢照射进来，照在什物狼藉的地板上，也照在了走到窗前的陈白露脸上，天空非常明亮，可是陈白露拉下了窗帘，屋内陡然暗下来，只从帘幕缝隙间透出一两道阳光来。方达生到来后，拉开窗帘，阳光射满了一屋子。然而，他没有叫醒陈白露，他只是一个人迎着阳光由中门昂首走出去。这时，由外面射进来满屋的太阳，窗外一切都亮得耀眼。这种光色的变化，不仅刺激了受众的审美视觉，而且激发了受众的审美兴趣，引发受众展开审美思考，进行思想探寻，使受众明白一个道理——黑暗能够吞噬人的心志，摧残人的生命力。这就深化了作品的思想，增强了作品的批判力，剧场性也得到充分张展，戏剧走向高潮，戛然而止。在曹禺的戏剧中，光色并不是简单的氛围营造，而是赋予了深意的。

（二）以光色的变化来塑造人物

　　"人物是创作的重心，也是曹禺戏剧打动人的本质力量。"①曹禺始终将描写人物放在戏剧创

---

① 刘家思：《曹禺戏剧的剧场性研究》，中国社会科学出版社 2010 年，第 251 页。

作中最重要的位置。他说："写戏主要是写'人'。"① 因此，他在戏剧创作中，将各种艺术手段和戏剧元素，都尽可能置于刻画人物这一中心任务之下。在光色的运用上，曹禺也没有忘记这一点。他总是充分利用光色的动态变化、亮度强弱、色调调配来塑造人物形象，进而深化对人物的描写，强化了剧场性。曹禺总是通过描写人物面对光色变化时的反映来揭示人物的心理，刺激受众的审美心理。《雷雨》第三幕鲁贵和鲁侍萍睡觉后，四凤房间里的光色设置就是作者描写人物心理活动的生动写照。因为周萍和四凤约好今晚要来，四凤这时既希望他来又害怕他来，心理非常矛盾。曹禺用了一系列的方法来表现她这种复杂的心理，其中灯光亮度的调适就是一个重要的手段。当鲁贵他们都睡了，四凤"到圆桌前面，把洋灯的火捻小了"，坐立不安。"这时室内光暗了下来"，"但光的色调依然显出暖意，以衬托四凤焦躁似火的心情。"② 当她听到远远地"外面有口哨声"，知道是周萍来了，因此突然立起，"忽然把桌上的灯转明，跑到窗前，开窗探头向外望"，心理上既兴奋又惧怕。当口哨声音更清楚了，"她把一张红纸罩了灯，放在窗前"，表明希望他来。这是她约定让他来的信号。当口哨愈近，远远一阵雷，她怕了，"她又把灯拿回去"，"把灯转暗"，要他千万不要来。显然，室内光线更加暗淡，光的色调由此也变成了冷色调。在这里，光色的明暗强弱四次变化，不仅凸显室内外的环境特点，渲染气氛，而且深刻地表现了四凤内心的复杂状态，揭示了其紧张、恐惧、纷乱和痛苦的心情。这种亮度对比和光色转换，刺激着受众的审美视觉，加上人物动作的表现，从而形成剧场性引力。在《原野》第三幕中，曹禺对黑林子中的光色预设，也显示了这种功能。当仇虎带着花金子逃到黑林子里，整个林子一片漆黑，后面是侦缉队在追捕，还有焦母由白傻子牵着追来，他们心里十分恐惧。林子里一片漆黑，自然是什么光色都看不到。因此，他们希望有光，能够看到路。可是，当他们一看到光色，心里就紧张起来。于是，这里的光色设置，就成为作者塑造人物的重要手段。花金子在黑林子里左转右转，突然看到红灯笼，她极为紧张，大叫："你看！灯！红灯！"仇虎也叫着："灯！红灯！""就是它，就是这个灯！"可见，他们内心的恐惧。当花金子"仰头上望，身旁环立着白衣的树干，闪着光亮，四面乱抖森林野草的黑影，她惊恐地呼喊起来"，当"一阵野风迅疾地从林间扫过，满天响起那肃杀可怖，'飒飒'的叶声，由上面漏下乱雨点般的天光，黑影在四处乱抖"，他们心里十分恐惧；尤其是"那人形突然把红灯笼提到自己的脸上照，仇虎看个正好，虎子忽然惨厉地怪叫，声音幽长可怖，响彻林间"。在这里，光色的设置成为作者进行心理描写、揭示人物灵魂的重要手段。因为，仇虎在"父仇子报，父债子还"的思想主导下，杀死了挚爱花金子、也是自己从小一起长大的好兄弟——善良的焦大星，并使焦母误杀了焦大星的孩子小黑子。因此，仇虎和金子两人心理上都非常愧疚，遭受到自我良心的谴责，这里的光色引起的反映，充分显示了他们灵魂上经受的巨大煎熬。也正是这样，充分显示了他们的道德感和善良心。显然，光色的变化在这里成为作者揭示人物灵魂的最重要手段。这种光色的变化在戏剧中本身就对受众具有强烈的刺激作用，能够主导受众的审美接受活动，加上剧中人物随之变化而出现的思想情绪上的剧烈变化，就更加增强了审美刺激，激发了受众的审美兴趣。曹禺还

---

① 曹禺：《看话剧〈丹心谱〉》，《曹禺全集》第5卷，花山文艺出版社1996年，第256页。

② 苏明：《〈雷雨〉的舞台艺术》，上海文艺出版社1982年，333页。

通过光色的变化来表现人物的性情与品德，增强受众的审美注意力。《家》第二幕闹洞房结束之后，瑞珏将"灯熄了，窗外月光仰水，泻进屋内。屋里三有桌上龙凤烛的低弱的光，照着一角。"这既是转换场景，更是塑造人物，是为了衬托人物的性情和品格。所以，后面又是"此刻在一片迷离的月光下，湖波山影，和远远雪似的梅花像梦一般地从敞开的窗里涌现在眼前"，显然是对此时觉新性情与心理的表现。随之又是"月明如画"，这是对一对瑞珏的性情的衬托。在这里，光色的变化成为作者塑造人物精神性格和道德品质的诗性化的手段，显得特别美。可以说，巧妙地利用光色塑造人物形象，是曹禺写戏致力于写人的重要表现。

（三）以光色的变化来表现转场和推进剧情

光色包含自然的日光与人为的灯光。就日光而言，光色的变化实际上是由于地球绕着太阳转而引起的。这不仅是时间进程的表现，也是地域空间变化的显示，还是实物发展变化的反映。如春天百花争艳，色彩绚丽多彩，春光暖人；冬天则万物萧条，色彩素寡单一，灰蒙冷冽。因此，光色变化蕴含着万物的变化，是事物进程、人生顺逆的外在表现。正是基于这种自然规律，以在文艺作品中总是以光色变化作为区域转换和故事发展变化的标志。在戏剧创作中，光色变化自然成为表现转场和情节发展的推进手段，曹禺的戏剧堪称这方面的典范。从《日出》到《原野》，从《家》到《胆剑篇》，曹禺总是在光色的变化中推进剧情，形成了强烈的剧场效果。《原野》第二幕，描写焦母刚跟仇虎、金子见面了，然后准备与跟仇虎决战，此时曹禺是这样设置光色的："光渐暗，舞台全黑。十秒钟后，舞台再亮，已经过了一小时，正是夜半。焦家的人都睡了，由左屋里传出仇虎的鼾声，右屋里大星睡着了，不断因为梦着噩梦，低低呻吟着。台上方桌的油灯捻下去，屋里更暗了，神前的灯放射昏惨惨的暗光。在黑影里焦氏坐在一张凳上，拍抚着孩子。"显然，前面的光色变暗变黑是表现戏剧转场，而后面再亮，显示一个新的场景的开始。接着将油灯捻下去，屋里变暗，只有神灯昏惨惨的暗光，焦氏在黑影里坐在方凳上拍抚着小黑子，这就暗示着戏剧情节将会有新的发展。《家》的第二幕，高克明通知周氏，高老太爷要将鸣凤送给冯乐山，周氏急着去找鸣凤说明情况后，这时光色就发生了变化："天空湛清如水，月亮静静地仿佛悬在古柳的巅上。……时而有一片乌云，迟缓地踱过，遮住了明月，乌云过了又露出皎洁的月光。"这既是转场的标志，又是对情节的暗示。所以接着就是鸣凤和觉慧的一场情感戏，表现了鸣凤对觉慧忠贞不渝的爱情。当觉慧准备编《黎明周报》时，光色就出现变化——"天边上隐约闪着电"，接着是"舞台全暗"，"再明亮时已过了一个钟点"。当鸣凤从周氏那里受命回来时，"天空逐渐弥满了乌云，月亮为浓厚的乌云所遮，透不出一点光。随着一阵阵的闪，院里也时明时暗"，只有"左右正房两窗都射出通亮的灯光"。这种光色，预示着将有重要事情发生，是对后面剧情的暗示。当鸣凤去找觉慧时，又是"一阵闪电，照亮了鸣凤，她头发微乱，衣服被风吹得贴着身子，伶仃地站着。檐上的红灯也被吹得轻轻摇摆，从甬道望过去，可以看见远远发光的湖水。"这个光色暗示着湖水将与鸣凤的命运发生密切关系。当鸣凤说有一种鸟一唱一夜晚，唱得血都流出来了时，"湖滨上一个闪电，照亮了对岸的梅林，旋又暗下去"，进一步暗示湖滨将发生重大事故。当鸣凤从陈姨太处走出来，第二次找觉慧，觉慧打开窗门微笑着劝她明天来后，又是"天空打着闪"，象征着事情以及非常紧急。于是，她随即去跳湖了。但她心理舍不得觉慧，又从湖里爬起来，淋着雨再次来找他，这时"黑暗的甬道中慢慢走出鸣凤，……昏昏的红檐灯照着她一副失神凹陷的眼。"当觉慧为赶《黎明周报》而拒绝与她相见时，她绝望地走了。这时"天空不断打着闪"，"檐灯凄惨暗红"。这是对鸣凤以死捍卫坚贞不渝爱情的表现。可以说，这些光色的变化，在刺激受众的视觉效应的同时，也对剧情发展进行了暗示，引导着受众关注剧情的发展。

　　光色是在剧场中具有不可忽视的地位。它不仅是艺术描写的重要手段，也是影响受众接受情绪的重要因素。剧作家可以调动自己的主观能动性，精心运用光色，巧妙采用自然光，灵活使用电灯光线，控制光色亮度、强弱及其变化的节奏，可以激起观众的想象和联想，让观众获得审美的愉悦。在曹禺的戏剧中，无论是场景转换，还是剧情变化，或者人物心理揭示，或者人物命运隐喻，尤其是场景气氛创设、剧场性营造、受众审美视觉刺激与注意力强化，都可以看到他是如何充分发挥光色的作用的。在曹禺的戏剧中，光色运用不光是一种手段，更是一种艺术。

光芒在这里再一次绽放

——曹禺戏剧舞台演出述论

刘继林 [1]

　　戏剧作为一种综合的舞台艺术，有诸多不同于诗歌、小说、散文的地方。从传播接受层面讲，戏剧除了传统意义的纸媒传播和读者批评外，还有另一种更重要的传播途径，那就是舞台演出和观众批评。曹禺是著名的现代戏剧作家，他创作的《雷雨》《日出》《原野》《北京人》等作品之所以能产生巨大影响而成为现代戏剧史上的经典，究其原因，除了作品本身具有极高的思想价值和艺术价值外，在很大程度上，还跟它们经过被改编而成功搬上戏剧舞台有密切关系。在这里，曹禺的剧作通过导演创造性的改造、演员个性化的表演、剧场特殊的空间氛围等，而与更广大意义的观众，有了一次又一次近距离的亲密接触。曹禺剧作独特的思想魅力和灿烂的艺术光芒，在舞台上再一次绽放，而且屡演不衰、常演常新。

　　1933 年曹禺完成了他的剧本处女作《雷雨》的创作，经作家巴金推荐发表在 1934 年第 1 卷第 3 期的《文学季刊》上。但《雷雨》的发表并没有引起多少关注，在沉寂了一年多之后，被日本东京的一帮中国留学生搬上舞台才开始引起文坛的注意。接着，天津的孤松剧团、上海的复旦剧社等学生剧团，以及中国最有影响的职业剧团中国旅行剧社等，在国内先后多次成功上演《雷雨》，而引起巨大轰动。秋田雨雀、武田泰淳、竹内好等日本学者极力推崇，郭沫若、巴金、刘西渭、赵景深等著名作家、学者纷纷撰文评介，社会文化界也争议不断，呈现出“当年海上惊《雷雨》”（茅盾语）的盛况。由此，《雷雨》在中国现代戏剧史上的经典地位得以确立。除《雷雨》之外，曹禺在新中国成立前创作的《日出》《原野》《全民总动员》[2]《蜕变》《北京人》《家》，在新中国成立后创作的《明朗的天》《胆剑篇》《王昭君》，也在不同时期成功上演，均产生过较大的影响。

　　八十多年来，关于曹禺剧作的思想主题、人物塑造、美学风格、比较分析、艺术成就等方面的研究著述，可谓汗牛充栋，已达到了相当的高度，也挖掘到了相当的深度。相对而言，学界对曹禺戏剧的舞台演出资料的搜集整理、分析研究则明显不足。通过对 1935 年《雷雨》上演以来曹禺戏剧舞台演出资料的整理爬梳后，我们发现：（1）曹禺的每一部戏基本上一公演，都能引起媒体、观众及专业评论家的极大关注，各类报刊媒体都会在显著位置刊登相关资讯、报道、观后感或专业剧评

---

　　① 刘继林，湖北孝感人，湖北大学文学院教授，博士生导师，主要从事中国现当代文学研究。

　　② 后改名《黑字二十八》，与宋之的合作。

等；（2）优秀剧团（包括学生剧团、职业剧团、其他改编剧种的专业剧团）的演出，在曹禺话剧的传播接受、经典演绎、创新发展中发挥了极为重要的作用；（3）不管是在炮火纷飞的战争年代、政治一体化的特殊时期，还是娱乐至死的消费主义时代，曹禺的《雷雨》《日出》《原野》《北京人》《家》等经典的舞台演出，从未间断，而且常演常新，成为中国现代戏剧史上的演出最多、评价最高、最受欢迎的剧目。

本文大致以《雷雨》《日出》《原野》《北京人》《家》等剧目为对象，结合这些剧目的首演、优秀专业戏剧演出团体的演出及批评为重心，按照曹禺戏剧演出的历史逻辑顺序，对曹禺戏剧的舞台演出及其批评做一个大致的梳理，为学界今后的研究做一个铺垫。

一、抗日战争全面爆发前（1935—1937）："生命三部曲"的成功上演与曹禺剧目经典性地位的确立

1935 年 4 月 27—29 日，《雷雨》在东京商科大学礼堂一桥讲堂首演。导演是吴天、杜宣和刘汝醴，演出由留日学生戏剧团体——中华话剧同好会负责。演职人员都非常刻苦，潜心研究，演出取得了较大的成功。《雷雨》最早的日文译者影山三郎、著名学者秋田雨雀认为，这次《雷雨》演出将中国的社会现实（"和我们共呼吸的近代的苦恼生活，当今社会的良心所必须共同负担的东西"）展现给了日本话剧界，改变了日本学界对中国戏剧的既成观念，并将其视为中国戏剧已跨越梅兰芳阶段而进入到新时期的标志。[1] 演出期间，当时在日本的郭沫若和巴金也前往观看演出，郭沫若对《雷雨》的主题大加赞赏，巴金则并不愉快，整个观剧过程充满了吵闹、叫喊、嬉笑，演出最终在观众的哄笑声中结束。那晚观众们麻木戏谑的景象，着实让喜欢《雷雨》的巴金心中充满了孤寂和苦痛。[2] 另外，导演吴天、杜宣等为左联东京支部的成员，受左翼文艺思潮的影响，更多地将《雷雨》视作"社会问题剧"来编导，并根据演出的需要，删去了序幕和尾声，加重了工人鲁大海的戏份等。[3] 曹禺说自己"写的是一首诗"，而"决非一个社会问题剧"，并对日本的首演表达了自己的痛心和不满。[4]

1935 年 8 月 17 日，天津的孤松剧团公演《雷雨》，这是《雷雨》在国内较正式的首演[5]。导演吕仰平，化妆苏吉亨，演员有陶一（饰周朴园）、严如（饰繁漪）、栏天（饰周萍）、李琳（饰鲁侍萍）、陈迹（饰鲁贵）等，演出地点在市立师范礼堂。记者看了预演后，认为"各位演员努力的精神，导演者灵活的手腕，和将这剧本内在的意义表现到如此完美的地步，它好像有一种排山倒海的伟大的

① 综合参考曹树钧：《走向世界的曹禺》，天地出版社 1995 年版，第 134–136 页；秋田雨雀，《雷雨·序》（崔任夫译），见《日本学者中国文学研究译丛》（第 2 辑），吉林教育出版社 1987 年，第 224 页。

② 余一（巴金）：《雷雨在东京》，《漫画生活》1935 年第 9 期。

③ 吴天：《〈雷雨〉的演出》，《杂文》1935 年第 2 号。

④ 曹禺：《雷雨的写作》，《杂文》1935 年第 2 号。

⑤ 《雷雨》在国内的首演有多个说法，有称在 1934 年 12 月浙江上虞春晖中学（刘克蔚、刘家思、曹树钧等），或在 1934 你 8 月山东济南女子师范学校的"六一剧社"（崔国良、任丁安等），但较为正式和专业的首演应该是孤松剧团。

力同时还若有一缕流泉微细的力"，给他留下了深刻的印象。[①] 演出时，演员的表演、舞台的布景、灯光的处理、音响效果的呈现等，都取得了较大的成功，受到了观众的赞誉。孤松剧团《雷雨》的公演一时成为天津戏剧界热议的焦点，《大公报》《益世报》《庸报》等大报都开辟专栏、专号对此次演出进行了跟踪报道、专业评价，并配有导演的话、演出剧照、《雷雨》本事、演职员表等。在《雷雨》的演出中，陈迹、李琳、严如、栏天等演员的表演得到了观众和专业人士的广泛认可。而对周朴园的扮演者陶一没能钻进人物的内心深处；高朋饰演的周冲天真过了头，成了傻子气；何之饰演的鲁大海，"表情太过火，正是'过犹不及'"等的点评[②]，也都比较到位。

《雷雨》的成功上演，不仅在天津掀起现代戏剧演出的热潮，也引发了上海戏剧人的极大兴趣。1935 年秋，上海复旦剧社举行第十九次公演，在戏剧家洪深的建议下决定由原定的《大雷雨》改为曹禺的《雷雨》，并邀请欧阳予倩担任导演。12 月 13—15 日，复旦剧社版《雷雨》在上海宁波同乡会正式公演。这是《雷雨》在上海的首演。导演欧阳予倩在排演时也删去了原剧的序幕和尾声，增添了鲁大海走向光明的部分，还强化了舞台布景和出演形式的象征色彩。演出时，整部戏的悲剧氛围渲染得极其浓厚，"布景、灯光，以及音响效果都很好，前两者很能显出一间阴沉沉的难得见阳光的大屋子，后者在第三四幕里的打雷，闪电，以及胡琴声，都处理得很好。"[③] 戏剧家洪深看完戏后，对二少爷（苏明饰演）"炉火纯青"的演技很是好评；复旦大学教授赵景深称赞凤子（四凤的扮演者）上场对话时的台步和位置更换得很好，表情到位，特别是"跪着发誓的悲哀，我好像真的看见你心内的痛苦——不，你的面容的惨淡表示得真够到家的。"[④] 饰演鲁贵的余一萍，更是凭借其精湛高超的演技，将鲁贵"贪婪的表情，媚上的工夫，和在拖油瓶的手枪面前的一副窘相"完完全全展示出来[⑤]。此外，胡会忠的周朴园、程传洁的鲁侍萍、顾得刚的周萍、张庆弟的鲁大海，也都有各自的特色。复旦剧社版《雷雨》在上海的公演，赢得了市场和观众的认可。1936 年 1 月10—12 日，复旦剧社在新光大戏院再次上演《雷雨》，《申报》连日刊登大幅海报宣传，称"《雷雨》树立话剧在中国的地位！《雷雨》争取话剧在艺坛的价值！这是文坛罕有的杰构，不是浅薄的呼喊，这是舞台空前的收获，不是无聊的低趣。《雷雨》剧本是曾获得一九三五年至高的评价，导演是中国舞台技巧最精细的专家，演员是久经锻炼的学校剧人，集成功的著作，成功的导演，成功的演员，完成这一时无两的演出。"[⑥] 复旦剧社的《雷雨》演出，对《雷雨》在广大民众间的传播接受、对《雷雨》经典地位的确立，无疑具有重要的意义。

孤松剧团、复旦剧社在天津、上海成功上演《雷雨》，掀起了各地剧团公演《雷雨》的热潮。

---

① 冯俶：《〈雷雨〉的预演》，原载《大公报·本市附刊》，1935 年 8 月 13–17 日。

② 参见伯克：《〈雷雨〉（孤松演出批评）》，《益世报》1935 年 8 月 19 日；白梅：《〈雷雨〉批判》，《大公报》1935 年 8 月 20–23 日。

③ 李一：《〈雷雨〉——复旦剧社第十九次公演》，《申报》1935 年 12 月 17 日。

④ 赵景深、凤子：《〈雷雨〉的尾声》，《复旦大学校刊》1935 年 12 月 25 日第 223 期。

⑤ 张严：《观〈雷雨〉后》，《复旦大学校刊》第 222 期，1935 年 12 月 16 日。

⑥ 参见 1936 年 1 月 10 日至 12 日《申报》第 14 版。

活跃在 1930 年代的其他大大小小剧团，中国旅行剧社、天津的鹦鹉剧团、天津电报局同人话剧研究社、汉口的明星影戏院等，都曾多次公演《雷雨》。截至 1936 年底，《雷雨》在全国已上演五六百场，而且将中国普通观众的视线从传统的京剧、昆曲、地方戏引向更具现代意义的话剧。从此，中国现代戏剧进一步深入人心，并在曹禺的影响下逐步走向成熟。在众多的《雷雨》演出中，这里有必要重点介绍一下当时中国最有影响的职业戏剧演出团体中国旅行剧社①的演出。

《雷雨》在日本上演后不久，中国旅行剧社就准备在国内排演《雷雨》，但当局以"乱伦""妨碍风化"为由，禁止该剧团演出《雷雨》。几个月之后，唐槐秋得知孤松剧团的《雷雨》已经在天津上演，决定再次排演《雷雨》。1935 年 10 月 13 日，中旅在天津新新影戏院公演《雷雨》，为职业剧团首演此剧。演出中，戴涯饰演的周朴园，沉稳自如，刻画出了一家之主的专横强制；二十出头的唐若青扮演的饱经风霜的老妈子鲁侍萍，是被千万种错综复杂的感情撕扯着的人物，她拿捏得很到位，并栩栩如生地表演出来；赵慧深的繁漪、陶金的周萍、章曼苹的四凤、姜明的鲁贵等，均演绎得十分精彩，获得了观众的称赞和追捧。②中旅在天津演出《雷雨》期间，报刊大力推介，观众热情拥趸，演出场场爆满。1936 年 4 月，中旅携《雷雨》南下上海，在著名的卡尔登大戏院连演三个月，掀起了上海话剧界继复旦剧社公演后又一波的"《雷雨》热"。中旅的《雷雨》给上海观众留下了极好的印象，"《雷雨》是演得好极了！它是在一九三六年的剧坛上了一颗炸弹！"③观众中不仅有看过十次以上者，还有很多未看过的观众听闻风声，专程从苏杭等地赶去上海看中旅的《雷雨》演出，连夜排队购票的观众不计其数，打破了话剧在上海的演出记录。上海公演结束后，中旅又先后赴汉口、长沙、无锡、苏州等地公演，将《雷雨》推向长江流域，并火遍全国。唐槐秋回来回忆说，"《雷雨》反复公演约七八次，始终满座，其每一次演出之日期，最多者达三星期，在当时实为破纪录之成绩！"④截至 1936 年底，《雷雨》在全国已经上演了五六百场之多。1936 年，因此而被称为"《雷雨》年"。

但这些演出大多删去了序幕和尾声，对剧中人物（尤其是周朴园）的处理，曹禺本人并不都是特别满意。1937 年初，刚成立不久的中国戏剧学会决定在南京的世界大戏院公演《雷雨》，导演是马彦祥。此时曹禺正在南京国立戏剧学校任教，他亲自指导并在剧中扮演了周朴园一角。中国戏剧学会版《雷雨》的处理，在结构上，保留了序幕和尾声，成为六幕；在人物上，改变此前演出中周朴园形象固化的一面，更多展示出了这一人物性格的多面性和人情味。尤为称道的是曹禺本人的表演，他将周朴园的心理变化融在眼神、手势、语调里，达到了形神俱似的效果。曹禺本人的表演和台词，此后也成为戏剧专业学生最好的教材，在观众心目中也成了回味无穷的佳话；在舞台设计上，

---

① 1933 年 11 月在上海成立，简称"中旅"，是中国现代话剧史上的第一个职业化剧团，也是中国历时最长的职业化剧团，同时又是演出剧目和场次最多的话剧团。在唐槐秋的带领下，中旅培养了一大批优秀的话剧演员，如唐若青、戴涯、曹藻、舒绣文、陶金、章曼萍、白杨、蓝马、石挥等。

② 参见世芬：《雷雨略评——对每个演员的观察》，《大公报》（天津）1935 年 10 月 20 日。

③ 林茔：《中国旅行剧团：〈雷雨〉的演出》，《影舞新闻》1936 年第 2 卷第 16 期。

④ 唐槐秋：《由回忆中谈〈雷雨〉》，《文编周刊》1945 年第 25 期。

他着意强化舞台氛围，将表现自然现象的风雨雷电做得逼真准确，以便更好地烘托出剧情和人物，给观众的心灵也带来了强烈的震撼；对于服装的设计，曹禺也提供了自己的参考意见，他认为繁漪"一团火"一样的性格，穿上杏黄色的旗袍在灯光的照耀下更能够称托出她的性格。此次颇具特色的《雷雨》演出，是《雷雨》在南京的首演。一时，成为报刊杂志的关注的焦点，也是街头巷尾热议的话题，引起了巨大的轰动。

此后，《雷雨》成为话剧舞台的经典剧目，开始火遍全国，即使在战火纷飞的抗战时期也没有中断过，大大小小、各层各类剧团演出的《雷雨》在全国上下铺开。仅本卷所涉及的《雷雨》演出团体就有：天津的鹦鹉剧社、津电话剧社、西安实验话剧团、青鸟剧社、北京剧社、燕大话剧团、燕京剧社、育英剧团、浙赣剧团、四一剧社、露克剧团等。这些剧团通过对《雷雨》各具特色的舞台演绎，将《雷雨》打造成中国现代戏剧舞台上毫无争议的"No.1"。

和《雷雨》的先冷后热不一样，《日出》一问世便受到了文艺界的高度关注和戏剧观众热烈追捧，《大公报》史无前例地特辟"《日出》集体批评"专栏，刊登众多大家的批评文章，茅盾的"渴望早早上演"[1]，成为当时最普遍、最强烈的一种呼声。很快，上海的戏剧工作社取得了版权，决定排演《日出》，并邀请欧阳予倩指导。经过两个月的排演，《日出》于1937年2月2—5日正式在上海首演，地点是大名鼎鼎的卡尔登大戏院。担任此次演出的上海戏剧工作社，演员以复旦大学的毕业生为主，是"一批非常忠实而努力戏剧于运动的人"[2]，其中饰演陈白露的就是复旦剧社版《雷雨》四凤的扮演者凤子。公演之前，曹禺还专程从南京到上海为演职人员作讲解，并观看他们的彩排演出。导演认为第三幕"奇峰突起，演起来却不容易与其他三幕相调和"[3]，出于演出效果的考虑，删去了第三幕。但曹禺却最看重这一幕，认为删去第三幕是"残忍"的"剜心"之举，"较之斩头截尾还令人难堪"。[4] 对于《日出》的删改和争议，却并不妨碍《日出》首演的成功。首演成功的消息传到日本，日本的中华国际戏剧协会决定排演《雷雨》，并邀请凤子出演陈白露。1937年3月19—21日，《日出》在东京的神田一桥讲堂公演。这次演出获得了广泛的好评，其中"凤子小姐的态度，表情，道白，都简直无可非议的"[5]，东京《日日新闻》称她为"中国剧坛的新曙光"。但"最成功的恐怕是翠喜（尹如玉女士饰）了，她表演的三等妓女的态度，维妙维肖。打情骂俏，放荡不拘。油嘴头，灌米汤……其成绩之佳，观众都惊为奇绩。"[6] 三天的演出，场场爆满，后又多加一天。秋田雨雀、郭沫若、实藤惠秀、菊池宽等众多名流皆到场，观众中以中国同学占三分之二，日本人占三分之一。这次的《日出》演出，在东京自有中国戏剧演出以来，卖座算是打破纪录的一次。[7]

---

① 茅盾：《渴望早早排演》，原载《大公报.文艺》1937年1月1日。

② 陈毅：《日出公演观后记》，原载《舞台银幕》1937年第1卷第1期。

③ 刘乃崇：《记〈日出〉首次演出特刊》，《新文学史料》1980年第1期。

④ 曹禺：《我怎样写〈日出〉》，《大公报》1937年2月28日。

⑤ 少夫：《留东学生的戏剧运动：〈日出〉在东京的报道》，《汗血周刊》1937年第8卷第15期。

⑥ 一新：《〈日出〉在东京演出》，《新天津画报》1937年第186期。

⑦ 少夫：《留东学生的戏剧运动：〈日出〉在东京的报道》，《汗血周刊》1937年第8卷第15期。

　　差不多与日本的《日出》演出同时，南京的国立戏剧学校、中国戏剧学会也在紧张地排演《日出》。国立戏剧学校版《日出》由曹禺本人亲自组织排演，还请自己的恩师张彭春来指导排演第三幕，为的是给观众呈现一个全本的《日出》。经过三个月的排练，《日出》作为国立戏剧学校第11次公演剧目，于1937年4月23—25日在南京香铺营的中正堂正式公演。南京的各大报刊都辟有公演"专号""特辑""特刊"，一致肯定了这次公演所获得的不错成绩，特别是对翠喜的扮演者林婧收放自如的表演给予了高度评价。中国戏剧学会版《日出》由马彦祥导演。马彦祥与曹禺一样，很看重第三幕，认为它"在全剧组织结构上，尽了转变空气的任务，假如第二幕终了，没有第三幕转变空气，第四幕开始时，一定过于严肃，而且悲剧的空气会减弱，基于这一点保留了第三幕。"①中国戏剧学会先后在南京、镇江、上海、杭州等地演出《日出》，受到了热烈欢迎。曹禺还先后在该版剧中饰演过潘月亭、李石清两个角色。另外，饰演陈白露的威莉女士虽说是一位新人，但"她那种浪漫的态度，流利的语言，热烈的情感，敏捷的动作，忧郁的心灵，实足的能够刻画出一切为社会所压迫的可怜的女性的性情。……我可以说，她是得到成功的。她能够把握住观众的心灵，能够深深的感动观众，她是在这点上是不负作者的期望的。"而饰演翠喜的郑挹梅女士，"也很卖力，给大家一个深刻的印象，而她的那一口流利的北平话，尤流脆流利。"②

　　此外，1937年6—7月，由欧阳予倩导演的中国旅行剧社版《日出》在上海卡尔登戏院公演，共演出20天，计32场。这次演出最为出色的莫过于舞台设计，舞台调度也别具一格。此外，由唐若青饰演的陈白露堪称戏剧舞台的经典，轰动上海，红遍全国。

　　在舞台上的《雷雨》《日出》大红大紫之时，创作生命旺盛的曹禺很快就推出了他的第三部剧作《原野》。1937年4月，《原野》在《文丛》上连载后，就被上海业余实验剧团相中，获得首演权后就很快将它搬上舞台。8月7—14日，《原野》在上海卡尔登大戏院首次上演，导演应云卫。演出阵容充实强大，所有的角色都采取AB制，演员赵曙、魏鹤龄饰演仇虎，舒绣文、吴茵饰演花金子，王萍、章曼苹饰演焦母等。这次演出"如果单以技术来说，那自然是可说成功了的；单以演员的演技，就给人击节称赏，翘起大拇指说'满意'！舞台装置比前又进步了，抢景也相当快，剧本上的删削之处呢，也可以说是恰到好处。"③但《原野》却生不逢时，刚上演就碰上抗战全面爆发。如有观众所言："在目前这紧急关头中，这民族生存受到了最大的威胁，在不愿意亡就得挺起胸膛来战的时候，过分顾全了职业而委曲了戏剧的使命，总是说不大过去的。而在这危急的时期中，我们来看《原野》的上演，就有了缓不济急的感觉。"④8月13日，淞沪会战开始，日军大规模轰炸上海，《原野》刚刚演出三场就不得不停演，并很快淹没在轰隆的炮火和救亡的大潮中。另外，还因《原野》浓厚的象征性、主题的超前性，其演出一开始就饱受冷落，评价也充满争议，远远比不上"生命三部曲"前二者《雷雨》《日出》的命运。

---

① 石江：《评曹禺的〈日出〉》，原载《文艺月刊》1937年第10卷第4/5期。

② 李得贤：《杂谈〈日出〉》，原载《蒙藏学校校刊》1937年第18期。

③ 之尔：《〈原野〉观感》，原载《申报·本埠增刊》1937年8月12日。

④ 之尔：《〈原野〉观感》，原载《申报·本埠增刊》1937年8月12日。

从 1935 年 4 月《雷雨》在日本首演到 1937 年 8 月《原野》在炮火声中停演，短短两年多的时间里，曹禺就从一位年轻早熟的戏剧创作者，成为中国现代戏剧舞台上的"莎士比亚"。通过以中国旅行剧社为代表的一批专业剧团的精心排演，以戴涯、陶金、唐若青、章曼苹、凤子、舒绣文、郑挹梅等为代表的一批明星级演员的精彩演绎，曹禺的"生命三部曲"《雷雨》《日出》《原野》，从一本本期刊、作品集中走出来，走进了人潮涌动的各大剧场，受到了戏剧专业人士的拥趸和广大市民观众的热捧。曹禺，就这样创造了中国现代戏剧演出史上难得的奇迹，"三部曲"也成为了中国话剧舞台上常演常新的经典。

二、抗日战争全面爆发至中华人民共和国成立（1938—1949）：从街头现实回归家庭伦理，在囹圄困境中寻求突破

抗战全面爆发后，抵御外侮、民众动员、救亡图存，成为整个文艺界最重要的任务。中华全国文艺界抗敌协会成立后，更加明确地提出了"文章下乡、文章入伍"的口号，抗战戏剧运动也全面蓬勃地展开。南京的国立戏剧学校因战局的发展不得不一再内迁，作为学校教员的曹禺先后辗转长沙、武汉、重庆至江安等地。这一路上，曹禺一面主动投身抗战宣传，以笔为枪，以舞台为战场，积极参加街头剧的创作和演出；一面又不断地省察反思："让我们老老实实地审查自己，从九一八以来，除了一同热烈地喊口号之外，我们对于抗战建国，究竟做了多少？"[1]在看完三八剧社的抗战锄奸剧《前夜》后，曹禺说"为了肃清这些'害群之马'，为了重振我们中华民族的国魂……我们不应当漠视我们的责任。"[2]曹禺开始积极思考戏剧如何肩负起时代所赋予的使命这一现实问题。

1938 年 10 月，第一届戏剧节在重庆举行盛大的公演活动，多个抗战宣传剧轮番上演，而作为压轴戏的是曹禺、宋之的联合创作的《全民总动员》（后改名为《黑字二十八》）。在团结抗战的旗帜下，该剧聚集了当时全国第一流的演出阵容：导演团由张道藩、余上沅、曹禺、宋之的、应云卫组成，应云卫为执行导演；演员方面有赵丹演特工队长邓疯子、顾而已演日本间谍黑字二十八、施超演汉奸张希成，其他重要角色有白杨（饰莉莉）、舒绣文（饰彭朗）、魏鹤龄（饰冯震）、王为一（饰陈云甫）、张瑞芳（饰芳姑）等。其中，曹禺、张道藩、余上沅也在剧中还客串了几个角色。重庆的观众翘首以盼的这场戏，于 15 日开排，29 日在国泰剧院正式公演。演出时，整个戏长达四个小时，观众始终被紧张的剧情和精彩的表演吸引，没有一个人提前退场。该剧连演七天，场场满座，还有很多站票，不得已，四天中又加开三个日场。当时重庆媒体报道的标题为"剧界空前盛举，美满的《总动员》"，文中说，"这个戏的演出，在渝剧人全体参加，在中国戏剧史上可谓空前盛举，观众之拥挤亦破国泰从未有之记录"。[3]

此后，曹禺还参加了国立剧校、第二届戏剧节等的多次公演活动，多次担任导演、编剧，参加讲演、排演活动。1939 年 4 月，日军加强了对重庆的轰炸，剧校不得不奉命迁至江安。在远离喧嚣的大后方，

① 曹禺：《审查自己》，《文艺月刊》1938 年第 2 卷第 3 期。

② 曹禺：《〈前夜〉与当前的汉奸活动》，《新民报》1938 年 3 月 19 日第 2 版。

③ 吕贤汶：《第一届戏剧节纪盛》，重庆戏剧家协会《重庆剧讯》主编《重庆抗战剧坛》1985 年 10 月版。

曹禺先后完成了《蜕变》《北京人》《家》等的创作，笔触从抗战初期的抗战宣传逐步转向问题呈现、从街头呐喊回归家庭伦理，从批判现实转向反思传统。这一切，预示着曹禺创作又一个高峰的到来。

期间，值得一提的是，1939 年 7 月，远在昆明的闻一多、孙毓棠、凤子等共同商议，并以国防剧社的名义邀请曹禺来昆明，亲自执导他的《原野》和《黑字二十八》（即《全民总动员》）。《原野》一戏的排演，曹禺担任指导，闻一多任舞台设计、孙毓棠任舞台监督，演员阵容十分强大：凤子饰金子、汪雨饰仇虎、李文伟饰焦大星、樊筠饰焦母、孙毓棠饰常五、黄实饰白傻子。为了演好《原野》，闻一多倾注了较多心血，对每件道具、背景都反复推敲、认真琢磨，设计焦家堂屋色调沉重的桌子、亲手画出阴森恐怖神秘的"黑森林"布景，"导演以及各位演员各位职员都已尽了他们最善的努力"。8 月 16 日，《原野》正式上演，《说明书》是这样介绍《原野》的："蕴蓄着莽苍浑厚的诗情，原始人爱欲仇恨与生命中有一种单纯真挚的如泰山如洪流所憾不动的力量，这种力量对于当今萎靡的中国人恐怕是最需要的吧！"[1]《原野》演出轰动全城。昆明虽连日大雨，却天天满座，外地慕名而来的观众比比皆是，后又续演多天。在《黑字二十八》上演完后，又再次续演《原野》，仍场场爆满，直到 9 月 17 日才告一段落。曹禺《原野》演出的轰动，是云南话剧史上破天荒的第一次，将昆明的抗战戏剧运动推向了高潮。朱自清当时评价说，"两个戏先后在新滇大戏院演出，每晚满座，看这两个戏差不多成为昆明社会的时尚，不去看好像短着什么似的……这两个戏的演出确是昆明的一件大事，怕也是中国话剧界的一件大事。"[2]

从昆明回来后，曹禺就开始动笔并很快就完成《蜕变》的创作。《蜕变》的现实批判性很强，能够上演经历了严格的审查、反复的修改和不懈的斗争。1940 年 4 月 11 日，《蜕变》在重庆国泰戏院举行了首场演出。演出是由国立剧专的师生来承担的，导演是张骏祥，演员方面：沈蔚德饰演丁大夫、蔡松龄饰演梁公仰、吕恩饰演"伪组织"等。其中，蔡松龄的表演分外精彩：他用戏曲快板或剁字板一样急促有力的节奏，大声念出剧中极富感染力的台词，使观众不禁振奋起来，台下立即响起一片掌声。演出极为轰动，以致惊动了最高当局。蒋介石看后勃然大怒，说"你们给我看了一出共产党的戏"，下令立即禁演。1941 年 10 月，上海职业剧团在上海卡尔登大剧院演出的《蜕变》。导演是黄佐临，演员有丹尼演丁大夫、石挥演梁公仰等。演出的第一场，就引起了全场观众爱国热情的高涨，演员的台词不断为观众雷动的掌声所中断，剧终以后，激动的演员连续谢幕三次。演出持续了整整一个月，场场爆满，舆情民情极度亢奋，形成了"孤岛"争看争谈《蜕变》的热潮。尤其是孙中山诞辰那天的演出，当剧中人物丁大夫向抗日战士讲话，说到"中国中国，你应该是强的"时，群情为之沸腾，整个剧场大喊爱国口号，观众的热情达到了顶点。演剧结束之后，剧场的大量观众仍久久不愿离去。后在上海工部局的残暴干预下，《蜕变》才被禁演。此外，多个版本的《蜕变》先后在多地上演，均引发了民众的爱国热情，产生了轰动的社会效应，但也同样遭到当局一而再、再而三禁演的命运。

随着抗战进入相持阶段之后，曹禺也进入到一个相对冷静的反思期，创作转向他更为熟悉传统

---

① 转引自李乔：《看了〈原野〉以后》，《云南日报》1939 年 8 月 23 日。

② 佩弦：《〈原野〉与〈黑字二十八〉的演出》，原载《今日评论》1939 年第 2 卷第 12 期。

家庭题材，先是完成了《北京人》的创作，后又受巴金委托改编创作了《家》。这两部剧作的创作和完成，标志着曹禺的戏剧生命进入到第二个高峰期。

1940年秋冬至1941年秋冬，曹禺蜗居于江安，在大约一年的时间里，潜心创作完成了《北京人》。外界对曹禺的《北京人》期待已久，其在重庆的首演，作为第一次雾季公演的重点剧目，被隆重推出。1941年8月23日，重庆的《新华日报》发布消息"中央青年剧社最近排演曹禺新作《北京人》，张骏祥任导演，预计一个月后在渝上演。"10月24日，《北京人》正式在重庆抗建堂首演，《新华日报》为首演刊登了广告词："具有柴霍甫的作风／对古旧衰老的社会／唱出最后的挽歌／以写实主义手法／从行将毁灭的废墟／绘出新生的光明／紧张细腻／严肃深刻。"[1]演出的演员阵容十分强大：张瑞芳饰演愫方、江村饰演曾文清、耿震饰演江泰、沈扬饰演曾晧、赵蕴如饰演思懿、吕恩饰演瑞贞。在公演致辞中，张骏祥说："我同我的同伴们用了最谨慎的态度，尽了最大的力量，《北京人》的演出，真是经过了无限的艰苦"。[2]首演获得了极大成功，曹禺的戏剧又一次轰动了山城，当时在重庆的周恩来多次观看此剧，《新华日报》也刊发评论赞扬这次演出。《北京人》一连演了四十余场，重庆倾城争看，一直持续到11月8日，演出时间之长、场次之多，在中国话剧史上都是十分少见的。12月13日，柳亚子先生还特作《〈北京人〉礼赞》一诗，对《北京人》的内容和主题作了激情的评价。与重庆的中央青年剧社的《北京人》演出相呼应，旅港剧人协会于1941年11月29日至12月1日在香港成功演出《北京人》。港版的导演是章泯，主要演员有凤子（饰愫方）、蓝马（饰曾文清）、舒强（饰曾晧）等。12月19日，香港的《大公报》还专门推出了"《北京人》演出特辑"。著名评论家胡风为这次演出写有《关于〈北京人〉的速写》一文。此后，《北京人》又多次在重庆、桂林、北京、天津、上海等地上演。该剧的主题、人物及演出等相关问题，曾引起了文艺界的热烈讨论，茅盾、胡风、邵荃麟、靳以、章罂、茜萍、江布等都有专门的评论文章，《北京人》的热度在大后方持续了很长一段时间。此外，作为北京"四一剧社"成立首演的优选剧目，《北京人》于1942年3月2日在北京饭店上演。"四一剧社这次的公演，给观众们十二分的满意，它使观众们始终在那紧张晴朗的空气下满意地看完它。"[3]此后，在四一剧社、北京剧社和导演陈绵等的努力下，曹禺的《雷雨》《日出》《北京人》等又多次在北京公演，这些都极大地推动了抗战时期中国北方沦陷区的戏剧运动。

1942年的夏天，受巴金的委托，曹禺在重庆附近长江边的一条小船上改编创作完成了《家》。其实此前，巴金的《家》已经由吴天改编、上海剧艺社于1941年初在"孤岛"上海热演了近3个月，十分卖座。但吴天版《家》的演出只是特殊时期的"昙花一现"，巴金本人亦不甚满意。等到曹禺的《家》一发表，就再也没有剧团愿意演出吴天版的《家》了。比较而言，曹禺的《家》有更多个人化的、艺术化的考虑。剧中，觉慧已退居次席，觉新和瑞珏成了主角，台词充满了诗意，也更加有文艺气。剧本完成后，多个剧团争着要首演。曹禺十分欣赏张瑞芳的表演，点名要她来演瑞珏。最后，张瑞

---

① 转引自杨海根：《曹禺的剧作道路》，上海文艺出版社1988年，第139页。

② 张骏祥：《〈北京人〉公演致辞》，《文化新闻》1941年10月25日第3版。

③ 《〈北京人〉圆满演出》，《国民杂志》1942年第2卷第4期。

芳所在的中国艺术剧社取得了曹禺《家》的首演权。1943 年 4 月 18 日，《家》在重庆首演，导演章泯，演员有金山（觉新）、张瑞芳（瑞珏）、凌琯（梅芬）、舒强（觉慧）、沙蒙（高老太爷）、蓝马（冯乐山）等。观众为演员们的精湛演技所倾倒，尤其是觉新与瑞珏洞房的那场戏，金山把觉新演得无限情深，张瑞芳把瑞珏演得温柔尽致，他们诗意地将这一对新人的苦痛演绎得淋漓尽致。此外，丁聪设计的背景，辛涛设计的服装，胡之设计的灯光，也为《家》的成功演出起到了重要作用。这次演出轰动了整个山城，公演后又在重庆各处巡演，还赴鄂西等地慰劳演出，前后共计演 100 余场，场场客满，打破了当时重庆话剧演出场次的记录。[①]1943 年 8 月，《家》由留桂剧人协会在桂林公演，导演是熊佛西和田汉，演出比较强调对未来的"理想化"期待[②]；同年 10 月，《家》由中华剧艺社在成都上演，社长应云卫，导演贺孟斧，演员有白杨（瑞珏）、贺震（觉新）、李恩琪（梅）等。因为成都是巴金的老家，观众看《家》有一种特别的亲切感，导演十分"注重戏的地方色彩和生活气息"，音乐、服装、舞美等的处理都力图表现成都的风情。如觉新与瑞珏结婚那场戏就采用川西坝民间结婚的音乐，吹吹打打，一下子把观众带入到成都大家族结婚热闹喜庆的气氛中。《家》的演出轰动了蓉城，从十月七日到十一月十日连续上演近 40 场。[③]

　　这里，还有必要说一说曹禺剧作在南洋和延安的演出。1939 年，武汉合唱团远赴南洋各地进行抗战巡回公演，受到了当地华人华侨的热烈欢迎。3 月和 10 月，合唱团先后在新加坡大世界太平洋戏院演出《雷雨》、在吉隆坡中华大会堂演出《原野》。当时在南洋的著名作家郁达夫受邀观看了这两场演出，并对演出作出了高度评价。[④]他认为《原野》的演出"几乎可以说是达到了理想的境地"。这次演出，也是《原野》在国外的首演，"是对于推动马华剧运的一个最有效的引擎"[⑤]。在延安，1940 年 1 月 1 日，曹禺的《日出》在中央大礼堂首演。从此，开创了在延安演出国统区和外国戏剧家戏剧的先例。1940—1942 的三年间，除《日出》外，曹禺的《雷雨》《蜕变》《北京人》等也先后延安上演。在延安演出的国统区作家作品中，曹禺的剧作不仅是最早演出的，而且还是演出最多的。《日出》在延安是以工余剧人协会的名义演出的，导演是王滨，参演的有李丽莲（陈白露）、张成中（方达生）、王一达（潘月亭）等。演出剧组克服了物质条件差、舞台布景简陋等困难，上演了一台好戏。毛泽东、张闻天等中央领导先后观看，并给予了很高的评价。中央统战部还特意举行宴会，招待演职人员，祝贺演剧成功。演出期间，延安出现了人人争看《日出》、个个赞口不绝的情形，还有背铺盖、长途跋涉来延安观看《日出》的鲜活案例。此后，《雷雨》也成为延安青年艺术剧院的保留剧目，多次演出；西北文艺工作团也先后在延安上演《蜕变》（导演史行）《北京人》（导演张季纯），

---

① 杨海根：《曹禺的剧作道路》，上海文艺出版社 1988 年，第 171–172 页。

② 熊佛西：《〈家〉在桂林的演出》，《文学创作》1943 年第 2 卷第 3 期。

③ 袁云：《中华剧艺社在成都》，见成都市文化局编《成都新文化文史论稿》（第 1 辑）1993 年版，第 12–13 页。

④ 参见郁达夫《〈雷雨〉的演出》（《星洲日报》1939 年 3 月 25 日）、《看了〈雷雨〉的上演后》（《星洲日报》1939 年 3 月 28 日）和《〈原野〉的演出》（《星洲日报》1939 年 10 月 8 日），收入《郁达夫文论集》，浙江文艺出版社 1985 年。

⑤ 郁达夫：《〈原野〉的演出》，《星岛日报·文艺》1939 年 10 月 8 日。

受到了中央领导的重视，也受到了延安各界群众的欢迎。但时间不长，延安就开始了整风运动。很快，曹禺剧作就退出了延安的戏剧舞台。

抗战以来，中国的戏剧运动得到了蓬勃发展，演剧在抗战救亡、政治宣传、民众教育和文化建设中发挥了重要作用。在抗日前线、大后方、陕北抗日根据地、沦陷区、东南亚，尤其是重庆、香港、上海、北京、桂林、延安、成都、贵阳、昆明、南洋等地，现代戏剧的公开演出相当频繁。就演出热度及影响来看，曹禺的剧作无疑是上演频率最高、传播范围最广、影响也最大的。这些舞台上的剧目，既涵盖抗战前就已经成为经典的《雷雨》《日出》《原野》，也包括抗战时期的《全民总动员》《蜕变》《北京人》《家》等，先后多次、持续、反复上演，几乎场场爆满，处处轰动，成为抗战剧运中当之无愧的经典。

抗战胜利后，曹禺的《雷雨》《日出》《原野》《北京人》《家》等经典剧目在全国各地仍频繁上演，热度依然不减。在光复后的台湾，乃至海外，也受到热烈的欢迎。在抗战后的三年时间里，曹禺先后有远赴美国讲学考察，回国后为现实所累，无处安身，最后不得不屈就电影公司等经历。回过头来看，大约在写完《家》之后，正值中年的曹禺，却慢慢陷入创作的困顿与迷茫之中，在滚滚时代洪流的裹挟下，其戏剧生命逐渐被政治销蚀、被时代搁置。在从 1943—1949 年长达七年的时间里，曹禺的多个创作设想（《三人行》《李白和杜甫》《天桥》）均无疾而终；半部《桥》也永远只是个残篇，成为曹禺一生的遗憾；电影剧本《艳阳天》满是商业化的标签，艺术性乏善可陈。曹禺为此而痛苦、迷惘、彷徨，在摇摆、观望中苦苦寻觅，渴望能早日泅渡现实的死海、穿过时代的荒漠，期盼尽早爬上艺术的彼岸、再次拥抱生命的朝阳。

三、中华人民共和国成立以来（1949 年至今）：断断续续绘时代历史画卷，兢兢业业铸人艺演剧辉煌。经典穿越时代，光芒映照当下

1949 年初，在解放战争的轰隆炮火中，曹禺主动选择北上参加筹备第一次全国文艺界代表大会。在中共地下组织的安排下，曹禺同柳亚子等一行辗转多地，最后到达北京，受到新政权的热情接待，并被委以重任。但曹禺毕竟是从国统区过来的作家，在新中国成立初政治一体化和文艺大批判的大背景下，有相当长一个时期，曹禺都谨小慎微，在政治标准和个人风格之间左右观望、艰难游走，在积极追求"进步"的前提下，寻找着某种平衡。新中国成立后，曹禺的戏剧创作的确不多，只有1954 年的《明朗的天》、1960 年的《胆剑篇》和 1978 年的《王昭君》。这三部戏，或近写现实中知识分子的思想改造，或重述历史中家喻户晓的经典故事，差不多都是特殊时代的产物，带着浓厚的政治色彩。因而，在很大程度上可以说，这三部戏的思想和艺术成就，是难以与曹禺此前的那几部经典剧作相比肩的。

相对于新中国成立后曹禺本人创作力的逐渐衰退而言，曹禺作为院长长期领导下的北京人民艺术剧院（简称"北京人艺"）的演剧事业却蒸蒸日上，并不断走向辉煌。自 1952 年 6 月 12 日成立、曹禺担任首任院长以来，北京人艺就逐渐成长为新中国最重要的演剧基地和人才摇篮。北京人艺先后多次将曹禺在新中国成立前创作的《雷雨》《日出》《原野》《北京人》《家》等经典剧目以及新中国成立后创作的《明朗的天》《胆剑篇》《王昭君》等一一搬上舞台，进行了精彩的重新演绎，

让不同时代的观众都能领略到了曹禺剧作不朽的艺术光芒。

　　虽然北京人艺成立较早，影响也最大，但新中国成立后曹禺剧作的首演，并不是在北京，而是在上海。1954 年 2 月 19 日，上海电影演员剧团在上海大众剧院上演了《雷雨》，导演是赵丹，参演的有舒适、上官云珠、王丹凤、夏天等明星级别的演员。《雷雨》一剧被定位为"揭露了那个时代的丑恶的一面和新生的一面"。这次演出，标志着新中国成立后一直处于冷冻状态的曹禺戏剧开始解冻。[①]1954 年上海电影演员剧团的《雷雨》，很大程度上延续的还是新中国成立前"中旅"的演出风格，其影响远不及后来身处政治中心的北京人艺对曹禺剧作的重新演绎。因此，赵丹版《雷雨》是新中国成立后曹禺剧作演出的开端，又可以说是曹禺剧作新中国成立前演出模式的最后告别。[②]

　　1953 年底，为响应第二次文代会对开放"五四"以来优秀剧目的号召，北京人艺决定首先演出曹禺的经典剧目，并将《雷雨》作为第一部排演的作品。经过约半年的精心筹备，1954 年 6 月 30 日，北京人艺版《雷雨》在北京剧院首演，导演夏淳。演员有郑榕（周朴园）、于是之（周萍）、李翔（鲁大海）、吕恩（繁漪）、朱琳（鲁侍萍）、胡宗温（四凤）、沈默（鲁贵）、金昭（周冲）等。在导演夏淳看来："《雷雨》是一部鲜明地刻画以鲁大海为代表的中国工人阶级和以周朴园为代表的民族资产阶级矛盾的剧本，阶级斗争或隐或现地影响着剧中的每一个人物。"[③]北京人艺尝试通过对《雷雨》的全新演绎，作"新的解释"，赋之以"新的生命""新的精神"。[④]北京人艺的《雷雨》首演，获得了巨大成功，一连演了五十多场，得到了观众、专家和中央领导的充分肯定。

　　以此为标志，在很长一个时期内，曹禺剧作的演出便进入到以北京人艺为代表的"一体化"时期（1949—2000 年）。而 2000 年以后，在艺术创新驱动和市场需求导向下，曹禺《雷雨》《日出》《原野》《家》等经典剧作的被重新演绎，舞台演出呈现出诸多新的特点，探索性、多样性、象征性、市场化在加强，但带给人们的争议也不断，我们暂且称之为"多样化"时期（2000 年至今）。

　　首先介绍一下"一体化"时期曹禺三部新剧《明朗的天》《胆剑篇》和《王昭君》的演出情况。

　　1954 年 12 月 18 日，北京人艺首演《明朗的天》，导演焦菊隐，副导演夏淳。作为曹禺在新中国成立后创作的第一部戏剧，《明朗的天》的演出，受到了观众的期待和欢迎。周总理观看后，肯定了编剧和演出的成功。该剧参演 1956 年 4 月 5 日全国第一届话剧观摩演出，获得演出、导演、舞美、制作和表演等多个一等奖。但该剧对"凌士湘的创造，还显得比较单调，性格的复杂性、思想的矛盾还没有得到更深入的挖掘。……而在演出中，导演和演员在这方面并没有能去修改、丰富它"，"刁光覃同志集中力量处理了角色的性格特征，而没有能够准确的全面掌握住角色的思想核心，因此这个人物的创造就缺乏思想深度，把人物的内心世界处理得单调，相对的就减弱了人物的真实性。"[⑤]

---

　　① 张耀杰：《曹禺：戏里戏外》，东方出版中心 2012 年，第 263 页。

　　② 孔庆东：《从〈雷雨〉演出史看雷雨》，《文学评论》1991 年第 1 期。

　　③ 夏淳：《生活为我释疑——导演〈雷雨〉手记》，见苏民等编《〈雷雨〉的舞台艺术》，上海文艺出版社 1982 年，第 15 页。

　　④ 安冈：《谈〈雷雨〉的新演出》，《戏剧报》1954 年第 8 期。

　　⑤ 左莱：《谈〈明朗的天〉中几个演员的创造》，《戏剧报》1955 年第 3 期。

1960 年代，为适应社会时代发展的需要，曹禺转向了历史剧《胆剑篇》的创作。1961 年 10 月 3 日，北京人艺正式上演《胆剑篇》，导演是焦菊隐、梅阡。在 10 月 11 日北京市文联召开的《胆剑篇》的座谈会上，专家们"一致认为《胆剑篇》的剧本和演出都富有特色，为历史剧创作提供了许多有益的经验。"① 虽说《胆剑篇》演出时的场面是宏大的，布景也精致，但总觉得缺少曹禺早、中期的剧作中那种勾魂摄魄的震撼力。演员方面，童超的夫差、苏民的范蠡、郑榕的伍子胥、董行佶的伯嚭、朱旭的鸟雍、徐洗繁的泄皋、狄辛的西村施姑娘等，都留给人较深刻的印象，但"美中不足的是，这次演出还未能给人一个比较完整的印象，导演的艺术构思还未能很好完成。"②

文革结束后，饱经磨难和创伤的曹禺创作完成了他的最后剧作《王昭君》。1979 年 7 月 25 日，《王昭君》由北京人艺首演，导演是梅阡、苏民，副导演林兆华，主要演员有狄辛（饰王昭君）、蓝天野（饰呼韩邪）、董行佶（饰温敦）、赵蕴如（饰孙美人）等。狄辛塑造的王昭君形象，慷慨大义，胸怀家国天下而自愿奉献自己，给人留下了深刻的印象。此外，"孙美人的形象塑造得非常好，她那种至死不悟的幻想，使人感到又可怜、又可怕"③。赵蕴如演活了孙美人，尤其是殉葬的孙美人以为自己能见到皇上而过度兴奋死去的情节，让很多观众都流下了热泪。1980 年 9 月，北京人艺受邀赴香港演出，在新光戏院公演的《王昭君》，演出在香港产生了较大的影响。香港良友图书公司特为此出版了《曹禺、王昭君及其他》一书，从书中的"欢迎《王昭君》公演特辑""评论小辑"和"座谈会"记录等内容，可以详细了解到当时《王昭君》在香港的演出及反响情况。

曹禺新中国成立后创作的这三部戏和同时代的大多剧作的演出一样，刚搬上舞台时，的确也受到了观众的热烈欢迎和评论家的较多赞誉，但大多也只是特殊时代的花朵，在当时"昙花一现"后就基本销声匿迹，之后就很难在戏剧舞台上复排再现了。与曹禺这三部时代、历史"新"戏在舞台上的命运不同的是，他新中国成立前的多部"旧"戏《雷雨》《日出》《北京人》《家》《原野》却被反复排演，一直活跃在戏剧观众的小舞台和社会人生的大舞台上，成为当之无愧的经典。

自 1954 年北京人艺第一版《雷雨》首演成功之后，北京人艺又先后于 1979 年、1989 年两次复排《雷雨》。导演仍是夏淳，只是演员阵容有一定的调整，部分环节的处理随时代有一定的变化。"一体化"时期，北京人艺"夏淳版"《雷雨》的演出，在一定程度上保证了整体风格的延续性。此外，北京人艺还多次公演《日出》（导演：欧阳山尊 1956 年、刁光覃 1981 年）、《北京人》（导演：焦菊隐 / 田冲 1957 年、夏淳 1987 年）、《家》（导演：蓝天野 1957 年）等经典剧目。演出单位除北京人艺外，还有天津人民艺术剧院、上海人民艺术剧院、中国青年艺术剧院、中国广播文工团、上海电影演员剧团、北京电影演员剧团等。这些国内著名的演出单位多次将曹禺的经典剧作搬上舞

① 《北京戏剧界座谈〈胆剑篇〉》，《戏剧报》1961 年第 Z7 期。

② 凤子：《〈胆剑篇〉演出浅谈》，《人民日报》1961 年 12 月 9 日。

③ 郭汉城：《曹禺戏剧创作的新发展——喜看话剧〈王昭君〉》，《人民戏剧》1979 年第 10 期。

台，并一演再演，也演绎得十分精彩，取得了不错的演出成绩。鉴于篇幅，这里就不再一一赘述。①

总体上说，"一体化"时期曹禺剧作大部分的演出，基本与"夏淳版"《雷雨》的演出一样，都是以"一体化"时期的文艺思想为指导的，严格遵循：凸显阶级斗争和"反封建"的主题，注重主要人物形象的塑造，强调现实主义的表现手法等原则。但这一阶段，也有几次不同于上述现实主义为主导的曹禺演剧尝试：1982年，天津人艺丁小平版《雷雨》将"第九个角色——号称'雷雨'的好汉确定为全剧的演出形象，藉它来显示宇宙里斗争的残忍与冷酷，藉它来象征破坏旧世界的威慑力量"②；1993年，王晓鹰版《雷雨》"将一部很旧很旧的作品赋予新的生命"（曹禺语），加进了序幕和尾声，删去了鲁大海这个人物，更多追求的是一种诗意的表达，被认为"是《雷雨》演剧史上里程碑式的一件事，鲜明地表明对曹禺剧作新的艺术解释浪潮的开始。"③此后，新的《雷雨》演出版本在逐渐增多，探索性、先锋性、创新性在不断增强。

进入新世纪之后，曹禺剧作的演出呈现"多样化"的特点。代表性的演出有：

（1）2000年北京人艺任鸣执导的《日出》，主要演员有郑天玮、顾威、冯远征、张万昆、王刚等。任鸣在追求"好懂、好看、好卖"的前提下，试图实现艺术经典与流行文化的结合。导演利用旋转舞台，将开场近乎"现代迪厅"俗艳与奢华的现代大饭店与戏剧故事发生的1930年代串联起来，强调剧中人物与当下现实生活的关联、比附，具有强烈的现实批判性。但市场化、俗艳的表演对原著的诗意造成了很大的冲击，演出引起了争议。

（2）2000年，北京人艺李六乙导演的小剧场版《原野》，胡军、夏力薪主演。该剧具有浓厚的"先锋探索"色彩，舞台布景充满了象征意味，有电视、席梦思、马桶、可乐等诸多意象符号，导演希望借此来探索现代人"迷路"后的自我困境。但是由于演出严重背离了原著，也引发了很多争议。

（3）2003年4月，为庆祝中国戏剧梅花奖创办20周年，首都剧场演出了由徐晓钟导演的《雷雨》，人称"梅花版"《雷雨》。"梅花版"《雷雨》在写实中融入写意性，恢复了原剧的序幕与尾声，演出在破落的、颓败的灰色屋宇中进行。演出最大的亮点是周朴园、繁漪、周萍、鲁侍萍的扮演者各有三组组成。观众可看到由多届梅花奖得主饰演的"周朴园""繁漪""周萍""鲁侍萍"。三组演员的把握均十分到位、表现相当出色。④

（4）2003年11月，"明星版"话剧《雷雨》在上海首演。导演是陈薪伊，演员阵容十分强大：潘虹饰繁漪、达式常饰周朴园、顾永菲饰侍萍、濮存昕饰周萍、田海蓉饰四凤、雷恪生饰鲁贵、蔡国庆饰周冲。"明星版"结合了当代人的审美，突出命运主题，赋予戏剧更多人性化的色彩。演出

① 参见欧阳山尊著《〈日出〉导演计划》（中国戏剧出版社，1983年版），刘章春主编《〈日出〉的舞台艺术》（中国戏剧出版社2011年版），蔡骧编著《〈北京人〉导演计划》（中国戏剧出版社2004年版），解玺璋、解宏乾编著《北京人艺戏剧博物馆》（同心出版社，2012年）等。

② 丁小平：《第九个角色——〈雷雨〉导演札记》，南开学报编辑部编《曹禺戏剧研究集刊》，南开大学出版社1987年，第202页。

③ 黄长怡：《百年一戏〈雷雨〉：让我们向曹禺前进》，《南方都市报》2007年4月23日。

④ 苏丽萍：《"梅花版"〈雷雨〉观者如潮》，《光明日报》2003年4月7日。

给人们带来了比较强烈的心理预期，实现了比较好的经济效益。这无疑是曹禺经典剧作与流行文化结合的有益尝试。此后，又先后出现了明星版的《日出》（2008年，王延松导演，演员有陈数、靳东、郭达等）、明星版《原野》（2010年，导演陈薪伊，演员有胡军、徐帆、濮存昕、吕中等）等。

（5）2004年，为纪念曹禺先生《雷雨》剧本发表70周年，北京人艺复排《雷雨》，由顾威担任导演，杨立新、龚丽君、夏立言、白荟等年轻演员的演出，让《雷雨》呈现出新的面貌，人称"人艺第三版《雷雨》"。顾威版《雷雨》在人艺夏淳版的基础上，深入挖掘人性的挣扎与呼号的主题，并确立了繁漪第一主角的地位。演出带给观众更多的是感官的惊悚和心灵的悸动，获得了观众和专业人士的充分认可，被认为"最接近曹禺原著的精神状态"。

（6）2006年2月，王延松为天津人艺导演的《原野》在津首演。王延松版《原野》对曹禺的原作作了压缩和删减，剧中人的性格更显极端，行为更显奇异，追求一种超越现实的极致美。导演对舞台的布景作了很大调整，还增加了九个诡异奇特的"陶俑类形象"，并与剧中人物一一对应。这一创举无疑有利于表现人物深藏在内部的灵魂，强化审美意识中的生命意味。

当然还有其他各种版本的曹禺剧作演出，将曹禺戏剧的丰富意蕴和旺盛生命力充分呈现出来。而且，近年来，曹禺剧作演出中的多样化元素：社会现实、原始生命、家庭伦理、复杂人性、娱乐消费、先锋探索等风格正慢慢走向融合，追求原著的艺术精神与当下的文化语境的有效结合。如2017年何念版《原野》、2018年赖声川版《北京人》的演出，就明显有这样的趋势。

近年来，不断有媒体报道，曹禺经典剧作《雷雨》在演出中频遭"笑场"事件。2014年7月22日，北京人艺公益演出《雷雨》时，表演频遭台下观众（公益场主要是大中学生观众）的"笑场"。"令人惊诧的是随着台上剧情的发展，人物关系渐渐暴露，舞台下爆发出阵阵欢快的笑声。台上进入了角色的演员们非常的不适应，努力调整表演的幅度仍然有很多台词被笑声淹没。……彻底揭开了兄妹乱伦的残酷事实的时候，台下仍然是笑声阵阵。"剧中周朴园的扮演者北京人艺著名演员杨立新对此表达了自己的强烈不满。有观众也表达不解，"看《雷雨》居然会'哄堂大笑'，而且'贯穿全剧'？真是不可思议。"而2014年8月，北京人艺在上海演出《雷雨》又遭"笑场"。整整三个小时的演出，却笑声不断。如此人伦悲剧，如此经典，在当下却一次又一次遭遇如此"笑场"，这个现象所折射的问题，诸如时代隔阂、文化断层、消解经典，以及年轻人的恶搞文化、无厘头做派、无底线思维等，的确值得我们注意和反思。

论王延松对曹禺剧作场景舞台呈现的视觉美学特征

赵一婷 ①

内容摘要： 曹禺对舞台装置的重视在《原野》中有着突出的体现，仅对焦大星屋内道具的提示就达二十处之多，曹禺正是通过丰富的意象来拓展在舞台空间中戏剧呈现的视觉可能性。而在《原野》的众多演出版本中，王延松对《原野》的象征化、非对象化的表现手法，最为贴近曹禺的戏剧表达理念。他利用造型各异、参差不齐的"古陶俑"形象在黑暗、沉郁的舞台氛围中呈现出原始野性的生命气息。反观国内众多剧目对舞台装置对象化、机械化的对应设置，所体现出来的在戏剧舞台观念上的滞后值得深入的思考和研究。

关键词：《原野》；舞台装置；非对象化；象征性

2006 年 3 月 22 日，由王延松执导的《原野》在北京人艺小剧场首演。演出舞台用挂满侧幕和天幕的铁纱网作为幕布，主要道具减少到只有一个蒲团、一把圈椅和两把条凳。九个浑身粗粝而古朴的古陶俑时而作为角色参与舞台叙事，时而作为道具散布在舞台上，贯穿整个演出过程。曹禺的女儿万方评价王延松版的《原野》说："我当时就有一个特别强烈的感觉，我就觉得《原野》可能就应该是这样……但是王延松这一版《原野》，让我非常的满意"。② 田本相也称赞道："我很赞赏'古陶俑'形象的创造……有了它，让人感受到古老的僵化的氛围，感受到一种沉重的历史感和戏剧的神秘感。"③ 由此可见，王延松呈现的舞台空间是十分出色的。王延松《原野》的成功，在于他对原剧所作的准确解读，也在于他与曹禺二人戏剧舞台观念的一致。而梳理《原野》剧作场景提示中的舞台空间特征，对于探讨王延松版《原野》舞台呈现的视觉美学特征是十分必要的。

一、《原野》剧作场景的舞台空间特征

曹禺十分重视戏剧的布景，他认为："布景必须牢牢实实地抓住剧中的情绪，同时，还要很适当地解释所演的戏剧中的意义。"④ 可见戏剧场景不仅能规定戏剧事件发生和演进的时空，还能表现主题和营造氛围。因此，曹禺对《原野》的场景从空间构图、物件造型、光色配置等方面都做了

① 赵一婷，武汉大学哲学学院访问学者。
② 实录：《日出》举行研讨会，戏剧专家给与好评，2008 年 11 月 14 日。
③ 田本相：《王延松执导曹禺三部曲的启示》，《中国戏剧》，2011 年第 4 期。
④ 安正元：《〈雷雨〉的作者 年轻的戏剧家——万家宝先生访问记》，《新文学史料》，2017 年第 1 期。

精心的设计。《原野》主要有三处场景——原野、焦大星屋内、黑森林。

（一）原野——细致入微的造型刻画

曹禺在序幕中设置的场景是秋暮的原野。"秋天的傍晚"，巨树"矗立在莽莽苍苍的原野中"，它有着"庞大的躯干"和"乱发似的枝芽"，树干表面"爬满年老而龟裂的木纹"。"巨树前，横着垫高了的路基"，铺着两条"直伸到天际"的"乌金"的、"黑黑的"铁轨，铁轨"在暮霭里闪着亮"。有时列车会"喷着火星乱窜的黑烟，风驰电掣地飞驰过来"。有"一根接连一根"的电线杆，"白磁箍上的黑线不断激出微弱的呜呜的声浪"。有"哩石""破旧的'看守阁'""野草""生锈的铁轨和枕木"。巨树"背后有一片野塘，淤积油绿的雨水"，远处的地面上"一所孤独的老屋，里面点上了红红的灯火"。"天际外逐渐裂成一张血湖似的破口，张着嘴，泼出幽暗的赭红，像噩梦，在乱峰怪石的黑元层堆点染成万千诡异艳怪的色彩"。天上有"怪相的黑云"，"密匝匝遮瞒了天，化成各色狰狞可怖的形状，层层低压着地面"。[1]不难看出，曹禺对原野场景中描画的每处景物都十分细致、具体。比如描写"巨树"时，"矗立"说明巨树姿态是笔挺的，"庞大的躯干"和"乱发似的枝芽"刻画了巨树的外形特征，"年老而龟裂的木纹"表现了巨树表皮的质感；描写"铁轨时"，"巨树前"交代出了铁轨的具体位置，"乌金""黑黑的"表现出了铁轨的颜色，"在暮霭里闪着亮"说明了铁轨的金属质感，"直伸到天际"体现了铁轨线性的造型特点。正是通过对原野每处景象造型细致入微的刻画，曹禺在序幕呈现出了一幅沉郁的大地笼罩在黑云密布天空之下的原野景象。这景象形成的沉闷、压抑感受与《原野》的悲剧主题是契合的。

（二）焦家——布局明晰的空间构图

第一幕和第二幕的场景均为焦家，描写了大量的家具摆件，数量虽多，但每一样的空间布局都十分明晰。屋内"是一间正房，两厢都有一扇门"，"中门两旁各立一窗"。"左墙"立着一只"暗红的旧式立柜，柜顶几乎触到天花板，上下共两层"，"左门旁立一张黑香案"，香案上放着"趺坐在红色的绸帘里"的"三首六臂金眼的菩萨"和"焦氏祖先牌位"。"桌前有木鱼，有乌金的香炉，蜡台和红拜垫，有一座巨大的铜磬，下面垫起褪色的红棉托"。"右窗上悬一帧巨阔、油渍的焦阎王半身像"，"旁边挂着一把锈损的军刀"。"右窗前有一架纺织机，左面是摇篮"，"在后立一张方桌，围着几张椅子和长凳"。[2]焦大星屋内空间布局大体以中门为中心线，将屋内分成左右两边，每一边家居摆件的布局重点突出，错落有致。中门左边的家具以黑香案和暗红的旧式立柜为主，再点缀以狰狞的菩萨像、祖先牌位、木鱼、乌黑的香炉等摆件，这半边空间透露着一种沉重的神秘感。中门右边窗户正上方是可怖的焦阎王半身像，窗户下是纺织机、摇篮、方桌等日常家具摆件，窗户上方空间与窗户下方空间的对比，营造出一种恐怖的压抑感。

另外，为了烘托屋内的气氛，曹禺还对屋外"浓雾漫没了昏黑的原野"做了细致地描述。屋外景色的空间构图也非常明晰，从近向远望去，依次可见"篱墙""草原""低云"和"铁道附近的黑烟"。

---

[1] 曹禺：《曹禺全集（第一卷）》，花山文艺出版社1996年，第405-406页。

[2] 曹禺：《曹禺全集（第一卷）》，花山文艺出版社1996年，第431-432页。

（三）黑森林——象征意蕴的色彩配置

第三幕共写了四场黑林子，分别为林内岔路口、林内一块洼地、林内一片水塘边和林内小破庙旁，这四处场景共同笼罩在黑森林的恐怖意象之下。"灰濛濛的细雾"笼罩着"黑幽幽"的森林，"林丛中隐匿着乌黑的池沼，阴森森在林间透出一片粼粼的水光，怪异如夜半一个惨白女人的脸"。眼前废墟中的"小圆场生满半人高的白蒿"，野草间小土堆下"或是昔日广场主人的白骨"。林中无数灌木"如一堆一堆黑团团的肉球"，"密匝匝的白杨树""树叶的隙缝间渗下来天光，闪见树干上发亮的白皮"。① 黑幽幽的森林、乌黑的池沼、像黑团团的肉球般的灌木所带来的意象是恐怖的。林中的白色景象如惨白女人的脸，白蒿、白骨、白杨树、白皮，灰色的景象如灰濛濛的细雾。整个林子呈现的是一幅只有黑、白、灰三种无彩色交织出的恐怖意象。被无彩色笼罩的森林之所以能产生这样的意象，是由于"随着色彩联想的社会化，色彩日益成为具有某种含义的象征。人们的联想内容也随之变具体事物为抽象、情绪等意境。色彩成为具有普遍意义的某种象征后，便会给人相同的心像"。② 曹禺利用色彩的象征意义，将绝望的黑色、悲凉的白色、消极的灰色三种配置在一起，共同营造出黑森林神秘、阴森而又恐怖的意象。

曹禺用详尽的文字描述了戏剧事件的场景，以期导演能够借助他的舞台提示，营造出符合文本情境的舞台空间，从而最大限度发挥舞台装置的作用。这也反映出曹禺重视舞台呈现，积极发挥舞台装置价值的戏剧观念。

二、王延松对《原野》场景舞台呈现的视觉美学特征

舞台装置主要包含布景、道具、服装、灯光。在设置这些舞台装置时，还需从"形体""空间""色彩""光""肌理"等视觉元素来考虑舞台呈现，它们是审美空间的组成元素。"形体"通过点、线、面、体构成舞台装置的外形特征。"空间"是由底面、顶面和垂直面构成的虚空。"色彩"从色相、明度、纯度、冷暖及联想意义等方面来表现舞台形象。"光"则主要从强度、色彩、分布和移动四个方面辅助性地表现舞台空间。"肌理"指的是物体表面的纹理、质地，帮助"形"来表现视觉形象。王延松版《原野》舞台通过对以视觉元素的设计，呈现出非对象化的造型设计、假定性时空、象征性的光色配置等视觉特征。

（一）原野——非对象化的造型设计

王延松对《原野》序幕场景的舞台呈现尤为突出地表现在对视觉造型非对象化地设计上。他打破对剧作场景提示对应性的机械设置，在舞台上删去了场景提示中的"巨树""野塘""铁轨"等景象，抓住原野场景最重要的意象——原始野性的生命气息设计舞台装置。曹禺在《原野》序幕中写道："秋天的傍晚。大地是沉郁的，生命藏在里面。"③ 王延松认为"秋天是有意象的，秋天是有颜色的，秋天有干柴烈火，古陶俑是一定要烧制的，一定要通过某种冶炼的过程才能呈现出来的那样一种生

---

① 曹禺：《曹禺全集（第一卷）》，花山文艺出版社 1996 年，第 530–531 页。

② [日]藤沢英昭等：《色彩心理学》，成同社译，科学技术文献出版社 1989 年，第 43 页。

③ 曹禺：《曹禺全集（第一卷）》，花山文艺出版社 1996 年，第 405 页。

命的样式。"①生命不再藏在大地里面，而是"由活人扮演的古陶俑，在第一时间，从沉郁的原野大地里重生。"②

序幕的舞台将九个造型各异、参差不齐的古陶俑作为主要演出视觉形象，幕启时便站在舞台中区直面观众。王延松非常重视古陶俑的服装设计、造型设计，要求达到由"黄土烧结的古陶"③的整体意象。古陶俑的服装十分古朴粗粝，类似黄土大地的肌理。他将凹凸的铁纱网挂在舞台上作为幕布，要求将铁纱网制作成"中国黄土地的那种肌理感觉"④。"材料的肌理，以及它们在日常生活中的用途而产生的联想都可以是材料在舞台上表情达意，成为一种记号"⑤。借助材料肌理的特性，古陶俑与铁纱网成功地将舞台空间营造成被原始野性的黄土大地包围的视觉意象。王延松版《原野》对舞台装置的设计，不局限于剧作场景的"物象"，是一种高度概括的想象空间，具有超越其本来物象的"非对象化"的视觉特征。

（二）焦家——假定性时空

王延松认为舞台需要"更加表现主义的方法来进入更深层次的人物内心，直接表达其中那些人性困苦的种种挣扎。"⑥这个方法便是假定性的表现手法。他对焦家场景做了非常大的改动，在演出空间上做减法，删去了"黑香案""菩萨"等大量物件，因为这些太过现实具体。舞台道具只保留了条凳、蒲团、圈椅等几样物件。舞台后区挂满铁纱网作为幕布，在铁纱网后面设置了脚手架搭出来的架子，舞台中区是用铁纱网围成的可视的里屋，里屋的地面是黄土地。用铁纱网围成的里屋是一个假定性的表演空间，它突破了舞台空间表现的有限性。胡妙胜指出："空间的表现取决于它的功能，或者说，演员的动作赋予空间以表现力。"⑦第一幕时，当金子和仇虎在铁纱网中表演，一转身穿出铁纱网，便由里屋来到正屋，完成了空间的转换。舞台空间可视的地方全部涂黑，主要的灯光照明跟随演员在舞台上移动，其他空间几乎不设灯光，焦家舞台场景呈现出"空的空间"的特征。

第二幕场景中，王延松认为"'移爬着'的不是煤油灯，而是九个古陶俑你一言我一语的躁动"，⑧在舞台灯光亮起来之前，由九个古陶俑叙述这句舞台提示。幕启时，舞台左侧是一个脚手架搭出来的架子，古陶俑分三层站在上面，舞台右侧隐约可见一个大提琴。灯光渐明渐暗，古陶俑和大提琴忽隐忽现。灯光固定后，可以看到站在最下层的古陶俑小黑子前方并排放着两把条凳，焦大星和焦母分坐在条凳上。王延松在这一幕借鉴了许多中国传统戏剧舞台设计的手法，对原著中舞台提示没有对象化地设置舞台装置，而是由古陶俑将"夜晚九点钟""焦家那间正屋里"等内容叙述出来，

---

① 王延松：《戏剧的限度与张力》，中国社会科学出版社2014年，第16页。
② 王延松：《戏剧的限度与张力》，中国社会科学出版社2014年，第16页。
③ 王延松：《戏剧的限度与张力》，中国社会科学出版社2014年，第16页。
④ 王延松：《戏剧的限度与张力》，中国社会科学出版社2014年，第75页。
⑤ 胡妙胜：《阅读空间 舞台设计美学》，上海文艺出版社2014年，第151页。
⑥ 王延松：《戏剧的限度与张力》，中国社会科学出版社2014年，第15页。
⑦ 胡妙胜：《阅读空间 舞台设计美学》，上海文艺出版社2014年，第140页。
⑧ 王延松：《戏剧的限度与张力》，中国社会科学出版社2014年，第50页。

完成了时间的转换。这正如中国传统戏剧"时间和地点在演员的嘴上、手上，唱之即来，挥之即去"。①
参照中国传统戏剧一桌两椅这种极简的舞台设计特征，他在舞台上设计了两把条凳，有了两把条凳
就象征着一个室内的空间。除了两把条凳和演员，整个舞台空间几乎都是空黑的，这"空的空间"
给演员的形体表演提供了广阔的天地。

从舞台空间来看，戏剧演出的物理时空是有限的，而舞台上的表演时空又是无限的。如何以无
限突破有限，王延松找到了破解之法。他借鉴中国传统戏剧舞台空间的特征，以假定性的艺术手法
在有限的物理空间中最大限度的为戏剧演出和舞台意象创造了无限可能。

（三）黑森林——象征性的光色配置

王延松将第三幕的五景并成一景，用古陶俑演绎黑森林。他说："考虑到黑森林的形象和古陶
俑的功能，就出现了现在九棵树的构思"。[b]他在演出最后设计了火车形象，"把一直以来金子想象
中会飞的车与黑森林并置在一起"[c]，增加了故事的悲悯感。火车"不是具体的火车头，是一组由古
陶俑们操纵的蒸汽机车轮子的局部运动"，[d]用火车来象征人类文明前进的历程。舞台后区是铁纱网，
从铁纱网中间位置向舞台前区打出一束光，金子和仇虎从此处爬出来，舞台中区隐约可见铁纱网和
黄土地。陶俑们列队登场时，舞台灯光亮起，古陶俑们手上倒持黑树根缓缓前进。仇虎和金子在古
陶俑的队列中穿梭。演出的最后，火车声轰鸣而来，从舞台区右侧喷出蒸汽，在蒸汽中众古陶俑拿
着火车灯头及轮子出场。

曹禺在《原野》附记中说到"这个戏的演出比较难，第一，角色便难找，……第二，布景，灯
光都相当地繁重，外景太多，而且又需要换得快，如第三幕那连续的五景"。[e]他特别强调第三幕，
可见第三幕的舞台装置的布景和灯光设置起来确实有难度。王延松用象征性的光色配置，化解了设
置舞台装置的难度。阿庇亚认为："灯光具有巨大的造型力量，因为它最不受惯例的制约，所以能
以其最有表现力的形式，生动地呈现现象视觉变化无常的外貌。"[f]王延松抓住了灯光的表现力，以
铁纱网作为舞台的背景幕布，成功地辅助舞台空间表现出原野大地的氛围。王延松说："作为凸凹
的铁纱幕，它正面、后面、侧面都可以着光，会有很多变化。"[g]王延松设置黄色暖光照明铁纱网，
再利用其凹凸不平的造型特点，在铁纱网上形成了土黄色的受光面和黑褐色的背光面。灯光在这里
起到了很大的作用，灯光不仅照亮了铁纱网，还弥漫于空间之中，再加上铁纱网自身的肌理效果，
共同塑造出极具黄土高坡墙壁质感的视觉意象。王延松将古陶俑的色彩设置成土黄色的邻近色，将
树木的色彩设置成黑色，并用手持黑树根的古陶俑代替黑森林。当古陶俑举着黑树根将仇虎和金子

① 邹元江：《空的空间与虚的实体——从中国绘画看戏曲艺术的审美特征》，《戏剧艺术》，2002年第4期。
② 王延松：《戏剧的限度与张力》，中国社会科学出版社2014年，第71页。
③ 王延松：《戏剧的限度与张力》，中国社会科学出版社2014年，第64页。
④ 王延松：《戏剧的限度与张力》，中国社会科学出版社2014年，第22页。
⑤ 曹禺：《曹禺全集（第一卷）》，花山文艺出版社1996年，第577页。
⑥ 转引自胡妙胜：《阅读空间 舞台设计美学》，上海文艺出版社2014年，第121页。
⑦ 王延松：《戏剧的限度与张力》，中国社会科学出版社2014年，第75页。

围住时，二人抬头望向天空，映入眼帘的就是繁密的树枝紧紧盘绕作一团的黑森林。二人困在带有死亡意象的黑森林中苦苦挣扎时，此时舞台的视觉意象是令人窒息的。王延松对光色的象征性配置还体现在最后出场的火车上。火车是由古陶俑拿着车轮扮演的，车轮表面看起来十分斑驳，色彩和肌理同古陶俑服装较为接近。格式塔心理学的组合原理中有一个相似性原理，即"与元素的邻近性类似，外形相似的元素趋向于组合在一起"。[a] 简单地说，我们的视知觉倾向于将在某些方面具有相似性的各部分看成一个组合。所以，当古陶俑与火车轮组合在一起时，二者通过色彩和肌理获得了统一。当这个组合伴随着蒸汽机冒出的烟雾在舞台上缓缓前行时，从列车后方打出一束冷光，主要照明在车轮上。这样的设计将观众对列车细节的观察引向车轮，更利于表现出火车的意象。

王延松版《原野》的舞台空间并不是对象性的、对应性的真实物化场景，而是可让观众充分想象、选择和自由发挥的情境时空。斯泰恩在评价象征主义戏剧时提出："一个实体或一场景可以立即暗示某种大于其本身功力的观念或情感"。[b] 舞台装置象征性的表现手法旨在唤起比视觉形象本身所代表的更为丰富的意象，暗示直接的、具体的视觉形象以外的涵义。为了表现原野深远的舞台意境，王延松删减了大量写实性舞台装置，创造了一个充满象征语汇的舞台。铁纱网构造的具有象征意味的原野大地犹如命运布下的天罗地网，在舞台灯光的照射下更显阴森，仿佛永远无法挣脱的困境。象征原始大地生命样式的古陶俑，既能作为角色的不死灵魂参与舞台表演，又以象征性的表现手法充当"鸟笼架""黑森林""火车"等舞台装置。田本相评价道："延松的成功之处，在于他以炽热的诗心，领受到《原野》的诗意，从而在导演上调动一切非写实手段，将所有舞台元素都诗化了"。[c]

三、《原野》舞台装置设计的启示

舞台装置是戏剧演出存在的前提，通过布景、道具、灯光、服装等多方面的配合营造富有审美价值的舞台空间，是舞台装置设计的最终目标。正如胡妙胜所指出的，"舞台空间不仅是一个对演员表演有用的物理空间，通过符号化，它还是一个供审美知觉关照的审美空间"。[d] 不论用写实主义的表现手法还是用象征主义的表现手法来设计，舞台空间的外在形式都应该与内在立意相互映衬、契合，从而做到以"形"表"意"，以"形"抒"情"。

纵观国内众多戏剧演出，打着"视觉盛宴"的旗号吸引观众，舞台空间一味追求演出呈现的视觉效果，在布景、道具、灯光、服装等舞台装置的设计上过于花哨抢眼。而舞台装置又不能与戏剧演出故事相背离，所以，许多剧目的舞台装置直接对应剧作场景提示作对象化的设置。以陈薪伊版《原野》第三幕呈现的林内水塘的舞台装置为例，自舞台左后方向舞台中央伸出一块木板，木板下方是一片真实的小水塘，背景幕布上显出了一轮弯月，幽暗的灯光照在舞台中央。木板、水塘、弯月都

---

① [美]哈维·查理德·施夫曼：《感觉与知觉》，李乐山等译，西安交通大学出版社 2014 年，第 184 页。

② [英]J.L.斯泰恩：《现代戏剧理论与实践 2 象征主义、超现实主义与荒诞派》，刘国彬等译，中国戏剧出版社 2002 年，第 236 页。

③ 田本相：《王延松执导曹禺三部曲的启示》，《中国戏剧》，2011 年第 4 期。

④ 胡妙胜：《阅读空间 舞台设计美学》，上海文艺出版社 2014 年，第 121 页。

来自剧作场景提示，画面美则美矣，却与剧作第三幕表现出的恐怖意象相背离。在此我并不是否认写实主义的舞台装置设计，而是强调舞台装置并不是对剧作场景的机械模仿。舞台装置作为营造舞台空间的重要手段，不应只是提供一个物质空间交代戏剧事件发生的时间、地点，亦或是塑造视觉上的美观，更应配合戏剧故事的主题，贴合戏剧故事的内在思想感情，从而增加戏剧演出的艺术性。正如熊佛西所说："最要紧的目的，亦不过想借背景的排布，电光的配合，服装的整齐，颜色的调和，来暗示的辅助剧中的情节，动作及个性，使全剧成为更美丽的艺术品"。[a]

阿庇亚在《关于舞美改革的思考》中提到："人所要接触的东西，我们就要给他设置——其他一起就应有助于在他周围创造一种适宜的气氛。"[b]可见，舞台装置不应只是模仿客观事物，也不仅仅是通过人物服装、景物造型说明角色身份，交代戏剧事件时间、地点的复杂设备，它们还应当烘托相应的气氛与情境，从而引发观众们对戏剧的回味和深思。在情景交融的舞台上，利用视觉形象来表情达意，舞台装置的艺术性创造不仅能使观众看到视觉形象，还能使他们知觉到舞台形象之外的东西。在王延松版《原野》中，古陶俑演绎的黑森林让观众感受到粗犷而又原始的氛围，感受到一种历史的桎梏和戏剧的神秘。铁纱网作为布景挂满舞台，仿佛一张无法挣脱的网，在舞台灯光下更显阴森。观众不仅看到了古陶俑、黄土大地，还知觉到了神秘而又恐怖的意象，舞台装置的设计在视觉与知觉上达到一种审美同构。

捷克的舞台美术家斯沃博达也点明了舞台装置的抒情功能，他追求的是"一种能够表现变化着的关系、感受和情绪的装置"[c]。当这些装置在舞台上被富有创造力地设置和照明时，不仅能展示自己的存在，还能被赋予新的寓意，特别是在与演员产生密切联系时，它能随着演员行动的变化或是情绪的流向而改变自己，发挥自己的抒情功能。王延松在《原野》第二幕中设置了两把条凳，它们随着焦母与焦大星的对戏不断变化造型，并随着演员情绪的流动化为可视的情感形象。焦母三次将条凳打翻表明要将仇虎赶走，条凳化作仇虎翻倒在地。而在另一时刻，条凳又化作了金子，让观众看到了焦大星对金子的不舍与温情。

综上所述，舞台装置的设计既要贴合剧作主题，又不能是对剧作场景提示的机械化、对象化的设置。王延松《原野》的成功在于对原著的尊重以及对舞台装置的重视。他在借鉴相关学者对曹禺剧作研究的基础上，认真研读文本，逐渐形成自己的解读。王延松关注的不是社会意义，而是着眼于对"生之仇恨"产生的悲剧与对卷入复仇事件中人们的人性表现。——这是一种以曹禺的剧本为原点，遵从其世界观和创作方法的解读。王延松设计了古陶俑的形象，但它不是凭空想象的，而是导演在研读文本时以自己的诗意感受所捕捉的与《原野》的诗意相契合的具象。导演在设置舞台装置时运用了大量的象征性表现手法，这不是自由发挥，而是在文本中解读出的大量象征、表现的因素。因此，舞台装置既要追求视觉上的美观，同时更要尊重剧作。从文本出发，以营造戏剧事件的氛围，帮助演员表情达意，追求视觉与知觉共同建构审美意象。

① 熊佛西：《佛西论剧》，上海新月书店1931年，第87页。

② 阿庇亚：《西方演剧艺术》，吴光耀译，上海文化出版社2002年，第93页。

③ 转引自胡妙胜：《阅读空间 舞台设计美学》，上海文艺出版社2014年，第18—34页。

舞台上的诗意

——曹禺传记体舞台剧《弥留之际》的舞台叙事阐析

张　荔[①]

内容摘要：2011 年有幸在沈阳师范大学参与王延松导演、田本相编剧的曹禺传记体舞台剧《弥留之际》的创作全程。在深切感受曹禺的戏剧精神及作品魅力的同时，更感动于田本相对戏剧的热爱和王延松导演艺术的功力与个性。近十年后的今天，再回首，是追怀，更是纪念。

"如果说 19 世纪是演员的世纪，那么 20 世纪就是导演的世纪，21 世纪则已经显露出个性导演的世纪。""个性导演，他们最关心的就是作品中加入自己的元素，而且几乎完全是依靠想象来实现这一目标。"[②] 王延松当然是一位个性导演，个性化的创作元素是他作品的标签，或者说他导演的作品带有鲜明的属于他个人的印记。

舞台叙事正是王延松富于创作个性的艺术创造。文化底蕴、生活根基和艺术修养等等，使王延松越来越显现出其导演艺术的优势和特色；近年其创作个性越来越鲜明地灌注于舞台叙事之中。具体体现在话剧《弥留之际》中，作为创作者，王延松的诗性追求透过舞台上的生命关怀、雅致蕴藉的意境和唯美画面等舞台叙事得以呈现。

关键词：曹禺传记体；舞台剧；《弥留之际》；舞台叙事

一、舞台叙事中的诗性追求

诗意真实是诗性追求的种子，是花，也是果。

为了"空间表达"的需要，在舞台创作中，《弥留之际》诗意真实的铺陈和构建更重视调动各种戏剧舞台手段，比如戏剧情境、剧中人物及"戏中戏"的设置等。具体而言，主要体现在：引领性人物与场次结构的设置、"戏中戏"与正戏叙事上的互文与对接、戏剧情境与对话的诗意真实等方面……这样形成了全剧集中、简约而富于视觉化的动感和思想的浮雕感；表演者的对白已经不是一种简单的人物"代言"，而是通过表演以视听等舞台叙事手段告诉观众台词的所有"作为"，让观众明了表演的诸多秘密都埋伏其中。

---

① 张荔，浙江越秀外国语学院中国语言文化学院影视戏剧文学系教授，文学博士。

② [美] 罗伯特·布鲁斯汀：《舞台上的智慧——致年轻演员》，中信出版社 2006 年，第 136 页。

在舞台叙事中，到底有多少秘密等待学界勘测、期待观众会意呢。

首先，生活真实向艺术真实的诗意转化。

真实是《弥留之际》这部剧作最显著的特征。

剧中人物和事件都可以在生活中找到实实在在的原型，经得起考究和推敲。真实性无疑是塑造剧中灵魂人物曹禺的美学原则，曹禺形象的深刻性与生动性无不源自对其生活中大量真实细节的挖掘、再现和诗意的提炼，这些为这部剧奠定了平实而蕴藉的美学基调。

当然，艺术真实并不简单等同于生活真实，主人公曹禺的真实性也并非对现实人物的模写，而是经由创作者情感和想象后的舞台上的艺术再造。剧中所有的生活细节：比如曹禺同青年郑秀的恋爱、对老年郑秀的愧疚，"文革"中被批斗的非人境遇和晚年与女儿关于人生与创作的倾心畅谈；所遭遇的内心苦闷，再比如：对他生命中爱过的三个女人的愧疚、创作能力萎缩的折磨、疾病的困扰等等……所有这些无不指向曹禺这个人物人性深处和灵魂谷底，对其庸常生活和精神世界解剖式观照始终是剧作取材和舞台叙事的重点。

除了对现实中曹禺生活真实的艺术再现外，《弥留之际》的"戏中戏"占相当比重，成为这部剧的有机组成部分，可谓是剧作中别样的真实。每个"戏中戏"的片段都源自曹禺经典剧目，片段的选择上能看出田本相的用心良苦，在舞台呈现上，则显现了见王延松创作"新解读"曹禺"三部曲"积淀的艺术经验。

与一般剧中的"戏中戏"不同，《弥留之际》中的"戏中戏"还有一个特别的功能：与正戏的"互文"性。在剧中，"戏中戏"不仅成为整部戏嵌套结构的内容，承担着不亚于正戏的戏份，更重要的是与正戏相呼应、有机融会，你中有我我中有你，形成整部剧的"互文"性。正戏中曹禺的真实生活，即曹禺的现实人生，与"戏中戏"曹禺剧作的片段，即曹禺的戏剧人生，形成了人物活动的两个生活空间，更是两种意义空间，从而在戏里形成了两种文本，它们互相影响，互相渗透，构成了一种独特的"互文"现象。

在"互文"中，曹禺心灵的世界呈现了敞开式的开放状态，更加饱满、立体化。

值得注意的是，在《弥留之际》的"戏中戏"里，曹禺笔下故事和人物的蕴涵已经不再仅仅是原来剧作中我们所熟悉的意义指向，更是弥留状态中曹禺意识深处的影像，寄寓了晚年曹禺无限的人生感悟，曹禺灵魂的气息气韵生动地附着其间。比如，序幕中"仇虎"迷失在黑森林里，他的恐惧、焦虑已经不再仅仅是《原野》中仇虎的精神状态，还是弥留中曹禺的生命况味和灵魂省思，更是曹禺人生中意味深长的悖论：他与自己笔下人物及其命运何其相似，真是莫大的讽刺！再如"戏中戏"《雷雨》的片段也不仅仅是青年曹禺富于生气的才气之作，更是晚年曹禺生命和创作枯萎的绝好对照。除了晚年曹禺的回忆和追悔，这段"戏中戏"，实际上还是借和青年郑秀一样纯美的四凤之名，赞美青春、赞美爱情，赞美才华横溢的青年剧作家的人文情怀……剧作中几乎所有的"戏中戏"都是让现实生活中的曹禺与戏剧人生中的剧作家相互叠加，笔下人物生活的真实与晚年曹禺心灵的真实相互映照，这样，他与剧中人物关系的种种内涵被聚焦并无限放大，令人遐思。

就整部戏而言，"戏中戏"片段的选择并不是最难的，更具挑战性的难度在于如何将"戏中戏"与正戏中曹禺生活及其心灵世界有效关联，如何流畅地呈现在舞台上，与正戏实现"无缝连接"，水乳交融……正因为以大量扎实的研究做前提，加之，以艰辛细密环环相扣的科学排练为基础，这部戏基本实现了对晚年曹禺心灵世界的充分感知和参悟，演出中《弥留之际》的生活真实逼真、可靠、令人信服，且向艺术真实的转化也合情合理。这也是这部剧曹禺形象能够鲜活呈现，达成生动感人进而影响人净化人心等美学诉求的关键。

其次，戏剧情境与对话的诗意真实。

田本相曾经说，"当我一旦投入曹禺的戏剧世界，产生一种过去似乎从未读过，而且像发现了新大陆似的感觉，是一种情感的迷恋向往，是一种思想的震撼。"[1] 如果说，曹禺及其剧作对研究者田本相而言，是一种惊奇、迷恋和震撼的话，那么，以剧作的方式一次次与青年曹禺精神的深度对话后再次面对老年曹禺，对王延松而言，就是一种能量积累，多年的积淀一旦进入创作轨道，其能量释放常常肆意奔放……在研讨或论述中每每谈及现实人生或论及戏剧创作时，他常常激情勃发、慷慨激越。就创作主体而言，无论田本相还是王延松，这种性格特征和人格魅力自然而然地运行在剧作的字里行间和舞台叙事的各种语汇之中。因此，在这部剧作中，能明显感知其戏剧家诗人般饱满的生命激情。

诗人式醇浓的情感是剧作的一种基调，更构成了舞台叙事的精神气场。

在这种特殊的场域中，对曹禺这位戏剧大师沉重肉身和苦闷灵魂的深情关注，洋溢着悲悯的人道思想，更显现了创作者的生命激情和理想情怀。这里所谓的诗人，更倾向于用心灵的眼睛去注视世间万物和曹禺的生命本相，在体察人生、探究曹禺苦闷灵魂中，不时被内在的激情搅扰着，并行诸创作之中，真情无所不在……正因此，《弥留之际》最具艺术感染力的，莫过于弥漫于其间的创作者的真情实感。

《弥留之际》的戏剧情境之美直接呈现为刘勰之谓"以情纬文"，并由此构筑了剧作现实主义诗剧的品格。

在舞台呈现中，王延松在以表演为核心的同时，极力调动各种叙事手段，以真切诚挚的诗情、沉郁的叙事，令剧作的艺术情思自然流畅、不绝如缕地涌向观众内心最柔软的情感地带。具体而言，以情感为主线和焦点展开戏剧情势和人物故事——弥留之际曹禺的迷情、与郑秀热恋于水木清华的生命激情、"文革"中梦魇般失去爱妻方瑞的悲情和晚年与李玉茹和女儿的亲情……层层铺陈，细腻而微妙。而所有的情感铺排与运思技巧都通过"弥留之际"这个视角，切入曹禺生活和心灵世界。这个最恰切的角色创作路径，使曹禺"得以展示他的灵魂的域界"，更为全剧注入了灵魂的气息、生命的温度。

通过"弥留之际"的曹禺，编剧田本相和导演王延松等主创们的生命观、价值取向与审美趣味和盘托出，且有热度、有深度。

全剧至始至终洋溢诗的节奏。剧的诗意之美直接呈现于台词中。不管开口说话，抑或静默沉思，诗的节奏始终贯穿于演员的表演中；甚至，词和词、句和句之间的顿歇，也无不蕴含着诗的韵味。

---

[1] 田本相：《曹禺评传》，重庆出版社 1993 年，第 304–305 页。

比如："我在压缩的黑暗中大喊，没有声息……"；"我的死，便是我的活；我的活便是我的死"；"我不是现在陷于悲观，我是与生俱来的悲观。我一辈子都没有真正地乐起来，我总觉得人太可怜了。过去，我以为人是可怜的动物，我似乎有一种超越人类的感觉；而现在，我觉得自己就是一个可怜虫了！"……这些台词很诗意，文思和语气都与曹禺这位文学巨匠的身份和性情相匹配，是典型的曹禺式的抒情、曹禺式的理性思考。

　　不能否认的是，台词诗美意味的铺排、意识流动和理性色彩等给该剧的排演带来了一定难度，如果处理不当难免影响观剧效果，使诗意之美大打折扣。为此导演王延松煞费苦心，在他及剧组全体的苦心孤诣下，基本达到了预期的审美诉求。排练中无论是台词的韵律、行为的律动还是景物的韵味等等，无不为全剧诗的意境营造效力，无不是庄子之谓"原天地之美，达万物之理"；中国文化与诗学中意境美学滋养了这部戏。

　　剧中围绕号声、杜鹃等"景"与"象"营造的意境最具代表性。这些意境是剧作家曹禺内在心象的诗意外化，更是一种唤起观众内心感受的艺术形式。号声在曹禺的很多作品以及他的个人回忆录里经常会提到。童年的不幸让内心敏感的曹禺从小就对号的声音有特殊情感悸动和情绪记忆。而当"文革"中，曹禺无法面对非人的迫害，想以死逃脱没有尊严的活着的时候，方瑞的眼睛和内心响起了号声——凄迷的号声，伴着她复杂的内心活动号声联接了老曹禺和方瑞共同的苦难的心境。剧中的杜鹃也是颇具诗意的意境的对应的物象。"杜鹃一声声凄婉而痛彻地鸣叫着，大雪漫天落着……"在这样的客观景象中，方瑞内心更加凄苦迷茫："那时，我就被你这样的情景迷住了，这些台词，至今我都能背下来，它和雪莱的诗句可以媲美。怎么，你现在怎么会想到死呢！家宝。如果，你一定坚持去死，那我们一起去死好了！"

　　剧的后半部分，曹禺与女儿方子的"对戏"被大量合并删减的同时，在戏剧情境的关节处慎重又大肆铺张地添加了一段新文本——曹禺与女儿方子一起诵读惠特曼的诗。惠特曼的《大地之歌》的添加和有效植入，这种富于感性诗美和理趣的艺术真实，收到了良好的剧场效果。

　　添加的这段父女读诗的生活情境，主要是在为演出做调整，用导演的话，也是在"换招"。这个片段以纯净、明快的笔调反衬了——晚年曹禺冷静、苦痛地面对死亡，以及写作才能枯竭的内心苦闷和恐慌。在剧的情绪色调和节奏上有机变化的同时，诗中歌咏的内容也成为曹禺灵魂的渴望，对生命、自由、母爱、童心的讴歌，在"承上"的同时，也巧妙的"启下"，与尾声部分曹禺的颂诗相互呼应。为结尾在全剧的高潮做了巧妙的铺垫，将全剧的情思推向高峰。至此，全剧悲壮苍凉的诗美意蕴在酣畅淋漓中结束，实现了戏剧的终极之美——剧场对人心灵的撞击与净化。

　　再次，虚实相交为济的写意之美。

　　在王延松的脑子里——"实就是虚，虚就是实。"他说：写实和写意，在我的导演创作里，是分不开的。什么是实，一个很实的叙事我可以把它理解为写意，把它处理得很写意。所以实和虚是缠在一起的。

　　虚与实在相辅相成中构造诗意氛围。联排阶段，仇虎戏中戏片段，王延松强化了仇虎和曹禺的对峙、反讽。他们迷路，心灵煎熬，被逼疯，曹禺文革中的遭遇等被敲击的鼓声的节奏，和被象征性夸张的造反派的动作节奏等等衬托得十分生动……生活中实有的、真实存在的生命经历被虚化、幻化，而相对虚幻、无形的内心恐惧、煎熬等被生动甚至怪异的生活场景和盘托出。同时，戏里很多细节都是通过小道具的精心摆放表现的，比如镜框、台灯等，这些既是细节又跟整体相关联，"实就是虚，虚就是实。"这也是王延松从具体的工作环节为实现自己的审美诉求寻找的一个有效突破口。

舞台创作中的这种诗性追求缘于中国传统文化和美学思想，更是王延松等主创人员对中国戏曲艺术深透领悟和得心应手的艺术实践。在王延松的创作中不乏类似的先例。比如，为北京人艺执导的剧作《无常·女吊》（取材鲁迅小说，曾在埃及国际戏剧节获奖）的创新思维和诗意象征；新解读曹禺《原野》中古陶俑的创造，一桌二椅的妙用；还有《培尔·金特》中复活岛石像的运用，《莱昂瑟与莱娜》中由京剧小生们饰演"玩偶"的构思等等。在王延松导演的剧中往往象征、隐喻、比兴等，和蕴藉的写意、灵动的意象浑然一体、虚实结合，诗的韵律和节奏始终灌注于舞台的角角落落，气韵生动地运行在形象塑造的气质和全剧的血肉之中。

中国人，特别是怀有中国文人气质的文学艺术家历来追求诗意的性情、诗化的人生。诗歌的美学特质已经深深融入了中国人，特别是文人艺术家生活的方方面面，形成了其人格与文化精神，曹禺是，田本相、王延松也是。对于王延松而言，诗歌的抒情言志已经不是一种技艺层面的概念，而是附着于精神深处生生不息的文化精神，是对生命的敬畏，以及对艺术的痴迷与热爱。

落笔岁月　缅怀依然

——忆曹禺与潜江花鼓剧团

佘红传 [①]

内容摘要：2020 年 9 月 24 日，是中国杰出的戏剧家曹禺先生 110 周年诞辰。对于潜江花鼓剧团而言，这样的日子具有其特殊的意义，因为，曹禺先生厚重和炽热的故园情，极为明显地体现在观看故乡剧团演出的荆州花鼓戏《家庭公案》上。在此之前，曹禺先生虽然籍贯填写着潜江，心理装着潜江，但与潜江实际意义上的交往几乎为空白；在此之后，曹禺与潜江才真正结下了不解之缘。

关键词：故乡情结；精品迭出；前景展望

乡　情

让时光回到 36 年前，1984 年 1 月 1 日晚，经林默涵、郭汉城等专家学者鼎力推荐，应文化部选调，当年的潜江县花鼓剧团自备粮饷，带着自编、自导、自演的大型现代荆州花鼓戏《家庭公案》（编剧：杨开永；导演：余笑予；主演：胡新中、孙世安、李春华、佘红传、裴菊香、高力容；音乐：杨礼福；舞美：徐之炎），从武昌火车站乘坐 38 次列车北上，1 月 2 日入驻北京市护国寺人民剧场。"穿街过巷流浪苦，沿门乞讨唱花鼓。"多少代花鼓戏艺人的辛酸经历和辛勤劳动，让"土花鼓"有了今天的样子，在党和政府的关怀下，艺人们抬起了头颅，如今能带着自己的特色产品走进京城，实现剧种历史性突破，别提有多激动！大家铆足了劲，决心精彩亮相，一炮走红。据有关部门介绍：新中国成立后，人民剧场从来没有"县"字号的专业院团进驻过。这座艺术殿堂本是京剧大师梅兰芳的定点演出剧场。文革期间，这里又是八个样板式的上演基地。潜江县花鼓剧团能够进入这里演出，实在是天大的幸事！

1 月 5 日晚 7 点，这台来自江汉平原的地方戏在味口挑剔、眼孔极高的首都观众面前小心翼翼地鸣锣开场。那是一个神奇的夜晚，弥漫着荆楚大地泥土芳香、行板丰富、音乐优雅轻快的荆州花鼓戏，给京城观众以特别新奇淳朴的视觉和听觉冲击。整个演出过程行云流水、一气呵成。演员每每情到深处，现场的观众就会交头接耳，频频点头，跟着剧情的发展或欢笑或抹泪。当剧中人公安局长王刚亲自将手铐铐上犯罪的亲生儿子某医院医生王连生时，整个剧场大厅内爆发出雷鸣般的掌

① 佘红传，湖北省花鼓戏艺术研究院。

声。首场演出获得极大成功。而那天夜晚，时任中国文联执行主席、中国戏剧家协会主席、潜江老乡曹禺先生，在剧组前站人员的盛情邀请下，中途道别了另一场辞旧迎新的社会活动，专门赶来看了这场家乡戏，这也是曹禺先生平生第一次观摩来自故乡的荆州花鼓戏。当演员谢幕时，一向斯文的曹禺无法掩饰内心的激动，他张开双臂，咯咯噎噎地跨上舞台，大声喊出了"老乡见老乡，两眼泪汪汪"的传世名言。第二天，人民日报、光明日报、文汇报、中国日报、中国青年报、北京日报、中央人民广播电台、中央电视台等几十家主流媒体都播发了《家庭公案》在京演出成功的消息。

　　1月11日，曹禺在钓鱼台国宾馆出席由北京市文化局主持召开的《家庭公案》剧目座谈会，作了"为可成，行可至"的一席温暖激励的即兴发言，一方面赞扬潜江县花鼓剧团，一方面向首都专业院团提出了要求和希望。

　　1月15日，曹禺邀请剧组编剧、导演、主演和领队11人到家中座谈。笔者有幸参加了这次值得铭记一生的活动。上午9时，我们来到长安街木樨地一间普通的宿舍，客厅里，君子兰散发着幽香，石莲吐着翠意。墙上，黄永玉《夏日水亭图》、李可染的《清漓烟雨图》把人带到如诗如画的江南。曹禺像父亲一样把我们招呼到周围坐下，他目光睿智，面容慈祥，一口纯正的京腔极赋感染力，一下子俘获了所有人的心。整整两个小时，曹禺先生像拉家常一样侃侃而谈，充满着对故乡的眷恋和对中国戏剧的希望。当女演员裴菊香主动为先生沏茶奉上时，曹禺立即称赞道"潜江人能干，一定会把家乡建设好，我为你们自豪！"宾主之间虽然是初交，却像老故友神交那么随意。虽然室外天气冷得浸骨，但屋内欢声笑语，温暖如春。离别时，曹禺给六位主演一一签名留念。从大师屋里出来，在剧中饰护士张小莉的高力容不以为然地对我说："搭档，我看这老先生没什么特别，就像学校中一位普通的老教书匠。"我说："在北京文学艺术界，曹老可是泰斗级的人物！"没过几天，曹禺就撰文《潜江新花——推荐〈家庭公案〉》，发表在1984年1月26日光明日报。文章结尾那句"在我心中将会长久存在的潜江荆州花鼓戏剧团。"让我们至今记忆犹新，这是曹禺对潜江祖居和故乡剧团的深情表达。

　　《家庭公案》在北京连演14场，影响播及全国，在当年搅起了一股不小的荆州花鼓戏旋风，全国有50多个剧种200多个剧团移植演出了该剧。时任国家副主席王震，国防部部长秦基伟，中央书记处书记、中宣部部长邓力群，以及黄火青、郑天翔、邹瑜、郁文、贺敬之、周巍峙等领导，郭汉城、张庚、吴雪、吴祖光、丁玲、王玉珍等文学艺术界名家先后观看了演出。剧组回到潜江后，曹禺又给孙世安、裴菊香两位女主演写了亲笔信，挂号寄给她们，再次称赞"我们潜江人能干"，并嘱托她俩向有关单位转交索要的字幅。那一次演出，让曹禺的故乡情结更深更浓更切更厚重，加上潜江各届领导的重视，潜江人民的热情，使曹禺与故乡各届人士的交流也逐渐多了起来，他对潜江各行各业的题词题字遍布园林城关，让人肃然起敬。

回　报

　　木铎金声数十载，弦歌不辍谱新篇。1989年，刚刚撤县建市的潜江市人民政府，决定在园林镇东风路建一座"曹禺著作陈列馆"。潜江花鼓剧团的艺术家们立即意识到：上演曹禺的剧目，就是对先生最好的回报。于是决定抓住这个契机，改编演出曹禺的经典剧作《原野》。然而，对于荆州花鼓剧种和一个县市级剧团来讲，这无疑是一种更高维度的挑战。因为它不像演传统戏，"行舟不见水，爬楼不见梯，四五步行天下，七八人百万兵"。也没有其他的戏曲程式可借鉴，而是要凭自家的智慧全方位创造。崇文厚德的"潜憨直"有第一个吃螃蟹的胆识。剧团集中所有的优势兵力，请最好的编剧，聘一流的导演，挑最棒的演员，经过两个多月的改编排练，一台农村版的花鼓戏《原野》呈现在徐晓钟、于是之、李玉茹、王安奎、曲六一、万芳、程丹梅等中国顶级艺术家、评论家、新闻工作者和潜江人民面前。没想到，这样一台改编之作引起了众位大师的极大兴趣。中国艺术研究院负责人王安奎说："全剧六个人不分主次，人人有戏，人物性格揭示得非常到位，非常深刻，非常好，非常有戏。全剧是戏曲化、花鼓化、节奏化，它代表了中国戏曲、中国人在世界性的展现。"著名作曲家、评论家曲六一说："演出是高层次、高品位，有苍凉感，木头人、木头刀很有意思，叫人拍手称绝。"

曹禺因病没有亲赴潜江参加曹禺著作陈列馆落成仪式和看戏，就安排夫人李玉茹、女儿万芳代表他来到潜江参加活动。之后，他听取汇报，分外高兴，表示将来到北京演出，一定去看。这台戏后再度精加工，经曹禺允许，将剧名改为《原野情仇》，参加了"曹禺从艺65周年纪念"活动。1996年奉调为第六届全国文代会展演，可惜，当剧组刚刚到达北京时，曹禺先生却不幸去世！这猝不及防的意外，使剧组所有人感到无比悲痛，特别是与先生结识过的演员们更是顿足惋惜，泪水涟涟。这也成为曹禺与潜江花鼓剧团之间的最大憾事！先生勉励的"为可成、行可至"的教导成为剧团不断向文艺高峰攀登的至理名言。《原野情仇》没有辜负先生的希望，后来演进了中国人民大学、中国石油工业部，进了中南海。这台剧目先后获得中国政府文华新剧目奖、曹禺文学奖、五个一工程奖。培育出了胡新中、李春华两朵"梅花奖"，孙世安获政府文华表演奖和一大批花鼓戏艺术家。饰演焦母的孙世安发表获奖感言说："演曹禺的戏意味深长，过瘾，有啃头，触及到了人性的灵魂深处。"饰演仇虎的胡新中说："曹禺大师的剧作成就了一代代艺术家，它拓宽了我的戏路，成就了我，也成就了我们潜江花鼓剧团。"在曹禺先生戏剧艺术的光芒照耀下，潜江花鼓剧团后来又创作演出了《任长霞》《生命童话》《河西村的故事》等一批艺术精品，两次参加中国艺术节，并获多项大奖。剧团也于1993年升格为湖北省实验荆州花鼓剧院；2012年又转型升格为湖北省花鼓戏艺术研究院。成为湖北省为数不多的地方戏省级专业院团。

展　望

为纪念曹禺诞辰110周年，潜江市委市政府决定举办第四届中国潜江曹禺文化周，期间还将召开曹禺国际学术研讨会、曹禺文学剧本诵读大赛、全国诗歌大赛等活动。这无疑是潜江文旅融合发展的一个重要节点。潜江花鼓剧团也立即行动，日夜赶排"青春版"的《原野情仇》，这也是对戏剧大师最有价值的纪念。本届曹禺文化周，一定会让来潜江的客人有看头，有听头，有想头，有念头，有吃头。让世界更了解潜江，让潜江更惊艳世界。潜江花鼓剧团今后还准备搞一个曹禺系列，让戏剧大师的经典成为剧团安身立命的基石，前景可观，未来可期。

曹禺戏剧文本研究

为了极致的戏剧效果

——论《原野》的逆向性构思

陈国恩 [①]

内容摘要：《原野》是曹禺审视人性之复杂与残酷的名作。作者为了极致的戏剧效果来构思冲突、描写人物，表现出了与一般左翼文学不同的逆向性构思的特点，充分地体现了剧作家的创作个性和艺术才情。他给仇虎设置了复仇的道德困境，渲染金子的野性激情，给予焦母保护儿孙性命的人伦理由，通过人性的扭曲与生命的毁灭让读者与观众受到强烈震撼，达到心灵的净化。《原野》受到左翼文艺界的尖锐批评，并非因为它写得不真实，而是因为它不符合左翼文学的标准。不过，左翼阵营的批评也是一种特殊的认同，说明《原野》在坚持人类正义和社会公道的意义上与左翼是一致的。今非昔比，《原野》正被越来越多的读者和观众所欣赏，它将是世界话剧史上一个不朽的经典。

关键词：《原野》；逆向构思；戏剧效果；真实性；人性

在曹禺的剧作中，《原野》是争议最大的。这不是说迄今对它没能取得共识，而是今天的共识与以前的共识截然相反：从开始时主流意见的几乎一致批评，到半个世纪后也是主流意见的对它的大力推崇。这种历史性的反转，说明了一个重要的问题，即我们对《原野》发生过严重的误读。原因不难说清楚，人很难避免受到特定时代文化观念的影响，当年的读者和观众看待《原野》的立场、观点与作者曹禺的立场和观点之间不尽相同，当时的读者与观众希望在《原野》这类题材的戏剧中获得的，与作者曹禺在《原野》中想要表达的意义之间存在着不小的差距。

曹禺受艺术家直觉的指引，要在戏中追求极致的效果。一般的现实主义作家，努力按照他所理解的生活的样子来创作，而曹禺的天才表现在他要把从生活中得到的印象朝着他所愿意看到的情形聚焦，这中间加进了他作为艺术家的思想和艺术预期，因而可以说曹禺是从他所预期的戏剧效果开始按照生活经验来构思戏剧冲突。这使《原野》的艺术构思与《雷雨》相似，表现出从充满诗性的意念开始设计情节与冲突的逆向性特点，并成为曹禺创作风格中的极为重要的个性化要素。[②] 按照预期的戏剧效果来构思，反映了一个天才戏剧家的诗人本色。他要在处理生活素材时张扬个性，在

---

① 陈国恩，武汉大学文学院教授，主要从事中国现代文学的教学与研究。

② 参见陈国恩的《悲悯天地间的"残忍"——论〈雷雨〉的逆向构思》，《文学评论》2017 年第 4 期。

利用生活素材创造艺术作品的过程中，内心遵循着生活的真实性原则，又特别地添加上作为诗人的那种主观热情，从而超越了一般人的想象力。他要把从生活中获得的感受与启示以超出一般人理解的非常规方式呈现给读者和观众，让读者和观众感到震惊。当然，这也就常常使一些观众从震惊中清醒过来后发觉这戏剧所表现的与他自己的生活经验不同，剧情的发展与他们所接受的理念存在冲突。

一

《原野》写的是一个复仇的故事。恶霸焦阎王为了抢夺仇虎家的一块好地，串通土匪活埋了仇虎的父亲，还诬赖仇虎是土匪，把他送进了监狱。仇虎的妹妹 15 岁被卖进妓院，与仇虎订过婚的花金子被焦阎王抢来与他儿子大星成亲。仇虎在狱中度过了八年，被打瘸了一条腿，逃出来找焦阎王报仇。可他发现焦阎王已死，活着的只有焦阎王的瞎老婆子和他的儿子大星。仇虎为报两代人的血仇，起誓要杀了大星，但他下不了手，因为大星是他从小一起长大的好兄弟，是无辜的。仇虎几次想激怒大星，让大星先动手，甚至明确暗示他已占有了金子，可是大星还是把他视为兄弟，根本没往那方面想。真相大白后，大星居然反过来哀求金子别走，而看到仇虎手拿着刀在黑暗中闪进卧室，他竟然求仇虎把匕首对准他的心口。杀无辜的大星，已让仇虎陷于巨大的道德罪感中。曹禺又让仇虎借瞎老婆子的手杀死了她的亲孙子，一个尚在襁褓里的小黑。这进一步加重了仇虎的良心负担。当仇虎要和金子远走高飞，到他们向往的"金子铺的"地方去时，他开始遭到良心的煎熬，悔恨、内疚、恐惧，在逃跑路上多次出现幻象，精神濒于崩溃。戏的末尾，天将亮，侦缉队已经追踪而至，迷失在黑林子里的仇虎催促金子逃走，他自己用匕首自杀。

这样一个故事，非常符合左翼文学的模式：恶霸仗势欺压贫苦农民，被欺压者舍命报仇，然而曹禺的构思却与左翼文学大为不同。《原野》一发表即遭到左翼方面的批评，就是因为左翼批评家按左翼文学的观念对照，发现它在不少重要的情节和细节上都存在问题。比如，仇虎一家被害，起因是他家里有田产，而且是好田，这说明仇虎一家并非左翼文学在这类故事中经常写到的贫苦农民。如果由左翼作家来写复仇故事，肯定不会如此模糊阶级的分野。这说明曹禺的本意并非写一个恶霸地主残害贫苦农民的阶级压迫的故事。左翼批评家从惨剧的结果上来同情仇虎及其一家，若按照阶级斗争的观点，其实也已经发生认知的偏差，有模糊阶级立场的嫌疑。

《原野》与左翼文学更大的不同，在于曹禺让仇虎的复仇失去某种正当性。换成左翼作家来写，即使不让焦阎王早死，让他来直接承受复仇的利剑，也不会把焦大星写成这样懦弱和善良，成了一个不该被仇虎所杀的人物。曹禺有完全的自由，把大星写成一个焦阎王式的人物。那样写反而更合乎我们所了解的历史性逻辑——一个恶霸地主的儿子继承他爹的阶级品性，而曹禺不仅把大星写成一个善人，而且他居然不知道他老爹犯下的罪孽，还把仇虎视为兄弟。进一步看，一个恶霸把仇虎一家害得家破人亡，恶霸的老婆怎么可能把仇虎收为干儿子，又怎么可能让仇虎与自己的儿子大星一起长大，让他们好得像亲兄弟（至少从大星这方面看就是如此）？然而问题在于曹禺不这样写，而是按照左翼文学的模式把大星写成了一个小恶霸，《原野》就不会那么让人纠结，那么震撼人心了。

曹禺所遵循的其实是不同于左翼批评家观念中的逻辑。他把冲突建立在人物的深层心理逻辑的基础上，让戏中每个人的行为在捍卫自己的切身利益的过程中表现其鲜明的个性，他们的个性包含着计算、自作聪明甚至难以理喻的愚蠢，要在这种相互极为复杂的关系中让每个人的行动都具有其自身的合理性，而当他们发生交集时又是那么宿命般地让冲突违背他们的各自意志，走向反面，最后造成一个巨大的悲剧。曹禺是从这样一个悲剧的效果来设计人物，安排他们的相互关系，而让这些人物为其各自的诉求而博弈，然后再在他们的冲突中撕毁这个合理性，最终导向震撼心灵的毁灭。曹禺这样写仇虎，写大星，写金子，写焦老婆子，归根到底是为了制造震撼心灵的悲剧效果。改变其中任何一个人哪怕一点点的性格特点，改变他们一个小小行动，故事就会向另外的方向发展。如果金子不是这样"愚蠢"地愿意跟仇虎走，如果大星不是这样"愚蠢"地相信仇虎，稍为自尊、强硬一些，如果仇虎不这样"愚蠢"地陷入良心自责，哪怕他随便找个强横的理由，把大星和小黑子的死解释为他们罪有应得，那么作品的结局就完全两样。作者显而易见地是为这样的一个效果，想方设法，要让观众在一个他们所不曾经历过的，甚至是不合一般常规的冲突中，与人物一起挣扎、痛苦，经历铭心刻骨的恐惧，在最后的悲剧中感到震慑，接受心灵的洗礼，获得灵魂的净化，从而对生命、正义和人道等人类性的命题有一个新的理解。

　　曹禺出众的才华，突出地表现在他没有为了他所预想的效果而违背人物的性格来瞎编故事，他写出了这样一种人生样式下的人物性格及其行为的逻辑。大星的懦弱，从构思的层面看，是整个戏剧冲突的逻辑中的重要一环。换成另一个人，冲突就必然转向另外的方向。当然，剧情发展的需要并非人物塑造成功的充分保证，曹禺的出众才华在于他依据预想的效果来设计大星这个人物时，写出了他独特个性和行为的充分依据。比如，他得知金子有了另外的男人，还不知道他是仇虎时，也激发起了作为男人的血性，对仇虎说要杀了那个人：

　　　焦大星：（坦白地）你是我的——好朋友。（看了半天，恍然明白）哦，虎子，你要帮我；你想帮我来抓他，是不？你怕我动不下手，你怕我还是从前那个（嘲弄自己）"窝囊废"，（更痛恨地）还是那个连蚂蚁都怕踩的："受气包"？哼，这次我要给金子看看，我不是，我不是！我要——刀——，你看，我要叫她瞧瞧阎王的种。

　　越是懦弱的人，越想证明自己的勇敢。可是当他从金子的口中证实，那个人就是仇虎，并且金子说要跟仇虎走时，大星怎么也无法理解金子的行为，他"颓然坐在凳上"。金子嘲笑他情愿受辱也没胆量杀了仇虎，他又被激怒，举起匕首要杀金子，而金子的一声："我，我的大星，你真忍心把我——（闭上眼）"，大星又颓然了——

　　　焦大星：（忽而颓然放下刀。花氏望着他。哀求地）哦，金子，我求求你，你不能这样没有良心。
　　　焦花氏：（明白他到底是那么一个人）怎么？
　　　焦大星：（乞求地望着她）你别走。

　　如此一波三折，焦大星的人格受到了极度的蹂躏，他的心几乎被撕成碎片。这已经不是一个敢不敢杀人的问题，而是他跌进了一个无解的道德悖论里。他要得到金子的尊重，就得像一个受辱的男人杀了仇虎。可是他真的动手，金子喜欢的仇虎就得死。他爱着金子，离不开金子，因而不敢动手。金子怂恿大星动手，其实就是因为看准了大星不敢动手。她怂恿大星强硬一点，充其量只是她可以用来减轻自己的责任、进行自我安慰的一个借口。曹禺把相互冲突的道德观落在一个人身上，制造"动手"还是"不动手"的选择的困境，造成大星的自我分裂与斗争。几百年以后的读者和观众依然不可能走出这个死结，他们依然要与剧中人一起经历心灵的煎熬。正是这种困境所伴随着的激情力量，成全了《原野》的经典性。

有些读者和观众不太容易理解焦大星懦弱性的自在依据，认为他是一个蠢货。这反映了一种习以为常的社会观念，以为曹禺的这个作品总得强调什么，坚持什么，因而要为仇虎的杀人寻找一个理由。其实，事情远没有这样的简单。焦大星的懦弱有他懦弱的道德"理由"，如果他真是个简单的废物，这个戏就废了。

更精彩的例子，就是仇虎。仇虎在杀人后陷入了罪感造成的心理恐惧中，这说明他的复仇并非自觉的阶级复仇，而是个人的报仇雪恨。他的悲剧在于，受正义观念和亲情的驱使，他实施复仇计划，而当他发现仇人已死，失去了正当的复仇对象时，却没有能力为自己把复仇的利剑转向焦大星找到一个充分的理由。从创作构思的角度看，这个困境是曹禺故意设置的——无论仇虎怎样行动，不杀大星或者杀了大星，他都会陷于不义——前者是对不起受害的亲人，后者是对不起无辜的大星。如果曹禺没有这样的故意，他不想要这样一个令人绝望的悲剧，他完全可以把焦大星写成另一个焦阎王，从而为仇虎的复仇扫除心理上的障碍。

还有批评者说仇虎迷失在黑森林走不出来，缺乏真实性，理由是这一带金子非常熟悉，哪怕仇虎犯了糊涂，金子也会引导他走出这片森林，奔向"金子铺的"地方去。这不过是套用了现实主义的观念，用普通的常识取代了艺术构思的独特性。相对于宇宙的广袤和时间的无限，生命都是极为短暂的，任何人都没有足够的资历可以声称他有限的人生和狭隘的经验可以代表整个人类的存在。我们在凭着自己的经验去解释艺术经典中的各种复杂的偶然性现象时，应该警惕个人所能理解的限度。相反，艺术家以他们敏感的心灵在艺术作品中展现的生活，作为一些包含着深刻的人生体验和生命奥秘的特殊个例，正可以拓展我们自己的视野，丰富我们对世界和人类的认识。说金子肯定会帮助仇虎走出这一片森林，那是批评家以自己的经验来代替了曹禺感受中的生活可能性。换言之，是曹禺按照他所理解的生活展开的想象，强调非理性因素在此刻发挥的作用，写出了他想象中的仇虎、大星、金子等人的可怜。这种想象不合常规，但并没有脱离生活，更不是违反艺术的规律。曹禺捕捉到了生活中非常独特的东西，反映了他对人的理解，反映了他的艺术观，是他艺术才华的重要组成部分。也正因为其独特，他的艺术想象超出了一般人基于他们日常理性所能理解的范围。

二

"原野"是一种意象，包含着野性与自由的美。在《原野》里，这种生命征象集中在金子这个人物身上，金子是《原野》中写得最为精彩的人物。重庆市川剧院 1990 年根据《原野》改编成川剧《金子》在北京上演，主角从仇虎换成了金子，反映了金子在戏中的重要性。不过改编者不仅换了主角，也改变了主题，以金子的正直和善良来劝阻仇虎不要杀害大星，体现了改编者对"父债子还"

复仇主题的保留态度。这样的改编，虽有原作提供的基础——曹禺笔下的金子也曾求仇虎放过大星，但改编者把金子的善意放大，把本来是人物内心一闪即过的善念，试探性地想两全其美的劝告，改写成为具有自觉道德目标的行动，这就改变了曹禺的创作初衷。

左翼阵营批评《原野》现实性不强，[①]也包含对金子形象不满的意思，因为金子的行为超出了这些批评家理解的阶级论所划定的边界。比如金子本来已经与仇虎订婚，被焦阎王抢去跟大星成亲后，见到从监狱里逃出来的仇虎时，居然毫无那种情人久别重逢的惊喜，而是说："你看我？（不安地笑一下）你看我干什么——我早嫁人了。"她的性格是那样的叛逆，难以捉摸，对仇虎的爱充满了野性的刺激，根本不像一个穷苦家庭出身的姑娘。这样的不合"常理"，说明金子这个人物，同样是曹禺为了他预期的戏剧效果，依据生活经验所做艺术构思的产物。说得更明确一点，曹禺没有照阶级论的观念来写金子，而是强调了人性的因素。金子性格中的不合常理，比如她喜欢上仇虎，与仇虎一起私奔，为一个逃犯而愿意付出一切代价，这是一个女人对男人的那种充满野性的爱情，没有道理可讲。如果她听从了你的道理，她就不是金子。

曹禺的艺术才华在金子这个形象的塑造上发挥得更为淋漓尽致。第一场戏，他就把读者和观众震住——金子要大星表态，当她与大星的娘一起掉进河里时，大星你是先救你娘呢还是先救我金子？

焦大星：（直快地）那我两个都救，（笑着）我（手势）我左手拉着妈，我右手拉着你。

焦花氏：不，不成。我说只能救一个。那你救谁？（魅惑地）是我，还是你妈？

……

焦大星：（乞怜地望着她）嗯。瞎了眼自然得先救。

焦花氏：（撅起嘴）对了，好极了，你去吧！（怨而恨地）你眼看着我淹死，你都不救我，你都不救我！好！好！

像刀一样锋利的性格，用无解的难题来考验大星，不过是为了满足一个女人的虚荣心，要证明她在她男人心中的无与伦比的地位。最后，她甚至要大星说出："不救她。……你说'淹死她'！"然而，大星太忠厚老实，当不起金子这种富有野性的爱情，所以金子义无反顾地投入了仇虎的怀抱，因为只有仇虎才能够给她生命中所渴望的那种狂野的爱。紧接着，又是一场精彩的戏：

仇　虎：对了，这是真金子，你看，我口袋还有。

焦花氏：（翻翻眼）你有，是你的。我不希罕这个。

仇　虎：（故意地）我知道你不希罕这个，你是个规矩人。好，去吧！（一下扔在塘里）

焦花氏：（惋惜）你——你丢了它干什么？

仇　虎：你既然不希罕这个，我还要它有什么用。

---

① 《原野》一发表，就有批评者认为《原野》现实性不够，对外国剧本模仿太多，一些细节脱离了中国特定现实的逻辑，这些缺点导致了思想上的"不太清晰"，既有"虚无主义的倾向"，又有"集团的意识"，"似乎又是象征命运束缚着人"（南卓：《评曹禺的〈原野〉》，载《文艺阵地》1938年第1卷，第5期）。

　　焦花氏：（笑起来）丑八怪！你真——仇虎（忙接）我真想你，金子，我心里就有你这么一个人！你还要不要，我怀里还有的是。

　　焦花氏：（骄傲地）我不要。

　　仇虎：你不要，我就都扔了它。

　　焦花氏：（忙阻止他）虎子，你别！

　　仇虎：那么，你心疼我不心疼我？

　　金子与仇虎订过婚，但这不是金子最终接受仇虎的理由。仇虎是逃犯，人长得极丑——曹禺笔下的仇虎，根本不像后来一些电视剧中演的那样英俊。金子气急时就这样骂他："你这丑八怪，活妖精，一条腿，罗锅腰，大头鬼，短命的猴崽子，骂不死的强盗。"如何让金子接受丑八怪的仇虎，成了作家构思中的一个巨大的艺术挑战。曹禺显然又是从人性的角度来解决这个难题的——仇虎当着金子的面把金戒子一个接一个丢进池塘，那种为心爱的女人不顾一切、强硬与深情融合在一起的男人气概，把金子征服了，使一个狂野的女人也难得地流露出柔情。接下来一幕，更见出金子的性格：

　　仇　虎：（举起手上的花，斜眼望着她）这是你要的那朵花，十五里地替你找来的。（递给她）

　　焦花氏：（看了仇一眼，又回过头，不睬他）

　　仇　虎：拾去！（把花扔在花氏面前〕我走了。（走向中门）

　　焦花氏：（忽然）回来，把花替我捡起来。

　　仇　虎：没有工夫，你自己捡。

　　焦花氏：（命令地）你替我捡！

　　仇　虎：不愿意。

　　焦花氏：（笑眯眯地）虎子，你真不捡？

　　仇　虎：嗯，不捡，你还吃了我？

　　焦花氏：（走到仇的面前，瞟着他）谁敢吃你！我问你，你要不要我？

　　仇　虎：我！（望花氏，不得已摇了摇头）我要不起你。

　　焦花氏：（没想到）什么？

　　仇　虎：（索性逼逼她）我不要你！

　　……

　　焦花氏：我不管！我不怕！（迅疾地，头发几乎散下来）你这丑八怪，活妖精，你不要我，你敢由你说不要我！你不要我，你为什么不要我，我打你！我打你！我跟你闹！我不管！有人我也不怕！

　　负责监视的白傻子在外面敲门，他们的幽会将要暴露。千钧一发之际，连仇虎也急于躲藏，可是金子却不动声色地威迫仇虎从地上把花捡起来，并且要插到她的头上：

　　焦花氏：跟我插上。（仇虎替她插好花，她忽然抱住仇虎怪异地）野鬼？我的丑八怪，这十天你可害苦了我，害苦了我了！疼死了我的活冤家，你这坏了心的种，（一面说一面昏迷似地亲着仇的颈脖，面颊）到今天你说你怎么能不要我，不要我，现在我才知道我是活着，你怎么能不要我，我的活冤家，（长长地亲着仇虎，含糊地）嗯——

这明显不是一般人心目中的那种好女人了。金子叛逆，大胆，敢于冒险，为了证明自己对于男人的重要性，她不怕在他身上划下一道深深的伤口。她渴望的是一个值得她与他死在一起的那样一个男人！有人批评金子，说她的一些行为难以解释。其实，金子就是一个异端，独一无二的"这一个"，不能用常规来解释的。她的独一无二性，呈现了人性的复杂，也显示了一个女人的糊涂。由于她糊涂的真爱，仇虎的复仇有了充裕的时间和必不可少的条件——否则仇虎只能立即杀人或者赶快逃走。这也让仇虎陷入了复仇中止还是继续的内心挣扎，激化了戏剧冲突，而金子自己最终也因此付出了惨重的代价。金子会后悔吗？不会！她就是这样一个女人。没有金子这样的性格，《原野》，就不会是《原野》。

《原野》第四幕的结尾，是金子在仇虎的舍命督促下逃走，仇虎自杀。这样的结局只是众多可能的结局中的一种，然而正是曹禺所愿意的。曹禺有充分的自由不让仇虎死——有太多的可能性让他走出迷途，比如他有一点阶级的觉悟，或者"流氓无赖"一下，找些理由推卸掉杀人的道德责任，他就不会精神崩溃。但曹禺排除了任何其他的可能，他就要这样一个结局。金子逃走，只能说是在巨大的悲剧中曹禺刻意要给读者和观众留下一份悠长的念想，是作者的一点慈悲。

三

真正的艺术品，是一个生命有机体，各要素之间是相互依存的。《原野》要完成人性拷问的主题，少不了焦母这一角色。从创作构思的角度看，焦老太婆的角色设计主要是为了取代焦阎王，来制造仇虎复仇的道德困境。她不是陷害仇虎一家的主犯，但肯定是知情人，甚至是参与者，这使她的角色具有特殊的复杂性——她是仇虎的干娘，她在嘴巴上可以扯一扯与干儿子的情分；她是与仇虎一起长大的好朋友大星的亲娘，因此她有充分的道德理由来保卫焦家，保卫儿孙的安全，阻止仇虎的复仇。作为世仇的参与者，她延续了焦、仇两家的尖锐矛盾，而她作为仇人干娘的身份，又增加了这一场复仇的困难。在复杂矛盾中，焦母既利用她与仇虎的干娘与干儿的特殊关系，又遵循内心的作为母亲要保护焦家儿孙不受伤害的道德律令，因而这个人物显得格外的阴冷。

焦母第一次在戏中出现，是在金子逼着大星回答在她与他妈两个同时落水时他先救谁的时候。这个瞎眼的老太婆用拐杖重重地在铁轨上一捣，"哼"一声就把金子吓了一跳。金子与大星撒谎以为骗过老太婆，焦母却扔下一句骂大星的狠话："（用杖指着大星）死人！还不滚，还不滚到站上去干事去，（狠恶地）你难道还没想死在那骚娘儿们的手里！死人！你是一辈子没见过女人是什么样是怎么！你为什么不叫你媳妇把你当元宵吞到肚里呢？我活这么大年纪，我就没见过你这样的男人，你还配那死了的爸爸养活的？"这是在仇虎出现之前，焦母还不知道仇虎的到来，没有因为防范仇虎而敌视儿媳金子的因素在内，反映了她与儿子及儿媳之间的日常关系。

《原野》有太多的这种不可思议处。一个母亲，如此见不得儿子好，又这样仇恨儿媳，甚至诅咒金子是"死不了的狐狸精"，要让火车压死她！（第一幕末尾）既然这么恨，又何苦把她抢来当儿媳？受到戏剧艺术的形式限制，作者没有直接向观众解释造成这种变态性格的原因以及具体过程，曹禺更关心的是这种性格本身在戏剧冲突中的不可或缺性。如果焦母是另一种性格，比如多点母性，对儿媳金子多点关爱，《原野》的结局同样不可能是现在这个样子。换言之，焦母的这种变态性格，是曹禺基于他的创作意图确定的。这样的设计，固然有生活的依据，然则更主要的是作者为完成主题的一种艺术想象，是戏剧冲突内在规律决定的。在创作中，主要地根据戏剧冲突的需要来设计角色，人物的特异性就容易超出一般人的日常经验的范围，在一些固守现实主义教条的批评家看来，便是不符合生活真实性的原则。吕荧在《曹禺的道路》一文中就曾批评《原野》是一部"纯观念的剧"，认为作者表现的是人对于命运的艰难抗争，但是未脱离观念、思维的限制和约束，对社会生活和未来世界的认知、理解和表现，都是纯观念性质的，是一种"原始的憧憬——天之道的再现"[①]。可是事实是吕荧所经历和理解了的生活，与曹禺在艺术想象中展开的那种生活本来就没有交集。曹禺所要表现的不是阶级斗争的生活，而是一些人被恩怨情仇纠缠在一起、斗得死去活来的那种生活。人们可以批评曹禺没有写出阶级斗争的主题，但不能武断地说他的那种基于人性观念想象出来的人物及其故事，包括他们的命运，在现实生活中不可能存在。

　　任何在时空中存在的东西，都是历史的、具体的。人性的具体存在，表明它包含了普遍性的内容，没有这一点，人与人之间将无法沟通，今人更无法理解古人，但人性普遍性内容的个性化和时代性的表现，在阶级社会里又具有阶级性的特点。《原野》的基于人性观点所进行的想象，虽然受到当年左翼阵营的尖锐批评，但它在一个极为重要的方面却是与左翼阵营对社会和文学的理解完全一致的，那就是它通过仇虎的复仇张扬了人类的正义和社会的公道，强调哪里有压迫哪里就有反抗。仇虎的复仇，从阶级斗争的观念看，并非贫苦农民对地主的复仇，而是地主阶级内部的斗争，一个拥有田产的富人家庭受到了恶霸的坑害，受害家庭的儿子要为父报仇。这种复仇，不是阶级斗争，却体现了人类正义和社会公道的观点，是合乎人性普遍性要求的。左翼阵营基于阶级的观点可以批评曹禺的描写没有达到革命文学的标准，但他们大多又基于民主主义的观念事实上肯定了《原野》对正义的张扬和对公道的坚守——像焦阎王这类恶霸做下的恶行必须得到清算，哪怕他的瞎老婆子不是恶行的主谋，哪怕她保护儿孙具有个人伦理上的充分理由，她也必须受到报应——她的儿子大星被杀，她的孙子被激怒中的她自己亲手失误打死。她活着比死还痛苦，简直生不如死。

　　曹禺在刻画焦母这个角色时在艺术上面临的挑战，主要在于他既要让焦母受到报应，使正义得以伸张，又要为她阴险的行为寻找非常充分的理由，避免把这个人物写成一个标签或者道具。作家越是写出焦母阴险行为的伦理依据，越显出这个人物的特别可怕。她像一个魔鬼、一个阴魂，紧紧地追踪逃亡中的仇虎，在阴森的黑夜，打着鬼火似的灯笼，一声声的"魂快回来，我的黑子！你魂快回来，我的心肝孙孙"，像催命的阎罗，成为彻底压垮仇虎心理的最后一根稻草。作者越是写出她行为的合理性，越是加强了她与仇虎的冲突，戏剧就越具有压迫人心的分量，越具有震慑心灵的魅力。

---

　　① 吕荧：《曹禺的创作道路》，选自田本相、胡叔和编《曹禺研究资料》，中国戏剧出版社 1991 年，第 281 页。

　　表面看，曹禺这样写是在淡化焦母的罪过，而实际的效果却是加强了悲剧的力量。他没有用阶级斗争的观念来图解人物，却基于人类正义的观点找到了与左翼文学共同的立场——这一立场的民主主义性质，与左翼文学当年追求的理念在实现人类公正和正义的方向上是一致的。正因为如此，曹禺一直被左翼文学阵营视为进步的作家。《原野》的受到左翼方面的批评，甚至可以说恰恰是左翼方面把曹禺视为盟友，要为新民主主义革命的目标而联合起来奋斗的一个证明。批评，此时也就成了一种特殊盟友情谊的表达形式。

　　我们要求文艺作品反映人民大众的生活，反映他们的苦难和反抗，把现实生活中的人的阶级性提纯，以鲜明的主题鼓舞的教育人民，这是因为那个时候需要文艺发挥这样的作用。也是基于这样的需要，革命文艺批评家有一个崇高的使命，就是以革命文艺的观念来批评那些背离了革命文艺原则的一切文艺现象。《原野》当年受到尖锐的批评，从根本上说也是体现了这样的历史必然，因为它没有按革命文艺的标准来创作，把生活写得在这些批评家看起来不像是他们所能理解的生活，人物写得不是他们所认可的那种人物。在这些批评家看来，这样的作品对动员人民起来革命没有直接的意义，甚至具有负面的影响。但是这至多说明《原野》未能满足革命文艺的标准，却不能说它只是剧作家观念的产物，认为里面的生活是不真实的。《原野》追求另一种意义上的真实，在人性真实性中包含了正义和公道。当这样的正义和公道穿过历史的天空，被今天的读者和观众所广泛认可，不对现实的进程产生负面影响的时候，《原野》的善和美的力量就突破了当年左翼批评家的刻意掩盖，发出了耀眼的光芒，并以其强大的艺术魅力征服了越来越多的读者和观众。

　　1947年，唐弢在《〈原野〉重演》一文中说："几年以来，大江南北，多少剧团演过《原野》，多少人读过《原野》"。他认为《原野》之所以受到观众的欢迎和喜爱，是因为剧本里有取之不尽的"材料"，富含戏剧性冲突，让观众看得过瘾。[1] 这说明，唐弢认为《原野》是真实的。1983年，唐弢在《文艺报》第1期又发表《我爱〈原野〉》，他说："我爱《原野》，觉得这无愧是曹禺的作品。"[2]更明确地强调了他对《原野》的欣赏。在文章末尾的"作者附记"中，唐弢对《原野》多年来未能受到重视甚至不为人知的情况作了说明，字里行间流露出惋惜和深思。唐弢的惋惜和深思，今天是不是也值得我们进一步深思？

① 唐弢：《〈原野〉重演》，选自田本相、胡叔和编：《曹禺研究资料》，中国戏剧出版社1991年，第894页。

② 唐弢：《我爱〈原野〉》，《文艺报》1983年第1期。

语义方阵与《雷雨》的性关系分析

汤逸佩 [①]

所谓赋值，就是赋予价值，对于语义方阵来说，这是一个非常重要的程序。按照法国人类学家莱维－斯特劳斯的观点，人类社会的语义域可以一分为二，即"文化"和"自然"，"文化包含了一切社会所赞同所容忍的意义内容，自然则由它所摒弃的意义内容来定义。"下面我们以性关系为例，来说明如何给语义方阵模型赋值，以及如何将已被赋值的模型运用于戏剧情境中人物关系的分析。

一、语言方阵模型赋值

格雷马斯认为，对于某种社会现象或关系进行语义分析，可以从三个方面给语义方阵模型赋值，即文化、经济和个人，相关的语义域产生于这三个方面的各种关系。对于性关系，我们可以从文化、经济、个人三个方面来建立模型：

第一种模型，性关系的文化模型。

文化在这里指的是社会文化所允许的性关系，文化的反义关系项是自然，自然指的是被社会所排斥的性关系。在人类的社会文化实践中，对性关系的规范是通过婚姻法规来实现的，也就是说，婚姻基础上的性关系是社会文化所提倡的。与此相反，对某些方面的性关系给予禁止，如乱伦、强奸（在中国，卖淫也是被明令禁止的）等，不是受到法律制裁，就是受到舆论批评。按照前面建立模型的规则，我们可以得到如下相关语义方阵：

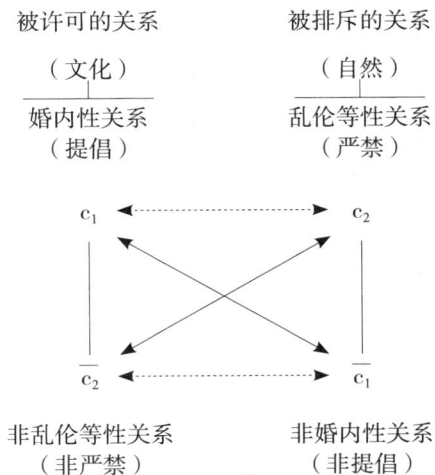

被许可的关系　　　　　被排斥的关系

（文化）　　　　　　（自然）

婚内性关系　　　　　乱伦等性关系

（提倡）　　　　　　（严禁）

$$c_1 \dashrightarrow c_2$$

$$\overline{c_2} \dashrightarrow \overline{c_1}$$

非乱伦等性关系　　　　非婚内性关系

（非严禁）　　　　　（非提倡）

---

① 汤逸佩，上海戏剧学院教授、中国话剧理论与历史研究会会长。

非婚内性关系，指除结婚以外的所有形式的性关系。非乱伦等性关系，指被严禁的性关系以外的所有性关系。比如，情人之间的性关系、男女通奸等，都属于非严禁也非提倡的关系。格雷马斯认为，对模型进行赋值以及赋予什么价值，都取决于特定社会的价值体系。比如，在有些国家妓女是合法的，在当代中国与妓女发生性关系是违法的，属于严禁之列。

第二种模型：性关系的经济模型

经济价值体系也是一个能够对人类性关系发生影响的社会系统。有些性关系能够带来财富，受到提倡，有些性关系则会失去财富，遭到责备。这样我们可以有如下的模型：

被许可的关系　　　　　被排斥的关系

进财的性关系　　　　　失败的性关系
（提倡）　　　　　　　（严禁）

e_1　　　　　　　　　　e_2

$\overline{e_2}$　　　　　　　　　　$\overline{e_1}$

非失财的性关系　　　　非进财的性关系
（非严禁）　　　　　　（非提倡）

所谓进财或失财，主要指男女双方的财产或增值的能力的交换，比如，彩礼、嫁妆、有利于生财的各种社会权利和渠道等。类似包二奶这样的两性关系，一般也需要财富交换。格雷马斯认为，如果在不同语义方阵之间进行组合，就可以进一步扩展意义的结构关系。比如，把性关系的文化模型和性关系的经济模型进行组合，就可以得到八种性关系的组合方式：

婚姻关系

$c_1 + e_1$（进财的婚内性关系）

$c_1 + e_2$（失财的婚内性关系）

$c_1 + \overline{e_1}$（不进财的婚内性关系）

$c_1 + \overline{e_2}$（不失财的婚内性关系）

非婚关系

$\overline{c_1} + e_1$（进财的非婚性关系）

$\overline{c_1} + e_2$（失财的非婚性关系）

$\overline{c_1} + \overline{e_1}$（不进财的非婚性关系）

$\overline{c_1} + \overline{e_2}$（不失财的非婚性关系）

如果以 e 所代表的各项与 c_2、$\overline{c_2}$ 的组合，还可以得到另外八种性关系的组合。从这里可以看出，格雷马斯语义方阵的各种义项都可以"析取"，即从某一语义方阵中分离出来，然后与另一个项"合并"，如 c_1+e_1（进财的婚内性关系）就表示为一个语义域。合并的语义关系，是建立在原来在语义方阵中的意义基础上的。c_1、e_1 都是原来语义方阵中为社会所提倡的，那么，在这个语义域中的行为成功的可能性很大。相反，$\overline{c_1}$ + $\overline{e_1}$（不进财的非婚性关系）组合的两个义素在原来的语义方阵中都是社会不提倡的，在这个语义域中的性关系维持起来很难。当然，仅仅从社会和经济体系尚不能完全解释人的行为意义，因为个人的价值体系在某种程度上与社会和经济体系不完全一致。所以，我们还可以从个人价值体系角度来建构语义方阵。

第三种模型：性关系的个体模型

个体虽然从属于社会和经济体系，但是，个体具有相对独立性，个体"一方面肯定并内化某些自认为有价值的东西从而形成自己的人格，另一方面他也会否定并摒弃一些自己讨厌的内容层。"表现在性关系上，个体依据自己的价值体系决定向往何种性关系，排斥和否定何种性关系。性关系的个体模型可以表述如下：

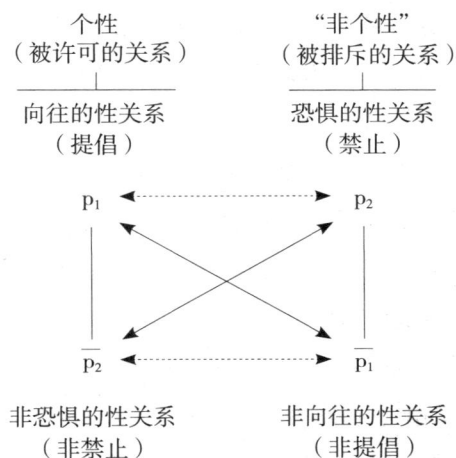

性关系个人模型中的各项可以通过析取和合并，与性关系的社会模型、性关系的经济模型中的各项进行组合，从而扩展其语义域。比如，个体表现如果越出社会化性关系范围，上述这个个体性关系模型中的各项就可以和社会价值体系中的禁止和非禁止项组合，生成八种可能：

c_2 + p_1 （社会禁止个人向往的性关系）

c_2 + p_2 （社会禁止个人恐惧的性关系）

c_2 + $\overline{p_1}$ （社会禁止个人非向往的性关系）

c_2 + $\overline{p_2}$ （社会禁止个人非恐惧的性关系）

$\overline{c_2}$ + p_1 （社会非禁止个人向往的性关系）

$\overline{c_2}$ + p_2 （社会非禁止个人恐惧的性关系）

$\overline{c_2}$ + $\overline{p_1}$ （社会非禁止个人非向往的性关系）

$\overline{c_2}$ + $\overline{p_2}$ （社会非禁止个人非恐惧的性关系）

上述八种性关系中，$\overline{c_2}$ + p_1（社会非禁止个人向往的性关系）这一组关系是叙事作品中涉及最多的，比如《罗密欧与朱丽叶》《西厢记》等都是在这种关系限定的语义域内展开。

至此，我们讨论了通过给模型赋值而得到的三种性关系的价值体系。按照格雷马斯的观点，这三种价值体系可以有多种组合，从而形成包含特定价值的语义域。格雷马斯还认为，任何叙事作品都有一个深层结构，从本质上来说这种深层结构是有关意义和价值组合的结构。因此，戏剧情境也受制于这种深层结构，研究戏剧情境，实际上就是研究对人物的行动能够产生影响的意义结构。从社会学的角度来说，人的行为都是受到特定意义或价值的驱动才会发生，比如被社会文化所肯定的、能够在经济上获利的行为，对人的行为具有某种推动作用。一般来说，一个有理性的人不会去干没有意义的事情。在一个特定社会中，意义的产生和交换，不是个人能够完成的，它必须借助一个被建构的而且得到社会大多数人确认的价值体系，能够让这个社会中的成员知道什么行动是好的、有意义的、有价值的。斯特劳斯所说的文化与自然的对立关系，其中文化指的是经过社会化的人类生活、工作的环境，它包括所提倡、所容忍的一切东西，这是最大的价值体系，而自然则是指非社会化的环境，即没有清晰的、为大多数人所遵循的行为规范，当然也没有强制性的法律系统。当然，现在还有所谓普世价值体系，包括世界所有文化在内的一种行为规范。然后可以在这种最大的价值体系上细分出许多价值体系，处于某一个价值体系内的社会成员，他们的行动都会受到这些价值体系的推动或制约。

格雷马斯语义方阵在理论上最大的创新是给予个人赋值与社会赋值、经济赋值相同的地位，因而特别适合于对包括戏剧在内的叙事作品的情境分析。我们知道，尽管社会有各种法律法规、道德戒律和行为规范，这些价值体系确实对人的行为产生了很大的推力和制约，但是，这并不等于人不会去做被现行社会所禁止的事，即所谓越轨的事。黑格尔曾经说过，凡是存在的都是合理的，但是，马克思却并不同意这个观点，并认为黑格尔是为现存秩序辩护。按照马克思的观点，资本主义社会有许多不合理之处，尤其是阶级剥削、贫富差异以及生产的社会化和生产资料私有制之间的矛盾等，都预示着发生革命的可能性和必要性。实际上，如果从戏剧史的角度来看，很多戏剧都是关于越轨的。王实甫的《西厢记》中所提倡的自由恋爱，实际上在封建社会是被禁止的，至少不是社会所提倡的。《罗密欧与朱丽叶》那种电闪雷鸣的爱情，对于两个相互仇恨的家族来说，也是一种越轨。个人向往对某种行为的赋值，常常被剧作家用来批判现存社会的不合理或展望未来的手段，尽管这种行为因为要承受巨大的压力而往往以悲剧告终。

另外，个人赋值的意义模型，对于分析那种深刻的触及人物心灵的情境，也有重要的方法论启示。比如，在莎士比亚的悲剧《麦克白》中，麦克白杀了邓肯王，篡夺了王位，后来又杀了知道女巫预言内幕的班柯，他的计划大功告成，可是，麦克白却陷入难以自拔的内心煎熬，脑海中始终无法驱除被杀的邓肯王和班柯的身影。麦克白心里清楚自己所干的事是卑鄙无耻和忘恩负义的，但是他又不愿意承认，他的百般辩解实质是心虚的表现。因为按照社会的价值体系，这种行动是被禁止、被谴责的，麦克白这样干要承担巨大的心理压力。麦克白夫人在帮助丈夫登上了王位后，没想到会承受如此大的压力，最后被这种压力击垮，她疯了，她每天要洗手，当年这双手上沾上苏格兰国王邓肯的血迹。但是，从另一方面来说，当女巫预言麦克白可以当国王时，麦克白夫妇内心的欲望之火被点燃了。从个人价值的角度，他们认为当国王是有意义的，为此杀死邓肯王也是有意义的。这样，就构成了一种意义组合：社会禁止和个人向往，这是一种社会价值和个人价值产生冲突的意义结构，它的语义域从深层次规范了麦克白这个人物行动的情境。

二、语义关系的组合模型

为了说明叙事作品的深层意义结构如何来规范或影响人的行动，格雷马斯认为需要对意义关系的性质进行定义。上述所有这些从三个语义方阵中生成的可能关系，从各个价值之间的相互作用以及它们的组合形式来看，存在着四种性质的组合关系：平衡、弱冲突、强冲突和兼容。

如果设 A 和 B 为任意两个体系（我们前面探讨了三个体系，即社会、经济和个人的体系），通过建构语义方阵模型和相应的赋值，可以得到四种性质的关系和十六种关系组合。

平衡关系：

（1）提倡 A + 提倡 B；禁止 A + 禁止 B。

（2）非提倡 A + 非提倡 B；非禁止 A + 非禁止 B。

兼容关系：

（3）提倡 A + 非禁止 B；提倡 B + 非禁止 A。

（4）禁止 A + 非提倡 B；禁止 B + 非提倡 A。

冲突关系

（5）提倡 A + 禁止 B；提倡 B + 禁止 A（强冲突）。

（6）非提倡 A + 非禁止 B；非提倡 B + 非禁止（A）（弱冲突）。

矛盾项之间的冲突也分两类，

（7）提倡 A + 非提倡 B；提倡 B + 非提倡 A。

（8）禁止 A + 非禁止 B；禁止 B + 非禁止 A。

通过上述展示的组合形式，我们从社会和个体价值体系出发来考察性关系的性质，其方法是：如果把 c_1 当作一个不变量（社会所提倡的婚姻关系），然后用不同的个体价值来取代 c_2，我们就能得到四种不同性质的婚姻关系：

组合式：$c_1 + c_2$ 组合结构

$c_1 + p_1$（社会提倡 + 个人向往）　　平衡（1）

$c_1 + p_2$（社会提倡 + 个人恐惧）　　冲突（5）

$c_1 + \overline{p_1}$（社会提倡 + 个人非向往）　冲突（7）

$c_1 + \overline{p_2}$（社会提倡 + 个人非恐惧）　兼容（3）

一般来说，戏剧叙事作品总是强调使用冲突关系的组合来确立主人公的语义域，而很少用平衡关系组合，除非像包公的故事、阿凡提的故事等被不同程度寓言化的作品，这些故事蕴含了人们对公正、智慧的理想。格雷马斯所谓故事深层语法，实际上就是指通过不同义项组合所规定的特定的语义域，故事情节或人物的活动，从意义的角度而言，都不会超越这个语义域。另外，一个特定组合的语义域，可以生成许多故事。

作为一种叙事分析方法，格雷马斯的语义方阵被认为是叙述符号学的最高成就之一。当然，经典叙事学往往借用语义学或语言学的方法和术语，企图以此使叙事学的分析体系更具科学的客观性。但是，通过我们上述对这种方法的阐述，格雷马斯的语义方阵并不能说就是纯科学的，比如给语义方阵模型赋值这一重要环节，就离不开主观的介入。什么是社会提倡的，什么是社会禁止的，就充满了不确定性，尤其是社会价值体系，究竟在多大程度上为全社会成员所尊奉，都是一个问题。不过，我们对一种叙事分析方法的评价，还是要从能多大程度提高叙事分析的有效性和准确性，在这一方面，格雷马斯的语义方阵确实有其独特之处。

三、《雷雨》情境的语义分析

为了便于叙述上的连贯性，我们在分析曹禺名剧《雷雨》时，仍然选择从性关系的角度入手，以此来探讨该剧故事所蕴含的语义域。《雷雨》涉及性关系的人物组合有周萍和周繁漪、周萍和四凤、周朴园和周繁漪、周朴园和梅侍萍（现在的鲁侍萍）、鲁贵和鲁侍萍。按照语义方阵理论，这些人物可以构成如下的关系组合：

1. 周朴园和周繁漪，合法夫妻，但是夫妻之间看谁都不顺眼。从周朴园的个体角度，周繁漪显然不是他向往的那种妻子，但也不是令其恐惧，他只是觉得妻子性格有些乖戾，这是精神郁结所致，他对妻子与大少爷的关系一无所知。所以，他老是要周繁漪喝药，其关系表述是：

$c_1 + \overline{p_1} + \overline{p_2}$（社会提倡 + 个人非向往 + 个人非恐惧），这种关系既有弱的冲突，也有兼容的地方。

但是，从周繁漪的个体角度就完全不一样了，她对周朴园的专制恨之入骨，认为嫁给周朴园后受尽精神折磨，周朴园是令她恐惧的丈夫，若不是周萍让她窥见性爱的巨大魅力，早就如同死了一般。其关系表示是：

$c_1 + p_2$（社会提倡 + 个人恐惧），属于强冲突的一类。

在周朴园和周繁漪的关系中，周繁漪具有强烈的逃离周朴园控制的内心欲望。

2. 周繁漪和周萍，周繁漪是周萍的继母，他们的性关系是社会所禁止的。从周繁漪的个体价值来说，周萍犹如一根救命稻草，把她从精神死亡中救醒。由于她和周朴园属于那种令人恐惧的关系，她无论如何不能放弃这种关系，哪怕是乱伦关系，其关系表述是：

$c_2 + p_1$（社会禁止 + 个人向往）

在周繁漪和周萍的关系中，周繁漪始终具有强烈维持这种关系的内心欲望，而逃离周朴园专制的欲望更增加了她企图控制的周萍的欲望的强度，而曹禺给予周繁漪不顾一切的神经质性格，无疑为她火山爆发似的内心欲望提供了一种为所欲为的渠道。当然，在格雷马斯的故事语法中，性格等因素属于表层语法。

对于周萍来说，他已经充分意识到他与周繁漪发生性关系是被社会禁止的，他和四凤的关系已经表明他不想与周繁漪再维持这种可怕的关系。周繁漪对此不依不饶，让周萍更加害怕这种关系，其表述是：

$c_2 + p_2$（社会禁止 + 个人恐惧），按照格雷马斯的理论，这种组合属于平衡关系（2），即禁止A + 禁止B，除非强制性的性关系，如强奸等，一般很难发生的。所以，这种关系给周萍带来巨大的精神压力，他离家前往矿上的决心之大，一点不亚于周繁漪企图阻止他离开的意志。在《雷雨》中，我们看到周繁漪步步紧逼，周萍则毫不退让，他不断把离家的时间提前，原本是过几天离家，接着是明天离家，最后准备连夜就带四凤离家。周萍的性格比较软弱，是社会禁止 + 个人恐惧的性关系逼得他不得不扮演一个杀红了眼的斗士。但是，他的行动的方向，只能是逃离。

3. 周萍与四凤

周萍和四凤没有结婚，他们的性关系不属于社会提倡，但也不是社会所禁止的。从个人角度来说，他俩至少在当时是真心相爱的。按照语义方阵，他俩的关系可以表述为：

$\overline{c_1}$ + $\overline{c_2}$ +p_1（社会非提倡 + 社会非禁止 + 个人向往），属于兼容关系。值得注意的是，$\overline{c_2}$（社会非禁止）与 c_1（社会提倡）之间是蕴涵关系，包含社会提倡的婚姻关系，这就是说，周萍和四凤的关系发展有两种可能的方向，一种是继续维持非婚性关系，一种则是结婚。另外，$\overline{c_1}$（社会非提倡）与 c_2（社会禁止）之间也是蕴涵关系，包含社会禁止的乱伦关系。周萍和四凤是兄妹，他们只是不知道。从故事最后的情节来看，周萍和四凤都对这种社会禁止的乱伦关系恐惧至极，这就是说，一旦他们知道自己是兄妹关系，关系就变成难以忍受的 c_2 + p_2（社会禁止 + 个人恐惧），所以他们最后以自杀来否定这种关系，从而完成悲剧主人公的人格建构。俄狄浦斯王也是这种情况，发现自己处于这种关系，用别针戳瞎自己双眼，鲜血四溅，这是一种主动性的自我惩罚，是悲剧主人公必须要作出的反应。一个对社会禁止的行为无所恐惧的人物，是不能充当悲剧主人公的。

周萍和四凤的关系，还可以增加一个经济价值体系来分析：

对周萍来说，其关系可表述为：

$\overline{c_1}$ + $\overline{c_2}$ +e_2+p_1（社会非提倡 + 社会非禁止 + 失财 + 个人向往），其中，失财 + 个人向往是冲突关系，因为失财为社会所禁止。周萍是有钱人家的大少爷，四凤只是一个女仆，两人社会身份地位和财富差别悬殊，当然，四凤很漂亮，这也是一种可以交换的价值。在一个世俗社会中，门当户对的婚姻关系，包含进财关系，其中贵族身份、权力等都可以作为交换的价值。反之，失财的婚姻关系能够成功的很少，至少会受到重重阻力。周萍和四凤的关系，他父亲周朴园并不知道。

对四凤来说，其关系可表述为：

$\overline{c_1}$ + $\overline{c_2}$ +e_2+p_1（社会非提倡 + 社会非禁止 + 进财 + 个人向往），其中，进财 + 个人向往是平衡关系，都属于相同的提倡语义轴。四凤与周萍的性关系，给她带来了很多财富，在《雷雨》第三幕中，曹禺专门强调了在如此寒碜的鲁家，四凤的床底下竟然有几双高级皮鞋。四凤的父亲鲁贵对这种关系是支持的，他还以此向女儿索要赌资。四凤母亲鲁侍萍反对这种关系，因为她认为这种关系的结局肯定是被富家少爷抛弃，她自己有亲身体验。她像四凤这样的年龄，以女仆身份和周朴园相爱，结果在生下两个儿子后被周家残酷地赶出家门。

4. 周朴园和梅侍萍的关系，与周萍和四凤的关系类似：

$\overline{c_1}$ + $\overline{c_2}$ +e_2/e_1+p_1（社会非提倡 + 社会非禁止 + 失财/进财 + 个人向往）

5. 鲁贵和鲁侍萍的关系，可表述为：

c_1+ $\overline{p_1}$ + $\overline{e_1}$ + $\overline{e_2}$（社会提倡 + 非个人向往 + 非进财 + 非失财），属于兼容关系。但是，这也是得过且过的凑合，鲁贵常常埋怨妻子，但也没有什么说得出的理由。

我们上述对《雷雨》中人物关系的分析是从性关系出发的，按照语义方阵理论，还可以对其他关系进行分析。语义方阵理论对于揭示叙事作品的深层结构，即深层意义关系，可操作性很强。根据三个价值体系对语义方阵模型的赋值，人物关系以特定的意义组合起来，构成对人物行动具有限制作用的语义域。比如，周萍离家是属于故事表层的行为，但是，他行动的根源及其行动的基本范围，则来自于深层意义结构（社会禁止 + 个人恐惧）。人物表层的行动受深层意义结构的控制，这是因为个体行动从本质上来说都是追寻意义或价值的，一个人的行动及其动机，必然要受到社会文化价值体系、经济价值体系和个人价值体系的综合影响。周萍与继母周繁漪发生性关系后，构成社会禁止与个人向往的冲突关系组合，而周萍在不知道四凤的真实身份时，与四凤发生关系，构成非社会禁止、非社会提倡与个人向往的兼容关系组合。可见，周萍和周繁漪的关系组合最适宜作为戏剧故事的主要情节。由于这种性关系为中国社会文化所否定，周繁漪无视乱伦的行为必须有更深层的动机。周朴园与周繁漪的冲突关系组合，与周繁漪和周萍的冲突关系组合构成更大的语义域。我们可以根据这个语义域，对人物关系进行更多角度的赋值，从而在根本上对人物行动的方向进行限定。周繁漪与周萍的关系组合，在现实社会层面上成功的可能性微乎其微。周繁漪的行动，从她与周朴园的冲突关系组合来说，是肯定性的价值，但从她与周萍的冲突关系组合来说，则是否定性的价值。如果对周公馆这个场所进行赋值，应该是否定的，那么，我们可以说，在周公馆，肯定性的价值往往只能以否定性的价值被实现。由此可见，格雷马斯的故事深层语法在解释故事人物行动的根源方面确有独到之处。

"曹禺现象"试探

许祖华 [①]

内容摘要： "曹禺现象"是对曹禺戏剧创作及戏剧作品中反映出来而又较难解释的特征及问题的概括。本文主要聚焦了"曹禺现象"中的三个现象，一为"《雷雨》现象"；二为人生历程与创作历程悖反的现象；三为书写新旧生活和暴露黑暗与歌颂光明差异十分明显的现象。同时基于我本人的认识，对这些"现象"进行了相应的探讨。

关键词： 曹禺；《雷雨》；现象；悖反现象；反差现象

曹禺是 20 世纪中国最杰出的戏剧家，我在读大学期间接触他的戏剧作品时就被深深吸引并产生了浓厚的研究兴趣。但是，几十年来，研究曹禺，我始终被一些现象所迷惑，随着对曹禺留存的作品的阅读越全面，对曹禺及其作品的研究逐步展开，这些现象不仅在我的意识层面越来越明显，而且在我的研究过程中也似乎越来越无法解释。有时，即使基于什么理论或者什么经验以及在经验基础之上所形成的知识试图进行一点言之成理与持之有据的解说，不仅往往无法说法自己，甚至还使自己陷入自相矛盾之中。我也查阅了中外学人研究曹禺及其作品的众多成果，但读去读来，也似乎不得要领。这也许就是我很早接触曹禺，却始终写不出一篇像样的研究论文的主要因由吧。正是在这种状况之下，我萌发了一个无奈的想法——将这些现象梳理出来，一方面自己进行一点"试探"，另一方面就教于大方之家。

一、《雷雨》现象

扫描中外文学史，我们可以发现这样的事实：绝大多数作家，包括那些十分优秀的作家，如莎士比亚、果戈理、普希金等的创作生涯，都有一个发展过程，他们创作的收获也往往呈现出由较好到好，或由天真到成熟，从一般境界到最优秀境界的历程。中国现代如鲁迅这样的伟大作家，他固然初登新文坛就奉献了"中国现代文学史上的第一篇优秀的白话小说《狂人日记》"，并第一次显示了中国新文学的"实绩"，但他创作出学界公认的最优秀、最杰出的小说作品《阿Q正传》，也还是几年之后。至于在中国现代文学史上与曹禺并列的茅盾、巴金、老舍等文学大家，他们创作出奠定他们在中国现代文学史，乃至中国文学史地位的经典性作品，如茅盾的《子夜》、巴金《家》、老舍的《骆驼祥子》等等，也都莫不有一个过程，或者更直观地说，在他们创作出他们最优秀的作

---

① 许祖华，华中师范大学文学教授，博士生导师，主要从事中国现代文学的教学与研究。

品之前，他们已经发表了一些优秀或比较优秀的作品，如，茅盾在创作《子夜》之前就创作了《蚀》三部曲；巴金在创作《家》之前就发表了《灭亡》《新生》及《爱情三部曲》等；老舍在奉献给文坛《骆驼祥子》之前就奉献了《老张的哲学》《二马》及《离婚》等较有特色且较为优秀的作品。

曹禺却似乎是一个例外。他的文学创作似乎没有"历程"，他奠定自己在文学史上的地位也似乎没有过程，"他的起点，即是成熟的高峰之作"①。1933 年他 23 岁创作出的他自己的第一部戏剧作品《雷雨》，一方面完全可以看作是他登上新文坛的标志（因为，在这之前，他并没有创作任何其他的戏剧作品）；另一方面，他创作的这第一部戏剧作品又的确是他所创作的所有戏剧作品中影响最为深远、成就最为显赫、流行也最为广泛的作品。也就是说，他初登文坛，不仅震动了文坛，而且也由这第一部戏剧作品牢固地奠定了自己在中国现代文学乃至中国文学史上的艺术地位，并由此塑造了自己作为杰出戏剧艺术大家的形象。《雷雨》的问世，使他一夜间从一个默默无闻的青年，成为了文坛巨子、戏剧大师。没有《雷雨》，也就没有"曹禺"。或者说，正是因为有了《雷雨》，才有了曹禺。20 世纪 90 年代初，《新文学史料》的编辑郭娟在亲历曹禺修改自己剧作《雷雨》的一句台词后写的一篇文章中有这样一段话："后来也还见过曹禺先生几次，但印象都不及这一次鲜明。我时常想起那一刻他神采飞扬的情境。特别是编辑《新文学史料》接触更多有关曹禺的史料，对这位作家一生有了更多了解之后，更能体会到暮年曹禺对于写作仍空怀壮志，却无法写出自己满意东西的痛苦。他多想回到写作《雷雨》时的状态啊。但是曹禺先生——您有《雷雨》，已经足够。"②郭娟的观点虽为一家之言，但却是我（甚至不止我）心以为然的。也就是说，曹禺在他 23 岁的时候创作出了《雷雨》，即使以后他再也没有或者不能写成别的作品，他作为中国现代戏剧文学大师的地位也是不可能动摇的、是绝对牢固的，这也就是郭娟果决地说的："曹禺先生——您有《雷雨》，已经足够。"

《雷雨》的问世及《雷雨》的巨大价值，也就构成了神秘的"曹禺现象"之一。这个现象的特征是：他的处女作就是他的代表作，他创作的初期就是他创作的高峰期。

曹禺，简直让人不可捉摸，他是一个"鬼才"。我们知道，天才是有"天分"的人才，我们可以从"天分"入手解释他；怪才是有特殊智慧的人才，我们可以从"特殊智慧"方面研究他；伟才是对人类社会、思想、艺术的发展有举足轻重贡献的人才，我们可以从功绩上理解他。惟有"鬼才"是神秘的，不可捉摸的，也是不好解释的。

之所以说曹禺是一个不可捉摸也不好解释的"鬼才"，首先就是因为曹禺创作的第一部作品《雷雨》留存下了这样两个几乎没有人解开的"谜"：

第一，创作之谜。曹禺曾经多次提及："屡次有人问我《雷雨》是怎样写的，或者《雷雨》是为什么写的这一类的问题。老实说，关于第一个，连我自己也莫名其妙。第二个呢，有些人已经替我下了注释。这些注释有的我可以追认——譬如'暴露大家庭的罪恶'。但是很奇怪，现在回忆起

————————

① 钱理群：《大小舞台之间——曹禺戏剧新论》，北京大学出版社 2007 年，第 75 页。

② 郭娟：《曹禺修改〈雷雨〉台词亲历》，鲍国之主编：《〈雷雨〉与曹禺》，天津出版传媒集团天津古籍出版社 2014 年，第 144 页。

三年前提笔的光景，我以为我不应该用欺骗来炫耀自己的见地。我并没有显明地意识着我是要匡正、讽刺或攻击些什么。"① 当曹禺实在没有办法解说自己是怎样写出《雷雨》，而外界，特别是文艺批评界又十分希望曹禺解说的时候，曹禺干脆如是说："情感上《雷雨》所象征的对我是一种神秘的吸引，一种抓牢我心灵的魔"。② 作者自己都说不清楚自己是怎么写出了这样一部在今后的中国文学史中彪炳史册的优秀作品，这不仅完全颠覆了我们所理解的创作主体与作品的各种关系，也使我们实在无法解说《雷雨》的成功与作者的各种因素，特别是思想、艺术修养之间的关系，更无法解说，这么年轻的一个人为什么却写出了这样杰出的一部作品，似乎只好同意，或者说附和曹禺"魔"的说法。

其次，艺术之谜。就是这样一部作者自己都说不清是如何写出的作品，其艺术上所达到的境界，完全可以用一个成语来界定：炉火纯青。如果用通俗的话语来形容，那么，似乎可以如此来概括：《雷雨》在艺术上的确是"太完美"了，无论是从人物的塑造、情节结构的安排、各类言语的书写，甚至细节的设置，都可以说达到了"天衣无缝"的程度。也许正因为《雷雨》在艺术上"太完美"，完美得实在找不出明显的艺术漏洞或瑕疵，所以，寻索中外学术界，凡关涉《雷雨》的论文与著作，只要谈到《雷雨》的艺术成就，几乎不见否定性的意见，即使有一些指出《雷雨》所谓艺术"局限"的研究，也都仅仅纠缠在"序幕"与"尾声"是否多余和不多余的层面。

当然，面对曹禺及其《雷雨》之谜，也有学者做过解谜的工作，马俊山先生是其中一位。他认为，20世纪30年代的中国文坛为什么会出现曹禺？他立足"历史观"的层面，从文学，特别是中国现代戏剧发展的历史轨迹中寻索曹禺出现的必然性，并由此提出了这样的观点："实际上，如果没有前人积累的经验教训，出现曹禺几乎是不可思议的。曹禺内化和升华了前人的经验教训，是历史发展到特定阶段的必然产物。若无万家宝其人，历史也会造出另一个'曹禺'来。"③ 这种观点虽然也有一定的道理，但由于完全依据的是历史发展的"必然性"逻辑，而忽略了历史发展的"偶然性"规律，因此，这样的观点虽然勾画了历史发展的必然要求，但却无法解释历史发展的偶然性现象，即，如果按照这种观点的逻辑：中国现代话剧到20世纪30年代已经积累了相当丰富的艺术经验，而"戏剧专业化"也成为了同仁的共识，那么，为什么20世纪前半叶最杰出、影响最为深远的第一部话剧作品《雷雨》是由一个23岁的青年创作出来的，而不是由艺术实践经验更为丰富、戏剧文化修养更为深厚和充分的田汉、洪深、郭沫若、丁西林等完成的？

与这种解说相反，钱理群先生则主要从创作主体的角度进行了探讨。他认为，《雷雨》之所以成功，得益于曹禺心灵中排遣不开的"郁热"的充分酝酿，是一种原初冲动的结果。这虽然也并非完全没有道理，但钱先生却既没有解说"原初冲动"是一种什么冲动，也没有解说何以原初的冲动就一定能产生艺术杰出，而是回到了创作主体与作品的关系框架中，较为具体，当然也是十分精彩地分析了曹禺原初冲动的"郁热"等感受、情绪在作品，特别是《雷雨》中外化的形态与特点，依然没有

① 曹禺：《雷雨·序》，《曹禺文集》（1），中国戏剧出版社1988年，第211页。

② 曹禺：《雷雨·序》，《曹禺文集》（1），中国戏剧出版社1988年，第211页。

③ 马俊山：《曹禺：历史的突进与回旋》，中国工人出版社1992年，第7页。

解说为什么 23 岁的曹禺能在小小年纪就创作出像《雷雨》这样的艺术杰作。

　　我认为，要解说曹禺为什么能创作出《雷雨》这样非同一般优秀的戏剧作品，最好首先回到曹禺创作《雷雨》的基本情景之中，这个情景就是，一、此时的曹禺不过是一个学生，没有任何头衔，也自然没有来自任何方面的功利性的目的与压力，他创作《雷雨》完全是兴趣使然；二、正是在创作《雷雨》的过程中，他第一次坠入了爱河，《雷雨》创作的过程，也是曹禺与心爱的姑娘郑秀恋爱的过程。所以，我认为《雷雨》为什么会成功？最关键的正是爱情的激发和兴趣的作用，共同促成了《雷雨》的诞生。正是由于兴趣的作用而不是某种功利的推动，使曹禺不仅摆脱了各种有形与无形的束缚，更重要的是使曹禺真正发自内心地"想写"，从而全身心地投入《雷雨》的创作中。曹禺自己就曾说过："我初次有了《雷雨》一个模糊的影像的时候，逗起我的兴趣的，只是一两段情节，几个人物，一种复杂而又原始的情绪。"[1]正是由于爱情的滋润，使得这个名不见经传的青年不仅激发出了巨大的自信，更为重要地是总想将自己由兴趣激发的《雷雨》这部作品"写好"，写精彩。爱情对于曹禺自信心的激发，有曹禺的第一个恋人郑秀的回忆为证："一天下午，我们提前走出图书馆，太阳的余晖正映照在馆外红色墙上，使园景更加绚烂夺目，我们信步走出不远，就在一株大柳树下蜷膝而坐，两旁丛簇着盛开的玫瑰，我们默默相对，暮然间他用右手指着自己的头对我说：'颖，中国的头脑在这里！'我很快就领会到他指的是'创作中国自己话剧的头脑'。"[2]可见爱情的力量有多么巨大。关于这一点，还有一个旁证，这就是曹禺《北京人》创造的成功。没有疑问，在曹禺的戏剧作品中，《北京人》也是一部十分优秀作品，曹禺当初之所以要写这部作品而写得很好，除了别的因素，如曹禺的艺术天赋之外，最重要的因素就是曹禺的第二个恋人方瑞进入了曹禺的生活，所以，钱理群先生认为："从夏日相识，到深秋写出《北京人》，曹禺的爱情生命和戏剧生命同时萌生、发展与成熟。正像有人说过的那样，每个人的智慧、性灵像一个藏在深山里的金矿，只有在情人的激发下，才完全被开采出来：爱情，正是对人的生命本质的发现、释放与创造。现在，曹禺与方瑞之间的爱情，正是发挥了这样的神妙作用：曹禺灵魂深处的沉静、忧郁、孤独、寂寞……被激发出来，曹禺和他的恋人尽情享受着这静静流泻于春、秋之日的生命之泉，终于酿成了生命的诗——《北京人》。"[3]钱先生的观点虽然也是一家之言，但却也是可以进行验证的，因此，也当然是有说服力的。正是在爱情的滋润下，为了"写好""写精彩"《雷雨》曹禺一遍又一遍修改《雷雨》以至于对《雷雨》的修改"记不清修改了多少遍，这些残篇断简堆满了床下"[4]。甚至还可以如是说：正是在内心深处兴趣的引导（而不是理论、规范或其他外部因素的引导）和爱情的滋润下，为了"写好""写精彩"《雷雨》，曹禺已有的从事话剧演出的经验和在南开大学，尤其是在清华大学汲取

---

① 曹禺：《雷雨·序》，《曹禺文集》（1），中国戏剧出版社 1988 年，第 211 页。

② 郑秀：《〈雷雨〉在这里诞生》，鲍国之主编：《〈雷雨〉与曹禺》，天津出版传媒集团天津古籍出版社 2014 年，第 2–3 页。

③ 钱理群：《大小舞台之间——曹禺戏剧新论》，北京大学出版社 2007 年，第 175 页。

④ 转引自，倪斯霆：《〈雷雨〉是怎样写成的》，鲍国之主编：《〈雷雨〉与曹禺》，天津出版传媒集团天津古籍出版社 2014 年，第 90 页。

的欧美从古希腊一直到 20 世纪美国的奥尼尔的戏剧营养，也自然地被调动起来了，成为了推动《雷雨》创作的艺术动力。于是，被精心打磨出来的《雷雨》一鸣惊人，也就自在情理之中了。

二、人生历程与创作历程的悖反现象

随着曹禺创作历程的展开，这种"曹禺现象"愈加显得突出，也"似乎"更不可捉摸了，这个现象简直就形成了一种悖论：天真的时代（23 岁到 29 岁之间），却创作出了无比深邃、成熟的杰作；而成熟的生命段，却反而时时流露出幼稚的倾向；不刻意追求艺术女神，却获得了艺术女神最真诚和热情的青睐，登上了艺术的高峰，而潜心构造艺术的世界时，却反而未能达到智慧的境界。

为着论述的方便，如果我们将曹禺创作的戏剧作品，按照先后顺序进行排列，应该是：《雷雨》《日出》《原野》《蜕变》《北京人》《家》《明朗的天》《胆剑篇》《王昭君》。而如果从艺术成就与影响来排列，没有疑问的是，影响最大，成就最高的是《雷雨》，其次是《日出》，再次是《原野》《北京人》和《家》。反之，其他几部，影响、成就都一般。而成就最高和比较高的戏剧作品，恰恰是曹禺年轻的时候创作的；那些影响一般的，则恰恰是曹禺成年后，甚至是晚年创作的。也就是说，曹禺，随着年龄的增长、生活经验的增加、艺术知识的丰富，并没有带来戏剧创作的"水涨船高"的良好效果，相反，还似乎呈现出"每况愈下"的不堪局面。

也就是说，青年时代的曹禺不仅创作出了一系列优秀的作品，而且由此奠定了自己在中国现代文学，乃至于中国文学史上的地位；反之，进入成年后，甚至晚年后的曹禺却并没有为自己的地位"添砖加瓦"，更没有创作出彪炳史册的戏剧作品。

的确，青年曹禺太杰出，他所创作的一系列戏剧作品的意义和价值之重大，我们可以将其放在中国现代戏剧文学发展的纵横相交的坐标中来考察：

从"纵向"上看，中国现代话剧创作开始于五四时期，田汉奉献了《咖啡店之一夜》《获虎之夜》等作品，丁西林奉献了《一只马蜂》《压迫》等作品，郭沫若则奉献了一批诗剧与历史剧，如《湘累》《卓文君》等，到曹禺话剧作品的问世，可以说是走过了从萌芽、草创、初步形成到成熟的过程，而曹禺的话剧，就是中国现代话剧成熟的标志。有人甚至具体的指出："《雷雨》是曹禺二十三岁时创作的经典剧作，它的问世是中国话剧走向成熟的里程碑。"[1] 这的确是文学史的事实。

从横向上看，20 世纪 30 年代和 40 年代，是中国话剧创作丰收的年代。这一时期，涌现了好几位优秀的话剧大师，如田汉、洪深、李健吾、夏衍、郭沫若等，他们用自己的颇为丰富而优秀的话剧创作，如，田汉的《名优之死》《回春之曲》，洪深的《农村三部曲》，李健吾的《这不过是春天》，夏衍的《上海屋檐下》《法西斯细菌》，郭沫若的《虎符》《棠棣之花》《屈原》等，显示了这一时期话剧创作的繁荣景象。而在众多的作品中，从艺术成就来看，没有谁超过曹禺。也就是说，曹禺的话剧创作，是这一时期中国现代话剧创作最高成就的代表。

结论：曹禺的话剧创作，特别是前期的作品，标志着中国现代话剧艺术的彻底成熟和已经达到

---

[1] 王海冰：《〈雷雨〉与万公馆》，鲍国之主编：《〈雷雨〉与曹禺》天津出版传媒集团天津古籍出版社 2014 年版，第 107 页。

的艺术水平。这个水平说明，从国外引进的话剧这种艺术形式，已经在中国文坛安家落户，并已经长成了参天大树。

具体说来，作为"成熟"和最高成就的标志是：首先，充分个性化的戏剧人物。如，繁漪、周朴园、四凤、周萍、陈白露、仇虎、金子，以及《北京人》中一系列人物。他们都有丰富、迷人、深刻的个性内涵，或善，或恶，或虚伪，或强悍，或忧郁，或病态，或复杂，或单纯……无一不是血肉丰满、栩栩如生的。同时，在这些充分个性化的人物身上，又包蕴了广博、深厚的历史特征和文化内容。其次，炉火纯青的艺术造诣。戏剧结构的紧凑、错综、完美，无懈可击；情节真正成为了人物性格发展的历史；人物语言的性格化与戏剧化，登峰造极。如在《雷雨》中，人物没有一句多余的话，没有一句生硬的台词。每句话都直接反映人物的性格，且往往蕴含着丰富的潜台词。如繁漪的台词、四凤的台词等。另外，细节的设置精妙绝伦，如〈雷雨〉中繁漪的"关上了四凤房间的窗户"，周公馆花园中断了的电线等。仅就《雷雨》情节的设置来看，我们无论是按照生活的情理或事物之间的逻辑关系，还是按照一般审美规律或原则，都找不出任何生硬的情节设置，更找不出与情节发展关系十分密切的细节上的漏洞。如，全剧最关键的情节——侍萍来到周公馆。侍萍为什么会来周公馆？答案明了：繁漪邀请的；繁漪又为什么邀请？因为侍萍的女儿四凤威胁到了繁漪的利益；而侍萍这个憎恨大户人家的女人又为什么接受了这样的邀请？答案同样明了：因为她不希望自己的女儿到大户人家做工？她为什么如此？因为她曾经有一段在大户人家的遭遇……总之，无论我们从什么角度进行审视，都可以发现，如此的情节设置都经受得起检验，其结论就是：只能如此，只能是这样。还有繁漪关上四凤家的窗户的细节设置，也是如此地合情合理而又十分重要。繁漪为什么要关窗？因为她要"报复"要丢弃她的男人周萍；而正是她这样一个动作，则决定了最后人物命运，特别是四凤、周萍的悲剧的必然。如果她不关窗户，也许四凤与周萍的关系侍萍不会知道，而正因为繁漪关上了窗户，使四凤与周萍的关系被最清楚两人关系的侍萍发现了，这也就决定了四凤与周萍的关系无法在所谓"爱"的层面上发展，因为两人是兄妹关系，而一旦四凤知道自己与周萍的身份，人物也就只有以毁灭为结局。还有很多……这就是《雷雨》！

反观曹禺之后的创作，特别是进入生命完全成熟阶段的创作，则完全是另外一幅"景象"，不仅作品数量极少，而且"有一个事实却是不容忽视：他在1949年之后所写的《明朗的天》《胆剑篇》《王昭君》，却是一部不如一部。"①下这样结论的人也许简单了些，但无论从什么层面来考察，都又似乎经受得起验证。如从思想内涵上看，这些成年之后，甚至是晚年之后创作的戏剧作品，往往十分单纯，既缺乏青年时代戏剧作品的丰富性，更缺乏青年时代戏剧作者中意味深长的复杂性，有的作品的主旨及其情节设置，甚至就是某种政治观念的图解或演绎；从艺术技巧来看，这些成年后，甚至晚年创作的戏剧作品的情节设置，几乎不需要小心寻索，仅仅在阅读的过程中就随时可以发现艺术上的漏洞。所以，有人在给曹禺写的信件中直言不讳地说："我不喜欢你解放后创作的作品"。这固然是纯个人兴趣、爱好的表达，却也符合一般审美的原则。

---

① 倪斯霆：《〈雷雨〉是怎样写成的》，鲍国之主编：《〈雷雨〉与曹禺》，天津出版传媒集团天津古籍出版社2014年，第91页。

为什么会形成这样一种现象？也有学者做了解释，这些解释可以归为"客观论"与"主观论"两个大类。"客观论"着眼于环境的变化与曹禺艺术的想象和才能的发挥之间的关系进行探讨，认为，早期的曹禺适应了他所处的环境，所以创作出了很多优秀的作品；后期的曹禺不能适应环境，故再也写不出优秀的作品。"主观论"则主要聚焦曹禺本人，认为，曹禺能在 20 世纪前半叶写出一系列优秀的戏剧作品，除了别的原因之外，曹禺具有强烈的"自信心"是一个重要的原因；而后来曹禺之所以再也写不出优秀的作品，特别是如《雷雨》《日出》一样的优秀作品，最根本的原因就是曹禺丧失了自信心，而"自信心的丧失，这对曹禺几乎是致命的。"[1]等等。这些看法都是有一定道理的。人不能，也不可能超越时代和社会的限制，作家也不例外。同样，自信心对于成就事业的重要性也是不言而喻的，更何况，曹禺当年创作出那些优秀的作品，都是充满了自信的，前面我引用的曹禺的第一任女友、后来的第一任妻子郑秀的回忆是一例，后来，曹禺的女儿万方的回忆，则又是一例。万方曾说，她的父亲曹禺是一个非常自信的人，他写作时，总是"感觉很轻松很快活，也很沉着，因为他知道自己想写的，就能写出来"，而且对写出来的作品的价值从不怀疑，也自信能够把握住自己的读者与观众：一切他都心中有数，胸有成竹。即使在他创作出自己的第一部作品《雷雨》并交给朋友靳以后，由于种种原因而没能在郑振铎和靳以主编的《文学季刊》上很快登载的时候，他也不闻不问，后来，当女儿万方问他为什么不问一问的时候，曹禺对女儿说："我没有想过问，那时候我真不在乎，我知道那是个好东西。"[2]万方的记录，既为我们提供了当初曹禺能创作出那些优秀戏剧作品的主体因素之一，即，曹禺的自信，也为我们提供了解说，为什么曹禺后来，尤其是20 世纪后半叶，再也创作不出如青年时期一样的优秀戏剧作品的最重要原因。所以，我比较同意"主观论"的观点，不过需要补充一点，曹禺后期之所以写不出如早期一样优秀的戏剧作品，我认为，除了自信心的丧失之外，还有一点，就是缺乏应对环境的智慧。也就是说，不善于根据环境的变化来调整自己的创作。

我之所以特别补充这一点，是因为，进入 20 世纪后半叶的中国优秀作家，虽然大多数作家与曹禺一样，再也没有创作出超越自己过去作品成就的作品，但也终究有一个例外，这就是老舍。如果说，《骆驼祥子》是老舍 20 世纪前半叶的代表作，那么，戏剧作品《茶馆》则无疑是老舍 20 世纪后半叶的代表作，也是整个 20 世纪中国现代话剧的杰作，其价值与意义几乎可以与曹禺的《雷雨》相媲美。老舍为什么能如此呢？他后来所处的环境与曹禺完全一样，但完全不一样的是，老舍迎来了自己创作的又一个高峰，而曹禺却没有。除了别的原因之外，老舍善于利用环境而"随物赋形"，曹禺则缺乏这样的智慧，这也许就是导致两个中国现代同样优秀的大作家的不同结局的最重要的主体原因。

三、书写新与旧、表达暴露与歌颂的反差现象

在"曹禺现象"中，还有一个十分显然的现象，这就是，写新生活不免生硬，写旧生活却得心应手；

---

[1] 钱理群：《大小舞台之间——曹禺戏剧新论》，北京大学出版社 2007 年，第 326 页。

[2] 万方：《我的爸爸曹禺》，《文汇月刊》1990 年第 1 期。

歌颂光明常不免浅露，批判黑暗往往入木三分。

　　有人也对此种现象进行过解说，其解说的基本依据则是曹禺这样的文艺观："创作必须真知道，写不好的根本原因，总是由于并不真知道自己要写的东西。首先是个性鲜明的人物，你对他熟悉了，才能写好。"①并通过对曹禺早期作品的成功和后期作品的不成功得出了这样的结论："曹禺的写作辉煌只能出现在他最熟悉真知道的陈白露年代。"②

　　曹禺先生的观点没有毛病，研究者的解说也没有错，因为，无论是曹禺的观点还是解说者的结论，都符合一般文艺理论所揭示的创作规律，也符合作家创作的实际。俄国杰出的现实主义作家里戈理也基于自己文学创作的实际表达过这样的观点："只有被我从现实中提取，并且熟悉的一些东西，才是我写出的好的东西。"③但是，曹禺的观点和研究者的解说在符合了一种创作规律的同时，却忽视了创作的另一个基本的规律，这就是"想象"和"虚构"的规律。从理论的层面说，也就是忽视了"生活的真实"与"艺术真实"的区别。鲁迅曾经指出："艺术的真实非即历史上的真实，我们是听到过的，因为后者须有其事，而创作则可以缀合，抒写，只要逼真，不必实有其事也。"④如果按照要写好一个人和一件事必须"真知道"而如果不知道就写不好的逻辑，我们如何来理解但丁的《神曲》和托尔斯泰的《战争与和平》呢？还有一些写强盗、写妓女的优秀作品呢？写出这些作品的人，他们都不一定"真知道"那些人、那些事，更何况他们自己本来就不是那些人，也没有经历那些事。鲁迅在谈文学创作时就说过："作者写出创作来，对于其中的事情，虽然不必亲历过，最好是经历过。诘难者问：那么，写杀人最好是自己杀过人，写妓女还得去卖淫么？答曰：不然。我所谓经历，是所遇，所见，所闻，并不一定是所作。"⑤看来，我们似乎应该转换一个角度来解释曹禺在自己的戏剧作品中所呈现的这种"现象"。

　　我认为，曹禺在自己的作品中之所以呈现出写新生活较为滞涩，写旧生活极其流畅，歌颂光明总显生硬甚至十分生硬，而暴露黑暗却如行云流水，除了别的原因，如生活经验的原因之外，最关键的应该是曹禺对这些生活、对所谓光明和所谓黑暗的态度以及相应的情感倾向。一般说来，当曹禺对自己所描写的生活，包括人和事充满了爱，而且是发自内心的爱和发自内心的热情的时候，他往往能将这些人和事写得情趣盎然，即使这些人和事是他不怎么熟悉的，他也能写得荡气回肠；反之，当其对所描写的对象，没有爱，甚至连恨都难以激起，更缺乏对这些对象的热情的时候，他往往不仅下笔艰涩，没有灵性，而且常常漏洞百出，难以经受经验与逻辑的推敲。这里，我们可以曹禺青

　　① 倪斯霆：《〈雷雨〉是怎样写成的》，鲍国之主编：《〈雷雨〉与曹禺》，天津出版传媒集团天津古籍出版社2014年，第90页。

　　② 倪斯霆：《〈雷雨〉是怎样写成的》，鲍国之主编：《〈雷雨〉与曹禺》，天津出版传媒集团天津古籍出版社2014年，第91页。

　　③ （俄）里戈理：《作家自白》，引自北京师范大学文艺理论教研室编《文艺理论学习参考资料》（上），沈阳春风文艺出版社1981年，第226页。

　　④ 鲁迅：《致徐懋庸》，《鲁迅全集》第十二卷，人民文学出版社2005年，第526页。

　　⑤ 鲁迅：《叶紫作〈丰收〉序》，《鲁迅全集》第六卷，人民文学出版社2005年，第227页。

年时期创作的《雷雨》《原野》《蜕变》这三部作品为例展开探讨。

　　《雷雨》，描写的是"旧生活"，曹禺为什么能将这种生活书写得荡气回肠，将生活于其中的人物塑造得隽永、生动而内涵丰富？曹禺研究专家田本相从自己的阅读感受出发提出了一种观点："《雷雨》首先展示给我们的印象，曹禺是一个内心滚沸着巨大热情的作家。这种巨大热情的特色，不但决定着《雷雨》的创作风貌，而且使它产生一种格外动人心弦的艺术感染力量。"[1] 曹禺自己也曾描摹过自己孕育《雷雨》时的热情沸涌的情景：与《雷雨中人物和情节俱来的"那便是我性情中郁热的氛围。夏天是个烦躁多事的季节，苦热会逼走人的理智。在夏天，炎热高高升起，天空郁结成一块烧红了的铁，人们会时常不由己地，更归回原始的野蛮的路，流着血，不是恨便是爱，不是爱便是恨；一切都走向极端，要如电如雷地轰轰地烧一场，中间不容易有一条折衷的路。"[2] 从曹禺的自述中，我们完全可以说，正是曹禺发自内心的热情以及对于作品中一个个鲜活生命的爱或者恨，孕育了《雷雨》，也成就了曹禺对"旧生活"的深刻书写与表现。

　　如果说，曹禺能将《雷雨》中的"旧生活"还有生活于其中的人刻画得血肉丰满而又十分深刻，是因为他有自己生活的依据，他真熟悉自己所写的这种生活以及生活于其中的人（关于这一点，有很多考据似的研究，不赘述）的话，那么，他比较优秀的同样是写旧生活的作品《原野》所书写的，则是其并不熟悉（至少是不怎么熟悉）的生活与人。"无论从思想还是艺术上，《原野》都是作家积极探索的产儿，表现了作家敢于探索自己未曾探索过的新课题的勇气。但是，《原野》的创作较之《雷雨》《日出》，使作家面临着一个从未遇到的巨大矛盾：他本来是扩大了他的生活视野，把目光投向了广大的农民，探索农民的生活地位和命运，可是，他所探索的却是一个他全然不熟悉的生活领域。"[3] 田本相事实求是地指出了曹禺创作《原野》的基本状况：并不熟悉自己所描写的生活。的确如此。不过，《原野》虽然由于作者不熟悉自己所书写的生活，也由此带来了很多不足，特别是所谓"神秘的气氛""非现实的性格与冲突"等等，但其对"复仇"主旨的演绎，特别是对人物的塑造，还是十分成功的。而在其所塑造的人物中，金子，这位"旧时代"的"旧人物"，虽然不是作家塑造的最主要人物，但确是一位魅力四射的人物形象，有人曾经撰文认为，这个形象"是我国新文学史上不可多得的普通农村妇女反抗地主斗争的英雄典型，也是《原野》现实主义精神的突出成就"。剧作通过描绘她对爱情自由和幸福的热烈追求，对焦阎王一家的特殊反抗方式以及她与仇虎悲欢离合的遭遇，生动刻画了她"婉娈、多情、泼野奔放、热烈执著、刚强不屈的性格。"还表现了她在仇虎复仇斗争的启示下，从斗争中由不觉悟到觉悟，不自觉到自觉地参加反抗斗争的全过程，展示了她多侧面的丰富的内心世界[4]。还有人盛赞金子是中国现代文学画廊中从来没有见过的"这样富有特色和魅力的'小媳妇'"，"她像'万花筒'那样绚丽多彩：俏丽而泼辣，妖媚而又刚烈，同时又不失温柔和纯真；而且各种色彩又显得这样鲜明和强烈：她媚，能媚得人魂飞，

---

① 田本相：《曹禺剧作论》，桂林广西师范大学出版社 2010 年，第 25 页。

② 曹禺《雷雨·序》，《曹禺文集》（1），中国戏剧出版社 1988 年，第 213 页。

③ 田本相：《曹禺剧作论》，桂林广西师范大学出版社 2010 年，第 98 页。

④ 潘克明编著：《曹禺研究五十年》，天津教育出版社 1987 年，第 90—91 页。

泼能泼得人心跳，刚烈像一团火，纯真像一块金，她是一杯浓烈的酒，一丛艳丽的野玫瑰，原野上吹过的一阵风，山涧里流过的一道清泉。她有嘉尔曼的气质，夏龙巴的倔强，安娜的执著和勇敢，和蒙娜丽莎的微笑有着同样不可捉摸的迷人魅力……"总之，她是"一个独具魅力的旧中国 20 年代的小媳妇。"[①] 在这些评说中，评说者几乎是将自己能想象到的赞美之意都毫不吝啬地献给了她——一个独具魅力的女性形象。这些评说虽是一己之见，但这些"一己之见"所形成的判断，在作品中也能寻索到相应的依据。而曹禺能塑造出这样一位魅力四射的人物形象，如果他没有倾注发自内心的热情，也就不会赋予这个人物以如此众多而美好的质素，人们也就自然无法解读出如许多的具有诗情画意的内容。

　　如果说《雷雨》《原野》主要描写的是"旧生活"，其基本的价值取向是"暴露黑暗"的话，那么，《蜕变》则是既描写了旧生活并对所谓的黑暗进行了暴露，又描写了新生活并对其表达了歌颂。"《蜕变》的成就不仅在于对腐朽现象的揭露，在我们看来，能足以表现作家思想进展和艺术探索的，倒在于对'新的生命'的歌唱上。"[②]《蜕变》对于黑暗的揭露与抨击，从其问世即得到了评论界的首肯，尽管有人认为其揭露与抨击还只停留在"只反贪官，不反皇帝"的层面，但大多评论都认为，《蜕变》的成功首先和第一位的，就在于它对于"旧的恶的"暴露和抨击，在于其"揭露了抗战中国统区一些动摇分子和腐朽人物"[③]。但，《蜕变》对于新生活的刻画，特别是对代表新生活的两个"正面人物"梁专员、丁大夫的塑造，尽管曹禺凭借其出众的才华，调动了各种手段，但这两个言辞、行为都"光芒闪烁"的形象，却不仅缺乏丰满的血肉（因为他们一出现就是正义的，没有缺点，甚至没有一般人的平庸，似乎是不食人间烟火的圣人），而且缺乏艺术的可信性（因为没有"典型环境"的依据）。《蜕变》塑造的这两个光明形象之所以会如此，其原因主要有两个，一个是作者曹禺是从理性分析（这是曹禺最不擅长的）出发设想的这两个"正面人物"；二是"作者怀着轻信的感情塑造了梁公仰这位正面人物"[④] 和丁大夫这位正面人物。其中，在我看来，"轻信的感情"，正是导致这两个形象缺乏生命活力的最重要原因。

① 潘克明编著：《曹禺研究五十年》，天津教育出版社 1987 年，第 91 页。

② 田本相：《曹禺剧作论》，桂林广西师范大学出版社 2010 年，第 122 页。

③ 转引自田本相：《曹禺剧作论》，桂林广西师范大学出版社 2010 年，第 120 页。

④ 此为抗战时期学界的观点，转引自田本相：《曹禺剧作论》，桂林广西师范大学出版社 2010 年，第 120 页。

都市交际花：延续百年的女性论述与社会赝象

幸　洁[①]

内容摘要：2020 年是曹禺先生诞辰 110 周年，同时也是夏衍先生诞辰 120 周年，这两位中国现代戏剧大师年龄相距十年，但是在二十世纪三十年代到四十年代都经历了戏剧创作的爆发期，创作的剧作中出现了很多富有影响力的女性角色。本文就以曹禺剧作《日出》中的陈白露为出发点，联系当下网络热门的"上海名媛"事件，分析都市交际花这一延续百年的女性论述和社会赝象。

关键词：交际；女性论述；社会赝象

一、"创造现实"的现代中国"女性论述"

（一）中国话剧舞台的第一批女演员

我们先来大概了解一下"上海名媛"事件：2020 年 10 月，一篇名为《我潜伏上海"名媛"群，做了半个月的名媛观察者》的自媒体文章在朋友圈刷屏。随后，#上海名媛群#的话题霸榜微博热搜，据文章介绍，该文章的作者是花了 500 元，深入所谓的上海顶级名媛群，为普通人探究这个或者云端的一撮人，每天都在过着怎么样的生活，结果却让人很意外，那些所谓的上海名媛们，连穿着的丝袜都是二手租来的。40 人拼单只需每人 125 元就能住一晚几千元的五星级酒店，被戏称为"拼夕夕版上海名媛"。经过一天的发酵，上海名媛群的话题在微博已经有 16.2 亿阅读、讨论 14 万。[②]

事实上，在百年之前，上海的都市空间中就存在着这样一批名媛或者说交际花，她们可以说是中国话剧舞台上的第一批女演员，既是 20 世纪中国现代社会舞台上登场的第一批"女性演员"，也是中国现代话剧舞台上反复出现的女性角色。1907 年，留日学生组织的春柳社在日本东京演出了《茶花女》（第三幕）等剧目，正式揭开了早期中国话剧的帷幕，中国话剧创立伊始的女主角就是闻名世界的交际花玛格丽特。

我们知道，五四时期，与妇女解放运动相结合，从胡适的《终身大事》开始，中国话剧界出现了创作"新女性"剧作的风潮。到了曹禺《日出》发表的 20 世纪 30 年代，更涌现出了一批中国剧作家原创的、描写以交际花为代表的女性形象的作品。

[①] 幸洁，浙江工业大学设计与建筑学院、博士、讲师，从事性别理论、戏剧影视美学、数字媒体艺术理论研究。

[②] 腾讯网，《上海"名媛"背后的真相，令人叹息！》，https：//new.qq，com/omn/20201014/20201014A06SDP00.html，2020.10.14。

在话剧领域，张俊祥则在《小城故事》（1940 年）中用喜剧的手法呈现了交际花柳叶子颇为戏剧性的经历，还有宋之的《雾重庆》中的苔莉。从 1935 年到 1941 年夏衍创作了十二部话剧，其中在《都会一角》（1935）、《中秋月》（1935）、《赛金花》（1935）、《上海屋檐下》（1937）、《娼妇》（1939）、《心防》（1940）六部作品中他塑造了从无名的舞女、李曼娜、赛金花、施小宝、娼妇到施小琳这一系列交际花类型的人物。当然，艺术生命最为持久、影响力最大的应该是曹禺《日出》（1935 年）中的陈白露了。

（二）关于交际花的"新女性"论述

在一定意义上可以说，"娜拉"形象在五四中国成为剧作家们操纵于笔下的"傀儡"。[1]20 世纪 30 年代小说和戏剧界对交际花的关注，是在关于现代中国"女性论述"的背景下产生的。"在现代，建立一个民族国家是中国革命不同政党和政治派别最重要的使命，国家民族主义的意识形态功能创造了一种新的有关权力的话语实践，并渗透了二十世纪知识生产的各个层面。"[2] 因此，五四时期的所谓"新女性"范畴作为一种叙事策略，与"旧女性"相对照，以预设的规范性身份成为了新政治联盟的基础。而作为民族国家文学的中国现代文学和新兴阶级，共同参与构建了这个中国现代女性形象的话语实践。

中国现代话剧舞台所演出的社会身份和性别的重新建构，作为这场实践的重要组成部分，积极参与了这场变革。象征着进步和纯洁的"新女性"在这一时期的话剧舞台上被不断搬演。

如果说在现代中国有关女性解放的话语中，关于"新女性"的论述在五四时期是一股汹涌的潮流，那么在五四运动十年之后的这十年中却出现了些许杂音。

以交际花为例，在她们身上就聚集了几派知识分子的目光。

（1）左翼话语中的她们多是代表旧时代的反面形象，徒有摩登的外表，没有现代的内在；

（2）而以新感觉派为代表的现代派，则醉心于这类形象，认为她们才是真正的都市"新女性"；

（3）以曹禺为代表的一批知识分子，则接续并延伸了"五四"的价值传统，用写实主义的手法相对客观地表现了这些女性的复杂处境。[3]

（三）分裂的"新女性"论述

从上面三派的论述中，我们要注意的是其中的"分裂"，也就是说，一个事先限定的基础性身份已然排除了在进一步的政治行动中形成新的或是扩展现有身份概念的可能性。所以，在十年之后，当作为一种排他性联盟规范的关于"新女性"的"女性论述"四分五裂时，旧有联盟的分裂也同时彰显了出来。

如前面所说，其中分歧较大的是左翼所赞许的弃文从武、投身革命的"新女性"和现代派所欣赏的华丽转身为摩登女郎的"新女性"。

《日出》中的陈白露所代表的走出家庭的"新女性"并不是作者意志的简单传声筒，而是以鲜

① 田本相主编：《中国话剧艺术通史（第一卷）》，山西教育出版社 2008 年，第 90 页。

② 胡志毅：《国家的仪式：中国革命戏剧的文化透视》，广西师范大学出版社 2008 年，第 1–2 页。

③ 孟悦、戴锦华：《浮出历史地表——现代妇女文学研究》中国人民大学出版社 2004 年，第 98 页。

活生动的个性和情感打动着我们，曹禺同时在《雷雨》和《北京人》等剧作中塑造了繁漪等困在小家庭中的女性角色，她们共同构成了"娜拉出走"之后女性命运的完整寓言。因为"与其说五四话剧是反映现实，不如说是创造现实，是现代性想象的技术实践"。[①]

早期现代舞台再现的生活，由于比现实生活更为激进前卫，前者反而倒过来影响了后者。响应新文化运动的解放号召而走向社会的广大青年女性，以她们这十多年中在社会的遭遇和表现，反过来影响了艺术舞台的进一步创作。这种现实与艺术相互指涉的关系，使得我们研究游走于"台上"和"台下"的交际花形象具有了更多的意味。

二、边缘化生存的上海都市漫游者

（一）都市中的漫游者

我不知道大家会不会和我一样，有这样的直觉或者说执念，看到刚才的"上海名媛"事件，就觉得这样的事情一定是发生在上海，而不是中国的其他城市。这有点像曹禺先生曾在《我在南开开始的戏剧生活》中指出："《日出》一剧，事情完全在天津，当然和上海也有关系，如写交际花一类的事。"

无论是在艺术作品中，还是在现实生活中，交际花作为一群存在于特定时空中的女性，都市是她们的舞台和生存空间。对于交际花来说，都市不仅仅是一个繁华的背景，一步步地接近"上海"，其实也是一步步成为真正交际花的过程。很多时候，我们把交际花认定为高级妓女，但她们是不能简单定义的。很多交际花是从难以糊口的"青年女工（grisette）"起步，蜕变为"很有可能成为交际花的妓女"——"lorette"，而最终只有最有天赋的女性才会成为交际花。[②]成为著名的交际花，意味着社会空间位置的改变，离都市空间越来越近。英语"courtesan"译成中文是"交际花"，这个专有名词本身就呈现了丰富的涵义，"交际"是一种长期生成的习性，让人处于游离的中间位置，而"花"则是性别的象征。

交际花就像是本雅明笔下都市中的漫游者，虽然她向往都市又穿行于都市的中心地带，但是她仍处在统治阶级的边缘，也站在大城市的边缘，她希冀在人群中寻找自己的避难所。"他们与城市的关系是既投入又游离的：他们不能没有城市，因为他们迷恋城市的商品世界；而同时，他们又被这个不适合他们居住的城市边缘化。"[③]

从陈白露身上我们可以很明显地感觉到她们与人群的距离感，在她身上散发着在人群中的"孤独""冷漠"，陈白露一登场就带着漂泊人所特有的对生活的倦怠和漠然的态度，而在柳叶子那遥远疏离的注视下，上海这个城市也被寓言化了。

塞尔丢对这种"漫游"传统做了进一步的分析，他把它视为一种在现代都市空间里的特殊活动

---

① 周慧玲：《表演中国：女明星、表演文化、视觉政治（1910—1945）》麦田出版公司 2004 年，第 43 页。

② [美]S·格里芬：《红颜，交际花盛衰录》，于是译，浙江人民出版社 2005 年，第 13 页。

③ 李欧梵：《上海摩登——一种新都市文化在中国 1930 — 1945》毛尖译，北京大学出版社 2001 年，第 45 页。

方式，"居于和占有城市空间的一个社会过程"。[①] 交际花是都市中心的边缘人，她们远离了平民和下层空间，但却始终没有真正进入到中心或是上层空间，所谓一次次的进入只是一次次的性别表演，用这种表演进行着"中国现代女性在都会公共空间里的位置的'文化协商'"。[②]

在这种协商中，陈白露曾是书香门第的陈小姐，爱华女校的高材生，一阵子的社交明星，几个大慈善游艺会的主办委员，做过电影明星，当过红舞女。而这种边缘位置的"文化协商"，社会空间中客观位置的变化，使得交际花实现了社会空间的潜在逾越。她通过一次次"化妆"表演的主体实践，习性被不断再造，接近资产阶级和知识分子的情趣，甚至在某些方面还实现着超越，引领着潮流。

这段论述其实也可以用在"上海名媛"事件中，她们是"仿像"，用一种类似于行为艺术的方式，漫游在都市空间中，一次次进入中心或是上层空间（那些顶级酒店），但只是一种性别表演和文化协商。她们挪用了当代社会的团购、摆拍行为，这些行为原本有很浓重的下层意味，她们用重复表演方式，解构和颠覆了"名媛"这个主体身份，这种颠覆与易位就使得原来的主体反过来需要通过她们来确认自己的位置和存在，而且她们也使得顶级豪华酒店和奢侈品牌所象征的权力体系和社会空间一起坍塌。这有点像是拼多多上市事件，拼多多作为目标受众为并且在很多数据上超过淘宝和京东，当年我们对拼多多上市的嘲笑和揶揄，其实在"上海名媛"事件中重复。

（二）边缘化的位置和未完成的个性

交际花所代表的女性主体处在边缘化的位置，有着未完成的个性，同时也无法被命名的身份。比如，回顾女性解放指给新女性的新起点：从一个大家庭走向另外一个小家庭，当年随匡复逃离自己家庭的杨彩玉痛苦地说："你说，这世界上有我们女人做事的机会吗？冷笑，轻视，排挤，轻薄，用一切的方法逼着，逼着你嫁人！逼着你乖乖的做一个家庭里的主妇！"（《上海屋檐下》）对于交际花来说，这条路更是走不通，婚姻并不是他们可以停留的港湾。李石清说："陈白露是个什么东西？舞女不是舞女，娼妓不是娼妓，姨太太又不是姨太太，这么一个贱货！"我们也很难为这些上海名媛命名。

交际花的这种"未完成"个性，对于"女性论述"话语的拒绝，是对所谓"新妇德"的潜在颠覆。因为，作为一个文化概念，"女性"的生存维系于她对父系秩序的拒绝，维系于她与这些社会化的性别角色之间不可弥合的差异。惟其如此，女性才保有自身，保有她对父系统治秩序的批判力和对自身的反阐释力。[③]

三、总结：延续百年的女性论述社会赝象

夏衍的话剧中还有一个跨越百年的"女性论述"：话剧《赛金花》里有一段对话，孙家鼐指责赛金花："像你现在一样的奇装异服，招摇过市，被别人当做国家将亡的妖孽看，你老爷的面子也

---

① 同上，第46页。

② 周慧玲：《表演中国：女明星、表演文化、视觉政治（1910—1945）》，麦田出版公司2004年，第24页。

③ 孟悦、戴锦华：《浮出历史地表——现代妇女文学研究》中国人民大学出版社2004年，第24页。

给你丢尽啦！"赛金花十分夸张地笑着，回答说："嘿嘿嘿，大人真是爱说笑话，好像整个儿天下的衰亡，完全是娘们儿的衣服穿坏了似的！"意识形态的建构需要落实和维系在真实的、权力所规训的身体细节上面。"娘们儿"的衣服，尤其是交际花的"奇装异服"和"招摇过市"与"整个天下的衰亡"似乎毫无关系，在话语编织之中却有着根深蒂固的纠葛。赛金花"只是因为偶然的机缘而在这悲剧的时代里面串演了一个角色"，[①]夏衍是借她之口来讽喻国民党的媚外求和。

上海名媛事件的主流评论其实也裹挟着当代社会的女性论述，主流观点其实和百年前的孙家鼐类似，批判她们的虚荣，扭曲的价值观，被消费主义裹挟。

但我也注意到的一点小小的社会宽容，或者说或许看起来价值观有偏差的讨论。有些观点认为对这个事件的主流批判是"厌女症式"的"女性论述"：

（1）虚荣如果不影响不欺骗他人是没错的，这就像是"富人一日体验游"，将冯小刚的电影《甲方乙方》搬演到了现实社会。

（2）她们的这些行为，和明星类似，明星有团队拍杂志拍广告，但是使用的资源大部分也都是公关拉的赞助，借了衣服，租了场地。区别是这些上海名媛在自己包装自己，并且前提是她们起码是俊男靓女。

在中国现代文学史中，话剧创作所塑造的交际花形象相对集中在 1935 年到 1940 年之间的作品中。在这现代史中最"稳定"的 20 世纪 30 年代里，中国女性群体在启蒙与民族国家建立过程中浮浮沉沉。但是，中国现代女性并不是仅仅被动接受了权力的性别话语实践，而是主动参与了这个社会建构和性别表演的过程，她们所具有主体性和能动性在决定论和主动论之间描画了一个协商的过程。

下面这段话大致可以总结百年前剧作中的交际花和百年后新闻事件中的"上海名媛"：

交际花这个群体的存在，是由当时社会空间的客观结构所决定的，但就像布尔迪厄所说："往往是某个社会群体的这种社会赝象（artefact）比聚集在一起来构成这群体的行动者们，具有更多的生存和持久存在的可能性"。[②]交际花的没落并不代表她们的完全消亡，在百年后的中国，当新的都市空间再次兴起，当代女明星或者上海名媛的出现和崛起作为这个群体的"社会赝象"继续着某种神圣的可能性。

① 夏衍：《历史与讽喻——给演出者的一封私信》，会林、绍武编：《夏衍剧作集》（第一卷），中国戏剧出版社 1984 年，第 102 页。
② [法]布尔迪厄：《实践理性：关于行为理论》，谭立德译，三联书店 2007 年，第 38 页。

曹禺笔下"蒲苇式"女性形象及其成因探讨①

——以侍萍、愫方、瑞珏为例

王木祥②

内容摘要：曹禺塑造了一些"蒲苇式"女性形象，如侍萍、愫方、瑞珏，她们在情感上或生活中过得不太顺利，需要承担一定的压力，但她们没有因此而怨天尤人、自暴自弃，而是恪守着中国传统"女主内"的伦理道德，展现了柔中有刚、刚中有柔的性格特点。"蒲苇式"女性形象呈现"含蓄深沉"的美学特征，而这些人物形象塑造的成因与曹禺习惯从半殖民地半封建社会的中国现实中取材有关，也与曹禺按中国式的审美理想来刻画人物的原因相关，体现了曹禺剧作民族性的一面。

关键词：蒲苇；女性形象；侍萍；愫方；瑞珏

曹禺戏剧中塑造了侍萍、愫方和瑞珏等女性形象，她们温柔而坚韧，就像蒲苇一样，体现了中国传统女性积极的一面，呈现古典美的特征。

一、"蒲苇"的含义和蒲苇式女性形象

"蒲苇"中的"蒲"指的是"香蒲，也叫蒲草，多年生草本植物。叶子和茎可以编蒲席、蒲包、蒲扇、蒲团……"③"苇"指的是"芦苇"。"蒲"和"苇"都是生长于水边河滩的多年生草本植物，蒲叶苇茎，虽然柔软，但是坚韧，适合用来形容坚贞的女性形象。

"君当作磐石，妾当作蒲苇。蒲苇纫如丝，磐石无转移。"是《孔雀东南飞》中刘兰芝对丈夫焦仲卿临别时的话。她以蒲苇自喻，表明自己内心柔软而结实，不会轻易改变，感情始终不渝。结合后来刘兰芝拒绝县令和太守家的提亲，她也确实如自己所说，内心始终保持着坚韧，决不只在一时。面对兄长的逼迫，眼见婚期的临近，她选择投水而死，兑现对焦仲卿的承诺。"同是被逼迫，君尔妾亦然。黄泉下相见，勿违今日言。"以死抗争，表明自己忠贞不二的情感选择，体现了刘兰芝坚决的态度。这一"蒲苇式"女性形象不仅遇事果断、态度坚决、用情专一、内心坚韧，而且沉着冷静、镇定自若。

---

① 本文为江汉艺术职业学院校级课题《曹禺戏剧的悲剧性和美学风格研究》（编号：2019B01）阶段性成果。

② 王木祥，研究生学历，文学硕士，江汉艺术职业学院讲师，研究方向为文艺批评。

③ 《新华字典》，长江出版社2013年，第388页。

鸡鸣外欲曙，新妇起严妆。著我绣夹裙，事事四五通。

足下蹑丝履，头上玳瑁光。腰若流纨素，耳著明月珰。

指如削葱根，口如含朱丹。纤纤作细步，精妙世无双。[①]

上述句子写的是刘兰芝在被婆婆嫌弃，准备离开焦家的时候，着重描写了她的打扮，从头到脚等各个角度渲染了刘兰芝外在的精妙，同时也表现了刘兰芝遇事不慌乱的内在品质，体现了她内在的精妙。刘兰芝还具有勤劳能干、知书识礼等传统女性特点。

《荷花淀》中的水生嫂月夜编席，勤劳能干。"苇眉子又薄又细，在她的怀里跳跃着……不久在她的身子下面，就编成了一大片。"[②]水生嫂温柔体贴、心思细密。

"今天怎么回来的这么晚？"站起来要去端饭。

水生坐在台阶上说："吃过饭了，你不要去拿。"

女人就又坐在席子上。她望着丈夫的脸，她看出他的脸有些红胀，说话也有些气喘。她问："他们几个哩？"

水生说："还在区上。爹哩？"

女人说："睡了。"

"小华哩？"

"和他爷爷去收了半天虾篓，早就睡了。他们几个为什么还不回来？"

水生笑了一下。女人看出他笑的不像平常。

"怎么了，你？"

水生小声说："明天我就到大部队上去了。"[③]

上述的文字中，端饭的行为体现了水生嫂温柔体贴的一面。当她察觉丈夫有些不对劲，总是转移话题，答非所问，于是反复追问丈夫，终于得知了丈夫要外出参军的打算，则体现了她成熟稳重、心思细密，如同苇眉子，又薄又细。

水生嫂柔中有刚，刚中带柔。当听到丈夫要外出参军的话后，她内心一惊，手指也叫苇眉子划伤了，体现了"柔"的一面，但她把手指放在嘴里"吮"的动作，体现出她快速平复内心的情绪，不让丈夫看出自己有软弱的表现，显示了坚强的一面。水生嫂就像白洋淀的苇眉子，柔滑却坚韧，是"蒲苇式"女性形象的代表。

《诗经·卫风·氓》中的女人公，善解人意又性格坚强。婚后的她，面对丈夫的负心，以坚决的态度表示要和他一刀两断。"信誓旦旦，不思其反。反是不思，亦已焉哉！"这种柔中带刚的个性正是"蒲苇式"形象的特点。

---

① 人民教育出版社中学语文室编著：《阅读和写作第三册》，人民教育出版社2014年，第35页。

② 人民教育出版社中学语文室编著：《阅读和写作第二册》，人民教育出版社2014年，第33页。

③ 人民教育出版社中学语文室编著：《阅读和写作第二册》，人民教育出版社2014年，第34页。

以上分析可知，无论是中国古代文学作品还是现当代文学作品，传统的中国女性形象——刘兰芝和水生嫂，是温柔而坚韧的，这些性格特点是她们身上闪光的一面。这类形象和西方文学中简爱、斯嘉丽等独立、坚强的女性形象不同，呈现出中国气派。

简爱生活在 19 世纪的英国，当时资本主义迅速发展，阶级斗争不断激化，许多工人和劳动群众参与到了争取自身权利的斗争。资产阶级社会的矛盾也激发了妇女摆脱男性压迫和歧视的要求。简爱就是一位对爱情、生活、宗教都采取了积极斗争态度的女性，她的坚强是在为争取自由、独立、平等、尊严的斗争中体现出来的。当得知罗切斯特有一位发疯的妻子，不能和自己结婚时，简爱毅然出走，即便风餐露宿、沿途乞讨，也要寻找新的生活出路。

《飘》中的斯嘉丽生活在南北战争时期的美国。战争夺走了她安逸而富足的贵族生活，但她没有向生活、命运低头，而是放下身段，像农夫一样地劳作，为家人撑起了一片舒适的天空。斯嘉丽的刚强是在遭遇生活大变故中体现出来的，具有浓厚的时代印记。

返观中西文学中坚强女性形象的差别，与时代背景和民族性的伦理道德追求不同有关。简爱的形象体现了英国资产阶级新女性的道德理想和道德追求，斯嘉丽的形象与爱尔兰裔美国人敢于面对现实、固执叛逆的基因有关。中国的"蒲苇式"女性形象受传统文化，尤其是儒家文化的影响很大。儒家思想中的"三从四德""七出"等内容，形成了"男主女仆"的等级观念，"男外女内"的家庭分工。《孔雀东南飞》中的焦母就是以"七出"中的第一条——不顺父母，将刘兰芝遣送回家。在强大的传统伦理道德势力影响下，中国女性养成了忍耐、顺从的个性特点。难能可贵的是，积极的传统女性在艰难的生存环境中也养成了吃苦、耐劳、能干的品质，获得了"韧性"，于是中国的"蒲苇式"女性柔中带刚，刚中有柔，呈现自己的民族性特点。

二、曹禺笔下的"蒲苇式"女性形象

受中国传统文化的影响，曹禺笔下塑造了侍萍、愫方、瑞珏等女性形象，她们隐忍而坚韧，如同《孔雀东南飞》里的刘兰芝、《荷花淀》里的水生嫂，是"蒲苇式"女性形象的代表。

侍萍善于忍耐。年轻时，她不谙世事，被周家少爷周朴园引诱，生下两个儿子。周朴园抛弃她，将她赶走。"她一个单身人，无亲无故，带着一个孩子在外乡什么事都做。讨饭，缝衣服，当老妈，在学校里伺候人……为着她自己的孩子她嫁过两次……她遇人都很不如意"。[①] 为了自己的孩子，侍萍隐忍地活着。她嫁给鲁贵后，受尽了鲁贵的欺负和羞辱，却依然要求子女尊敬长辈，不要冒犯鲁贵。当鲁大海和周家发生冲突后，侍萍叮嘱他"这一本账算不清楚，报复是完不了的。什么都是天定，妈愿意你多受点苦。"[②] 一方面是怕鲁大海伤害周萍，另一方面体现侍萍面对别人的欺负，不主张反抗，隐忍顺从的特点。

侍萍的内心是清醒、固执、坚决的，如周朴园和侍萍相认时的对话：

---

① 曹禺：《曹禺精选集》，北京燕山出版社 2012 年，第 79 页。

② 曹禺：《曹禺精选集》，北京燕山出版社 2012 年，第 98 页。

朴：（忽然）好！痛痛快快地！你现在要多少钱吧？

鲁：什么？

朴：留着你养老。

鲁：（苦笑）哼，你还以为我是故意来敲诈你，才来的么？

朴：也好，我们暂且不提这一层。那么，我先说我的意思。你听着，鲁贵我现在要辞退的，四凤也要回家。不过——

鲁：你不要怕，你以为我会用这种关系来敲诈你么？你放心，我不会的。大后天我就会带四凤回到我原来的地方。这是一场梦，这地方我绝对不会再住下去。

朴：好得很，那么一切路费，用费，都归我担负。

鲁：什么？

朴：这于我的心也安一点。

鲁：你？（笑）三十年我一个人都过了，现在我反而要你的钱？ ①

侍萍的清醒、固执和坚决体现在不相信周朴园伪善的话，将对方开出的五千块钱支票撕碎。侍萍也是有担当和牺牲精神的。当明白自己的一双儿女在不知情的情况下犯下了乱伦的罪过时，文中这样写道：

鲁：（沉重的悲伤，低声）啊，天知道谁犯了罪，谁造这种孽！——他们都是可怜的孩子，不知道自己做的是什么。天哪！如果要罚，也罚在我一个人身上；我一个人有罪，我先走错了一步。（伤心地）如今我明白了，我明白了，事情已经做了的，不必再怨这不公平的天，人犯了一次罪过，第二次也就自地跟着来。——（摸着四凤的头）他们是我的干净孩子，他们应当好好地活着，享着福。冤孽是在我心里头，苦也应当我一个人尝。他们快活，谁晓得就是罪过？他们年青，他们自己并没有成心做了什么错。（立起，望着天）今天晚上，是我让他们一块儿走，这罪过我知道，可是罪过我现在替他们犯了；所有的罪孽都是我一个人惹的，我的儿女都是好孩子，心地干净的，那么，天，真有了什么，也就让我一个人担待吧。②

侍萍愿意为子女无意识的罪过承担责任，这样的奉献和牺牲精神体现了她内心的担当，如同《荷花淀》中承担家庭责任的水生嫂，有苇眉子的韧性。

愫方，温顺有耐性。她出生于江南的名门世家，说话声音温婉动听，性格温柔和顺。由于和林黛玉有着相似的经历，父母早逝，寄人篱下，养成了她一种惊人的耐性。面对表嫂曾思懿的冷嘲热讽、挖苦刁难，她不去计较。面对姨父看似护养实则自私的情感，她以孝心回报，哀怜庇护着年老的曾皓。

愫方的内心有担当、奉献精神，也是清醒、坚决的。为了深爱的表哥曾文清，愫方忍辱负重、委曲求全地活着，期待着曾文清能够走出去，成为真正的人。正如文中所说：

① 曹禺：《曹禺精选集》，北京燕山出版社 2012 年，第 82 页。
② 曹禺：《曹禺精选集》，北京燕山出版社 2012 年，第 149 页。

愫　方：我，我说……（脸上逐渐闪耀着美丽的光彩，苍白的面颊泛起一层红晕。话逐渐由暗涩而畅适，衷心的感动使得她的声音都有些颤抖）……他走了，他的父亲我可以替他伺候，他的孩子，我可以替他照料，他爱的字画我管，他爱的鸽子我喂。连他所不喜欢的人我都觉得该体贴，该喜欢，该爱，为着……

曾瑞贞：（插进逼问，但语气并未停止）为着？

愫　方：（颤动地）为着他所不爱的也都还是亲近过他的！（一气说完，充满了喜悦，连自己也惊讶这许久关在心里如今才形诸语言的情绪，原是这般难于置信的）

曾瑞贞：（倒吸一口气）所以你连霆的母亲，我那婆婆，你都挤出你的性命来照料，保护。

愫　方：（苦笑）你爹走了，她不也怪可怜的吗？①

　　愫方这种爱屋及乌、以德报怨、奉献自己的想法令人动容。当曾文清外出闯荡，去而复返，就像长久待在笼里的鸽子失去了飞翔能力时，愫方觉得天塌下来了，于是坚定了走出曾家的念头，体现了她清醒而决绝的一面，这和《孔雀东南飞》中的刘兰芝有相似性格特点。当刘兰芝被焦母遣散回家时，丈夫焦仲卿说过不了多久会迎接她回家。刘兰芝劝丈夫不要再添不必要的麻烦了，深知今后没有再无见面的机会。相比于焦仲卿，刘兰芝对封建礼教逼迫下无望的婚姻现实理解得更加深刻，不再抱有任何天真的幻想，显示了她洞察世情，对现实有着清醒的认识。

　　侍萍形象毕竟不同于愫方。侍萍出生卑微，虽然读过一些书，但文化程度不高，属于旧式劳动妇女形象。面对遭受的情感背叛和苦难折磨，侍萍认为是上天和命运的不公。愫方出生在书香门第，文化程度和艺术修养比较高，属于知识分子形象，易于接受新思想、新观念。当愫方彻底对曾文清失望，决定走出曾家时，她能通过书籍和瑞贞的介绍，认识当时的世界，拥抱更加广阔的人生。

　　鸣凤像婚前的侍萍，年轻、纯洁、刚强。她在高家地位低下，没有自由，身份卑微，脸上的表情总是顺受的，毫无抱怨地，毫无诉苦的接受了一切，吞下了一切，包括打骂和侮辱。然而她却拥有一颗不甘于命运的心。她与三少爷觉慧擦出爱的火花，并因觉慧的积极回应而对未来燃起希望。然而好景不长，正值妙龄的鸣凤被高老太爷逼着嫁给怪老头冯乐山。出嫁前绝望的她，以死抗争，在爱与恨的煎熬下悲愤地投湖自尽。

　　瑞珏像婚后的愫方，善良温和，柔顺谦恭，对长辈唯命是从，对丈夫体贴备至，对弟妹友好关爱，对下人和善宽容。虽知丈夫心系梅表妹，但仍倾心与梅表妹相交，发自内心地同情、怜惜她，文中写道：

瑞　珏；（拉起梅的手）梅表妹，（天真的）真的，有时我真想把海儿送给你呢。

梅小姐：（黯然）不，不，我有一张相片就成了。

瑞　珏；（愧赧地）我知道我说的是空话。不过，梅表妹，我看你要走了，（深厚地）我真恨不得把什么都给了你，只要你能快活一点，他——（恧然）他也能快活一点。②

① 曹禺：《北京人》，北京十月文艺出版社2018年，第203-204页。
② 曹禺：《曹禺戏剧全集3》，人民文学出版社2014年，第331页。

从与梅表妹的交谈，可以看出瑞珏心地善良，对丈夫爱得深沉，有传统"相夫"的一面，但同时她看新书、欣赏文明戏，有着对新生活的向往。正如在瑞珏临终前的话：

> 瑞　珏：（温和地）什么话，念给我听听吧。
>
> 觉　民：（由新手中取回纸条读）"大哥，我走了，生活是要自己征服的。你应该乐观，你必须做一个顶天立地的汉子。任何事情都没有太晚的时候，你要大胆，大胆，大胆哪！"
>
> 瑞　珏：（望新，恳求的目光）明轩，这就是我要对你说的话呀。①

瑞珏临终前对三弟觉慧一番认同的话，表明她从委曲求全、任人摆布，到走向坚强、开始反抗的性格变化。

总的来说，曹禺笔下的女性——侍萍、愫方和瑞珏，具有这样的特征：她们在情感上或生活中过得不顺利，遭受了深层次的痛苦，压抑着数不清的哀愁，承受巨大的精神压力，但她们没有自暴自弃，而是恪守着中国传统伦理道德，展现了"良母"或"贤妻"②一面，呈现着"含蓄深沉"的美学特征。

三、"蒲苇式"女性形象的成因

无论是旧式劳动妇女代表侍萍、鸣凤，还是知识分子代表愫方、瑞珏，她们身上都呈现出柔韧的"蒲苇式"形象特点。曹禺之所以对这一类女性形象情有独钟，一方面是因为他习惯从半殖民地半封建社会的中国现实中取材。另一方面是喜欢按照中国式的审美理想来刻画人物。

从半殖民地半封建社会的中国现实中取材。曹禺塑造的很多人物形象都来自于现实。曹禺曾经说过，他小时候有个保姆叫段妈，经常对他讲起农村的情况以及自己家里的一些悲惨的事情，比如段妈的孩子死得很惨，身上长疮，硬是疼死了。这些农村妇女经历的痛苦故事，想必也影响着曹禺对侍萍、鸣凤这一类劳动妇女形象的塑造。《北京人》中的愫方主要是根据曹禺的第二任妻子方瑞刻画写出的。"愫方在剧中是一个重要人物，我是用了极大的精力写她的，可以说是根据我的爱人方瑞的个性写的……她的文静很像愫方，不过没有愫方坚强、忍耐的一面；也没有愫方那么不可言传的痛苦。"③曹禺生活的时代，正是中国处于半殖民地半封建社会，人民处于水深火热的痛苦之中，而妇女的痛苦更加深重。正如他自己所说："我以为旧中国的妇女是最苦的，受着政权、神权、族权和夫权的压迫。每家都有一本难念的经，一般来说，也是妇女来念的。"④作为旧中国妇女的形象，侍萍和愫方就是典型的代表。曹禺描述了半殖民半封建社会中受压迫的中国女性形象，批判当时的封建思想，表现出独立意识的觉醒，具有民族性的审美特点。

按中国式的审美理想来刻画。曹禺在塑造侍萍和愫方等人物形象时，也倾注了自己的审美理想，

---

① 曹禺：《曹禺戏剧全集3》，人民文学出版社2014年，第402页。

② 说明：愫方虽然名义上不是文清的妻子，但是她照顾文清的父亲、儿媳甚至于妻子，都是在尽着"贤妻"的职责。

③ 曹禺：《曹禺自传》，江苏文艺出版社1996年，第141页。

④ 曹禺：《曹禺自传》，江苏文艺出版社1996年，第30页。

而这一审美理想是中国式的，有自己的民族基础和积淀。曹禺先生曾经评价愫方这一形象时说："像愫方这样秉性高洁的女性，她们不仅引起我的同情，而且使我打心里尊敬他们。中国妇女中那种为了他人而牺牲自己的高尚情操，我是愿意用最美好的言辞来赞美他们的，我觉得她们的内心世界是太美了。"[①] 侍萍和愫方一样是秉性高洁的女性，为了孩子，她嫁了两次。也是为了四凤，她大老远从外地赶回来，满心里都是对四凤、大海甚至周萍等儿女的关爱。这种为了他人而奉献自己的想法，是支撑侍萍活下去的勇气，铸就了她坚韧的品质。瑞珏宁愿把自己的丈夫和孩子都让给梅表妹，自己选择回娘家居住，这种牺牲自我，成全别人的想法，寄托了作者的审美理想。

结束语

"民族的也是世界的"。曹禺塑造的女性形象是他众多人物形象中最突出的，而具有中国传统美德的女性形象更是值得关注的，因为这些能体现中华民族性的女性形象，也必定在世界女性形象长廊中占据一席之地。笔者希望通过挖掘曹禺作品中民族性的审美特征，以期后来的中国剧作家能继承这一传统，创作出更多的戏剧精品，推动中国戏剧创作不断向前发展。

参考文献：

[1] 张王飞 . 试论曹禺《家》中瑞珏形象的再创造 [J]. 扬州师范学院学报, 1989（03）.

[2] 董健 . 论中国传统文化对曹禺的影响 [J]. 戏剧艺术, 1991（04）.

[3] 曹禺 . 曹禺自传 [M]. 南京：江苏文艺出版社, 1996.

[4] 张浩 . 试论曹禺前后期剧作中的两类女性形象 [J]. 广东社会科学, 2001（01）.

[5] 孙鑫煜, 范书文 . 论曹禺话剧的民族性建构 [J]. 河北广播电视大学学报, 2008（01）.

[6] 朱栋霖 . 曹禺：心灵的艺术 [M]. 北京：北京大学出版社, 2010.

[7] 曹禺 . 曹禺自述 [M]. 北京：北京联合出版公司, 2011.

[8] 曹禺 . 曹禺精选集 [M]. 北京：北京燕山出版社, 2012.

[9] 曹禺 . 曹禺戏剧全集 [M]. 北京：人民文学出版社, 2014.

[10] 人民教育出版社中学语文室编著 . 阅读和写作第二册 [M]. 人民教育出版社, 2014.

[11] 人民教育出版社中学语文室编著 . 阅读和写作第三册 [M]. 人民教育出版社, 2014.

[12] 曹禺 . 北京人 [M]. 北京：北京十月文艺出版社, 2018.

[13] 许波 . 曹禺戏剧中女性形象的悲剧塑造 [J]. 名作欣赏, 2018（36）.

[14] 张楠楠 . 浅析曹禺戏剧作品《北京人》中的女性形象 [J]. 名作欣赏, 2020（06）.

---

① 曹禺：《曹禺自传》，江苏文艺出版社 1996 年，第 135 页。

亲情的缺失与母爱的缺位

——《雷雨》悲剧主因再探 [①]

邱　霞 [②]

内容摘要：《雷雨》诞生至今，针对周鲁两家三十年恩怨与悲剧的原因研究成果很多，主要集中在命运说，封建制度与封建道德说和个人说上。从侍萍对待婚姻的态度，以及她对子女的教育与关爱这两个方面来看，侍萍母爱的缺位是造成《雷雨》剧中悲剧的主因。母爱的缺位也是曹禺前期戏剧作品的常态。这与曹禺的自身经历有很大的关系。

关键词：曹禺；《雷雨》；悲剧；母爱

《雷雨》于 1934 年发表至今，针对它的研究可谓汗牛充栋。其研究主要集中在题材来源索引，主题思想探究，人物形象分析，艺术表现手法，剧作影响研究，改编与演出等方面，其中造成周鲁两家三十年恩怨与悲剧的原因探讨是《雷雨》研究的重要领域，几十年间主要形成诸多观点。

一、《雷雨》悲剧原因综述

命运说。这种说法很普遍。该观点指出，造成周鲁两家悲剧的主要根源是源自古希腊悲剧精髓的命运二字，是不以人的意志为转移的天命。比如郭沫若早在 1936 年就明确指出："作者所强调的悲剧，是希腊式的运命悲剧。" [③]"天""命"等词在剧中大量出现。鲁侍萍与周朴园三十年后偶遇，面对周朴园厉声斥责是何人指使之时，侍萍悲愤地说出："命！不公平的命指使我来的。"显然，鲁侍萍将这种让人难以置信的巧逢原因归之于命运。曹禺在写于 1936 年的《〈雷雨〉序》和《〈日出〉跋》两篇长文中也默许了这种说法。曹禺在文中指出："《雷雨》所显示的，并不是因果，并不是报应，而是我所觉得的天地间的'残忍'。"《雷雨》是"一种无名的恐惧的表征"，在《雷

---

① 《雷雨》于 1934 年 7 月在《文学季刊》第 1 卷第 3 期上发表至今，有众多版本，也经历了多次修改，部分幕次甚至重写。有学者研究，《雷雨》存在有异文的版本一共是 8 个，其中曹禺本人修改《雷雨》至少有 5 次。一般认为上海文化生活出版社 1936 年 1 月初版的《雷雨》是最佳版本。见金宏宇的《新文学的版本批评》（武汉大学出版社 2007 年版）。有鉴于此，本论文里《雷雨》的引文全部来自基于上海文化生活出版社 1936 年出版的《曹禺戏剧全集》（第 1 卷），人民文学出版社 2014 年 6 月版。页码不再标注。

② 邱霞，上海戏剧学院图书馆馆员。

③ 郭沫若：《关于〈雷雨〉》，《东流》，1936 年第 3 期，第 4 页。

雨》里，"宇宙正像一口残酷的井，落在里面，怎样呼号也难逃脱这黑暗的坑。"（《〈雷雨〉序》）"《雷雨》里原有第九个角色，而且是最重要的，我没有写进去，那是就称为'雷雨'的一名好汉。他几乎总是在场，他手下操纵其余八个傀儡。"（《〈日出〉跋》）显然，文里的"天地间的'残忍'""井""坑""雷雨"等就是操纵周鲁两家八个人物悲剧的命运观念。

　　封建制度与封建道德说。《雷雨》诞生伊始，就有人撰文指出该剧"暴露大家庭的罪恶"，并得到曹禺本人的事后"追认"。（见曹禺《〈雷雨〉序》）周扬就曾指明《雷雨》揭露了以周朴园为代表的具有严重封建色彩的资本家"大家庭的罪恶和危机"，他认为该剧悲剧的根源，"一方面暴露了封建家庭的残酷和罪恶，同时也正呈现了这个制度自身的破绽和危机。"[1] 著名的戏剧史家、曹禺研究专家田本相先生认为，《雷雨》的线索是一条由血缘亲子关系而结成的网，其三条主要情节线索反映着深刻的社会矛盾和斗争。一条是周朴园与蘩漪之间的矛盾，它"反映着封建势力的禁锢压迫和资产阶级对爱情、家庭的民主自由要求的斗争"；一条是以鲁侍萍、四凤等同周朴园的矛盾，"深刻地反映着被侮辱被损害的下层不幸的人民同剥削阶级势力的斗争"；另一条则是鲁大海同周朴园的矛盾，"反映着工人阶级同剥削阶级的斗争"。《雷雨》以蘩漪和周朴园的矛盾冲突为中心，剧中"那些看来是为神秘命运捉弄的地方，都惊人地反映出剥削阶级造成劳动人民悲剧的必然性。"他认为曹禺的长处，"不在于他揭露了一个具有封建性的资产阶级，而在于他揭露了中国资产阶级的封建性。这正是《雷雨》现实主义的深刻地方。"[2] 潘克明则指出，周朴园、周萍、蘩漪等人都不能对这场悲剧负罪责，"酿成《雷雨》这出大悲剧的真正的罪魁祸首应该是封建伦理道德"，"《雷雨》中那些人物的遭际和命运，无一不深深烙上了封建伦理道德的印记，充分暴露了这种意识形态阻碍社会发展、戕害人们灵魂的消极作用。"[3]

　　个人说。进入新时期后，阶级斗争意识早已淡出评论家的视野，很多学者把悲剧的根源归结于个人原因。很多学者认为周朴园是造成该剧悲剧的主因，这种观点以孙庆升为代表。他指出造成周鲁两个家庭悲剧的真正祸首是周朴园，因为"他对侍萍的始乱终弃是一切不幸的因，乱伦和死亡则是它的果"。[4] 另有一些学者认为蘩漪是悲剧的主因。在《日出》的跋文中，曹禺说他在《雷雨》里有意漏掉一条名叫"雷雨"的好汉，他是剧中的一个最主要的人物。钱谷融则认为，曹禺并没有漏掉那个人，他（她）就是蘩漪。在钱谷融看来，蘩漪不但有"雷雨的"性格，她本人简直就是"雷雨"的化身，她操纵着全剧，她是整个剧本的动力。因为，"死命地拖住周萍不让他离去的是她，把侍萍（她好比是个定时炸弹）招到周公馆来的是她，关住四凤的窗户使周萍被鲁大海与侍萍发现的也是她，最后在周萍与四凤将要同出走时，又是她叫来了周朴园，打乱了原来的局面，完成了这出悲剧。"钱谷融认为："蘩漪是周家悲剧的导演者，是使得埋藏在周公馆下面的火药爆炸起来的引火人。"[5]

① 周扬：《论〈雷雨〉和〈日出〉——并对黄芝冈先生的批评的批评》，《光明》，1937 年第 2 期，第 8 页。

② 田本相：《曹禺剧作论》，中国戏剧出版社 1981 年，第 47–50 页。

③ 潘克明：《真正的罪魁祸首是谁》，耿发起，田本相，宋宝珍编，《〈雷雨〉八十年》，天津古籍出版社 2015 年，第 127–128 页。

④ 孙庆升：《曹禺论》，北京大学出版社 1986 年，第 85 页。

⑤ 钱谷融：《钱谷融文选》，上海人民出版社 2019 年，第 40–69 页。

宫宝荣则通过戏剧符号学的行动素模式分析，认为"繁漪就是《雷雨》一剧的中心人物、名副其实的主角，亦即戏剧符号学意义上的真正主体"，亦即该剧悲剧的主因。按照戏剧符号学的行动素分析模式，戏剧人物必须有欲望、有追求，也就是有行动。根据这一条件，《雷雨》中的鲁贵、鲁大海、周冲、周萍和周朴园等五个男性人物都难成为主体，不足以支撑起全剧的行动。相反，剧中的三个女性人物，尤其是繁漪和四凤"不仅在性格上无不具有鲜明的果敢特征，而且有着明确的追求与实在的行动，因而在行动中所起的作用甚至超过了男性"。由此可见，"全剧行动的主体不是男性人物，而是女性。""全剧意志最为坚定、行动最为明确、最具有主体特征的非繁漪莫属，她爱憎分明，不顾一切地追求自由与爱情，成为整个剧情的真正推动力量。"①

辛宪锡认为：作为《雷雨》全部戏剧情节的纽带的，不是繁漪，而是侍萍。《雷雨》的戏剧冲突，是以侍萍的命运悲剧作为贯串线索组织起来的。其一，在《雷雨》的戏剧冲突中，周朴园显然是压迫者一方，而受害者一方以侍萍受的迫害为最深。她不但本人与周朴园有根本利害的冲突，而且许多人的命运都与她有关。鲁侍萍与周朴园两人的矛盾构成《雷雨》剧作的主要矛盾。其二，《雷雨》的戏剧冲突，包含许多事件，但中心事件是侍萍的命运悲剧，这一悲剧贯串全剧。其三，《雷雨》四幕戏中，侍萍的戏都作为重场戏贯串始终，虽然侍萍在第一幕里没有出场，但处处都在写她。所以，辛文指出，"侍萍的命运悲剧实为《雷雨》多条线索中的一条主线……如果把繁漪看作是'周家悲剧的导演者，是使得埋藏在周公馆下面的火药爆炸起来的引火人'，那么侍萍就是这场悲剧的主演者，是真正埋藏在周公馆下面的一颗重磅炸弹。"②

二、亲情的缺失与母爱的缺位是《雷雨》悲剧的主因

辛宪锡认为《雷雨》的戏剧情节的纽带是侍萍，她才是这场悲剧的"主演者"，这无疑为探索该剧悲剧的成因提供了一个别样的视角，但仅以"贯串线索"或"重场戏"为依据来判断中心人物，是较为片面的。莫里哀的五幕喜剧《伪君子》剧中的达尔杜弗直到第三幕才出场，但毫无疑问他是该剧的绝对第一主角；莎士比亚的喜剧《威尼斯商人》里的威尼斯商人安东尼奥是贯串始终的人物，然而犹太商人夏洛克和假扮律师的鲍西娅无疑是剧中最引人注目的中心人物。本论文基于文本细读和原型分析的方法，从侍萍对待婚姻的态度，她对子女的教育与关爱这两个方面展开分析，从而认为侍萍母爱的缺位是造成《雷雨》剧中悲剧的主因。

正如有学者所说的，周朴园对侍萍的"始乱终弃"是一切不幸的起因，周朴园是《雷雨》悲剧的始作俑者。但侍萍在早期的同居生活中也负有一定的责任，她同样是不幸之因。从后面的剧情发展来看，周朴园保留绣有梅花的睡衣、放置侍萍照片，以及牢记侍萍生日等行为并非是在作秀，周朴园与侍萍的同居生活还是有一定感情基础的。但毕竟两人地位悬殊，身份有别，经历有异，这种

---

① 宫宝荣：《从戏剧素模式看女性人物在〈雷雨〉中的主体性》，耿发起，田本相，宋宝珍编：《〈雷雨〉八十年》，天津古籍出版社 2015 年，第 184–196 页。

② 辛宪锡：《〈雷雨〉若干分歧问题探》，田本相、胡叔和编：《曹禺研究资料》，中国戏剧出版社 1991 年，第 567–570 页。

少爷与女仆的婚恋情形在当时社会里（时值清末）大多是悲剧的结局。少女时期的侍萍至少在这场未婚同居生子的生活经历中是轻率的，不慎重的。她在三十年后面对周朴园时，还在后悔自己当年的举措："她不是小姐，她也不贤惠，并且听说是不大规矩的。""她是个下等人，不很守本分的。听说她跟那时周公馆的少爷有点不清白，生了两个儿子。"从"自从我被你们家赶出来以后，我没有死成，我把我的母亲可给气死了"这句话来看，侍萍母亲的死亡似乎是《雷雨》结局的三人死亡悲剧的预演。

如果说在早期的同居悲剧里，侍萍是少不谙事，所负责任较小；那么，在中青年时期的婚姻悲剧里，侍萍无疑是负有很大责任的。当初周家为了给周朴园娶一位有钱有门第的小姐，在大年三十的晚上，逼着侍萍抱着刚出生三天的次子，冒着大雪离开周家的大门。倔强而又悔恨的侍萍愤然投水自尽，被人救起，从此，"她一个单身人，无亲无故，带着一个孩子在外乡什么事都做。讨饭，缝衣服，当老妈，在学校里伺候人。"因生活所迫，加之，"为着她自己的孩子"，她先后嫁过两次，而且"都是很下等的人"。由此可见，离开周家之后，侍萍对待婚姻的态度都是非常功利的，有目的的，这也造成她婚姻生活的不幸。在后来这个组合家庭里，亲情显然是缺失的。鲁贵辛辛苦苦地帮助侍萍抚养教管子女，举荐侍萍前夫之子鲁大海到周家矿上做工，介绍四凤到周家帮佣，到头换来的是侍萍永远的"那副寡妇脸子"，以及子女对其的轻蔑与嘲弄。鲁大海和四凤之所以这样对待鲁贵，这里既有着鲁贵身上固有的劣根性，也与侍萍在家庭里的言传身教有很大关联。婚姻生活中，夫妻双方应该相互尊重，相互关爱。然而，"曾经沧海"的侍萍显然看不上她身边的两个"下等人"，尽管生了女儿四凤，侍萍尤其厌恶第二次婚姻里的这个贪婪势利、酗酒好赌的鲁贵。这种态度势必影响了子女对待父亲的行为举止。以至于被辞退的鲁贵气急败坏地对侍萍和子女们嚷道："你回家一次就出一次事"，"你们哪一个不是我辛辛苦苦养到大，可是现在你们哪一件事做的对得起我？"最后惨剧发生，亲生女儿触电身亡，妻子侍萍痴疯住院，年过半百、"家败人亡"、一无所有的鲁贵只能借酒浇愁，以至于酗酒而死，鲁贵的人生境遇何其悲哀，他的人生悲剧里何尝没有侍萍的责任？

侍萍夫妻关系僵化的表现还有一点就是她逃避责任，离家出走，"跑八百里外女学堂里当老妈，为着一月八块钱，两年才回一趟家"，鲁大海每月还从矿上寄钱给她补贴家用，这种行为导致鲁家亲情淡漠，母爱缺位。事实上，侍萍在对子女的教育上是不负责任的，这也直接导致了后面悲剧的发生。从剧中可以看出，侍萍疏于鲁大海的管教，她将鲁大海的教育权让渡给了其继父鲁贵，以至于鲁大海"当大兵，拉包月车，干机器匠，念书上学"，没有好好地干过任何一行，养成了暴躁、粗鲁的坏脾气。鲁大海在同胞兄妹罹难，亲生父母遭受重创之后，居然一跑了之，十年没有回来看望年迈而可怜的一对老人，由此可以看出鲁大海何其冷酷绝情。这里面当然有着侍萍疏于管教、亲情淡漠的因素。

亲情与教育的缺失，以及母爱的缺位对四凤的影响尤为突出。侍萍年轻时念过书，会写字，明显区别于其他的女佣，与留学归来的少爷周朴园有着共同语言，这也是侍萍能与周朴园相亲相爱的理由之一。后来出现家庭变故，侍萍被逐出周家，她把原因部分归结于能念书识字上，加上生活困难，导致四凤未能接受学堂教育，也失去了有可能出现的更高的精神追求。青春期女孩的身心发生很大的变化，母亲理应主动承担起规范引导职责，而侍萍在这一宝贵的时间段里是缺席的。四凤不可能将私事与自私贪婪的父亲，以及粗鲁大意的哥哥分享，她只好委身于想急切挣脱繁漪纠缠的周萍的怀抱之中，从而导致乱伦悲剧的发生。侍萍没有对自己年轻时未婚同居生子的轻率举措进行反省，当直觉发现周萍、四凤这对一奶同胞可能有染时，侍萍才埋怨道："你妈就是在年轻的时候没有人来提醒，——可怜，妈就是一步走错，就步步走错了。"侍萍唯恐四凤重蹈覆辙，却未曾明确提醒，只是一味逃避家庭生活，逃避教育责任。她所做的仅仅是让鲁贵好好地看住四凤，不让她到公馆帮佣，并把四凤托付给毫无血缘关系的邻居张大婶身上。直到兄妹乱伦的真相大白，四凤并且怀有身孕后，侍萍这才悔恨地哀叹："这还是你的妈太糊涂了，我早该想到的。"但这一切后果再也无法挽回，更大的灾难也即将来临。

如果说亲情的缺失与母爱的缺位对鲁大海和四凤产生了直接的影响的话，那么，这种缺位对周萍的影响则是间接的，且是刻骨铭心的。周萍身处封建氛围浓郁的大家庭里，父亲严厉苛刻，令他敬而远之；自一岁多起他就与生母骨肉分离，母爱缺位。在这个缺乏爱的环境中，他备受压抑。他渴求爱的慰藉，寻找爱的归宿，在这个弥漫着死亡气息的大家庭里，他遇到了同样窒息，同样寻找生机的女性，与他年龄相仿的后母繁漪，于是自然而然地把她"引到一条母亲不像母亲，情妇不像情妇的路上去"，从而酿成了乱伦的悲剧命运。《雷雨》同古希腊悲剧《俄狄浦斯王》一样，都是一种命运的悲剧，它们表现的都是"神的最高意志与人类无力逃脱厄运之间的冲突"。由于神谕（命运）的安排，尽管奋力逃避，俄狄浦斯依然犯下弑父娶母的罪行，奥地利精神分析学家弗洛伊德把它称之为"俄狄浦斯情结"。弗洛伊德认为：《俄狄浦斯王》之所以能打动我们，是因为它也是我们大家共同的命运，"在我们出生以前，神谕已把同样的诅咒加诸我们身上了。我们所有的人的命运，也许都是把最初的性冲动指向自己的母亲，而把最初的仇恨和原始的杀戮欲望针对自己的父亲。"俄狄浦斯王杀父娶母，"不过是向我们表明了我们自己童年欲望的满足。但是，我们比他要幸运些，因为我们并未变成精神症患者，我们既成功地摆脱了对自己母亲的性冲动，同时也淡忘了对自己父亲的嫉妒。"①《雷雨》剧中的周萍就曾信誓旦旦地告诉繁漪，他恨自己的父亲，他希望父亲死，"就是犯了灭伦的罪也干"。

周朴园为了表达对他以为逝去的侍萍的歉意和哀思，在客厅显要位置摆放了侍萍的照片，从小就时时向周萍灌输生母的美德，一个完美的母亲形象牢牢地镶嵌在周萍的脑海里。瑞士心理学家荣格认为："父母意象的形成并非是在前青春期时期，或者是在意识已或多或少成熟的时候，而是在一至四岁的幼年时期。""从一开始，儿子的襁褓岁月以降，母亲一直融入在会合或者雌雄同体的原型思想之中，并因此显得完美与超乎常人。"荣格用阿尼玛（anima）一词来形容男人内在的女性存在的原型意象，她既是男人内在的一种原型女性形象，也是男人对于女人的个人情结。"在阿尼玛高度群集时，她软化男人的性格，使之暴躁、易怒、情绪化、嫉妒、虚荣及不适。"周萍出场之时，"在他的灰暗的眼神里，你看见了不定，犹疑，怯弱同冲突。""因为郁闷……成为怀疑的，怯弱的，莫名其妙的了。"没有母爱的呵护，周萍自幼产生了一种恐惧感和不安全感。他的异母弟弟周冲曾这样评价周萍："自幼就没有母亲，性情自然容易古怪。"荣格认为阿尼玛原型在儿子身上的典型

---

① [奥]弗洛伊德：《释梦》，孙名之译，商务印书馆1996年，第261–262页。

影响就是，"他无意识地在他所遇见的每一个女人身上寻找母亲。"① 为了摆脱与繁漪乱伦而产生的负罪感，他将救命的手伸向了家里的女佣四凤，本想得以灵魂的救赎，谁知四凤是他同母的胞妹，周萍坠入了双重乱伦的更大的深渊之中。在剧尾真相大白之时，周萍发现眼前这位满脸沧桑卑微的鲁妈居然就是他脑海里那个"完美"的"超乎常人"的生母侍萍，他"怪笑"着指着鲁妈说道："母亲！"旋即开枪自尽。周萍之死既有着双重乱伦被揭穿之后的负罪感，也有着母亲美好形象破坏后的幻灭感。《雷雨》悲剧的实质是乱伦悲剧，周萍是双重乱伦悲剧的主角，他在与四凤兄妹乱伦上是无知的，他在母子乱伦悲剧中负有很大的责任，但悲剧的背后或多或少有着侍萍母爱缺位的影子。

仔细阅读剧本，可以发现侍萍在悲剧来临之时的应对上也有处事欠妥的问题。早在四凤周萍在鲁家私约被抓之时，侍萍就已经知道了他们兄妹乱伦的真相，她却又因找寻四凤而再次进入周家这个是非之地。在繁漪将他们堵在室内挑明她与周萍的关系之时，侍萍一直处在逃避退缩的状态，使得周朴园产生误会，从而引发了更大的灾难。如果侍萍为了避嫌不去周家，如果侍萍处事泰然，周萍、四凤这个火药桶可能不被引燃，那么，四凤、周冲这对无辜的少年极有可能不会死于非命。由此可见，侍萍真正是引燃周公馆的火药爆炸起来的"引火人"，侍萍才是周鲁两家悲剧事件的主因。

母爱的缺位是曹禺前期戏剧作品的常态。《日出》剧中的女主人公陈白露是个出身书香门第的女校的高材生，后来家道中落，"父亲死了，家里穷了"，加之婚姻出现危机，才最终沦为红舞女、交际花。尽管剧中没有说明她母亲对其的教育与影响，母爱的缺失是不言而喻的。

曹禺的《北京人》一剧可以说是研究母爱缺位的绝佳注脚，剧中的三位女性愫方、瑞贞，以及"小北京人"袁圆都是母亲缺席、母爱缺位的人物。愫方出身在江南的名门世家，寡母弃世，她遵守母亲的遗嘱，长住在北平姨母所在的曾家。姨母在时，愫方是她的爱宠；姨母死后，愫方又成了姨父曾皓的拐杖。长期寄人篱下的生活，使得愫方养成了哀静、隐忍的性格，她心底压抑着许多苦痛与哀愁，表兄曾文清是她在这个腐朽衰败的家庭里唯一的精神慰藉。瑞贞是曾家的第三代人，母亲过早去世，当她还在十六岁的时候，就嫁到这个精神的樊笼之中，饱尝恶婆婆的欺凌和小丈夫的冷遇，眼神中常常露出抑郁、不满和怨恨的神情。在这个缺乏爱的环境中，愫姨是她活下来的唯一的精神支柱。愫方和瑞贞都是缺乏母爱的悲剧人物，但最终她们逃离封建家庭的牢笼，奔向充满大爱的广阔的天地之中。袁圆是《北京人》中的另类，她是"老猴儿"袁任敢的私生女。因缺乏母亲的言传身教和规范引导，父女俩常"嬉皮笑脸没命地傻玩"，袁圆虽已十六岁了，却成天光腿赤脚，半裸着上身，与同龄人曾霆打闹，仿佛来自天上净土的一块璞玉。

为何曹禺创作了如此多的母爱缺位的艺术形象呢？这与曹禺的自身经历有很大的关系。曹禺的生母在生下他之后的第三天，就因患产褥热而不幸病逝。在曹禺六岁之时，他的奶妈因与其继母争吵，告诉曹禺生母早已病逝的真相，他心中涌起无限的悲哀，以至于曹禺晚年还回忆道："我常常陷于一种失去生母的孤独、寂寞和悲哀之中。"② 这种丧母之痛既塑造了曹禺多愁善感的个性，同时影响到他的戏剧选材与创作，因母爱的缺位而引发的悲剧形象也永载中国戏剧史册。

① [瑞士] 荣格：《原型与集体无意识》，徐德林译，国际文化出版公司 2011 年，第 55-70 页。
② 田本相、刘一军：《苦闷的灵魂——曹禺访谈录》，江苏教育出版社 2001 年，第 84 页。

《原野》中的普罗米修斯原型与悲剧美学内涵

谭咏枚 [①]

内容摘要：从《原野》中的普罗米修斯原型出发，可以发现仇虎形象是对普罗米修斯原型的一种置换变形。仇虎这一人物形象所体现的自我意识觉醒、个性解放精神以及对自由的追求，是展示那个时代新旧伦理裂变的窗口，也是对五四文学传统的一种接续和传承。从《雷雨》到《原野》，曹禺的戏剧始终在写"真人"，他始终在表达一种与普罗米修斯原型相似的精神内核——获得主体意识的人一方面对自由具有极度的渴望，另一方面陷入现实层面和精神层面的双重困境，永恒地处于一种困兽般的悲剧性抗争状态。这种为自由抗争而产生的悲剧张力是黑格尔意义上的"两种伦理实体的冲突"，悲剧人物的毁灭使得剧作最终产生黑格尔意义上的"和感"。

关键词：原野；普罗米修斯；自由；抗争性；悲剧

《原野》于1937年发表之后，因其"脱离社会现实"且"过于神秘、不可解"而长期遭受批评，直到新时期以来唐弢等人对《原野》进行重新评价，学界才重新认识到它的魅力所在。新世纪以来，更多的学者致力于探索《原野》的独特内涵和美学意蕴，而王延松导演的《原野》更是极大地拓展了人们对这部作品的想象。可以说，对《原野》的再阐释和再评价仍是当下曹禺戏剧研究的重要问题之一。要剖解这部作品的悲剧内涵，自然绕不开剧中主要人物仇虎。笔者拟结合古希腊的普罗米修斯神话原型，探索剧中主要人物仇虎、花金子形象悲剧内涵以及第三幕的作用，为《原野》的再阐释提供一种新的视角。

一、仇虎形象与普罗米修斯原型的置换变形

《原野》的故事发生在一个秋天的傍晚，剧作家在序幕中营造了黑暗、神秘、冷峻的氛围，其中对"巨树"这个意象着墨较多："巨树有庞大的躯干，爬满年老而龟裂的木纹。矗立在莽莽苍苍的原野中，他象征着严肃，险恶，反抗与幽郁，仿佛是那被禁梏的普饶密休士，羁绊在石岩上。" [②] 在后续的情节展开过程中，剧作家则有意无意地将仇虎形象与这棵巨树联系起来，这里列举文中三处：在序幕中，他（仇虎）以"一手叉腰，背倚巨树"的姿势登场；经过黑森林里的艰难跋涉后，

---

① 谭咏枚，浙江大学传媒与国际文化学院美学与批评理论研究所博士研究生。

② 曹禺：《原野》，《曹禺全集》（第一卷），田本相、刘一军主编，花山文艺出版社1996年，第405页。

他再次来到铁轨旁，"看见了巨树，眉目间露出来好的计算，沉定地望着前面"①，表明此时他已经做出了宁可自自我毁灭也不屈服的选择；全剧结束前，他也选择站在"巨树"旁边自杀："告诉弟兄们仇虎不肯（举起铁镣）戴这个东西，他情愿这么——（忽用匕首向心口一扎）死的！（停在巨树，挺身不肯倒下）"②通过这几处重要场景，剧作家可以说是十分直白地"暗示"人们"巨树"象征着古希腊神话传说中的普罗米修斯，而仇虎出场时脚戴镣铐，更说明他与神话中"被缚的普罗米修斯"有关。从普罗米修斯神话出发，挖掘这一原型更为丰富的内涵，重新剖析仇虎形象，是理解这部作品的有效渠道。

根据目前的研究资料来看，普罗米修斯形象在五四时期由鲁迅介绍到中国。1908 年，鲁迅以"令飞"为笔名将《摩罗诗力说》一文发表在《河南》杂志上，文中介绍了雪莱诗剧《解放了的普罗米修斯》的梗概③，这是普罗米修斯形象第一次被介绍到中国。1930 年，鲁迅再次通过普罗米修斯这个神话形象提出了"翻译盗火说"，并将普罗米修斯直接比附革命者："人往往以神话中的 Prometheus 比革命者，以为窃火给人，虽遭天帝之虐待不悔，其博大坚忍正相同。但我从别国窃得火来，本意却在煮自己的肉的，以为倘能味道较好，庶几在咬嚼者那一面也得到较多得好处，我也不枉费了身躯……"④

鲁迅对普罗米修斯的认知几乎完全基于雪莱的塑造，他的解读也影响着当时中国知识分子对这一形象的接受。由于其为人类盗火而遭受宙斯惩罚的英雄传说，普罗米修斯被视为"为人类谋幸福的第一个牺牲者"，他代表人类不肯屈服的精神——一种明知遭遇不可敌的命运，还能不惜牺牲，忍痛前进，向上奋斗的精神。20 世纪 30 年代的普罗诗人们更是具有甘当"普罗米修斯盗火以人间"的英雄姿态与襟怀。可见在当时的知识分子心中，普罗米修斯是一种普遍性的积极象征，他代表一种精神，即近代以来死灰般黯然的中国所迫切需要的"叫喊复仇与反抗"⑤。

雪莱笔下的普罗米修斯在 20 世纪初就开始被国人所认识和接受，而古希腊悲剧中的普罗米修斯形象被介绍到中国，则要到 20 年代。1924 年，郑振铎在《小说月报》第 15 卷 7 期上首次简要介绍了埃斯库罗斯的《普罗米修斯》三联剧（《取火者柏洛美沙士》《囚禁的柏洛美沙士》《柏洛美沙士的释囚》）。⑥对比二者笔下的形象，不难发现雪莱笔下的普罗米修斯和埃斯库罗斯笔下的普罗米修斯具有明显的差异：雪莱以浪漫主义的革命热情创造了他剧中的人物，他笔下的普罗米修斯不像埃剧中那样通过向朱庇特（即宙斯）妥协来获得解放，而是完全放弃了复仇，由此达到更富有理想主义色彩的道德高度。实际上，从埃斯库罗斯开始，许多西方作家和诗人如卡尔德隆、歌德、拜伦等都曾对普罗米修斯形象进行再创作，"普罗米修斯原型"在文学史上已经经历了数次置换变形。

---

① 曹禺：《原野》，《曹禺全集》（第一卷），第 572 页。

② 曹禺：《原野》，《曹禺全集》（第一卷），第 575 页。

③ 令飞：《摩罗诗力说》，《河南》，1908 年第 2 期。

④ 鲁迅：《鲁迅全集》（第四卷），人民文学出版社 2005 年，第 213–214 页。

⑤ 鲁迅：《鲁迅全集》（第一卷），人民文学出版社 2005 年，第 234 页。

⑥ 郑振铎：《文学大纲（七）》，《小说月报》1924 年第 15 卷第 7 期，《文学大纲（七）》第 6–7 页。

从《原野》中多次出现的对仇虎与普罗米修斯联系的暗示，可以看出仇虎形象也是对普罗米修斯原型的一种置换变形。

　　五四时期以鲁迅为代表的中国知识分子似乎没有意识到他们对普罗米修斯形象的片面理解和单一接受，他们对普罗米修斯形象的内涵解读主要受雪莱的影响，因而把这个形象定义为"十全十美的革命者、反抗者和胜利者"的象征。到了20—30年代，左翼文学以"普罗文学"为旗帜，使得普罗米修斯形象更加固定化和符号化。发表于1937年的《原野》，也多少受到这一文学思潮的影响。在以往对《原野》的研究和阐释中，仇虎形象的象征意义与"反抗者"之间的关联早已为研究者们所指出。无论是早年现实主义解读中的"反抗封建地主压迫的农民形象"，还是此后多次被研究者所强调的"反抗重重压迫的真人"，都承认了仇虎形象中的"反抗性"这一核心特质。这种理解符合普罗米修斯形象的精神内核，但难免带有符号化倾向，缺乏真正的悲剧张力。20世纪90年代末，有学者将《原野》与雪莱的《解放了的普罗米修斯》进行对比研究，分析了两剧在艺术手法和象征意义上的联系[①]，其中不乏精到的阐释和论述。论者也指出了仇虎形象与雪莱笔下的普罗米修斯之间存在一些差异，但没有注意到这种差异可能是因为曹禺并非完全受雪莱笔下的普罗米修斯形象影响。可以肯定的是，仇虎形象的复杂内涵不应当被"反抗者"所囊括，也不应当被简单地比附某位西方作者的创作。无论是普罗米修斯的原型意义，还是仇虎形象的复杂内涵，都有待深入挖掘和重新阐释。

二、灵肉分离：自我意识觉醒与个性解放

　　普罗米修斯是古希腊神话传说中的造人神，但是他最初用泥土创造的人并没有真正意义上的生命，只是一种和石头一样的自然之物。为了给人类生命，他从各种动物的心中摄取善和恶之秉性，将它封闭在人的胸腔里，创造了"半生命"状态的人。后来，智慧女神雅典娜把灵魂和呼吸吹入人的体内，人才拥有了神圣的"灵魂"。这里的"灵魂"是指人区别于动物的理性、智慧和文化属性。但即便拥有了"灵魂"，人在相当长时期内还是"不知道怎样使用他们高贵的四肢和被吹送在身体里的圣灵。他们视而不见，听而不闻。他们无目的地移动着，如同在梦中的人形，不知怎样利用宇宙万物。他们不知道击石、烧砖、从树木刻削椽梁，或利用这些材料建造房屋。他们如同忙碌的蚂蚁，聚居在没有阳光的土洞里，不能辨别冬天，花朵灿烂的春天，果实充裕的夏天的确切征候。他们所做的事情都没计划。"[②] 曹禺曾说过非常类似的话："我读《老子》，读《佛经》，读《圣经》，我读多少那被认为洪水猛兽的书籍。我流着眼泪，赞美着这些伟大的孤独的心灵。他们怀着悲哀，驮负人间的酸辛，为这些不肖的子孙开辟大路。但我更恨人群中一些冥顽不灵的自命为'人'的这一类的动物。他们偏若充耳无闻，不肯听旷野里那伟大的凄厉的唤声。他们闭着眼，情愿做地穴里的鼹鼠，避开阳光，鸵鸟似地把头插在愚蠢里。"[③]

---

① 王爱学：《〈原野〉的象征意义辨》，《国外文学》，1998 年第 2 期，第 121–128 页。

② 斯威布：《希腊的神话与传说》，人民文学出版社 1978 年，第 1 页。

③ 曹禺：《日出（跋）》，《曹禺全集》（第一卷），第 382 页。

　　从普罗米修斯的造人神话，可以看到西方文化中关于灵魂与肉体二元对立之观念的萌芽。[①] 承认肉体与灵魂的相互独立，是作家拨开物性表象进而探索人的心灵和精神的文艺观念前提。由此，雨果笔下的卡西莫多形象得以诞生，曹禺也受此启发塑造了外貌丑陋却拥有高贵灵魂的仇虎形象："当时偶然有一个想法，写这么一个形象，一个脸黑的人不一定心黑"，"我的思想境界又有了变化，一旦写成仇虎和原来的想法又完全不一样了。"[②] 曹禺的话表明，"灵肉分离"的二元对立观，具体到文学作品中会产生一系列衍义，如《原野》中的"外貌－心灵""丑－美"以及"动物性－人性"等二元关系。剧作家时不时会强调仇虎和花金子身上的动物性，出现了一些关于人的动物性的比喻和暗示，如仇虎的名字就具有明显的比喻和指涉意义，他"像老虎一样"，而花金子则"像受了惊吓的花豹"。

　　在《原野》中，盲目复仇的仇虎只是一个符号，作为"复仇者"的他必须依赖"被复仇者"来确证自己的存在。他就像最初拥有"灵魂"的人一样，不懂得"灵魂"的意义，更不懂得怎样使用它。这时他还只是"半生命状态"的，只有动物性的人，尚未获得真正的自我意识觉醒和主体性，尚缺一口灵气才能成为"真人"。

　　仇虎的自我意识觉醒，首先是通过对传统复仇心理和行为模式的颠覆。他之所以对复仇有如此执念，一方面是被中国传统复仇文化观念所驱使：中国的家族制传统和儒家孝道思想确立了血亲复仇的天然正义性甚至是强制性，而由此衍生而来的"父债子偿"观念又使得他把大星当作复仇对象变得有据可依。另一方面，复仇行为作为人类最原始的生物本能和自然法则，具有跨文化的普遍性，复仇故事在不同文化背景中的文学作品中反复出现，如《哈姆雷特》《呼啸山庄》等。中国传统的复仇剧通常以复仇者的胜利作结，莎士比亚之前的西班牙复仇剧也是如此，这类复仇剧具有较浓的教化意义，其内涵往往是惩恶扬善、善恶有报，结局大快人心。另外，复仇作为一种法外正义，还往往会带有英雄主义色彩，在中国古典文学中则体现为"侠文化"色彩。

　　从莎士比亚开始，复仇剧出现了不同的面貌。莎翁的第一部复仇剧是《泰特斯·安德洛尼克斯》，在这部剧中剧作家已经揭示了复仇的血腥暴力和轮回不止的一面，而第二部复仇剧《哈姆雷特》更是以哈姆莱特对复仇的忧郁和延宕，表达了对人类复仇本能和复仇文化的困惑。莎士比亚研究者们对哈姆雷特的延宕进行了无数的阐释，却极少思考和追问复仇本身的正义性与合理性。虽然《哈姆雷特》和《原野》两剧在各方面的差异都很大，但仇虎复仇后的迷狂和哈姆雷特复仇前的延宕却是出于同样的困惑。仇虎因恨杀人之后，也对这一本能的正义性产生了深深的困惑。"复仇"实际上是一种由人类建构出来的意义，但人类却在很长一段时期里都被这种意义框架所束缚，无意识地实施和重复着这样的伦理。哈姆雷特和仇虎面对的问题在这个层面上具有一致性，也即如何从特定的伦理道德文化为人们编织的意义之网中解脱出来。可以说，对"理所应当"的自然法则和文化伦理产生困惑并试图摆脱，是人自我意识觉醒的一种标志。由此，《原野》中复仇主题的特殊性得以显现。

　　通过目睹大星的死亡，仇虎开始思考人的存在，第一次获得了生命意识和主体意识："人原来

---

① 蒋承勇：《普罗米修斯：自由的困惑——人与文化之起源的诗性解说》，《国外文学》，2000 年第 3 期。

② 曹禺：《我的生活和创作道路》，《曹禺论创作》，上海文艺出版社 1986 年，第 141 页。

就是这么一个不值钱的东西，一把土，一块肉，一堆烂血。早晚是这么一下子，就没有了，没有了。"①
这段话使人想起《麦克白》里那段同样虚无的独白："人生不过是一个行走的影子，一个在舞台上
指手划脚的拙劣的伶人……一个愚人所讲的故事，充满着喧哗和骚动，却找不到一点意义。"②诚然，
这两段话的语言风格不尽相同，但其深层含义却十分相似。在手刃仇人并目睹对方的死亡之后，仇
虎感受到人作为血肉之躯终将腐朽的虚无感，也因而获得了自我意识的觉醒，而如果不是因为这种
觉醒，他也不会陷入第三幕中的迷狂状态。剧作家却不认为这种迷狂是坏的，相反，经过黑森林里
的长途跋涉和迷失，"在黑的原野里，我们寻不出他一丝的'丑'，反之，逐渐发现他是美的，值
得人的高贵的同情的。"③曹禺将仇虎比喻成"猿人"，这被一些研究者认为是一种原始崇拜情结。
不过，剧作家的本意不是希望人类出现返祖现象，而是希望在那个"死气沉沉"的时代氛围里，呼
喊一点"真人"的"真性情"，刺激人的自我意识和生命激情的觉醒。

《原野》里另一个重要的角色花金子，则通过爱情体验的变化来获得自我意识。在剧中，当大
星哀求金子不要走时，金子对他说："大星，我是野地里生，野地里长，将来也许野地里死。大星，
一个人活着就是一次。在焦家，我是死了的。"④经过黑森林里长达数小时的艰难跋涉，花金子对
仇虎的爱从纯粹的肉欲上升到"灵性的"。她对仇虎说，"我一辈子只有跟着你才真像活了十天"。
这是金子的自我意识觉醒。敢爱敢恨的金子与繁漪的相似之处已有不少研究者指出，曹禺笔下的这
一类女性形象与五四时期的女性自我意识和个性解放的追求一脉相承。而曹禺早期剧作中的人物常
常提到怎样才叫真正"活着"这个问题，实际上就是是关于人的存在本质的思考：血肉之躯的存在
并不是真正的存在，只有灵性的存在才是人的本质。

《原野》中备受争议的第三幕的作用，就是让仇虎形象和花金子形象进行一次转化，也即从作
为动物本能的自卫行为和仇恨情绪之中摆脱，从动物性的人转化为真的人，从肉欲的爱升华为灵性
的爱。正如剧作家所指出的，"他代表一种被重重压迫的真人，在林中重演他所遭受的不公。在序
幕中那种狡恶，机诈的性质逐渐消失，正如花氏在这半夜的磨折里由对仇虎肉体的爱恋而升华为灵
性的。"⑤仇虎和花金子的成长和转化，在一定程度上是普罗米修斯的造人神话的象征性重现，这
种对人的自我意识的关注，对人的精神和灵魂的探索，正是对五四精神的一种延续。

三、困兽之斗：为自由抗争的悲剧性

在古希腊神话传说中，普罗米修斯为了给人类盗取圣火而被天神宙斯惩罚，宙斯派暴力神、威
力神和火神将他束缚于高加索山脉的岩石上。他的肝被鹰啄食，白天被啄尽，夜间又长全。他的岳
父和叔父都劝他向宙斯妥协，他坚决拒绝。由此可见，普罗米修斯与众神的一个突出区别就是：他

① 曹禺：《原野》，《曹禺全集》（第一卷），第524页。
② 莎士比亚：《麦克白》，《莎士比亚全集》（第五卷），朱生豪等译，人民文学出版社1994年，第260页。
③ 曹禺：《原野》，《曹禺全集》（第一卷），第533页。
④ 曹禺：《原野》，《曹禺全集》（第一卷），第516页
⑤ 曹禺：《原野》，《曹禺全集》（第一卷），第533页。

从来都是按照自己的思想与意志决定自己的行动的，就是天帝宙斯的意志他也敢于违抗。他的盗火之举表现出强烈的主体意识、行动意识和反抗精神。可以说，这是在世界文学史上第一次提出了"自由"这一伟大命题。①在古希腊人那里，人的自由首先是从同大自然对抗的过程中获得的："把自由同外部自然界划分开来，人就意识到自己的独立性，高于动物了。"②而随着人类文明的发展，人们需要将自己与特定的文化环境或是文明属性划分开来，才可以再次获得自己的主体性和自由。

在《原野》中，仇虎无疑是最渴望自由的人。剧中重要的"火车"意象被一些研究者认为是现代文明的象征，这种观点颇为精到。而从另一个角度来看，"火车"和与之相关的"铁轨"是一种在空间上具有无限延伸性的意象——"不知名的远方引来的两根铁轨"，"铁轨铸得像乌金，黑黑的两条，在暮霭里闪着亮，一声不响，直伸到天际。它带来人们的痛苦，快乐和希望。"在剧作家心中，铁轨或许就是一条通往远方的道路，而仇虎渴望坐火车也是为了去"远，远，老远的地方"。由此看来，"火车"或许不一定是象征现代文明，而更多地是用来强调"逃离"这一内涵——逃离"阴暗屋宇中神秘的主宰"，逃离那片没有出路的黑森林。

仇虎首先渴望逃离的是家族制度和家族意识衍生而来的血亲复仇、父债子偿等观念，这种文化观念的根本来源就是"家"。中国人在数千年内都没有逃出"家"的束缚，正如邹红所说，"对于前期曹禺来说，'家'是一个无法挣脱的梦魇，一个外在的心狱"，而"'原野'实际上是一个泛化了的'家'。"③在这个层面上，曹禺无疑承续了反抗家族制度的五四传统，彰显了对个体性和自由精神的追求。仇虎渴望乘着火车"开到天边外"正是体现出了一种奥尼尔《天边外》式的自由主义精神。另外，仇虎为之抗争的是命运和社会现实中的黑暗与不公平。仇虎说，"我恨这个天"，"我为什么要忍受命运的暴虐"④。在临死前，他说"我逃够了！"当他逃了整晚，再次回到铁轨边时，他看到"巨树仍是一个反抗的精灵"，于是他决定要与命运的暴虐作对抗。这种对抗首先是社会现实层面的，《原野》中确实体现了对狱警、焦阎王、洪老等代表暴力和压迫的形象的抗争，因此这部作品具有重要的社会意义，这也是历来研究者们能不断地挖掘其"社会问题剧"内涵的原因。

而《原野》的价值就在于，即便剥除了重要的时代意义和社会现实内涵，它仍然具备经久不衰的魅力。曹禺早期剧作的悲剧内核是一种如"困兽之斗"般的抗争性，这种抗争具有仪式性的意义。人们发现曹禺前期剧作的"过于浓厚的神秘色彩"，不仅没有"遮没"它的"社会意义"，反而将这种"社会意义"上升到了"宗教仪式"，像契诃夫的戏剧那样"将现实主义上升到了象征的境界。⑤在《原野》一剧中，仇虎始终是被围困的，第三幕中那个使他坠入"心狱"的"黑森林"就是具有明显的"围困"含义的空间意象。他一直想沿着铁轨坐着火车离开这片原野，却始终无果，甚至都没有办法站在铁轨上。耐人寻味的是，剧中的白傻子自出场时就站在铁轨上，他的行为非常滑稽，

① 蒋承勇：《普罗米修斯：自由的困惑——人与文化之起源的诗性解说》，《国外文学》，2000 年第 3 期。
② 徐葆耕：《西方文学：心灵的历史》，清华大学出版社 1990 年，第 26 页。
③ 邹红：《"家"的梦魇——曹禺戏剧创作的心理分析》，《文学评论》，1991 年第 3 期。
④ 曹禺：《原野》，《曹禺全集》（第一卷），第 561 页。
⑤ 胡志毅：《论曹禺前期剧作的仪式性》，《浙江大学学报》（社会科学版），1994 年第 4 期。

俨然一个丑角，但曹禺却形容他在铁轨上一边学着火车"图兔图兔"一边奔过来绕过去的样子"自由得如一条龙"。正如曹禺所说，"我是写这样三种类型：一种是焦阎王变坏了；一种是白傻子，他还能活下去；一种是仇虎他就活不下去了，没有他的路。"① 仇虎无路可走的处境，既是一种社会现实，也是一种精神困境。

仇虎的精神困境就在于他无比渴望自由却最终也没能获得自由。这种关于自由抗争的悲凉色彩贯穿曹禺的早期剧作，在一定程度上受到古希腊的命运悲剧观念、叔本华的悲观论哲学以及尼采的生命意志学说的影响。不难发现，曹禺前期剧作中的主要人物无一例外，全都处于一种苦闷的、没有出路的压抑状态，他们最终都没能在现实层面上成功抗争，获得他们所渴望的自由：《雷雨》里的周萍、《日出》里的陈白露、《原野》里的仇虎、《北京人》里的曾文清最终都主动选择了自我毁灭。"自杀"在曹禺之前的中国话剧中是极少出现的情节，这种"为自由抗争而走向自我毁灭"的主题，集中体现了曹禺剧作在中国现代悲剧发展中的意义。

在关于悲剧理论的论述中，黑格尔认为，"真正的悲剧动作情节的前提需要人物已意识到个人自由独立的原则，或是至少需要已意识到个人有自由自决的权利去对自己的动作及其后果负责。"他认为，正因为东方思想普遍地都不具备对个体绝对价值的这种关注意识，东方的世界观"一开始就不利于戏剧艺术的完备发展"②。但黑格尔不会预料到，20 世纪的中国已经初步具备了他理想中的悲剧艺术。曹禺早期剧作所体现出的对"个体绝对价值"的关注，已经从现实层面拓展到精神层面，并且，他的剧作所呈现出的悲剧张力非常接近黑格尔意义上的"两种伦理实体的冲突"所造成的悲剧美感。

黑格尔的悲剧观念与亚里士多德的"怜悯与恐惧"悲剧理论有所不同，他认为戏剧人物的遭遇并不值得恐惧，应该感到恐惧的是普遍的力量（也即伦理实体）遭到破坏；戏剧人物遇到的痛苦也不足惜怜，应该同情的是在这些人物的内心世界中还存在着高尚的品质。黑格尔的悲剧冲突论更不是善与恶、有罪和无罪之间的冲突：一切悲剧冲突中我们首先必须抛弃关于有罪和无罪的错误观念。悲剧英雄们既是无罪的，也是有罪的。③ 他的悲剧理论所说的"两种伦理实体的冲突"，是具有主体性的个人的意志的冲突，他们通过对命运的反抗来突出其主体性和抗争性。在黑格尔看来，悲剧的结局方式可以是多样的，不必一律，但悲剧的原则是必须显示一种"和解"，从而为悲剧根源的认识提供可能。需要特别注意的是，他所说的"和解"并不是指悲剧故事的结局走向"和解"或是"调和"，而是指故事的终结所唤起的主体审美观照的"和感"，是指对立冲突的双方的某种合理性在"永恒正义"（终极的美）那里得到了"和解"。④ 尽管悲剧人物在抗争和冲突中走向毁灭，但最终永恒正义获得了胜利。

在《原野》一剧伊始，仇虎的越狱就是一种抗争，但这是在复仇欲望驱使下的出逃，不是真正

① 田本相：《曹禺探知录》，北京时代华文书局 2016 年，第 148 页。
② 黑格尔：《美学》（第三卷下册），朱光潜译，商务印书馆 2011 年，第 320 页。
③ 黑格尔：《美学》（第三卷下册），第 309 页。
④ 黑格尔：《美学》（第三卷下册），第 311 页。

意义上的为自由而抗争，是一种戴着镣铐的抗争。他的第二次抗争不再是"逃走"，而是以血肉之躯来换取精神和灵魂的自由，这种自由带有悲凉的底色，却无一不显示着人对命运抗争的高贵。结合普罗米修斯的神话，可以发现《原野》是普罗米修斯悲剧的一次仪式性重演，曹禺的前期剧作基本上都在重复着这种围困与反抗的悲剧性。

　　曹禺曾说《雷雨》是"一首叙事诗"，说"《原野》是讲人与人极爱和极恨的感情，它是抒发一个青年作者感情的一首诗。……它没有那样多的政治思想。"[①]从《雷雨》到《原野》，曹禺写的始终是诗——他剧中的人物反反复复唱着对自由的渴望以及求而不得的苦闷，他们被太多东西所束缚，而且"每个人都抓着想要的东西不肯放手"。在"偌大的周公馆"里，繁漪要"作困兽的斗"，却永远地被困在周公馆的回忆中；陈白露无法离开"金丝笼"，在太阳升起前睡去；仇虎铁镣加身，徘徊和迷失在幽暗的黑森林里，在一声枪响后获得"解脱"。如果没有这种为自由抗争的生命张力，曹禺的早期剧作就无法成为中国现代话剧中的悲剧经典，而只能是以主人公悲苦命运作为结局的"苦情戏"。换句话说，曹禺前期剧作的悲剧美学意义并不在于人物最后走向痛苦、疯癫甚至死亡等令人悲伤的结局，而在于他们为自由奋力挣扎却又无法挣脱，陷入无法妥协也无法停止抗争的状态，在永恒的悲剧命运中进行着永恒的抗争。在他们的死亡之后，伴随着某些精神力量的重新分配，生命重返大地，悲剧人物的毁灭使得剧作达到黑格尔意义上的"和感"。这是《原野》的悲剧意义所在，也可以说是曹禺早期剧作共通的悲剧美学内涵。

结语

　　如上所述，曹禺的剧作承袭了五四以来的追求自我意识觉醒和个性解放的启蒙传统，又在悲剧观念上使得中国话剧走向成熟。关于曹禺剧作的讨论已有很多且很充分，但相对来说，对于它们在中国现代悲剧观念发展的推动意义上的研究则略显不足。自"五四"以来，中国戏剧界一直努力在彰显悲剧精神，但在曹禺的剧作之前，中国话剧界还未诞生一部足够成熟的悲剧作品。《原野》中的悲剧性抗争既体现了雪莱笔下的普罗米修斯那种反抗精神，又体现了埃斯库罗斯剧中的命运悲剧性。通过对普罗米修斯原型进行置换变形，曹禺洞见了人类追求自由的抗争性和悲剧性，这种冲突具有永恒的美感。他的早期剧作某种程度上是那个时期新旧伦理裂变的窗口，与五四精神有着千丝万缕的联系，同时又具有超越时代的深刻悲剧内涵。

[①] 田本相：《曹禺探知录》，第 189 页。

论《雷雨》和《母亲的肖像》家庭通过仪式中的母亲形象

徐弋茗 [①]

内容摘要：曹禺剧作《雷雨》和徐訏剧作《母亲的肖像》中的家庭都在试图通过前在的典范母亲形象，仪式性地将作为个体的女性转变为符合家庭规范的母亲身份。繁漪和晓镜的母亲身份在母亲与继母、继母与继子和母亲与子女的结构关系的中具有不同的隐喻性，在家庭通过仪式隔离、中介和重新聚合的不同阶段面临的类似的空间规训却实施了不同的反抗。《雷雨》的悲剧突破了社会逻辑结构，回归到了人性最幽深的原始的孤独和混沌状态。

关键词：母亲；家庭；通过仪式；《雷雨》；《母亲的肖像》

家庭是戏剧大师曹禺创作的重要场域，《雷雨》（1934）的悲剧事件的起因是在命运般无法逃离的巧合中，纠缠了两代人的乱伦行为。相较于血亲之间发生乱伦关系的周萍和四凤，并无血缘关系但有伦理禁忌的繁漪与周萍之间的乱伦行为更富有文化象征意义。如果将另一部以乱伦为戏剧核心冲突的家庭剧——徐訏的《母亲的肖像》（1941）纳入考量，比较相似的继母与继子乱伦行为，晓镜的转变与繁漪的毁灭事实上是分别对母亲身份的归附和断舍过程性行为。

家庭作为最小的社会群体，家庭身份也是社会结构中的一部分，更体现了社会权力意识对个体的规训。女性进入家庭，继而繁育后代，成为家庭秩序的"新人"——母亲，这一过程是两种不同身份的转变，也是家庭秩序和社会文化结构对未婚育者的通过仪式。著名人类学者维克多·特纳（Victor Turner）在表述社会历史的过程性结构（processual structure）特点时，引入了一个来自比较仪式学研究学者范·杰内普（Van Gennep）的仪式模式。"人生阶段的每一次转变、个体社会地位的每一次变化以及步入某个重要的年龄阶段都要伴随着各种通过仪式。"[②] 通过仪式可以分为三个阶段：隔离、进入临界点以及重新聚合。乱伦可被视为临界点过程中具有中介性（liminality）的象征性行为，对家庭结构潜在的危险性，因此成为戏剧冲突的核心。

两部剧作中的母亲形象具有双重身份内涵，其一是作为亲缘关系和生育者的母亲，另一是家庭身份政治中的母亲，前者可以天然地通过生理行为获得，后者则是在家庭中建构的。繁漪和晓镜的母亲身份可以通过三对人物相对关系确立或消解：母亲与继母，继母与继子，母亲与子女。母亲作为一种身份，体现了婚姻和家庭的结构性和代际延续的稳固性要求，体现个体与家庭复杂的身份意

---

① 徐弋茗，浙江大学传媒与国际文化学院美学与批评理论研究所博士研究生。

② 维克多·特纳：《戏剧、场景及隐喻：人类社会的象征性行为》，刘珩、石毅译，民族出版社2007年，第279页。

识和身份冲突。

客厅中的"母亲"

《雷雨》序幕的舞台描写中，周公馆已经成为了某教堂的附设医院，陈设和人物都明确指向了基督教。周公馆是在十年后变成宗教属地的，但仪式感和神秘感是贯穿全剧，自周公馆建成就开始的。回到十年前的第一幕，周公馆全屋都是"华丽""兴旺"的新式家庭日常气象，但唯独有一个格格不入的角落：

> 右边的衣服柜，铺上一张黄桌布，上面放着许多小巧的摆饰，最显明的是一张旧照片，很不调和地和这些精致东西放在一起。[①]

照片中年轻的侍萍，是周家长子周萍的生母，前任周公馆太太，家庭身份中的"母亲"。"这个屋子是按照当年侍萍在无锡周家的原样摆设的，是周朴园为了怀念侍萍而做的展示。周朴园这个行为不论真诚还是虚伪，都有一种祭祀的意义，同时也为后来侍萍的出现埋下了伏笔。"[②] 显眼的不调和感来自于这个空间的异域特质——这不是一个单纯的世俗展示场景，是为亡者复刻其生前生活场景的祭祀仪式。祭祀行为和照片的让亡者符号式地在场，从叙事上来说固然是为鲁侍萍的出场和冲突的爆发伏笔，但舞台空间也可以作为一种前在叙事，揭露潜在的人物关系。客厅空间样貌的新旧冲突意味着家庭中的身份冲突，对于繁漪而言远在乱伦造成的身份危机，即母亲和继母的冲突之前。如果母亲身份是女性在家庭中的通过仪式，周公馆的客厅就是家庭对母亲身份召唤的差异地点（heterotopia）[③]。客厅是家庭的剖面，是社会行为在家庭中最主要的发生场域，也是戏剧摹仿人物行动和展开冲突的重要场域。周公馆的客厅因此具有公共性和神圣性。周家的"母亲"已死，但却自始至终经由客厅角落的祭祀仪式被召唤，同时作为家庭通过仪式的结构性规范存在——旧结构的典范母亲始终存在于这个家庭。将《母亲的肖像》对客厅摆设的描写纳入比照，亡者在客厅显现的仪式意味就更加明显：

> 沙发后面，靠右墙上，放着一只茶几，幕开时，李卓梧站在几上，向右墙上挂一幅女人的画像；卓桐坐在沙发上看书；卓梅在奏琴。
>
> 卓梧：怎么样？你们看，又太高么？[④]

---

① 曹禺：《雷雨》，《曹禺全集：第一卷》，花山文艺出版社 1996 年，第 28 页。

② 胡志毅：《灵魂的深度：论曹禺戏剧创作与城市空间的"异形"》，《艺术与审美文化研究》2011 年第 2 期，第 89 页。

③ "差异地点"，heterotopia 即"异形""异托邦"。米歇尔·福柯（Michel Foucault）在《词与物——人文科学考古学》中首先使用了这一术语，此后又在《另类空间》一文中详细阐释了这一空间概念的特点。与 utopia 相对比，heterotopia 是具有真实的空间基地（site）却不同于原生自我文化的"他者空间"，与亨利·列斐伏尔（Henri Lefebvre）的"表征的空间"（representational spaces）以及爱德华·索亚（Edward W. Soja）的"第三空间"（Third Space）相对应，都对传统知识谱系中空间的僵化和单向认识进行后现代的批判和解构。"异托邦"具有想象与现实的双重性，在空间产生的形式上呈现为阈限状态的仪式空间，具有残存的神圣性和禁限性。

④ 徐訏：《母亲的肖像》，夜窗书屋 1947 年，第 1-2 页。

......

（卓桐捧画上）

朴羽：卓梧，把这张画挂在那里。（指挂"母亲的肖像"的墙上）那是一张好画，一张好画。

（卓桐递给卓梧，二人帮同挂画）[①]

《母亲的肖像》是从李家子女在客厅悬挂并欣赏已故母亲的画像开始，到以同样的方式悬挂晓镜的画像结束的。悬挂画像的动作一头一尾，将晓镜的肖像代替了前任母亲，完成了从生母到继母的家庭责任交接，具有明显的仪式感。相较于周公馆一隅暗处的照片，李家客厅中的母亲形象是明朗的，但自始至终，"母亲"都不具有姓名，只是一个象征身份的符号，是经由表兄兼爱人的王朴羽艺术化表现的。该剧一开始就给母亲的肖像定下了"杰作"的基调，不止一次借由不同人之口称赞这幅画像艺术上的完备，称画这幅画的人"需要有崇高的理想，同时还要表现崇高理想的技术"[b]。虽然母亲早逝，但她的精神遗产却通过艺术，神性地统领着李家。李家空间的氛围是静谧和淡雅的，子女们个个擅长艺术，即便是与父亲李莫卿产生冲突，第三幕和第四幕开场时卓梅也依旧在客厅奏琴，李莫卿和李家并没有对晓镜施暴压抑。尽管在与爱人隔离之后，晓镜最终选择放弃了艺术和爱情的自我人生，成为李家新生命的母亲，但对此她是和解并接受的，这个母亲形象甚至默许了完全不符合社会对家庭血缘关系的伦理规定，重新结构了李家的家庭意志。

反观《雷雨》的客厅空间的封闭，体现了仪式性的隔离。闷热的雷雨前夕压迫感凸显，老房子永远都十分闷气，家具都发了霉也不能开窗，只为保留当年亡者的习惯。长子的生母无疑是值得怀念的，但却也是不能轻易提及的，家中除了周朴园无人可以谈论她的任何具体事迹，他们的未婚先孕是有污点的，需要净化。虽然作为封建家长，周朴园因经济地位在家庭中是毋置疑的绝对权威，但他在家中的权威感仍然有很大一部分是来自于他自身仪式性的权威象征，其中最典型的就是他首次出场时要求繁漪喝药的行为。周朴园试图建立三层级的家庭秩序，但在这场行动之前，周公馆对繁漪的规训早已体现在了十八年如一日严格控制的空间结构关系中，在更下层的鲁贵和四凤看来，周公馆并不存在权力的中间层，繁漪的意志是可以阳奉阴违朝令夕改而无须告知的。剧中她两个礼拜以来第一次下楼，很快就注意到她此前试图更新的客厅摆设被驳回了：

周繁漪：（又停一下，看看四面）两礼拜没下来，·这屋子改了样子了。

鲁四凤：是的，老爷说原来的样子不好看，又把您添的新家具搬了几件走。这是老爷自己摆的。

周繁漪：（看看右面的衣柜）这是他顶喜欢的衣柜，又拿来了。（叹气）什么事自然要依着他，他是什么都不肯将就的。[③]

---

① 徐訏：《母亲的肖像》，夜窗书屋1947年，第98页。

② 徐訏：《母亲的肖像》，同上，第3页。

③ 曹禺：《雷雨》，《曹禺全集：第一卷》，花山文艺出版社1996年，第49页。

公共空间被周朴园以"不好看"的审美要求严格规定，她与公共客厅的规范格格不入，不断退回甚至是被驱逐到二楼的有限领域。在不断对过往生活地追忆和戏剧性地复现中，丈夫与亡妻组成的家庭范式和母亲的身份被神圣化为一种几乎无法由第三人完成的通过仪式。客厅中的"母亲"是神化的，是家庭意志最高审美理想的完美体现，家长就是这位"母亲"的信徒，常年"除了会客，念念经，打打坐，在家里句话也不说"[①]。但尽管亡者被仪式化地树立为典范，但典范的母亲并不是侍萍，事实上她当年的悲剧恰恰是因为不够"典范"。周公馆通过仪式的存在恰恰表明，家庭中母亲的身份是由父权定义的。与王朴羽最终将晓镜冠以李家的母亲身份的方式不同，周朴园设立的典范母亲和其背后所体现的家庭意志是遵循极端父权逻辑而非人性逻辑的。周朴园矛盾的人性和悲剧正是对这种父权逻辑的有意无意地继承造成的：一个死去的母亲可以被赋予的象征性权威，一个活着的母亲不可以取得，无论是侍萍还是繁漪，她们的个人意志和生命力是对父权权威性的削弱，她们正应该如同相片中模糊的亡者面孔一样，抛弃这些。这种仪式结构的规范是自相矛盾的，也是父权逻辑建构典范母亲的虚伪性和产生乱伦危机的重要原因。

客厅中的"鬼"

对仪式的垄断形成了家庭权威的垄断，两种母亲身份的剥离使得未通过仪式成为"新人"的繁漪长时间处于身份的游离状态。这一方面来说抑制了母亲这一家庭身份的建构，却在另一方面引起了繁漪原始情欲的强烈反弹，在面对同样游离且意志薄弱的周萍时，一种名为"闹鬼"的脱离家庭秩序的乱伦行为发生了，在一个严密的空间结构中撕开了一道缝隙。

周公馆客厅闹鬼的传言由来已久，除了周朴园外几乎人尽言之。剧中最早谈及鬼的是四凤和鲁贵。四凤听说是"屋里死过人，屈死鬼"，鲁贵则道出了秘密：是大少爷"同他的后娘就在这屋子里闹鬼呢"[②]。闹鬼事件直接指向了繁漪和周萍不可被言说的禁忌行为，成为乱伦的隐喻符号。但如果细读这一段描述，周公馆"鬼宅"传闻的源头并非单纯来自乱伦的禁忌用语：

鲁贵：那是你还没有来，老爷在矿上，那么大，阴森森的院子，只有太太，二少爷，大少爷住。那时这屋子就闹鬼，二少爷小孩，胆小，叫我在他门口睡。那时是秋天，半夜里二少爷忽然把我叫起来，说客厅又闹鬼，叫我一个人去看看。二少爷的脸发青，我也直发毛。可是我是刚来的底下人，少爷说了，我怎么好不去呢？[③]

早在鲁贵巧合撞见半夜客厅中正在幽会的繁漪和周萍之前，闹鬼的恐惧已经存在于周冲的心里——客厅又闹鬼，显然不是第一次。鲁贵事后并没有将目睹的秘密告诉周冲，后者并不知晓母兄乱伦的秘密，但理所当然和繁漪解释父亲试图搬家的理由是因为房子"闹鬼"，他想象的依据是什么？如果结合四凤"屋里死过人，屈死鬼"的传说和客厅的空间特质，房中闹鬼传说的另一重隐喻很可能就是长子亡母在祭祀仪式下夜间现身的"鬼魂"。周公馆事实上并不存在符合家庭秩序规训要求

① 曹禺：《雷雨》，《曹禺全集：第一卷》，花山文艺出版社 1996 年，第 51 页。

② 曹禺：《雷雨》，同上，第 42–43 页。

③ 曹禺：《雷雨》，同上，第 42–43 页。

的典范母亲，而只有母亲的"鬼魂"：继母和继子。前者是母亲的降格和异化，后者性格中的犹豫和怯懦，或多或少也与其母不详和私生子的身份相关。因此，两重闹鬼传说的重合是颇有象征意味的，母亲的"鬼魂"最终在继母和继子的乱伦禁忌中显现了，而继母和继子也因此以"鬼"的状态，在家庭的严密结构中找到了具有破坏性的中介状态。"这一时刻会要求参与者完全摆脱自身社会地位以及一切社会地位的束缚，还需要形成一系列潜在的、可供选择的社会安排，而且这种安排不受任何限制。"① 这种行为表现为对旧有的社会结构有"危害性"的"禁忌"。

母子乱伦常被解读为一种会招致严重惩罚的不洁行为，因此被视为禁忌。乱伦行为或是乱伦禁忌的产生的根源性解释并不统一。② 文化解释认为，乱伦这一行为并非生来就是禁忌，对血亲乱伦的禁止是人类社会发展的产物。原始社会氏族的外婚制度是有效的联合手段。"氏族虽然和我们今天所说的家族完全不同，但仍然构成了一种家族社会。"③ 这种制度上的禁忌，可被以宗教或伦理道德固定，成为家庭社会的结构性规范，并以一种文化心理的方式，广泛存在于不同的文化背景和不同文化背景下的艺术作品中。根据乱伦长期存在于人类社会的文化心理传统，我们可以将戏剧作品中的乱伦母题视为对社会行为的隐喻性解释。具有强烈内在冲突和张力的戏剧性行为不仅导向一种无可避免的令人恐惧的可能性，更展示了乱伦作为一种家庭结构的禁忌符号，既反应了家庭结构过程的一部分，同时也创建了它的反结构。

乱伦意味着家长对于家庭管控的失效。从空间上来看，它发生在最严密结构的客厅，且在与亡母屈死的闹鬼传说重合的过程中，构成家庭神话通过仪式的象征性模式被悄然篡改了。繁漪的行动方向成为了周公馆最终走向的重要推动力，乱伦禁忌的反结构性力量开始发挥作用。而此时，家长周朴园是一无所知的。无论通过何种强力的仪式性建构过程，权威也无法做到全知全能，因为家长同样处于同一结构，必然要受到同一系统的逻辑所规训。周朴园因家族矿产业务常年不在家，这符合周公馆父亲和家长的身份规范，但也在客观上使他消失在家庭的具体实践行为之外。与任何一种规训结构一样，家庭的规训结构也是需要人的实践性行为来不断确认的，客厅中陈列的小祭坛和其所进行祭祀仪式固然创造了一个具有神圣意味的差异地点，但这一长时间空寂无人地点的现实层面仍留有可供操演的空间。黑夜的客厅因祭祀空间的存在笼罩着母亲"鬼魂"的传说，同时却也为继子和继母的暗合提供了不可言说的掩护，乱伦建构出了另一个包含仪式行动和仪式行动的隐喻性表征的场域。

李家客厅同样因"父亲"的缺位成为了乱伦的场域。李莫卿自居家长的身份，对子女行使父权，干预女儿卓梅的婚事，所因循的是金钱逻辑，所达到的效果是非常有限的。他和女儿你来我往的价值辩论恰恰体现了他的意志尚未成为家庭的整体规范，卓梧和卓桐甚至可以在未得到允许的情况下擅自离开客厅，这在周公馆是不可想象的。李莫卿对家庭的弱控制也就表现在了继母和继子更大胆

---

① 维克多·特纳：《戏剧，场景及隐喻：人类社会的象征性行为》，同上，第 4 页。

② 比如，生理学上的"韦斯特马克效应"理论就认为，从小一起长大的男女之间有着一种本能的性淡漠。乱伦是偶然，乱伦禁忌是必然，是生物本能。这与文化解释是相悖的。

③ 爱弥尔·涂尔干：《乱伦禁忌及其起源》，汲喆、付德根、渠东译，上海人民出版社 2006 年，第 11 页。

的行动上。相比周公馆重重隐喻的"闹鬼"，晓镜和卓榆丝毫不忌讳在家庭的公共空间展露他们之间激烈的爱意：

> 卓榆：但是我爱你，我需要你。
>
> （卓榆拉晓镜的手，手指上有金刚钻发亮，卓榆吻她的手臂）
>
> 晓镜：是的，我也爱你。
>
> （晓镜没有拒绝，还用另一只手抚卓榆的头发。就在这时候，卓榆把晓镜拥在怀中，吻她。晓镜不但没有拒绝，反热烈地吻他）
>
> 晓镜：我爱你，卓榆，一直爱着你。
>
> （卓榆已投在晓镜的怀中）①

值得关注的是，这一幕被朴羽发现并许可。卓榆在隔壁看书的舅舅王朴羽在此后进入客厅，隐晦地表示理解并放任了两人"爱情"的行为。甚至在几日后，李莫卿亲眼目睹儿子走出继母房间的暴怒，也被朴羽轻松化解，居然最终原谅了二人的行为，默许晓镜继续在家庭中的存在。类似的事情发生也发生在次子卓梧的"爱情"危机上，身为父亲的李莫卿几乎不管不问，而舅舅朴羽积极解决。李家父亲身份的错位在最后一幕朴羽的自白中得到解答：他不仅是四个子女的血亲生父，也是真正能决定家庭意志，创造典范母亲肖像，并将晓镜转变为母亲的家长。李莫卿只是家庭经济上的供养者，除了金钱和事业，没有家庭身份，自然也不是李家真正的父亲。在这个意义上来说，以朴羽的意志为基准的家庭结构的规训从未失效，乱伦也在该结构范围之中，并不具备反结构性。因此在李家，母子乱伦能够以爱情的名义，轻易被所有人体谅，光明正大出现在白天的客厅；而在周公馆，它从未获得正当性，只能以"鬼"的姿态，堕入更深的暗处。

失败的复仇

不同于繁漪对客厅空间规训的精神敏感和在家庭身份通过仪式中游离的中介状态，晓镜在婚姻的最开始并没有进入成为母亲的通过仪式，在卓榆回家又迅速悄然离开家庭之前，她甚至并未注意到客厅中悬挂的母亲肖像。此时她所面对的规训和反抗的对象是整个社会性别身份的差异。

当卓榆质问她是否试图"一面做我父亲的太太，一面做我的情妇"时，晓镜道出了女性在家中受到严格控制的社会现实："是的，男子留给女子固定的社会地位也就只有这两种。"b 女性在家庭中必须通过规训背后的父权逻辑是社会性别逻辑行为的一部分，爱情无法例外，无论它是否通向婚姻家庭。因此以爱情为名义的乱伦关系本身就蕴含着断裂的危险。男性可以选择结束，离开家庭，借由另一段爱情或是不告而别，都可以被"为理想"和"为事业"的性别叙事所接纳，能接纳女性的只有家庭。如果说《雷雨》中繁漪的乱伦行为是一种反抗性行为，《母亲的肖像》中晓镜主动选择乱伦就是反抗失败的结果。面对这样的局面，失去爱情的晓镜首次望向了墙上母亲的肖像，而繁

---

① 徐訏：《母亲的肖像》，夜窗书屋 1947 年，第 31 页。

② 徐訏：《母亲的肖像》，同上，第 34 页。

漪的复仇才刚开始。

繁漪行动的第一步也是整部戏剧矛盾最终激发的最关键一步——将侍萍召入了周公馆的客厅。客厅的公共性质意味着它不仅向内聚合家庭成员，也有条件地向家庭外部开放，是一道内与外、中心与边缘的区分性边界。《雷雨》中的所有人物都是按照中心与边缘的亲疏和主次关系以同心圆的结构分层的。周朴园和神格化的典范母亲无疑处在最中心的位置；繁漪、周萍和周冲处于从属位置；鲁贵、四凤和其他仆人处于边缘位置；侍萍和鲁大海则是闯入者，具有过程性的向心颠覆力。鲁大海对家庭权威的削弱微乎其微，而侍萍的归位则让这个家庭结构的根基出现松动。周公馆仪式性空间功能的边界意义在于，被召唤的典范母亲只能是隐喻性的，决不可以是肉身化的。当另一位母亲在世间的"鬼魂"四凤来到周公馆，乱伦的危险性翻倍并激活；当尚在人世的侍萍出现在客厅，她惊呼"我怕得很，这屋子有鬼怪！""哦，天哪，我是死了的人。"[①] 感受到了自己就是残酷的现实的源头之一，也表明了家庭悲剧的结构化意味着它会代际传递。

晓镜选择嫁给爱人的父亲并以母亲的身份永远在同一屋檐下与之结合，是对婚姻和家庭秩序的理想化挑战，在保存爱情和生存的物质前提下，以牺牲个人的艺术理想为代价。这一行为在剧中具有代际传递性，母亲与母舅王朴羽的兄妹乱伦行为有着相同的反抗路径。《雷雨》的兄妹乱伦同样可以比照先前已暴露的禁忌模式：周家长子和女下人的结合再次上演。但同时，代际传递也意味着反结构行为的最终消解，家庭成员得以通过模糊的中介状态，重新聚合成一种新的家庭秩序。晓镜"重生"成为了双重内涵齐备的"母亲"——接过了朴羽移交的家长权限，孕育着自己的血亲子女，李家第三代得以延续：

> 朴羽：（望着墙上的肖像）现在，我知道我的日子也完了！到底我们的爱是罪恶的呢，还是道德的呢？唉，谁知道！那面是过去，过去都在目前，目前的又成了过去，那是玫瑰般的过去，但只是秋天的玫瑰！永远是秋天的玫瑰。但是世界没有完，他们还要活，还要活下去，活下去，活下去！[②]

生命开花蓄果的春夏已然过去，父母的人生只是谱写了一出过季的"秋天的玫瑰"乐章。当新一代的乱伦之子在母亲的腹中孕育，家庭的新秩序对此的辩解是未来理想主义的。前代人始终在为了使得后代可以生存于享有道德、艺术和爱情的理想未来而牺牲。作者在该剧的后记写道："讽刺女性和攻击男性都不是我的主旨。我觉得人性往往是独断与自私，但人性也往往公平和利他。我觉得整个人性已经是个笑剧，也是一个悲剧。"[③] 这种寄希望于后代人的理想主义是消极和逃避的。晓镜以玩弄男子的复仇态度嫁给爱人的父亲，所依据的是"天赋"的母性："我觉得女性天赋有伟大的母性，以母性的眼光看男子，比我们大三四十岁的男子也是小孩子。"[④] 无论反抗与否，作者

---

① 曹禺：《雷雨》，《曹禺全集：第一卷》，花山文艺出版社 1996 年，第 87、89 页。

② 徐訏：《母亲的肖像》，夜窗书屋 1947 年，第 93 页。

③ 徐訏：《后白》，《母亲的肖像》，夜窗书屋 1947 年，第 101 页。

④ 徐訏：同上，第 17 页。

给女子指出的唯一路径是成为下一代的母亲。

　　与之相反，家庭一直是繁漪试图逃离的权力空间，而当逃离成为不可能之后，她将反抗彻底转变为复仇。周萍的反抗带着一大半的犹豫和退缩，鲁大海的反抗带有另一套成熟的革命话语，只有繁漪将无所畏惧的复仇执行到底，不合乎任何一种理性实践的反抗路径。处于家庭伦理身份的中介状态意味着对文化结构的暂时排斥和对个体自然情欲的强调。"到了不能制止自己的时候，她连儿子的前途也不屑一顾。她要报复一切，因为一切做成了她的地位，她的痛苦，她的罪恶……她是说天空的暴风雨，但是我们感到的，是她心里的暴风雨。"[①]因此即便与周萍的乱伦行为会置亲子于身份困境，她依然在面对周萍试图唤起她的母性时毫不犹豫喊出："我没有孩子，我没有丈夫，我没有家，我什么都没有，我只要你说：我——我是你的。"[②]繁漪成为雷雨的召唤者和残酷世界的复仇女神。在侍萍来到周公馆后，她预言："风暴就要起来了"[③]；在侍萍决意以誓言的力量隐藏子女的身份时，她在暴雨和雷声中关闭了杏花巷十号的窗户[④]；在彻底无法挽回周萍之后，揭露乱伦真相之前，她"缓缓扯下硬卡片贴的相纸，一片一片地撕碎"终于感到"心理静得很"[⑤]。典范的母亲被她亲手撕毁，所结构的家庭即将崩塌。但此时她并不知道这场风暴的波及范围已经超出了她的预期，是如同美狄亚杀子复仇的残酷代价。

　　如果说婚姻家庭是繁漪成为母亲的通过仪式，那么血亲的死亡就是复仇的献祭仪式，有足以逆转和打破母亲身份的力量。但繁漪的可贵和她的悲剧性正是在于，她从未企图成神，无论是成为虚假家庭神话中的神圣母亲，还是足以携风带雨展示宇宙残酷的复仇女神，她的唯一诉求，就是成为一个能拥有自由意志的人。前者使她变成客厅里"鬼"，后者使她失去意志，成为"阁楼上的疯女人"。在《雷雨》的序幕和尾声中，侍萍在客厅中等待他不知所踪的儿子，繁漪则困守在二楼，再也没能踏出一步。

　　从这个意义上来说，雷雨天降死亡的悲剧并不是为了修正和救赎所谓乱伦反结构的威胁和罪恶，它并不隶属于家庭伦理规范，也不隶属于宗教教条法则。死亡终止了人向任何结构性的社会意识重新聚合的可能。在经历暴风骤雨般的个性解放和抗争高潮之后，自我意识的黄金时代似乎结束，悲剧作者们纷纷意识到人的目的性和世界的无目的之间残酷的对抗。家庭乱伦危机依旧，但已不再具有革命式的激情。

结　语

　　曹禺剧作《雷雨》和徐訏剧作《母亲的肖像》的均是以乱伦为冲突，以死亡为结局的家庭悲剧。无论是繁漪还是晓镜，剧中的家庭都在试图通过前在的典范母亲形象，仪式性地将作为个体的女性

---

① 田本相、胡叔和：《曹禺研究资料》（上），中国戏剧出版社 1991 年，第 183 页。

② 曹禺：《雷雨》，《曹禺全集：第一卷》，花山文艺出版社 1996 年，第 178 页。

③ 曹禺：同上，第 112 页。

④ 曹禺：同上，第 143–144 页。

⑤ 曹禺：同上，第 158 页。

从个体意识隔离，转变为符合家庭规范的母亲身份。继母和继子乱伦作为一种家庭结构的中介状态的普遍和隐喻意义是反结构的，因此能够制造巨大的戏剧张力。乱伦中止后，晓镜选择了重回家庭，蘩漪极端爱恨的复仇则导致了无法重新聚合的悲剧。《雷雨》较之《母亲的肖像》和其他中国话剧史上同类乱伦题材剧目的优秀和经典之处在于，周公馆的悲剧突破了社会逻辑结构，回归到了人性最幽深的原始的孤独和混沌状态。蘩漪的悲剧性形象超越了家庭悲剧的范畴，是具有范式意义的社会象征行为类型，成为曹禺戏剧世界的一种根隐喻，因此能产生超越时空的审美意义。

参考文献：

[1] 曹禺 . 曹禺全集·第 1 卷 [M]. 石家庄：花山文艺出版社，1996.

[2] 徐訏 . 母亲的肖像 [M]. 上海：夜窗书屋，1947.

[3] 维克多·特纳 . 戏剧、场景及隐喻：人类社会的象征性行为 [M]. 刘珩、石毅译，北京：民族出版社，2007.

[4] 爱弥尔·涂尔干 . 乱伦禁忌及其起源 [M]. 汲喆，付德根，渠东译 . [M] 上海：上海人民出版社，2006.

[5] 寒山碧编著 . 徐訏作品评论集 [C]. 香港：香港文学研究出版社有限公司、香港文学评论出版社有限公司，2009.

[6] 胡志毅 . 灵魂的深度：论曹禺戏剧创作与城市空间的"异形" [J]. 艺术与审美文化研究，2011（02）：89-93.

[7] 李扬 . 仪式、原型与曹禺早期剧作的主题呈现 [J]. 南开学报（哲学社会科学版），2020（02）：183—192.

[8] 刘凤涛 . 空间叙事中的人性建构：《雷雨》中周萍与繁漪性格的镜像机制 [J]. 四川戏剧，2019（01）：70-73.

[9] 郝珊恒 .《雷雨》和《榆树下的欲望》中客厅乱伦空间的比较 [J]. 青年文学家，2019（29）：139-140.

[10] 张慎 . 理想人性与诗意生存的探寻——徐訏剧作思想新探 [J]. 文化艺术研究，2018，06.

[11] 盘剑 . 学者之剧：徐訏戏剧创作的独特风格 [J]. 中国现代文学研究丛刊，1993，02：70-84.

[12] 古大勇 . 中外叙事文学中的"后母/继子乱伦"叙事——"乱伦"母题与中外叙事文学研究系列论文之一 [J]. 北华大学学报（社会科学版），2008，03：110-114.

[13] 杨经建 . "乱伦"母题与中外叙事文学 [J]. 外国文学评论，2000，04：59-68.

突围与创生

——以仇虎论《原野》的诗性叙事

廖舒婷①

内容摘要： 曹禺的经典戏剧作品《原野》有着显著的诗性叙事特点，《原野》中的诗性之思通过其在场性与去蔽性完成了对命运的突围，而剧中的身体是构造存在性境域的物性载体，诗性身体的创生性又构现了存在者场域的敞开。剧中的仇虎作为"原始的"生命意象，通过对压抑闭锁的境遇的突围以及对诗性境域的创生使诗性生命的壮丽旋律永恒回响在原野之上。

关键词： 诗性叙事；思；身体；原野；曹禺

曹禺在谈及剧作创作时，曾将自己的作品称为"叙事诗"。他在作品《原野》中通过丰富的意象与鲜明的戏剧冲突塑造出了一个神秘、诗化的戏剧世界，而在形象塑造与舞台场景设置中频繁出现的象征手法体现出剧作家在创作中显著的诗性叙事特征。这一诗性叙事的特征贯穿了整部作品，而仇虎一角无疑是曹禺的诗性叙事在剧作中最为典型的具象体现——本文正是通过驱使仇虎行动的诗性之思与表征仇虎行动的诗性身体这两个维度来还原诗性叙事建构起诗化审美世界的过程。

一、曹禺的诗性叙事

诗艺在古希腊被称作"Poiētikē"（制作艺术），派生自动词 poiein（制作），因此，诗人是"Poiētēs"（制作者），一首诗是"Poiēma"（制成品）。从词源上来看，古希腊人似乎更强调"诗"是一个制作或生产过程②，也就是诗的创生性。《原野》开场即构建出了一个诗般的意象世界："沉郁的大地""矗立的巨树""怪相的黑云"……如鲍姆嘉通所说："诗人宛如一个制作者或创造者，因此他们创造的诗也应该像是一个世界。"③ 曹禺笔下的自然景物都被赋予了丰富的情绪色彩，整个原野似一个巨大、完整的躯体，被神秘与欲望充盈起来，剧作中出现的种种意象在观众的观念中连缀、融合成为一个明晰的意象世界。而这些具体意象之所以能引人进入到曹禺创作设想里那片荒芜苍茫的原野，是因为诗的语词带有明确氛围指向性与象征性，如斯泰恩所说："诗人的责任在于找

---

① 廖舒婷，武汉大学哲学学院美学研究生。

② 亚里士多德：《诗学》，陈中梅译，商务印书馆 1996 年，第 28-29 页。

③ 鲍姆嘉通：《诗的哲学默想录》，王旭晓译，滕守尧校，国社会科学出版社 2014 年，第 74 页。

到恰到好处的词语以传达人类的情感与观念，而在诗的实践中，词的象征则旨在唤起比通常词语所导标的更为丰富的人类情感与观念，从而暗示直接的与具体的现实以外的含义。特别重要的是，一旦词语的象征主义上升为一种细腻的诗的表达手段，便把心灵的感受纳入一种感性的形式之中了。"[①] 斯泰恩将象征手法总结为诗人唤起丰富感性形式的重要技巧，而曹禺在《原野》中所运用的象征手法，同样是以诗的方式——通过具有丰富能指性的意象将整个世界呈现在我们面前。观众的想象力与感受力被带有象征意味的意象在意义上的盈余充分激活，被带入诗性的原野之中。诗性正是诞生于意象的盈余之中，即能指超越了所指。[②] 情感丰盈的意象是诗性的来源，明晰的意象则为诗提供了超越性的审美感受。

　　诗性植根于诗性之思自由的想象创作力，又反过来成为诗人乃至作品创生性产生的哲学性动力。诗创作的本质是想象力的具象过程，曹禺曾直言《原野》"是一部想象的作品"[③]。此时的曹禺正是凭着自由的诗性想象力创作出了一系列佳作，与他自己后期预先设定观念后进行"命题作文"的作品形成了鲜明对比。康德说："诗艺本来是精神的生机勃发。"[④] 这与曹禺早年谈及创作时提到的"纷复的情趣"[⑤]是有通约之处的，"纷复的情趣"的体现就是诗性想象力的自由延伸，在此状态下创作精神的生机勃发正是曹禺诗性叙事的又一体现。而诗性的想象力投射到剧作《原野》中，间接体现为仇虎旺盛的"肉体想象力"。维科曾将原始人的思维方式称为"诗性智慧"，并认为原始人具有"强旺的想象力"："而原始人在他们的粗鲁无知中却只凭一种完全肉体方面的想象力。而且因为这种想象力完全是肉体方面的，他们就以惊人的崇高气魄去创造，这种崇高气魄伟大到使那些用想象来创造的本人也感到非常惶惑。"[⑥] 在《原野》中，陷入黑森林的仇虎生出令他自己恐惧不已的幻觉——他在不自觉的肉体性想象中又见到了蒙冤的父亲与受辱而死的妹妹求告无门，狱警的欺凌联同挥之不去的铁镣再次出现，甚至阴曹地府也出现在他的眼前。曹禺亦在第三幕第一景中直接指出了原始性想象在黑森林意象中的重要意义："这里（黑森林）蟠踞着生命的恐怖，原始人想象的荒唐。"[⑦] 这已经暗示了我们，仇虎可怕的幻象其实是生自于他原始曚昧的想象力。

　　曹禺在谈到《雷雨》写作时，曾将自己的剧作称为叙事诗："我写的是一首诗，一首叙事诗，……，这诗不一定是美丽的，但是必须给读诗的一个不断的新的感觉。这固然有些实际的东西在内（如罢工……等），但绝非一个社会问题剧。——因为几时曾有人说'我要写一首问题诗'？因为这是诗，我可以随便应用我的幻想，因为同时又是剧的形式，所以在许多幻想不能叫观众接受的时候，（现在的观众是非常聪明的，有多少剧中的巧合……又如希腊剧中的运命，这都是不能使观众接受的。）

---

① J.L. 斯泰恩：《现代戏剧理论与实践》，刘国彬等译，中国戏剧出版社 2002 年，第 235 页。

② 王晓华：《身体诗学》，人民出版社 2018 年，第 126 页。

③ 田本相、刘一军编：《苦闷的灵魂——曹禺访谈录》，江苏教育出版社 2001 年，第 38 页。

④ 康德：《美，及美的反思》，曹俊峰译，金城出版社 2013 年，第 273 页。

⑤ 万家宝：《〈杂感〉序》，《南中周刊》，1924 年 4 月第 20 期。

⑥ 维科：《新科学》，朱光潜译，商务印书馆 1989 年，第 182 页。

⑦ 曹禺：《曹禺戏剧集·原野》，四川人民出版社 1982 年，第 167 页。

我的方法乃不能不把这件事推溯，推，推到非常辽远时候，叫观众如听神话似的，听故事似的……"①
正如曹禺所说，他用戏剧的形式使诗的发生来到观众的眼前，替代辽远的"听故事"式感受。曹禺
所强调的"新的感觉"正是他卓越戏剧意识的体现——戏剧得以从教化、启蒙的工具性质中解脱出
来，与诗一般具有丰富的艺术价值。曹禺自称为"叙事诗"的戏剧作品的戏剧效果有如鲍姆嘉通谈
及诗意时所说："对于自身并非是主体的诗的感性印象和意象来说，只有通过主体加以确定才具有
诗意，……，但是正是这种相互间的关联才具有诗意。"②《原野》一作的"诗意"来源是通过剧
中仇虎以自我身体作为媒介，将原野中纷繁的象征与意象最终缀连成诗性的境域。

　　而曹禺此时否认将自己作品称为"社会问题剧"，不愿意让自己的剧作仅仅成为社会问题的"摹
本"，并不是对当下历史思潮与社会问题的回避，相反正如亚里士多德曾在《诗学》中所指出的："诗
人的职责不在于描述已经发生的事，而在于描述可能发生的事，即根据可然或必然的原则可能发生
的事。……诗是一种比历史更富哲学性、更严肃的艺术，因为诗倾向于表现带普遍性的事，而历史
却倾向于记载具体事件。"③在亚里士多德看来，诗往往比历史更具有哲学的真实性，亚里士多德
在此强调的"诗"特指悲剧，因为悲剧是诗的最高形式。《原野》正是一出不折不扣的悲剧，曹禺
的创作是充分掌握了诗"可然或必然的原则"的创造规则的，是具有诗性的，且这一最高形式的诗
正是通过描述"可能发生的事"深刻揭示出了封建社会对农民的残酷压迫。因此，诗的真实不是依
据它是否与外在于它的世界相符合，而在于它自身内在构成的合目的性与秩序性的及它自身与接受
者的关系上，而这正是诗性叙事的力量。

二、诗性之思的突围

　　在曹禺的《原野》中，仇虎堪称是此剧的"剧眼"，是推动《原野》剧中主要情节发展的关键人物。
曹禺的原始性情结在仇虎身上得到了充分的体现，仇虎的原始人形象也为《原野》这一剧作奠定了
野性神秘的基调，剧中仇虎的形象被塑造成一位十足的"原始人"：粗犷野性的身体形象——毛发
旺盛、筋肉暴突；情欲鲜明的性格形象——他有着对花金子不加掩饰的爱欲、誓死向焦家进行同态
复仇④的执著。《原野》中的原始而神秘的诗性正是通过仇虎在充满象征意味的意象之间的所作所为、
所思所想而生成。此外，戏剧独特的在场性与去蔽性也通过诗性之思显现出来。

　　在《原野》中有一个重要的意象——巨树。原野之上的巨树，是仇虎这一角色在场性的具身性

①　曹禺：《〈雷雨〉的写作》，《质文》，1935年第2号。
②　鲍姆嘉通：《诗的哲学默想录》，王旭晓译，滕守尧校，国社会科学出版社2014年，第74页。
③　亚里士多德：《诗学》，陈中梅译，商务印书馆1996年，第81页。
④　同态复仇是原始社会中一种复仇的习俗。当氏族部落成员遭受其他氏族部落成员的伤害时，则对后者施以同
样的伤害，即所谓"以眼还眼，以牙还牙"。早期奴隶制法律仍保留有这一习惯。如《汉谟拉比法典》规定：自由
民损坏他人的眼睛，则"应毁其眼"（第196条），若自由民折断自由民的骨头，也要折断其骨（第197条），击
落同等自由民的牙齿，同样应"击落其齿"（第200条）。

显现。在序幕中即出现的巨树，被曹禺直言是"严肃、险恶、反抗与忧郁"①的象征。紧接着，故事主人公仇虎从巨树的暗荫中走出，厉声喝问白傻子："你看！你看清了么！"②仇虎的存在与巨树的形象此时是重叠的，他不只是在喝问白傻子是否看清自己的面容，更是在对这世界昭告他的矗立，他将像这颗巨树一般，带着野蛮的生命力盘踞在这片原野。在第三幕第五景中再次出现的巨树，亦可以理解为曹禺对仇虎抗争精神的注脚——"大地轻轻呼吸着，巨树还那样严肃。险恶地矗立当中，仍是一个反抗的魂灵。"③夜晚将尽，仇虎与花金子的逃亡也已经到了紧要关头，伤痛与焦躁没有使仇虎停下脚步，巨树仍是仇虎在这片原野之上在场的象征。仇虎的死亡也在巨树的凝视下发生："（仇虎）忽用匕首向心口一扎！停在巨树，挺身不肯倒下。"④从出场到肉身的将死，仇虎在原野上的故事从巨树开始，又从巨树结束。一夜的混乱之后，仇虎将永恒扎根在这片原野之上——他肉体性的生命会随着血肉的枯竭而逝去，但其精神性的存在将恒久像原野上的巨树一般深深扎根在观众的心中。

从仇虎生命存在的对照性角度来看，《原野》中的花金子亦是对其在场性的另一重确证。剧中的焦母曾对白傻子说花金子是"会吃人的老虎"⑤，又对焦大星说仇虎是"野老虎"⑥。在焦母看来，这二人皆如老虎一般凶恶，会对焦家产生极大的威胁，是一对凶恶的猛虎。花金子与仇虎确是同类，在他们身上能找到《原野》中其他角色身上所没有的原始野性与旺盛生命力，但这一对比喻的隐喻远不止于此。在阴森诡异的焦宅，花金子向仇虎深情告白："这十天我又活了，活了！……我现在才知道我是活着……"⑦花金子将自己与仇虎相处的日子视作"真正的活"，是因为仇虎身上有如原始人般的生命力唤醒了沉沦在苦闷世界中的花金子对自由的无限渴求。仇虎的到来，使花金子终于看到了从男权社会的牢笼与无爱家庭中突围而出的希望。经过十日的温存，花金子的生命存在被仇虎唤醒，在昏暗的原野之上，仇虎与她二人从偷情到逃亡的一系列行为是由他们生命存在的相互吸引、相互确证促成的。这场原野上的突围使她二人成为了一个诗性生命的两面——仇虎为了复仇，花金子为了自由，他们的行动皆是源于人性最原始的诗性冲动，受到生命存在自在要求的直接指引。剧中的花金子与仇虎俨然是同根双生的诗性存在——他们二者皆要从这封闭的现状中突围而出！

且花金子对"天"的态度，亦在无形之中帮助仇虎在黑暗的林子中完成了觉醒，面对心中愧疚混乱的仇虎，花金子安抚他说："我们现在就是都错了，叫老天爷替我们想想，难道这些事都得由我们担待么？……那么，天是没有眼睛的。"⑧花金子对命运的思考无疑影响了仇虎。在古希腊悲剧中，

---

① 曹禺：《曹禺戏剧集·原野》，四川人民出版社 1982 年，第 1 页。

② 曹禺：《曹禺戏剧集·原野》，四川人民出版社 1982 年，第 6 页。

③ 曹禺：《曹禺戏剧集·原野》，四川人民出版社 1982 年，第 222 页。

④ 曹禺：《曹禺戏剧集·原野》，四川人民出版社 1982 年，第 231 页。

⑤ 曹禺：《曹禺戏剧集·原野》，四川人民出版社 1982 年，第 73 页。

⑥ 曹禺：《曹禺戏剧集·原野》，四川人民出版社 1982 年，第 79 页。

⑦ 曹禺：《曹禺戏剧集·原野》，四川人民出版社 1982 年，第 43 页。

⑧ 曹禺：《曹禺戏剧集·原野》，四川人民出版社 1982 年，第 190 页。

命运被认为是无法挣脱与逾越的，但《原野》中的仇虎凭借原始的野性冲动引导着走向对闭锁世界的突围，窥见了命运的真容，诗性之思的去蔽性，使命运的神秘性在原野上终被揭开。在《俄狄浦斯王》中，俄狄浦斯对代表命运的神谕的态度是既恐惧又相信——他之所以选择逃离科林斯，是因为他相信神谕会成真，试图以自己的行动避免"弑父娶母"的命运成真。然而，这一举动却使他逐步陷入命运的"诅咒"，俄狄浦斯越是想要扭转可怕的神谕，越是一步步掉进命运的陷阱。而俄狄浦斯自毁双目的悲怆结局，隐喻着人对命运的无可奈何与最终妥协——"啊，黑暗！啊，黑暗！我可怕的乌云啊，你把我裹了进去深沉无边，我再也不能摆脱你的祸害了。"[①]命运是古希腊戏剧中最重要的主题之一，但也被黑格尔认为是古典型艺术终结的原因："命运还不是一种绝对的自觉的目的，因而还不是一种有主体性的有人格的神的意旨，而只是一种超然于个别的神们的特殊性之上的唯一的普遍的力量。"[②]在黑格尔看来，诸神在命运的统摄之下，缺乏绝对的自觉，也就缺乏完整的主体性，最终使古典型艺术走向终结，这也是《俄狄浦斯王》一剧的悲剧性之所在。

　　仇虎的一生无疑也是悲惨的，但与俄狄浦斯不同的是，仇虎在经历过黑森林中的重重幻象后，发出了愤怒的呐喊："金子，你求什么！你求什么？天，天，天，什么天？没有，没有，没有！我恨这个天，我恨这个天。你别求他，叫你别求他！"[③]仇虎对花金子的这番话道出了他对掌控众生命运之"天"的态度，他终于在一次次的不公与悲惨中认清，不存在一个至高至善的天。他在临死前交代花金子："告诉他们，仇虎现在不相信天，不相信地，就相信弟兄们要一块儿跟他们拼，准能活，一个人拼就会死。叫他们别怕势力，别怕难，告诉他们我们现在要拼，得出去，有一天我们的子孙会起来的。"[④]固然可以说将仇虎困住、无法走出的黑森林是其悲惨命运的象征，但扔掉脚镣的仇虎已经醒悟，在这片原野上，命运的迷信已然被破除，血淋淋的都是人的罪孽。这走不出的黑森林，不再是居高临下降临在俄狄浦斯身上的命运，而是贪婪人性、封建制度交织起来的天罗地网。从逃狱复仇到慨然赴死，从出场到谢幕，仇虎心中始充斥着野性的突围意识，他的赴死是写在原野上最刺眼的感叹号。正如鲍姆嘉通所说："能激起最强烈的情感的就是最有诗意的。"[⑤]剧末，仇虎在密集的枪声中，举起铁镣掷向铁轨，死亡已是必然的结局，他的冷哼激起观众心中无限的情感回响，戏剧的发展也在此刻达到了高潮。如海德格尔在追问"在"时所说的："要做的事情是……复归到有待原始地展开的在之威力中去。"[⑥]仇虎这一诗性突围的意义并不在于是否能够逃离这片原野，而是在重重磨难之后，仇虎作为人的存在在一片阴翳的原野之上原始地复归了，美作为自由而现身。且此时的原野之上已不止一个仇虎在苦苦挣扎，花金子和她肚子里可能的孩子是火种，更多受苦受难的"仇虎"们亦将受到感召成为火种，他们终将燃起熊熊大火，烧尽原野的阴暗与腌臢。

---

① 埃斯库罗斯、索福克勒斯：《古希腊悲剧喜剧集（上部）》，张竹明、王焕生译，译林出版社 2011 年，第 319 页。

② 黑格尔：《美学第二卷》，朱光潜译，商务印书馆 2017 年，第 252 页。

③ 曹禺：《曹禺戏剧集·原野》，四川人民出版社 1982 年，第 210 页。

④ 曹禺：《曹禺戏剧集·原野》，四川人民出版社 1982 年，第 228 页。

⑤ 鲍姆嘉通：《诗的哲学默想录》，王旭晓译，滕守尧校，国社会科学出版社 2014 年，第 52 页。

⑥ 海德格尔：《形而上学导论》，熊伟、王庆节译，商务出版社 2017 年，第 42 页。

仇虎在原野之上犹如困兽般迷走，但其生命存在正是通过被围困的绝境中爆发出的自觉使其在场性被确立起来，而诗性之思的去蔽性使其清晰个体意识得以浮现出来，对命运的迷信终于被存在的自在性勇敢清除。

三、诗性身体的创生

身体是构造存在性境域的物性载体，而剧中的原野与黑森林则是接纳身体的生命性空间。正如梅洛－庞蒂使用"野性的""蛮荒的""原始的"来修饰自然、存在和世界，曹禺使仇虎的身体进入原始的黑森林的安排也是"以便为人与自然、物质与精神、身体与心灵的原始关系提供一种存在论基础。"[①]

曹禺在《原野》的第三幕中多次描绘仇虎的身体与所处的空间。在第一景中，仇虎与花金子二人逃入黑森林，撞进这样的景象："森林黑幽幽，两丈外望见灰濛濛的细雾自野地升起，是一层阴暗的面纱，罩住森林里原始的残酷。"黑森林是幽暗且朦胧的，如同海德格尔所说的"Ereignis"[②]——存在与作为自性存在的亲在（Dasein）显隐"之间"这一场所，这个"之间"便是存在不断趋向澄明的生成状态。[③]曹禺是这样描绘此时仇虎的身体状态的："粗大的臂膀如同两条铁的柱，魁伟的背微微地伛偻。由后面望他，仿佛风卷过来一根乌烟旋成的柱。"[④]铁柱与烟柱，前者是坚硬的实体，后者是抓不住的虚无，仇虎的刚勇与脆弱在黑森林中同时显现出来了，如杨大春所说："身体成了某种隐喻性的东西，表征的是人在世存在的处境意识。"[⑤]仇虎在身体形象上所表征出的矛盾也预示着他后续在黑森林中的境遇——肉体上的坚韧与精神上的脆弱之间的挣扎。复仇阶段的仇虎是狡恶的，残忍地杀害了无辜的焦大星，但在逃亡阶段，黑森林中仇虎善的灵魂的本质在"恐怖抓牢心灵"的愧疚与惊惧之下终于显露出来。此时，曹禺笔下的仇虎不再是野蛮而丑恶的："在黑的原野里，我们寻不出他一丝的'丑'，反之，逐渐发现他是美的，值得人的高贵的同情的。"[⑥]仇虎褪去了序幕中的狡恶与机诈，他充满伤痕与仇恨的身体在黑森林中焕发出了原始的美。在黑森林中，仇虎获得了短暂的自由，这使他的身体美得以显现，成为其存在无蔽的现身。正是因为身体性的在场被还原，存在也就在其生存场域中显现出自由的协和。

再看第三幕第三景，再次印证了《原野》中的仇虎身体感知具有敞开存在性境域的诗性功能。仇虎经过林中重重惊惧的折磨，身心皆是伤痕累累："仇虎的腿上满是刺伤，血殷殷流下。他肩上

① 杨大春：《感性的诗学：梅洛－庞蒂与法国哲学主流》，人民出版社2005年，第131页。

② 现在汉语学界对Ereignis的译名尚无定译，故本文暂且直接选用原词。该词在国内主要有以下译名可供参考："大道"或"本有"（孙兴周）、"发生"（宋祖良）、"本成"（倪梁康）、"本是"（陈嘉映）、"本然"（张灿辉）、"成己"（邓晓芒）等。

③ 叶秀山：《思，史，诗：现象学和存在哲学研究》，人民出版社1998年，第185页。

④ 曹禺：《曹禺戏剧集·原野》，四川人民出版社1982年，第171页。

⑤ 杨大春：《感性的诗学：梅洛－庞蒂与法国哲学主流》，人民出版社2005年，第145页。

⑥ 曹禺：《曹禺戏剧集·原野》，四川人民出版社1982年，第171页。

背着小包袱，手里拿着一根树杆。他的形状更像个野人，头发藏满草梗，汗珠向下滴。两脚赤光光，脚趾为硬石磨破，裹着破布条。黑茸茸的胸膛沾腻一块一块的泥土，如同一个恐怖的困兽，他的胸剧烈地起伏着。"①身体知觉上的疼痛映射在其所处的空间当中，便是灵魂深处伤痛记忆的复现——曾经共同受难的狱友、凶悍的狱警在仇虎的幻觉中纷纷出现了。"那狱卒听见便回首盯着仇虎，仇虎惧极，反身想跑，然而狱警仿佛一声大叫，虎子便如老鼠僵立不动。"②黑森林中令仇虎恐惧不已的神秘逐渐具象化为形象与场景，在幻觉中仇虎又带上了脚镣，狱警甩下的皮鞭仍使他感到切肤的疼痛与恐惧。于是，身体知觉与感知意向性联系到了一起，成为一种知觉意向性，这一知觉意向性就为主体提供了通向存在性境域的路径。如法国哲学家艾曼努埃尔·埃洛阿所说："由于身体在其周围投射某种'处境'，所以始终超出它现下所是，与众多潜在自身同为一体。有鉴于此，灵－肉存在就不仅仅是一个'情境之下的'存在，而是自我规定为'情境的可能性'。"③在黑森林中，仇虎的身体绝不是一个被动的"接受刺激－表现反应"的发生场所，而是一个凭借其知觉意向性为自身存在主动创生出情境可能性的自在性主体。即存在的现下所是与其潜在的自身的同一，是借由身体的创生性——身体对境域的自为性投射所实现的。也就是此时，身体感知使得主体得以进入存在性境遇。

在曹禺剧作的诗性叙事中，身体维度的创生性为其提供了存在敞开的必要性条件。身体是感性行动者，总是能构建出属于自己的世界。剧名"原野"既是仇虎野性而富有生命力的人物形象的生存场域，也是仇虎富有原始诗性的内在精神的外化。在《原野》中，诗性叙事的创生性是通过悲剧中角色的身体表征出来的，《原野》中的黑森林不是围困住仇虎的囹圄，而是他诗性身体的显影与归宿，是生命存在的诗性境域。在剧作的尾声即第三幕第五景，经过整夜的奔逃，虽然仇虎的身体依然保有骇人的野性，但在重重危险与精神高压之下，这些筋肉力量的凶狠显现俨然只是一头无助戾兽在生命中最后一次进攻前的孤注一掷："仇虎驼着背，满脸汗，仿佛肩着千斤的重量。臂上肌肉愤怒地突起，两只眼暴出来，一手托着枪，插在腰里的匕首闪着光。现在他更像个野人，在和四周的仇敌争死活。"④此时已是破晓，大地仍是莽莽苍苍的一片，但黑森林的神秘与恐怖正在渐渐褪去，仇虎花金子二人暴露在原野之上，此时他们才发觉让他们心惊肉跳、恐惧不已的黑暗实际上亦是他们的庇护者。随着天色渐亮，朦胧的迷雾都将逝去，黑森林已不能被称为"黑"森林，仇虎也成为了即将被包围的孤独的"野人"。此时曹禺对仇虎的描述不再是第三幕第三景中的"他的形状更像个野人"⑤，而是"更像个野人"——正是作为其诗性生命显影的黑森林的逝去促使仇虎完成了从形体到本体完全的"野化"。在呼啸的弹声中，失去诗性境域庇护的仇虎最终选择以死完成对自我

---

① 曹禺：《曹禺戏剧集·原野》，四川人民出版社1982年，第199页。
② 曹禺：《曹禺戏剧集·原野》，四川人民出版社1982年，第250页。
③ 艾曼努埃尔·埃洛阿：《感性的抵抗——梅洛－庞蒂对透明性的批判》，曲晓蕊译，福建教育出版社2016年，第54-55页。
④ 曹禺：《曹禺戏剧集·原野》，四川人民出版社1982年，第226页。
⑤ 曹禺：《曹禺戏剧集·原野》，四川人民出版社1982年，第199页。

的捍卫，他野性的生命存在终将回到那片神秘、原始的黑森林之中，而其肉身生命的消弭终将完成其身体对原野的存在性回归。

诗性身体的创生性，使身体与所处的空间的关系不再是单向的，进而使诗性身体得以完成对存在性的回归。在《原野》中，仇虎自创境遇的诗性身体已然成为推动戏剧发展的内在性动力，而这正是曹禺的诗性叙事带给戏剧作品的超越性所在。

结语

综上，曹禺早年自由且富有诗意的想象力与超越性的戏剧意识是其诗性叙事特征形成的重要来源，与此同时，"诗性的盈余"赋予其作品在审美内涵上的丰盈与饱满，而"诗的真实"在使得作品深刻的同时，又自然而然地多方位地揭示出了剧作人物所处的具体历史时期对人的压迫与残忍。仇虎作为《原野》一剧中的灵魂人物，其角色的诗性特质就是通过诗性之思与诗性身体在剧中的体现显露出来的。仇虎的生命存在经由诗性之思的引导得以确立，诗性之思的去蔽性也使其对命运的迷信终于被祛除。而身体的维度，亦为进入曹禺笔下存在性的原野世界提供了一个切身性的角度，剧末其身体对存在性的回归不仅使戏剧发展进入高潮，亦是剧作中呈现出的诗化审美世界的最终完成。

跨越与重构

——曹禺《北京人》中女性悲剧命运新探

王婷婷①

内容摘要：在《北京人》中，曹禺刻画了在旧社会封建父权压迫之下的女性群像，剧中的女性人物都有着自身的命运困境，在传统伦理道德的语境下，她们的自我生命意识被困囿于腐朽没落的封建大家庭错综复杂的关系网络中。但实际上以儒家"仁"为中心的传统伦理道德或人格理论是具有开放性的，女性能够通过从"内"领域向"外"领域的跨越来完成自我独立生命意识的建构。曹禺对瑞贞和愫方觉醒与出走的安排，即是试图经由她们从家庭关系内部向外部世界的突围探寻出一条女性解放的道路。

关键词：《北京人》；曹禺；儒家伦理；女性意识；女性解放

曹禺在《〈雷雨〉序》中提到："我并没有显明地意识着我是要匡正讽刺或攻击些什么。也许写到末了，隐隐仿佛有一种情感的汹涌的流来推动着我，我在发泄着被压抑的愤懑，毁谤着中国的家庭和社会。"②年轻的曹禺对中国旧社会与封建家庭模糊的"愤懑"在他20世纪40年代所创作的《北京人》中也延续了下来。在此剧中，曹禺通过对封建大家庭曾家的刻画，为观众和读者展露了没落士大夫门庭的衰败腐朽，与此同时，女性作为中国传统封建家庭中最压抑的存在，也就自然成为了曹禺抒写"愤懑"的重点描写对象。

一、父权的阴影与女性的生存困境

女性在中国的传统伦理道德语境中一直处于依附与失语的状态，而此种被压迫的状况很大程度上来源于家庭"内"领域对女性的限制。从出生开始，女性便与男性在空间、身体、礼仪等方面被区分开来，《礼记》有言："子生，男子设弧于门左，女子设帨于门右。"③这里的"弧"指代"弓箭"，"帨"指代巾帕，射箭是儒家倡导的男子用以交游与自修所应学的"六艺"之一，而巾帕即指代着纺织、刺绣、缝补等内宅技艺，这意味着在人的出生之始，男性与女性便已经在功能性上被

---

① 王婷婷，女，武汉大学哲学学院戏剧美学专业研究生。

② 曹禺：《曹禺全集》（一），花山文艺出版社1996年，第7页。

③ 《礼记·内则》，杨天宇：《礼记译注》，上海古籍出版社2004年，第352页。

进行了划分。除此之外,《礼记》对于男女"内""外"之分还有着更为明确的记载,其言曰:"礼始于谨夫妇,为宫室,辨外内,男子居外,女子居内。"①在古代中国,外部屋舍被称为"公堂",属于公共领域,而内部屋舍则被认为是私人领域,男性主要在"外"领域中活动,而女性则将"内"领域作为自身的行动范围。罗莎莉在《儒学与女性》中谈到:"中国女性的生存困境可以部分通过作为规范的内外理念来说明……她们无法获得正式的行为权利,因为缺乏进入外部领域的正式行为权利或合法性,所有阶层的女性都必须接受'三从'观念。这种观念认为受限于家内领域的女性必须在人生的不同阶段分别从属于父亲、丈夫和儿子。"②罗莎莉所提及的"三从"观念最早出现于《礼记》中,其言曰:"出乎大门而先,男帅女,女从男,夫妇之义由此始也。妇人,从人者:幼从父兄,嫁从夫,夫死从子。"③在此种观念下,女性的生命历程被划分为"在室""出嫁""生育"三个阶段,但无论是在哪一个阶段,女性所担任的都是从属性的家庭角色,这意味着"三从"观念在一定程度上也是对男女在"内""外"领域区分上的固化。《北京人》剧中的女性角色便是被压迫在这套以父权为先的礼制规范下,曾思懿、愫方、曾文彩、瑞贞皆被束缚于家庭"内"领域中,父权与夫权压抑着她们独立自我的生命意识,也在不同程度上导致了她们各自的命运悲剧。

与其他女性角色不同,在《北京人》中,曹禺所刻画的曾思懿这一角色在出场之始便带有丑角性质。曹禺写道:"曾思懿(大奶奶的名字),是一个自小便在士大夫家庭熏陶出来的女人。自命知书达理,精明干练,整天满脸堆着笑容,心里却藏着刀,虚伪,自私,多话,从来不知自省。"④的确,在剧中,曾思懿的待人接物几乎处处显露出她尖刻而阴毒的性格特质。

对愫方,曾思懿明里称赞背后非议,她一方面接受着愫方的帮助,另一方面又总是刁难讽刺着愫方:

　　曾思懿:(索性说出来)我就恨一个老姑娘死拖活赖地住在我们家里,成天画图写字,陪老太爷,仿佛她一个人顶聪明。⑤

对儿媳瑞贞,曾思懿几乎总是尖声斥责,近乎虐待:

　　曾思懿:(狠狠地盯着她)滚!死人!(瑞低首由她面前走过,切齿)看你那死样子,(顿足)你怎么不死啊!⑥

曾思懿试图在人前显露自己的谦和、贤能与大度,但行为和语言间又不可避免地暴露出其丑恶的意图。曾思懿是一个矛盾的人,她的刁蛮狠毒与她自小在士大夫家庭中所接受的关于孝顺、仁爱的性格教养大相径庭,同时,她极力伪装"善良谦和"的行为也证明了她对仁爱恭顺等"贤良妇人

①《礼记·内则》,杨天宇:《礼记译注》,第351页。

②[美]罗莎莉:《儒学与女性》,丁佳伟、曹秀娟译,江苏人民出版社2015年,第103页。

③《礼记·郊特牲》,杨天宇:《礼记译注》,第323页。

④曹禺:《曹禺全集》(二),第371页。

⑤曹禺:《曹禺全集》(二),第398页。

⑥曹禺:《曹禺全集》(二),第409页。

应有的美德"①的认同，曾思懿言行中的此种抵牾说明我们不能简单地将她尖刻而阴毒的性格归咎于先天，实际上在曾家二十多年来压抑的生活处境才是曾思懿性格扭曲的重要原因。作为曾家长媳，曾思懿是家庭内宅事务的掌权人，家中大小事务需要她一一操持过问，丈夫无能，父辈病弱，曾思懿以一己之力勉强支撑起这个没落大家庭的门楣。但除了身体的操劳，曾思懿的精神也承受着这个封建家庭的重压，家产亏空，债主上门，她须得想方设法去应对转圜，除此之外，与丈夫曾文清之间二十多年来毫无温情的相处也在渐渐麻木和扭曲着她的灵魂。曾文清钟情愫方，总是以一种漠然的态度对待曾思懿，曾思懿虽然怨毒地应对着这一事实，极力讽刺着曾文清与愫方之间的情意，但却在债主们上门来讨债时，当场只认付了曾文清裱画的工钱，由此可见，丈夫曾文清在曾思懿心中仍然占据着较高的地位。无爱的婚姻消磨着曾思懿对生活的期待，而以夫为天的传统伦理观念又逼迫着她要去直面丈夫的漠然，去承受伴随"曾大奶奶"这一位置而来的种种要求与压迫，曾思懿是丑恶的，也是不幸的。

愫方是以"天使"的形象出现在《北京人》剧中的，她隐忍无私而又真诚善良。面对曾思懿对她和曾文清之间情感的嘲讽，愫方沉默退让：

　　曾思懿：（似笑非笑对文眄视一下）不，叫愫妹妹补吧。（对愫）你们两位向来是一唱一和的，临走了，也该留点纪念。

　　愫　方：（听出她的语气，不知放下好，不放下好，嗫嚅）那我，我——②

面对准备出走却意外怀孕陷入困境的瑞贞，愫方予以宽慰：

　　曾瑞贞：多一个就多一个负担，曾霆连中学都还没毕业。

　　愫　方：（慈爱地笑着）不要像个小大人似的想下去了。活着吃苦不为小孩子们，还有什么呢？毛毛生下来，我来替你喂。我来帮你，不要怕，真到了没路可走的时候，我母亲还留下一点钱，我们还可用在小孩子身上的。③

虽然曹禺对愫方性情的塑造与对曾思懿性格的刻画大相径庭，但与曾思懿相同的是，愫方"哀静"的灵魂也被束缚于这封建大家庭的高墙之内。在父母去世后，愫方寄居于曾家，成为曾家老太爷曾皓身边的"拐杖"，作为一个未嫁孤女，愫方承受着时人道德伦理价值观的审判，但深谙这套封建道德伦理话语的曾皓，却仍然为了一己私欲装出无人哀怜的模样来博取愫方的同情，试图阻止愫方出嫁，将愫方留在自己身边。除曾皓的阻拦外，对曾文清的爱是愫方困顿在曾家的另一重要原因，愫方不是没有对生活的期望，但她将自身对生活和爱情的美好憧憬都寄托在了曾文清的身上，她拒绝离开曾家，她说："他走了，他的父亲我可以替他伺候，他的孩子，我可以替他照料，他爱的字画我管，他爱的鸽子我喂。连着他所不喜欢的人我都觉得该体贴，该喜欢。"④但愫方未能看清的是，

---

① 曹禺：《曹禺全集》（二），第 371 页。

② 曹禺：《曹禺全集》（二），第 400 页。

③ 曹禺：《曹禺全集》（二），第 416 页。

④ 曹禺：《曹禺全集》（二），第 511 页。

她爱着的曾文清"懒于动作，懒于思想，懒于说话，懒于举步，懒于起床，懒于见人，懒于做任何费力的事情。重重对生活的厌倦和失望甚至使他懒于宣泄心中的苦痛。懒到他不想感觉自己还有感觉"①，这样的曾文清已然变成了一个"生命的空壳"②，愫方的寄寓也终将化为梦幻泡影。虽然在曾家处境艰难，但是愫方仍试图以自己的爱去照拂身边同样不幸的人，这一方面是愫方高贵品格的体现，但另一方面也反映了她对封建父权体制的顺从。当瑞贞意图出走时，愫方劝说道："不，你小，你不明白没有家的女人是怎么过的。"③这说明愫方接受了传统父权体制下将女性束缚于家庭"内"领域的限制，面对曾皓的圈禁，面对曾文清的懦弱与曾思懿的刁难，愫方以一种顺从的姿态被捆缚在这个腐朽的封建大家庭中，而顺从的背后隐含的是愫方自我生命意识的缺失，这种缺失与这套沉重的封建礼制一起，成为了愫方难以摆脱的生存困境。

除曾思懿与愫方之外，瑞贞与曾文彩的命运也是悲剧性的，而在曹禺《北京人》中这些女性角色的悲剧命运的背后，处处可见封建父权的剥削与压迫。在"三从四德"的道德训诫下，女性被局限在家庭"内"领域中，她们在家庭中总是处于服从地位，这意味着她们的自我意识带有一种从属性。那么，女性应当如何去唤起自身独立的生命意识，逃脱自身的命运困境呢？曹禺也试图在剧中呈现出自己的回答。

二、传统儒学伦理中的女性主义向度

自汉武帝独尊儒术以来，儒家学说逐渐成为了"中国最高文化之象征"④，也正因如此，中国的传统伦理道德观在很大程度上受到了儒家学说的影响，同时，因为在儒学的经典文本如《礼记》中记载了许多涉及性别歧视和性别压迫的话语，所以儒学一直以来就被认为与中国传统伦理道德观中存在的性别歧视问题有着紧密关联。然而，这样的紧密关联并不意味着可以使用性别歧视的观点来论断整个儒学中的性别观念，正如罗莎莉所言："将儒学描述成统一的、含有性别歧视成分的形态，这完全是对儒学的误解和过度简化。"⑤虽然在以儒学为中心的传统伦理道德观中包含有性别压迫的成分，但是如果对此种观念进行深究，我们依然可以在其中找到女性解放的理论空间。

在儒家伦理思想中，"仁"占据着极为重要的地位。在《论语》里，孔子多次提到了"仁"字并对其思想内容及原则进行了讨论，如"君子无终食之间违仁，造次必于是，颠沛必于是"⑥，又如"民之于仁也，甚于水火。水火，吾见蹈而死者矣，未见蹈仁而死者也"⑦，程颢也提出了"学者须先识仁"⑧

① 曹禺：《曹禺全集》（二），第 383 页。
② 曹禺：《曹禺全集》（二），第 383 页。
③ 曹禺：《曹禺全集》（二），第 418 页。
④ [美]罗莎莉：《儒学与女性》，丁佳伟、曹秀娟译，第 135 页。
⑤ [美]罗莎莉：《儒学与女性》，丁佳伟、曹秀娟译，第 135 页。
⑥ 《论语·里仁》，杨伯峻：《论语译注》，中华书局 2006 年，第 49-50 页。
⑦ 《论语·卫灵公》，杨伯峻：《论语译注》，第 241 页。
⑧ 程颢，程颐：《二程遗书》，上海古籍出版社 2000 年，第 66 页。

的观点，这种强调说明了"仁"实际上在以孔子为代表的儒家伦理思想中占据着核心地位，而在儒家对"仁"的解释中，"仁"的内涵与"人"的理念紧密相关，如《礼记·中庸》言曰："仁者，人也。"①也就是说，儒家的"仁"首先是一种关于"成人"的道德建构，关于"仁"的传统德行观念实际上展现的是一种"人"的特质和人格实现的理想。②那么，究竟何为"仁"呢？首先，在《论语·学而》中有子提出："其为人也孝悌，而好犯上者，鲜矣；不好犯上，而好作乱者，未之有也。君子务本，本立而道生。孝悌也者，其为仁之本与！"③也即是说，在最基本的层面上，"仁"意味着"孝悌"，"孝悌"是君子道德品质的发端。其次，《论语·雍也》有言："子贡曰：'如有博施于民而能济众，何如？可谓仁乎？'子曰：'何事于仁，必也圣乎！尧舜其犹病诸！'"④"博施于民而能济众"体现着一种"泛爱众"的博爱思想，孔子认为此种思想不仅仅达到了"仁"的程度，甚至将"仁"的品格发挥到极致达到了"圣"的境界。实际上，从"仁"的内涵中，我们可以看出儒家伦理思想的核心与道德君子人格的建构其实并不存在任何先验的性别规定，正如罗莎莉所言："在儒家关于人类或'人'的理念中，'人'这一概念与作为典范的男性之间并不存在预设的一致性。"⑤也就是说，儒家关乎"仁"的伦理道德是具有开放性的，无论是女性还是男性，都能够由此道路完成自我人格的修炼和构建。

但同时，罗莎莉也提到："儒家'仁'的伦理道德或人格在理论层面上的开放性与社会历史实际中女性的服从地位形成了鲜明的对比。"⑥的确，在实际的社会历史中，以追求"仁"为目标的自我修行方式仅仅只由男性践行，男性在以儒家学说为核心所构建起来的社会关系网络与家庭关系网络中占据着强势地位，女性则长期处于被压迫和被奴役的状态。但此种以男性为中心的现状与儒家"仁"的伦理道德观念中的无性别差异要求的内涵是有矛盾的。在《北京人》中，曾思懿与曾文清性格的倒错与愫方性格中所具有的"仁"的道德君子属性在某种程度上也展现出了对此种性别偏向状况的颠覆。

在《北京人》中，曹禺是这样描述曾思懿的："她自认是聪明人，能干人，利害人，有抱负的人；可惜错嫁在一个衰微的士大夫家，怨艾自己为什么偏偏生成是一个妇道。"⑦的确，曾思懿是"能干"而"利害"的。曾皓年老多病，曾思懿是曾家的实际掌权人，她操持管理着曾家里里外外的一切事务，勉力撑起了一个破落的士大夫大家庭。丈夫曾文清与曾思懿的性格恰恰相反，曾文清沉静寡言，温文懒散，既没有能力面对和管理家里的任何事务，也没有能力和勇气离开北平走向更广阔的社会。当妹婿江泰在家里摔打叫骂时，曾思懿厉声驳斥，而曾文清却总是忍耐与让步，懦弱的男性与强势

---

① 《礼记·中庸》，杨天宇：《礼记译注》，第 700 页。

② 参见 [美] 成中英：《论中西哲学精神——成中英文集》（一），湖北人民出版社 2006 年，第 341 页。

③ 《论语·学而》，杨伯峻：《论语译注》，第 2 页。

④ 《论语·雍也》，杨伯峻：《论语译注》，第 93 页。

⑤ [美] 罗莎莉：《儒学与女性》，丁佳伟、曹秀娟译，第 41 页。

⑥ [美] 罗莎莉：《儒学与女性》，丁佳伟、曹秀娟译，第 49 页。

⑦ 曹禺：《曹禺全集》（二），第 372 页。

的女性在此形成强烈对比，这成为了传统男强女弱观念的一个反例，也在一定程度上说明了仅仅经由先天性别对男女进行主导与依从的类别划分是荒谬的。

曹禺在《北京人》后记中提及："像愫方这样秉性高洁的女性，她们不仅引起我的同情，而且使我打内心里尊敬他们。中国妇女中那种为了他人而牺牲自己的高尚情操，我是愿意用最美好的言词来赞美她们的。"[①]但与其将愫方身上所展现出的美德看作是独属女性的美好品行，倒不如将之放在大众美德的领域内来讨论，因为愫方对身边众人的无私关爱，在一定程度上契合了儒家"仁"的思想主张。愫方多年来悉心照料着姨父曾皓，当这样一个多次阻挠自己出嫁的长辈试图用自怨自艾的哭诉将她留在自己身边时，愫方依然报以最大的安慰和同情；当瑞贞陷入了痛苦的少年婚姻中时，愫方极力地帮助她扭转婚姻的困局；当曾文清决意离开曾家时，愫方支持他的出走，甚至愿意留在曾家这口"活棺材"中照料他所在意的一切；甚至在面对着狠恶的曾思懿时，愫方也愿意体谅她的难处。在儒家以"仁"为中心的君子修养体系中，"爱人"是其核心的道德要求，如朱熹所言："仁者，爱之理；爱者，仁之事。仁者，爱之体；爱者，仁之用。"[②]这即是说，"爱人"是"仁"的展现与具体运用，愫方以自己无私而真诚的爱照亮着困顿于曾家的许多人，在拒绝瑞贞一同离开曾家的请求时，她说："在外面还是尽量帮助人吧！把好的送给人家，坏的留给自己。什么可怜的人我们都要帮助，我们不是单靠吃米活着的啊。"[③]这体现了愫方爱人之心的广博，"我们不能单靠吃米活着"也体现了她对生而为人有着内在的道德要求，愫方的身上存在着一种道德君子的"仁"的品格，这种品格也是《北京人》里在儒学文化背景下成长起来的男性人物们所缺失的。但是，这并不意味着愫方这一女性角色就已然承担起了儒家伦理道德体系中由"仁"成"人"的修行任务，被局限在家庭的"内"领域中，栖身于封建父权的阴影下，愫方对于他人真诚的爱与关怀实际上由于其自我生命意识的缺乏丢失了本该具有的崇高和分量。愫方不忍心看着瑞贞挣扎于痛苦的婚姻之中，但是她所给出的解决方法却是消极的等待，她说："瑞贞，等吧，慢慢地等吧，日子总是有尽的。活着不是为着自己受苦，留给旁人一点快乐，还有什么更大的道理呢？等吧，他总会——"[④]由此可见，愫方仍然将自身生活的希望建立在家庭内部，建立在男性之上。罗莎莉认为："从根本上来看，'仁'是一种对于他者真诚的、相互的关怀，它受到礼教的教化和规范，同时它也是一种对于价值共同的社会表达。"[⑤]也就是说，"仁"者所展现出的关怀是具有社会性的，尽管愫方身上存有"仁"的道德属性，但她身上的此种属性不是罗莎莉所提到的"对于价值共同的社会表达"，而是一种局限在家庭内部的带有服从性的自我牺牲。困囿于封建大家庭中的愫方并不具有一种脱离依附男性的独立意识，这也是阻碍她走向自我解放的人性盲区。

虽然长期以来女性处于被压迫的境况中，但是在儒家"仁"的道德理论层面上，女性与男性之

---

① 曹禺：《曹禺选集》，人民文学出版社 2004 年，第 587 页。

② 黎靖德编，王星贤点校：《朱子语类》，中华书局 1983 年，第 464 页。

③ 曹禺：《曹禺全集》（二），第 516 页。

④ 曹禺：《曹禺全集》（二），第 473 页。

⑤ [美] 罗莎莉：《儒学与女性》，丁佳伟、曹秀娟译，第 48 页。

间并不存在预设的差别，这说明在传统伦理道德语境下女性仍然具有人格独立与人格成长的可能性。那么，我们应该如何实现对其中女性主义理论张力的释放呢？同时，以愫方、曾思懿等人物形象为代表的封建家庭中的女性又应该如何去实现自我的独立与解放呢？在《北京人》结尾处，愫方与瑞贞的出走体现了曹禺对旧社会女性出路的思考，女性要想实现独立生命意识的觉醒，克服自我的人性盲区，走出自身的命运困境，就必须跨越家庭"内"领域，走向广阔的外部世界。

三、女性的出走与自我的重建

如前文所言，中国古代社会中的"内""外"领域区分以先天性别为标准，将男性置于"外"领域中，将女性置于"内"领域中。在"外"领域里，男性得以进行文化学习、从政交游等一系列活动，他们的个人成就因在超越家庭领域的社会关系网中被铭记而得以彰显，而在"内"领域中，女性则被限制在家庭内部事务和家庭亲属关系网络里，被塑造为"女儿""妻子"和"母亲"等角色。这样的"内""外"划分体系取消了女性进入公共领域的合法性，她们无法构建属于自我的社会关系，而从儒学的角度看，对特定社会美德的展现是一个人"成人"的必要途径[①]，也就是说，在此种区分"内""外"领域的情况下，女性无法寻求到一条获得完整人格的道路，这意味着女性的人格独立与自我解放内含着打破这一层"内""外"领域间界限的要求。

曹禺在《〈雷雨〉序》中提到："我念起人类是怎样可怜的动物，带着踌躇满志的心情，仿佛是自主来主宰自己的命运而时常不是自己来主宰着。受着自己——情感或理智的捉弄，生活在狭之笼里而徉徉的骄傲着，以为徜徉在自由的王国里。称为万物之灵的人物不是做着最愚蠢的事么？"[②]"狭之笼"是曹禺对人的生存困境的比喻，带有局限性的家庭"内"领域是旧社会女性的"狭之笼"，而腐朽、压抑的曾家便是《北京人》中的女性角色的"狭之笼"。曹禺在《北京人》中塑造的瑞贞是整个曾家之中少有的、具有明显反抗精神的女性角色，她"生存一种好强的心性……眼神中望得出抑郁、不满、怨恨……"[③]，这样的瑞贞在曾家的生活是极度痛苦的，婆婆曾思懿的虐待，丈夫曾霆的冷落，爷爷曾皓对于下一代降生的催促都是她日益压抑的源头，她是曾家的媳妇，是曾霆的妻子，是腹中"小小生命"的母亲，却唯独不是她自己。直到最后，当瑞贞决定出走，当她"愤怒地想定：这幽灵似的门庭必须步出，一个女人该谋寻自己的生路"[④]并付诸于实践之时，她才脱离了封建礼教的桎梏，实现了从家庭"内"领域向"外"领域的跨越，由此，瑞贞才能够重新构建起自己完整而独立的生命意识。

愫方是第一个知晓瑞贞出走计划的人，但是对于瑞贞的反抗，愫方从一开始便是不认同的。她真诚地关心着瑞贞，却无法理解瑞贞放弃家庭的想法，瑞贞怜悯着愫方在曾家的悲惨处境，多次劝

---

① 参见 [美] 罗莎莉：《儒学与女性》，丁佳伟、曹秀娟译，第175页。
② 曹禺：《曹禺全集》（一），第8页。
③ 曹禺：《曹禺全集》（二），第401页。
④ 曹禺：《曹禺全集》（二），第401页。

说愫方离开曾家，但愫方却说："看见人家快乐，你不也快乐吗？"① 这里的"人家"所指，即是与愫方互相爱慕的曾文清，比起离开曾家与曾文清在外厮守，她更情愿留下为曾文清看顾衰朽的曾家。愫方缺乏一种自我抗争的意识，对父权与夫权的依附观念在她心里已经根深蒂固下来，但愫方并非没有意识到自己在曾家的生存困境，当她看着囚禁在鸽笼中的鸽子时，曹禺写道："她的眼前似乎浮起一层湿润的忧愁，却又爱抚地对那鸽子微微露出一丝凄然的笑容。"② 愫方此时已经隐隐感知到自己留在曾家所面临的境遇就如同这只名为"孤独"的鸽子，生就翅膀却飞不出狭窄的牢笼，然而由于已经将自己对生活微弱的希望完全寄寓在曾文清身上，她还是选择了留下。但是，当曾文清出走又归来时，愫方终于看清了这种寄寓的荒谬，她从盲目中觉醒，与曾文清划清了界限。愫方终于意识到，困顿在曾家这个"狭之笼"中，她永远无法实现自身对于生活和生命的任何企盼，她必须离开。愫方的出走，昭示着其独立生命意识的觉醒，也是其自我人格重建的开端。

罗莎莉认为："人之所以为人只是因为它处在关系网中。就某种意义而言，断绝所有的社会关系必将导致自我的非人化。"③ 也就是说，尽管在儒家"仁"的道德理论中存在着女性生存与成长的空间，但是由于"内""外"领域性别化的割裂，女性被限制在家庭"内"领域中。曾思懿、愫方、瑞贞等女性角色在曾家这个封建大家庭中无法实现自身人格的成长，她们的生命意识始终被压抑在封建父权体制之下，而只有通过从"内"领域向"外"领域的跨越，女性才能建构起属于自我的社会关系网络，才能够摆脱此种"非人化"的状态，实现独立完整的自我人格与生命意识的重构与解放。

参考文献：

[1] 曹禺：《曹禺全集》（一），花山文艺出版社，1996 年。

[2] 曹禺：《曹禺全集》（二），花山文艺出版社，1996 年

[3] 曹禺：《曹禺选集》，人民文学出版社，2004 年。

[4] 田本相：《曹禺剧作论》，广西师范大学出版社，2010 年。

[5] 杨天宇：《礼记译注》，上海古籍出版社，2004 年。

[6] 杨伯峻：《论语译注》，中华书局，2006 年。

[7] 程颢、程颐：《二程遗书》，上海古籍出版社，2000 年。

[8] 黎靖德编，王星贤点校：《朱子语类》，中华书局，1983 年。

[9] [美] 罗莎莉：《儒学与女性》，丁佳伟、曹秀娟译，江苏人民出版社，2015 年。

[10] [法] 朱莉娅·克里斯蒂娃：《中国妇女》，赵靓译，同济大学出版社，2010 年。

[11] [美] 成中英：《论中西哲学精神——成中英文集》（一），湖北人民出版社，2006 年。

[12] 蒋美华：《20 世纪中国女性角色变迁》，天津人民出版社，2008 年。

[13] 韩星：《儒家核心价值体系——"仁"的构建》，《哲学研究》，2016 年。

---

① 曹禺：《曹禺全集》（二），第 512 页。

② 曹禺：《曹禺全集》（二），第 508 页。

③ 参见 [美] 罗莎莉：《儒学与女性》，丁佳伟、曹秀娟译，第 176 页。

论曹禺《北京人》中女性角色的卑弱心理

王梦圆①

内容摘要：女性形象一直是曹禺戏剧中的"主角"。《北京人》中几位女性角色，虽然地位、身份和年龄不同，却都恪守着"服从""取悦""生育"的低贱观念。其中，服从已然成为她们的条件反射，无需思考即服从于来自长辈与丈夫的指令。取悦原本是女为悦己者容的本能，但在《北京人》中却是女性为谋得更多生存空间的手段。而生育作为女性天生的功能，却被定向为传宗接代的唯一目的。人创造了文化，文化也内在于人。在中国现代新旧文化交替的背景下，曾家这个没落的士大夫家族中的女性，既固守着繁文缛节和虚伪的家庭教养，又不得不面对着"新文化"的冲击。而在她们所恪守"服从""取悦""生育"的低贱观念背后，隐藏的是犬儒般的卑弱心理。女性的价值只在于做生育的工具，所以弱；女性的存在的意义只是无条件依附于长辈和男人，故而卑。

关键词：《北京人》；曹禺；女性心理

中国女性心理一直以来都未得到应有的重视，这与妇女的社会地位低下、社会对女性的关注淡薄有着直接的关系。《北京人》讲述了处于新旧时代交替之中的封建家族曾家的没落过程。其中，曾家中的女性角色，都不约而同地固守着"服从""取悦""生育"的低贱观念。

一、服从

服从权威虽然是心理学研究的传统问题，但并不单纯的属于心理学领域。几千年来，中国传统女性的服从行为早已无关于经济与政治的直接要求，而是成为一种文化现象。在《北京人》中，服从是愫方与曾文彩的生存之道，更是卑弱心理的直接体现。

对于愫方来说，她的人生的前三十余年，都活在服从之中，权威之下：

> 她也就有三十岁上下的模样，出身在江南的名门世家，父亲也是个名士。名士风流，身后非常萧条；后来寡母弃世，自己的姨母派人接来，从此就遵守母亲的遗嘱，长住在北平曾家，再没有回过江南。曾老太太在时，婉顺的愫小姐是她的爱宠；这个刚强的老妇人死后，愫方又成了她姨父曾老太爷的拐杖。他走到哪里，她必需随到哪里。②

---

① 王梦圆，武汉大学哲学学院戏剧美学研究生。

② 曹禺：《曹禺全集》（第二卷），田本相、刘一军主编，花山文艺出版社1996年，第399页。

懔方自小生长在士大夫家庭，接受的是传统的女德教育。幼时，她服从于父母，双亲去世后，她遵守母亲遗嘱，服从于曾老太太。曾老太太死后她又服从于曾皓，此时懔方已经年过三十。根据行为主义心理学中赫尔的强化理论可以知道，大量的、重复的服从行为，会不断强化服从心理，削弱内驱力。① 懔方从幼时到中年期间，持续的、大量的服从行为所导致的就是不断地被驯服。正如波伏瓦所说："她从娘家和母亲的控制中摆脱出来，不是通过主动的征服，而是通过在一个新主人的手里重新变得被动和驯服，为自己开创未来的。"② 被驯服者永远是被动地被"主人"所控制，久而久之，懔方丧失了自己对人生的判断，其关注点只在于如何满足"主人"对自己的期望。漫无目的地活着必定是空虚且痛苦的，她说："我真是想大哭一场，奶妈，这样活着，是干什么呀！"③ 对于懔方来说，活着只是执行着一个又一个的指令，却没有人告诉她生命的意义，更没有人在意她活着的意义。正如曹禺所说："懔方的将来，则渺茫如天际的白云，在悠忽的岁月中，很少人为她恳切地想了一想。"④ 懔方只是不断地被需要着，从来没有人问过她需要什么，这不仅是懔方的困境，更是许多中国传统女性共同面临的困境。

曾文彩是曾家唯一的女儿，她温柔、善良、知书达理，与懔方一样都是封建道德教育下的"优等生"。曾文彩与丈夫之间的相处方式，相比于夫妻，更像是奴仆与主人。曹禺形容她："她简直是崇拜她的丈夫，总是百依百顺地听她丈夫的吩咐，甘心受着她丈夫最近几年的轻蔑和欺凌。"⑤ 曾文彩在丈夫面前的姿态永远是"哀求地""怯弱地""哀诉地""低声怯惧地""弱声弱气""哀恳地""几乎是乞怜"。如何理解曾文彩对丈夫的这种崇拜？波伏瓦说："女人正是从自己的无能和无知中产生了对英雄和男性世界的法律的尊敬。"⑥ 可是，据《北京人》可知，曾文彩是："在旧书房里读了几年书"的⑦，她是在当时社会中为数不多的接受过教育的女性，为何仍然如此卑弱？根源就在于曾文彩接受的所谓的教育实际上是妇德教育，宣扬的正是女子无才便是德，目的是使女性无知、无才进而无能，以更好地服从于男人。

女子无才便是德的说法首次见于清代王相编纂的《女四书》⑧："男子有德便是才，斯言犹可，女子无才便是德，此语殊非……故女子有德者，固不必有才，而有才者必贵乎其德。"⑨ 可见，此时已开始强调女子德行远重于才。但是女子无才便是德的观念并不是自清代始，而是几千年前就根

① 参见 [美] 阿德莱德·布赖著：《行为心理学入门》，陈维正、龙葵译，四川人民出版社 1987 年，第 50 页。

② [法] 波伏瓦：《第二性 II 》，郑克鲁译，上海译文出版社 2011 年，第 81 页。

③ 曹禺：《曹禺全集》（第二卷），田本相、刘一军主编，第 407 页。

④ 曹禺：《曹禺全集》（第二卷），田本相、刘一军主编，第 399 页。

⑤ 曹禺：《曹禺全集》（第二卷），田本相、刘一军主编，第 228 页。

⑥ [法] 波伏瓦：《第二性 II 》，郑克鲁译，第 445 页。

⑦ 曹禺：《曹禺全集》（第二卷），田本相、刘一军主编，第 412 页。

⑧ 参见熊贤君编著：《中国女子教育史》，山西教育出版社 2006 年，第 135 页。

⑨ [清] 王相笺注：《状元阁女四书》，善成堂，1892 年，第 46 页。

植于女性教育之中。《诗经》有曰："哲妇倾城，懿厥哲妇，为枭为鸱。妇有长舌，维厉之阶。"①聪明的女子会对国家有害，故而要使女子"女憧憧，妇空空"②即未嫁与出嫁的女子都要无知无能。据陈东原所著的《中国妇女生活史》可知，战国之后妇德体系就已形成③："女子不必学怎样做人，只应学怎样做妇。"④汉代始，《女鉴》《妇人训诫集》等女性"教材"的涌出加剧了社会对女子的行为规范要求。此"教材"非彼"教材"，与知识教育无关，其目的是"事夫"。班昭在《女诫》中写道："阴阳殊性，男女共行。阳以刚为德，阴以柔为用，男以强为贵，女以弱为美。"⑤她教导女性生性卑弱，应该向男性卑躬屈膝，顺从丈夫，取悦家人。传统的女德教育长时间的影响着整个封建社会的女性，直至新文化运动使得女性自我意识开始觉醒。在《北京人》中可以清楚的看到愫方、曾瑞贞、袁圆这三位有着不同教育背景的女性，在服从性方面有着明显的区别。

愫方"她也就有三十岁上下的模样，出身在江南的名门世家，父亲也是个名士。"⑥

"后来寡母弃世，自己的姨母派人接来，从此就遵守母亲的遗嘱，长住在北平曾家，再没有回过江南。曾老太太在时，婉顺的愫小姐是她的爱宠；这个刚强的老妇人死后，愫方又成了她姨父曾老太爷的拐杖。他走到哪里，她必需随到哪里。"⑦

曾瑞贞则"书籍使她认识现在的世界，也帮她获得几个热心为地介绍书籍以及帮助她认识其他方面的诚恳朋友。"⑧她"反抗的根苗虽然藏在心里，在生人前，口上决不泄露一丝痕迹。眼神中望得出抑郁，不满，怨恨。"⑨

袁圆"她幼年丧母，抚养教育都归思想'古怪'的父亲一手包办。'人类学者'的家教和世代书香的曾家是大不相同的。"⑩"她满脸顽皮相，整天在家里翻天覆地，没有一丝儿安闲。时常和男孩儿们一同玩耍嬉戏，简直忘却自己还是个千金的女儿……末了一个飞石几乎投中了学者的头骨，而学者只抬起头来，莞然微笑，神色怡如也。这样的父女当然谈不上知道曾家家教中所宝贵的'人情世故'的。"⑪

由此可以清楚地看到，自幼接受封建传统教育的愫方是三人中服从性最强的，她需要服从的对象众多：父母、曾老太太、曾皓、曾思懿、曾文清。而曾瑞贞作为自小接受封建传统教育，在中学阶段接受新文化教育的女性，面对曾家长辈，她表面服从，内心则充满了反抗，最后她也成功地

① 刘毓庆、李蹊译注：《诗经》（下册），中华书局2011年，第800页。
② 黄怀信译注：《大戴礼记译注》，上海古籍出版社2019年，第5页。
③ 参见陈东原：《中国妇女生活史》，上海文艺出版社1990年，第38页。
④ 陈东原：《中国妇女生活史》，第38页。
⑤ [汉]班昭：《女诫》，山东人民出版社2018年，第98页。
⑥ 曹禺：《曹禺全集》（第二卷），田本相、刘一军主编，第399页。
⑦ 曹禺：《曹禺全集》（第二卷），田本相、刘一军主编，第399页。
⑧ 曹禺：《曹禺全集》（第二卷），田本相、刘一军主编，第402页。
⑨ 曹禺：《曹禺全集》（第二卷），田本相、刘一军主编，第401页。
⑩ 曹禺：《曹禺全集》（第二卷），田本相、刘一军主编，第393页。
⑪ 曹禺：《曹禺全集》（第二卷），田本相、刘一军主编，第393页。

逃离曾家的"牢笼"。对由袁人敢一手带大的袁圆来说，除了身形体态，袁圆与男性无异，她不知服从为何物。接受单向化道德教育的愫方，显然具有极强的服从性和较弱的自我判断能力，她的前三十年的人生，不过是从一个权威组织到另一个权威组织，她可以做的只有服从，也只可以是服从。

二、取悦

如果说服从是卑弱心理的最直接的体现，那么取悦则是在卑弱之上盖了一层美丽的面纱。《北京人》中有两处容易被忽略的细节值得我们深究，一处是曾文彩的失宠，一处是曾思懿斥责曾瑞贞的着装不够鲜艳。对于这三位同样在婚姻中得不到真正的爱情的女性，可以从她们的外貌形象，窥得她们对于两性关系的不同的认知。

曾文彩的婚姻生活并非一直凄惨，相反，她在婚姻前几年其实是十分幸福的。据《北京人》中描述："他的夫人曾文彩有三十四岁，十年前是一位有名娇滴滴的蜡美人，温厚娴静，婚后数年颇得他丈夫的宠爱。后来一直卧病，容颜顿改。人也憔悴瘦弱，脸色比曾家一般人还要苍白，几乎一点也看不出昔日的风韵。"① 曾文彩婚后因是年正值青春，尚有几分姿色而深受丈夫宠爱，但是卧病之后失去女性风韵，被日渐冷落。值得注意的是，曾文彩的"失宠"不是夫妻感情长期淡化的结果，而是短时间面容颜改变所致。正如波伏瓦所说："男人是不断衰老的，而女人是突然失去女性特点，"②"容颜顿改"对于女性来说是非常残酷但极其现实的危机，因为这是只会发生在女性身上的悲剧。正所谓"一朝春尽红颜老，花落人亡两不知，"③ 自古以来，因容颜褪去、人老珠黄而被男子冷落的女子不在少数。比如白居易笔下的琵琶女，从年少时的"妆成每被秋娘妒，五陵年少争缠头，一曲红绡不知数，"④ 到"暮去朝来颜色故，门前冷落鞍马稀。"⑤ 对于琵琶女来说不过短短几年光景，命运的曲线就急转直下，只得"梦啼妆泪红阑干。"⑥

曾瑞贞的婚姻生活形同陌路，她说："我同他糊糊涂涂叫人送到一处。我们不认识，我们没有感情，我们在房屋里连话都没有说的。"⑦ 由于婚姻生活名存实亡，只有十八岁的曾瑞贞变得老态龙钟，十分不愿意妆扮自己：

> 曾瑞贞只有十八岁，却面容已经看得有些苍老，使人不相信她是不到二十的年青女子……嘴角总绷得紧紧的，不见一丝女人的柔媚。不肯涂红抹粉也不愿穿鲜艳的衣裳，虽然屡次她的婆婆这样吩咐她，当未知她的意时，为着这件事詈骂她。⑧

---

① 曹禺：《曹禺全集》（第二卷），田本相、刘一军主编，第412页。

② [法]波伏瓦：《第二性Ⅱ》，郑克鲁译，第418页。

③ [清]曹雪芹：《红楼梦（程乙本）》（第2册），陈其泰批校，北京图书馆出版社2001年，第804页。

④ 王汝弼选注：《白居易选集》，上海古籍出版社2012年，第188页。

⑤ 王汝弼选注：《白居易选集》，第188页。

⑥ 王汝弼选注：《白居易选集》，第188页。

⑦ 曹禺：《曹禺全集》（第二卷），田本相、刘一军主编，第416页。

⑧ 曹禺：《曹禺全集》（第二卷），田本相、刘一军主编，第401页。

据达尔文所著的《人类的由来》可知，由于繁衍本能与性需求，女性天生具有装扮自己、魅惑异性的本能。[①] 正所谓女为悦己者容，这句话代表了女子为心爱的男子装扮自己的自发性本能。所以在毫无夫妻感情的婚姻中，不难理解曾瑞贞虽正值青春却显得苍老。然而同样是面对空洞的婚姻，曾思懿在明知曾文清另有所爱的情况下，依然妆扮地十分艳丽：

> 她身材不高，兔眼睛微微有点斜。宽前额，高鼻梁，厚厚的嘴唇，牙齿向前暴突，两条乌黑的细眉像刀斩一般地涂得又齐又狠。她不到四十岁的模样身体已经发胖，脸上仿佛有些浮肿。她穿一件浅黄色的碎花旗袍，金绣缎鞋。[②]

本应是粉黛蛾眉，被她涂得又齐又狠，金黄色的旗袍和鞋子对她来说也是过于鲜艳。并不标致的长相和已经开始发胖的身体，与她过于"用力"的妆扮相比，显得十分违和。这显然不是出于"女为悦己者容"的本性，而是一种生存手段。因为在她的身边有一位比她更有竞争力的年轻女性——愫方。愫方自从进曾家以来就比她获得了更多的喜爱，曾思懿对这个竞争对手恨极了，她说："我就恨一个老姑娘死拖活赖住在我们家里，成天画图写字，陪老太爷，仿佛她一个人顶聪明。"[③] 尤其让她无法忍受的是自己的"一辈子的靠山"曾文清也对愫方情有独钟。曾思懿虽然表面强势，内心却非常渴望丈夫的关注与关爱，刻薄的语言与冷酷的手段背后，其实是一个在曾家没有实权的妇女。曾思懿十分清楚：哪怕她再能干、再精明，仍然需要取悦丈夫，为自己争取更多的生存空间。

中国自古就有女子以美貌取悦男子的风行、据陈东原所著的《中国妇女生活史》可知汉代女子妆饰之盛："女子既须依男子以为生，甚或专供为玩物，自不得不修饰雕斫以取悦男子……然在汉代，脂粉确已通行；汉武且日给宫人螺子黛以画翠眉，妆饰更有进步……"[④] 汉代男尊女卑的思想已经逐渐根固，女性的妆饰之盛可以在一定程度上反映女性物化为男性观赏之物的趋势。如服部正所说："女性在对男性的关系中，已经习惯于被人家当作'客体'对待。"[⑤] 也如波伏瓦所说："而是按照男人的梦想去塑造自身，才能获得价值。"[⑥] 在取悦行为中，女性所有的妆扮都是为了使审美者即男性愉悦，而非自己。女性将自我抽离，把自己当作客体去妆扮，她们可以做的唯有迎合取悦。

《妇女与性别》中说到："女孩子们和成年女性都无法逃脱这样的文化信息，即女性的价值是通过她的外表进行判定的。"[⑦] 在中国传统文化中，越来越趋于表面化的女性价值，加剧女性取悦

---

① [英] 达尔文：《人类的由来》（下册），潘光旦、胡寿文译，商务印书馆 2009 年，第二十章：人类的第二性征，第 899–904 页。

② 曹禺：《曹禺全集》（第二卷），田本相、刘一军主编，第 372 页。

③ 曹禺：《曹禺全集》（第二卷），田本相、刘一军主编，第 398 页。

④ 陈东原：《中国妇女生活史》，第 60 页。

⑤ [日] 服部正：《女性心理学》，江丽临、莫邦伟、戴宝云译，上海翻译出版公司 1987 年，第 73 页。

⑥ [法] 波伏瓦：《第二性 II》，郑克鲁译，第 87 页。

⑦ [美] 克劳福德、昂格尔：《妇女与性别——一本女性主义心理学著作》（上册），许敏敏、宋婧、李岩译，中华书局 2009 年，第 94 页。

行为的合理化、常态化。同时，男性对于女性的取悦显然习以为常，甚至形成了女性的审美体系。李渔在《闲情偶寄》中，从女子的姿态、肌肤、神色、手足、服装等方面，品评女子的优劣。比如："妇人本质，惟白最难，"[1] "选人选足，每多窄窄金莲；观手观人，绝少纤纤玉指。"[2] 他认为："人处得为之地，不买一二姬姜自娱，是素富贵而行乎贫贱矣。"[3] 显然，对李渔来说，女子是可以作为商品进行买卖的商品，而对他女子的审美标准也无异于挑选商品的标准。

三、生育

"服从、取悦"这样低贱观念的背后，是男女地位的极度不平等。而导致男女地位不平等的根本原因，其实是女性社会分工被局限于生育。

曾瑞贞是曾家的孙媳，十六岁嫁入曾家，十八岁就开始孕育下一代。在形同陌路的婚姻中，曾瑞贞对于生育显然是抗拒的：

> 她寝馈不安，为着一个未来的小的生命更深切的感到自己懵懵懂懂在这个家庭的是怎样不幸，更想不明白为什么嫁与这个小人，目前又将糊糊涂涂为这个小人添了一个更小的生命。为着这个不可解决的疑难，她时常出门，她日夜愁思要想出一个解决的方法。[4]

不知为何嫁人，更不知为何生育，瑞贞一心想要逃离曾家的牢笼，而不是在"牢中"再添一个"小囚犯"。然而，作为生母，作为生命的孕育者，她却没有任何话语权。曾思懿听说曾瑞贞拒绝喝安胎药时的大声斥责，反映了曾家长辈对待曾瑞贞生育的态度：

> （勃然变色）为什么不喝呢？（厉声）叫她喝，要她喝！她再不听话，你告诉我，看我怎么灌她喝！她要觉得她自己不是曾家的人，她肚子里那块肉可是曾家的。现在为她肚子里那孩子，什么都由着她，她倒越说越来了。[5]

在曾家长辈看来，曾瑞贞不仅是曾家的附属品，她所孕育后代也是曾家所有。而且，孕育子嗣是她在曾家的最主要，必须完成的任务。她不喝安胎药，他们就"灌"她喝，一个"灌"字，将女性在曾家的地位之卑体现的淋漓尽致。女性虽天生具有生育功能，但是最初其社会分工并未局限于此。在母系社会中，由于女性是氏族的繁衍者，女性往往是社会活动的中心，社会地位远远高于男性。随着生产力的发展，劳动力更加占据社会主动权，男性地位开始上升，父系社会开始取代母系社会。随后，私有制和子嗣继承制巩固了男性的地位，女性的社会功能开始局限于生育。《诗经》有云："大

---

① 李渔：《李渔全集》（第三卷），浙江古籍出版社 1991 年，第 109 页。
② 李渔：《李渔全集》（第三卷），第 114 页。
③ 李渔：《李渔全集》（第三卷），第 108 页。
④ 曹禺：《曹禺全集》（第二卷），田本相、刘一军主编，第 402 页。
⑤ 曹禺：《曹禺全集》（第二卷），田本相、刘一军主编，第 507 页。

姒嗣徽音，则百斯男，"①周人因太姒生育的子嗣众多而歌颂她，可见在西周时期，就开始倡导女性多生多育。生育成为女性一种职能性的工作，与对男性的依赖有直接关系，这种依赖是全方面的依赖。首先在经济上，女性无收入来源。其次在情感上，丈夫是其全部的情感寄托，且要面临着与其他女性竞争的风险。

生育不仅是女性的定向职能，更是女性最大的筹码。曾思懿在剧中的怀孕，就是自己"看"住丈夫的"终极武器"。她曾试过各种方法去阻挠丈夫与愫方之间的感情：哭闹、言语攻击、威胁、恐吓，但都无济于事。曾思懿说："那你为什么不赶紧回来看（读阴平，"守"着的意思）着他。（自以为聪明的告诫）别糊涂，他是你的男人，你的夫，你的一辈子的靠山。"这里的"看"字直接体现出了曾思懿对婚姻的无安全感与在婚姻中的被动，表面强势的她实际上对婚姻的掌控为零，与丈夫之间的纽带连接只是自己单方面的"看住"。随着容貌老去她随时面临着被抛弃、被替代、被遗忘，年近四十的她能做的，只有通过生育强调自己在曾家的价值。正如《第二性》中所说："在社会和她自己看来，她从生育中证明自己生存的必要性，获得幸福的机会，"②作为"高龄孕妇"，她是身体状况显然是不适合生育的，但是精明的曾思懿再清楚不过，怀孕是她"看"住丈夫的最好的手段。

戏剧是时代是缩影，是文化的产物，而文化与人是相互建构的。曹禺成长在新旧交替的时代，他亲眼目睹了太多旧社会女性的悲剧。他将自己对女性的理解融入笔下的曾家女性，无论是表面上张扬跋扈、大权在握的曾思懿，还是温婉哀静、寄人篱下的愫方，亦或是左右为难、憔悴懦弱的曾文彩等，都是传统妇德文化的牺牲品。她们以自己的方式在曾家艰难生存，却都无法逃脱"服从、取悦与生育"的观念，卑弱的心理早已植根于她们的心底。她们的价值只在于做生育的工具所以弱，她们存在的意义只是无条件依附于长辈和男人故而卑，《北京人》中女性心理复杂多样，但大都绕不开卑弱二字。

参考文献：

[1] 曹禺著：《曹禺全集》（第二卷），田本相、刘一军主编，花山文艺出版社，1996 年。

[2] 杜琴芳著：《女性观念的衍变》，河南人民出版社，1988 年。

[3] 费孝通著：《乡土中国》，北京出版社，2004 年。

[4] 钟年著：《心理学与文化研究》，中国社会科学出版社，2013 年。

[5][法] 波伏瓦著：《第二性Ⅱ》，郑克鲁译，上海译文出版社，2011 年。

[6][美] J.A. 谢尔曼、F.L. 登马克编著：《妇女心理学》，高佳、高地译，中国妇女出版社，1987 年。

[7][美] 珍妮特·希伯莱·海德著：《妇女心理学》，陈主珍等译，广东高等教育出版社，1987 年。

[8] 陈东原著：《中国妇女生活史》，上海文艺出版社，1990 年。

[9][日] 服部正著：《女性心理学》，江丽临、莫邦伟、戴宝云译，上海翻译出版公司，1987 年。

---

① 刘毓庆、李蹊译注：《诗经》（下册），中华书局 2011 年，第 670 页。

② [法] 波伏瓦：《第二性Ⅱ》，郑克鲁译，第 418 页。

[10] 刘毓庆、李蹊译注：《诗经》（下册），中华书局，2011 年。

[11] 费孝通著：《生育制度》，商务印书馆，1999 年。

[12] 孔子著：《论语》，杨伯峻，杨逢彬注译，岳麓书社，2018 年。

[13][汉] 班昭著：《女诫》，山东人民出版社，2018 年。

[14][美] 克劳福德、[美] 昂格尔著：《妇女与性别——一本女性主义心理学著作》（上册），许敏敏、宋婧、李岩译，中华书局，2009 年。

[15][美] 米尔格拉姆著：《对权威的服从：一次逼近人性真相的心理学实验》，赵萍萍、王利群译，新华出版社，2012 年。

[16] 林语堂著：《吾国与吾民》，陕西师范大学出版社，2006 年。

[17] 李渔著：《李渔全集》（第三卷），浙江古籍出版社，1991 年。

[18][美] 阿德莱德·布赖著：《行为心理学入门》，陈维正、龙蓉译，四川人民出版社，1987 年。

[19] 马克思、恩格斯著：《马克思恩格斯文集》（第 1 卷），人民出版社，2009 年。

[20][清] 曹雪芹著：《红楼梦（程乙本）》（第 2 册），陈其泰批校，北京图书馆出版社，2001 年。

[21] 王汝弼选注：《白居易选集》，上海古籍出版社，第 2012 年。

[22] 熊贤君编著：《中国女子教育史》，山西教育出版社，2006 年。

[23][英] 达尔文著：《人类的由来》（下册），潘光旦、胡寿文译，商务印书馆，2009 年。

[24] 黄怀信译注：《大戴礼记译注》，上海古籍出版社，2019 年。

[25][清] 王相笺注：《状元阁女四书》，善成堂，1892 年。

[26] 钟年、谢莎，《建设有文化的文化心理学》，《苏州大学学报》（教育科学版）2014 年 02 期。

[27] 李炳全、叶浩生：《文化心理学的基本内涵辨析》，《心理科学》2004 年 01 期。

[28] 李炳全：《文化心理学的心理发展观探析》，《苏州大学学报》（教育科学版）2014 年 02 期。

从轰动到沉寂

——论曹禺《蜕变》的文学接受史

罗欣怡[①]

内容摘要：《蜕变》是曹禺在抗战时期创作的一部多幕剧，该剧在当时引起轰动，巴金、谷虹都评价这部剧为曹禺里程碑式的创作。但该剧轰动一时后很快沉寂下来，以至今天被诸多研究者和读者忽略。笔者所论的文学接受史主要围绕有关史料展开，综合不同时期文学界对《蜕变》的评价和研究状况，论述《蜕变》的接受过程及变化特点：抗战期间影响巨大，研究众多，赞美胜过批评；抗战胜利后到新时期影响衰退，进入文学史叙述但研究几乎沉寂，总体呈否定状态；新时期以后评价有所肯定，但总体影响小，研究少。通过对《蜕变》文学接受史的关注，笔者尝试对《蜕变》作出更准确的文学史定位，将这部优秀剧作带回读者和研究者的视野。

关键词：曹禺；戏剧；《蜕变》；文学史

抗战时期，曹禺创作过一部多幕剧《蜕变》，该剧在内容上描写了抗战时期一家医院内从"旧"到"新"的过程，主题上契合抗战，思想上积极向上，寄托了抗战胜利的美好愿望，一经推出便引起了巨大的轰动。巴金对该剧给予了高度赞扬，在《蜕变》后记中评价这部剧为曹禺纪程碑式的创作。但随着历史的发展，这座里程碑不仅逐渐被后来的《北京人》《家》所取代，甚至有关这部作品的研究也几乎沉寂。面对当前《蜕变》的研究现状，笔者探究的问题是《蜕变》为何会逐渐失去其光芒，以及其由轰动到沉寂的发展历程。笔者试图通过描述《蜕变》诞生之初的情境与影响，分析《蜕变》衰落甚至沉寂的过程及原因，综合《蜕变》诞生以来的各历史阶段评价，描绘出其在文学界地位变化的脉络，并结合其历史作用、艺术魅力等方面对其作出更合理的文学史定位。

一、《蜕变》的诞生及影响

（一）《蜕变》的诞生

有关《蜕变》的诞生，曹禺自称："一九四〇年冬，话剧《蜕变》的创作就在那里完成。"[②]

---

① 罗欣怡，中南财经政法大学中国现当代文学研究生，导师为中南财经政法大学胡德才教授。本人研究方向为中国现当代文学与海外华文文学。

② 曹禺：《曹禺全集》第 5 卷，花山文艺出版社 1995 年，第 75 页。

这一表述可能是由于作者回忆的疏漏。因为 1940 年 4 月份《蜕变》就曾在国立剧校的公演上表演，并在 1940 年 4 月 16 日在《国民公报》连载。结合王兴平对于曹禺剧本创作时间的考辨，《蜕变》应是创作于 1939 年冬而完成于 1940 年春。

《蜕变》的写作缘起贯穿着曹禺创作的一贯特色——情绪的力量：战争下强烈的民族愤慨；人民爱国热情的鼓舞；新人新事的激励；对政府腐败的不满。[①]《蜕变》是抗战特殊社会环境下的产物，也是当时社会环境与作者内心情感相结合的产物。当时曹禺一路流亡，暂居四川江安，一方面，国民党政府的各类腐败现象都出现在他眼前，腐败的"蛀虫"不停地啃噬他的心灵。另一方面，徐特立与勤务兵之间和谐融洽的关系令他深受感动，报纸上白求恩不远万里来到中国帮助抗战的行动也让他激动不已。正是在这种既想暴露社会腐败，又想赞颂抗战中温暖、鼓舞人心的力量中，曹禺创作出了《蜕变》。正如其在《关于"蜕变"二字》一文中自述的那样，《蜕变》的创作目的正是展现"我们民族在抗战中一种"蜕"旧"变"新的气象。"[②]

《蜕变》的诞生和定型过程并不顺利。根据李扬《蜕变创作中的几个问题》的论述，《蜕变》至少有过 4 次较大的修改。[③]因此《蜕变》的版本也非常多，在这里简略概括其中较为重要的四个版本。①《蜕变》于 1940 年在《国民公报》连载时的版本，称初刊本。②同年，由长沙商务印书馆出版了《蜕变》，称初版本。初刊本连载时多次被要求修改，初版本则删改得更多，因此这两个版本一般可统称为删改本。③1941 年，由巴金负责编辑，文化生活出版社出版的曹禺戏剧集第五种中收录了《蜕变》，该版本通常被认为是"未经审改的最符合曹禺创作初衷的一个版本"[④]，一般称"第五种本"。④1945 年，曹禺在"第五种本"的基础上对作品略作修改后出版，该版本则一般被称为"第六种本"。这两个版本较能符合作者原意，因此后来流传的版本基本是建立在这两个版本内容之上。笔者论述的《蜕变》内容来源于 1995 年花山文艺出版社出版的《曹禺全集 2》，虽然在其出版说明中称"本全集所收作品，均采用最初版本或最初发表在报刊上的底本，参照其他版本作一些必要的校订"，但根据内容推断，该全集中的《蜕变》并非依据初版本或初刊本，而主要依据的是"第六种本"。关于各版本之间的辨析并不是本文的主要内容，在此不赘述，但《蜕变》不同版本中所体现出的政治权力与作者创作意识的博弈，以及从中反映出的作者个人思想的变化，的确是《蜕变》研究中颇为重要的一部分。

（二）《蜕变》的影响

《蜕变》诞生之初就引起了各方关注。由于剧本中对社会腐败现象的揭露和对游击队的描述，国民党政府曾多次对该剧进行审查，在上演后也一度禁演此剧，即使后来这部剧获奖，曹禺也不得不对剧本进行一定删改。同时，解放区的评论家们也对该剧有些争论，一些评论家批评该剧过于理想化和乐观，剧中人物梁公仰的形象不够真实等等。不论是国民党方面的审改，还是解放区的争论，都掩盖不了这部剧作在当时产生的轰动效应。从史料记载来看，《蜕变》在抗战时期不仅在各地的

---

① 曹禺：《曹禺全集》第 5 卷，花山文艺出版社 1995 年，第 74 页。

② 曹禺：《曹禺全集》第 5 卷，花山文艺出版社 1995 年，第 201 页。

③ 李扬：《〈蜕变〉创作中的几个问题》，《文艺理论研究》2010 年第 6 期。

④ 李扬：《〈蜕变〉创作中的几个问题》，《文艺理论研究》2010 年第 6 期。

演出中获得了成功，成为抗战时期具有代表性的剧作，还在文学界也得到了评论家的青睐，许多评论家就该剧的人物、思想、艺术技巧做过论述。

1942年12月，《新华日报》发表了一系列有关《蜕变》的评论文章，并附带编辑按语"因为《蜕变》的公演引起了几乎普遍的赞美，所以今天这篇幅几乎全部奉献给这个戏了。"①从编辑这段简短的话中足以看出当时《蜕变》产生的巨大影响力。在一些亲历者所撰写的回忆性文章中，也提到了当时《蜕变》演出的盛况。叶澜的《略谈〈蜕变〉》中记载该剧曾在延安"连续上演了十一天之久"，也曾在上海租界上演取得"日夜两场连续客满35场"的成绩。②在柯灵、杨英悟的《回忆"苦干"》中更为详细地记录了当时《蜕变》演出的盛况，"经过整整一个月连续满座后，至十一月十二日孙中山先生诞辰这天，观众的爱国热情出现了新的高潮。"③上演多日连续满场的好成绩，现场观众的兴奋与热烈的场景，这些足以证明《蜕变》此时以其艺术魅力与感染力激发了人们的爱国热情，鼓舞了人们的斗志，在群众中受到广泛地欢迎，产生了巨大影响力。

在文学界，《蜕变》的主题与人物形象虽然存在一定争议，但在其引发的巨大关注和讨论中也是赞美远超批评。李门的《略论〈蜕变〉的写作技巧》中指出《蜕变》的艺术魅力，称其"情节的动人，对话的隽永，性格刻画的细腻，在中国剧作家中是罕有其匹的。"秋鹤的《两个〈蜕变〉在剧展》也赞誉《蜕变》"故事的紧凑，人物的生动，典型的显明，情节的紧张，都令人向往。"④杨晦在其《曹禺论》中认为：《蜕变》"写的是现实题材，采用的是写实的写法；这在曹禺的确是一种进步，真实的进步"。而面对此时《蜕变》获得的各种赞誉，早在《蜕变》"第五种本"的《后记》中，巴金就已经为其作出"六年来作者的确定了不少的路程。这四个剧本就是四方纪程碑。"⑤的高度评价。

总之，抗战期间，尤其是1942—1944年期间，曹禺的《蜕变》虽然受到一定的争议与批评，但因其剧场演出受到群众广泛而热烈地欢迎，剧本艺术也得到众多评论者的推崇，综合来说这个阶段《蜕变》影响极大，褒胜于贬，是《蜕变》在文学接受史上的高峰时期。抗战结束后不久，该剧就被洪深评价为"必须推荐阅读的十部抗战剧本之一"⑥

二、《蜕变》影响的衰落与研究的重启

（一）《蜕变》影响的衰落

《蜕变》影响衰落的原因是多方面的。首先，随着抗战热潮的退去，早期评论家对《蜕变》的

---

① 张耀杰：《〈蜕变〉的首演及其它》，《新文学史料》1999年第1期。

② 张耀杰：《〈蜕变〉的首演及其它》，《新文学史料》1999年第1期。

③ 张耀杰：《〈蜕变〉的首演及其它》，《新文学史料》1999年第1期。

④ 岳小燕，刘泰隆：《论抗战著名话剧〈蜕变〉——兼论编写抗战文学史的一个原则问题》，《学术论坛》1995年第1期。

⑤ 曹禺：《曹禺全集》第2卷，花山文艺出版社1995年，第202页。

⑥ 岳小燕，刘泰隆：《论抗战著名话剧〈蜕变〉——兼论编写抗战文学史的一个原则问题》，《学术论坛》1995年第1期。

批评逐渐显露，影响了后来文学界对《蜕变》的评价，导致抗战结束后对《蜕变》的批评逐渐超过赞美，艺术上总体也给予否定的态度。谷虹早在 1941 年就在《曹禺论》中指出《蜕变》存在人物不够真实的艺术缺陷，但总的来说还是肯定这部作品，并认为其是曹禺创作的"一块新的纪程碑"。谷虹对该剧人物形象的批评显然影响到了后来的研究者，胡风在评论《蜕变》时曾批评梁公仰的形象不真实，甚至直称"这位梁专员，虽然带着形象的面貌，但与其说他是一个性格，还不如说他是一个权力的化身。"① 虽然抗战后《蜕变》的影响在降低，其评价也趋于否定，但《蜕变》却以其过去巨大的影响力进入了各种文学史叙述。1947 年蓝海的《中国抗战文艺史》中提出了《蜕变》"取材现实但脱离现实创造人物的剧作不能称为现实主义剧作"② 的看法。新中国成立后，几本文学史著作如王瑶的《中国新文学史稿（下册）》、丁易的《中国现代文学史略》都有提到《蜕变》，此时的评价褒贬皆有，但《蜕变》的成就显然已削弱许多。

其次，一部剧作的生命力不仅取决于研究者，还取决于读者与社会接受环境。英国批评家恩普森认为，文学作品是开放的，理解作品必然包括对于文字被社会地使用于其中的总体语境的把握。③由于这种总体语境处在不断变化之中，因此其传播和接受都构成了这种语境的一部分。《蜕变》影响衰落的重要原因正在于此。

从文学传播的角度看，《蜕变》影响的衰落是早已"预示"的。早在抗战期间，文化生活出版社就出版了曹禺戏剧集来扩大曹禺剧作的影响。一方面这确实起到了很好的效果，促进了大众对曹禺剧作的接受，但另一方面这些戏剧集的编撰隐含着一定的价值判断，从而影响了大众对文学作品的理解和接受。1941 年《曹禺戏剧集》在第五种中收录了《蜕变》，而 1943 年的《曹禺戏剧集》拟定出的六集依次为《雷雨》《日出》《原野》《北京人》《家》《曹禺独幕剧集》，《蜕变》在曹禺剧作中的地位不仅让位于其后出版的《北京人》和《家》，甚至没有单独出现。到了 1949 年，《曹禺戏剧集》扩充为八种，依次为《雷雨》《日出》《原野》《北京人》《家》《蜕变》《桥》《曹禺独幕剧集》。此时《蜕变》虽然占得一席，但显然这个排序并非按照曹禺剧作的发表时间而是隐含着价值判断来排列的，即昭示着《蜕变》的艺术地位在曹禺剧作中要逊于前五种。目前诸多研究中将《雷雨》《日出》《原野》《北京人》《家》一起并称为曹禺的"五大名剧"。这一称谓的定型难免受到了戏剧集编撰的影响，同时也不自觉地使读者及研究者忽视了冷门剧作之一的《蜕变》。

从文学接受角度来看，《蜕变》影响的衰落正是读者观众参与曹禺剧作"生命力"的建构的结果。曹禺在 1951 年版《曹禺选集》的序言中提到"我写了几本戏，其中有两三种是为观众所喜好的，《雷雨》《日出》和《北京人》，所以我就选了这三本，凑成这本集子。"④ 作者选集目的不是依据自我评价或研究者而是为了观众的喜爱，这一方面反映出观众力量对曹禺剧作产生的反作用力，另一方面显示出此时观众的视野正集中于前文提到的三部剧作，而《蜕变》等剧则失去了观众的支

---

① 胡风：《〈蜕变〉一解》，《文学创作》第 1 卷第 6 期（戏剧专号），1943 年 4 月。

② 蓝海：《中国抗战文艺史》，现代出版社 1947 年，第 124 页。

③ 伊格尔顿：《二十世纪文学理论》，陕西师范大学出版社 1987 年，第 64 页。

④ 曹禺：《曹禺全集》第 5 卷，花山文艺出版社 1995 年，第 30 页。

持。后者自然导致了《蜕变》影响的衰落。马俊山在其研究中也记载了观众对曹禺剧作的"偏爱"，"五十年代中后期的演出高潮，激发了人们对曹禺这两部作品强烈戏剧性的研究兴趣。"① 其中"这两部作品"指的就是《雷雨》与《日出》。在刘勇的《曹禺研究述评》中对 1949 年后的曹禺研究也做出了相似的论述，"1949 年以后，相比别的作家而言，对曹禺的研究，还是较为充分和深入的，这首先体现在对《雷雨》《日出》等曹禺代表剧作的研究中。"② 显然，随着社会环境的变化，不管是演出还是文学研究，不管是读者观众还是研究者，其关注都重新回到了《雷雨》与《日出》上，而曾产生巨大影响的《蜕变》正在淡出视野。

最后，《蜕变》影响的沉寂几乎是曹禺自己道出的，1981 年曹禺在谈到《蜕变》时称"其实我是写抗战，写抗战要取得胜利，问题也不算太小，但是这个戏早就被人忘记了，因为写得不深，不叫人思索，不叫人深想，不叫人想到戏中描写以外的问题。"③ 这段话可以说既表明了曹禺对该作艺术缺陷的反思，也不经意道出读者乃至文学界对于这部作品遗忘的事实。总之，新中国成立后，《蜕变》虽然以其抗战时期产生过的巨大轰动与影响进入文学史叙述，但由于其自身暴露出的艺术缺陷，不仅影响大大衰落，文学地位远比不上《雷雨》《日出》等剧，其研究也逐渐被后来的《北京人》等剧取代，随着社会意识形态、社会环境与读者需求的变化，这部剧逐渐地消失在读者及研究者视野中。

（二）新时期《蜕变》研究的重启

随着新时期的到来，《蜕变》研究的沉寂状况有所改变。"过去争议较多，一般认为有较大思想艺术缺陷的《原野》和《蜕变》，在新的理论氛围里，被重新估价。"④ 一些研究者撰文对《蜕变》提出了新的评价，《蜕变》的演出也有所恢复，《蜕变》及其研究进入了艰难缓慢的重启阶段。沈蔚德回忆《蜕变》的首演过程，针对王瑶《中国新文学史稿》中对《蜕变》的评价进行了反驳与重评。马俊山的《从〈蜕变〉的审改看抗战时期国家认同的歧义性》以独特的研究视角探讨了《蜕变》审改过程所生成的意义。岳小燕的《论抗战著名话剧〈蜕变〉——兼论编写抗战文学史的一个原则问题》从抗战剧的立场出发，对《蜕变》的艺术成就了新的探讨，尽管文章还存在一些武断的结论，但其提出"1989 年以来出版的一些中国现代文学史著作对曹禺的抗战时期剧作只肯定《北京人》和《家》而根本不提《蜕变》"⑤ 的现象却值得重视，这一现象鲜明反映出虽然《蜕变》在新时期得到了一定的重评，但其文学史地位却已经不复存在。随着新时期文学界对于曹禺剧作研究的展开和深入，这一阶段产生了诸多曹禺研究的学术论著。概观这一时期的重要论著如田本相的《曹禺剧作论》、孙庆生的《曹禺论》、钱理群的《大小舞台之间——曹禺戏剧新论》中都有关于《蜕变》的

---

① 马俊山：《1934—1985 曹禺前期剧作研究述评》，《文学评论》1987 年第 3 期。

② 刘勇，李春雨：《曹禺研究述评》，《中国现代文学研究丛刊》2001 年第 3 期。

③ 曹禺：《曹禺全集》第 5 卷，花山文艺出版社 1995 年，第 61 页。

④ 马俊山：《1934—1985 曹禺前期剧作研究述评》，《文学评论》1987 年第 3 期。

⑤ 岳小燕，刘泰隆：《论抗战著名话剧〈蜕变〉——兼论编写抗战文学史的一个原则问题》，《学术论坛》1995 年第 1 期。

论述，这足以看出新时期《蜕变》研究脱离文学史叙述而回归曹禺剧作研究的趋向。

下文以中国知网上的数据（如表1所示）作为参考，来简要对比分析新时期以来曹禺解放前各剧本的研究状况。

表1　　　　　　　　　　　　中国知网曹禺解放前剧作新时期研究文献数量

剧名	文献发表时间	搜索关键词	文献总数
雷雨	1979—2019	曹禺《雷雨》	1030
日出	1979—2019	曹禺《日出》	324
原野	1981—2019	曹禺《原野》	305
蜕变	1982—2019	曹禺《蜕变》	31
北京人	1978—2019	曹禺《北京人》	338
家	1980—2019	曹禺《家》	69

综合新时期以来对曹禺解放前各剧作的研究数据，我们才能更清晰地发现此时期《蜕变》研究的严重不足。尽管《蜕变》被写进学术论著，但其在研究界仍然是一个冷门。从直观数据上看，关于曹禺解放前戏剧研究文献总数最多的是《雷雨》，其次是《日出》和《北京人》，这与上文记述的曹禺在其序言中提到的情况基本一样，这三部剧作不仅是读者所喜爱的，也是研究者所重点关注的。其次，关于这些剧作的研究文献之间存在着明显的断层，关于《雷雨》研究的文献几乎是其他几部剧作的综合，达到上千篇。《日出》《原野》《北京人》基本持平都有三百余篇，但《蜕变》和《家》却远不到百篇。这侧面反映出曹禺剧作研究中对"经典"作品关注多，"非经典"作品关注过少的问题。作为抗战期间产生过巨大影响的《蜕变》，新时期以来关于《蜕变》研究的文献只有三十余篇，与其他剧作研究的文献数差异非常大。因此，虽然新时期以来《蜕变》研究有所恢复和重启，但相对于曹禺解放前的其他剧作来说仍呈现出研究少、热度低、几乎沉寂的状态。

曹禺剧作研究中《蜕变》的"失语"是造成有关《蜕变》研究文献少的一个重要原因。时至今日，许多研究者在研究曹禺剧作时习惯性以"三大名剧"（《雷雨》《日出》《原野》）、"四大名剧（《雷雨》《日出》《原野》《北京人》）、"五大名剧"（《雷雨》《日出》《原野》《北京人》《家》）的称谓来展开研究，因而造成了部分研究文章只以这几部剧作为分析对象，对其他剧作则只字不提的现状。如祝宇红以"回溯"与"闯入"两种戏剧结构来分析曹禺解放前的剧作，其试图从曹禺解放前的创作中，寻找"一以贯之的戏剧观"，并探求"在表面看来迥然不同的戏剧作品中是否存在着某种整体性和一致性？"[①] 然而在其论述中却遗漏了《蜕变》。《蜕变》虽然在主题上上与其他几部剧作有较大差异或存在一定缺陷，但在戏剧结构、技巧、语言等方面与其他剧作必然存在内在联系，而这些内容常常为研究者所忽略，这既是当前曹禺剧作综合研究的一个缺憾所在，也是一个尚待发掘的议题。也许正如邱霞在其《曹禺戏剧文本研究综述》中所表达的那样，《蜕变》是"抗战戏剧中为数不多的佳作，但又是一部歧义纷呈的剧作。"[②] 新时期以来，关于《蜕变》的研究仍然是"沉

---

① 祝宇红：《"回溯"与"闯入"——论曹禺戏剧的双重隐形结构》，《中国现代文学研究丛刊》2020年第3期。

② 邱霞：《曹禺戏剧文本研究综述》，《新世纪剧坛》2018年第6期。

寂"的，需要更多研究者关注和思考其中的丰富"歧义"。

三、《蜕变》研究的特征与反思

（一）《蜕变》研究的特征

《蜕变》自发表以来已八十年，前后期对于《蜕变》的评价不一，差异较大。总体来看，《蜕变》研究大体经历了"鼓动性胜过艺术性，褒誉胜过批评""争议较大，贬胜于褒，地位下降""重新评价，研究缺乏，进展缓慢"三个阶段。为了对《蜕变》的文学接受史有一个更为清晰和直观的认识，笔者将各时期对《蜕变》的部分评论制成表格（如表2所示），以此来进一步分析《蜕变》研究的一些特征。

表2   对《蜕变》的评价

时间	作者	出处	评价
1940	叶澜	《略谈〈蜕变〉》	是一部生产于抗战烽火中的有力剧作。不但较之过去的《雷雨》《日出》和《原野》有更大的现实意义，而且有重要的政治意义。
1940	巴金	《蜕变》后记	这剧本抓住了我的灵魂。我是被感动，我惭愧，我感激，我看到大的希望，我得着大的勇气。六年来作者的确定了不少的路程。这四个剧本就是四方纪程碑。
1941	谷虹	《曹禺的〈蜕变〉》	没有把握住典型的环境，以致他所创作的新的人物，也成为不真实的了；在剧作家的创造道路上，也是"一块新的纪程碑"
1942	夏衍	《宵夜店里的对话》	在当时，谁不和他一样的天真。他还接触到要蜕变的旧壳。
1943	胡风	《〈蜕变〉一解》	实现了他所企望的蜕旧变新的气象，但可惜的是，这个崇高的人格同时也就临空而上，离开了这块土地。
1944	李门	《略论〈蜕变〉的写作技巧》	作者在技巧上一贯地表现出他的才能。情节的动人，对话的隽永，性格刻画的细腻，在中国剧作家中是罕有其匹的。
1944	秋鹗	《两个〈蜕变〉在剧展》	故事的紧凑，人物的生动，典型的显明，情节的紧张，都令人向往。
1944	杨晦	《曹禺论》	还没有把握到真实，只是随着当时抗战初期的乐观空气，接触了表面上足以使人乐观的现象而已；写的是现实题材，采用的是写实的写法；这在曹禺，的确是一种进步，真实的进步。
1945	蒉水	《〈蜕变〉观后》	没有把梁专员这一人物把握好，它留着概念化的痕迹。
1947	蓝海	《中国抗战文艺史》	取材现实但脱离现实创造人物的剧作不能称为现实主义剧作
1947	洪深	《洪深文集》第4卷	如果我们打算推荐10部必须阅读的抗战剧本的话，如果自己限制数目，不使超过10部的话"，其中的一部必须是《蜕变》。
1953	王瑶	中国新文学史稿（下册）	没有联系到国民党反动派全部政府机构的糜烂情况，而是把它当作一个偶然的个别的丑恶现象来加以处理。
1955	丁易	《中国现代文学史略》	《蜕变》在《原野》之后写出，在作者思想认识上是一个跃进，他为当时抗战热情所鼓舞，要写出'我们民族在抗战中一种"蜕"旧变"新"的气象'，这企图是好的。
1986	孙庆生	《曹禺论》	《蜕变》也是一部从政治角度反映社会现实生活的现实主义作品，具有直接的现实性，或者说是近于时事性的作品。

　　抗战期间，《蜕变》在文学接受上处于高峰时期，产生巨大影响，研究和评论文章众多，但多为观看演出或剧本后的即时评论，较少学理性的分析。此时谷虹、胡风、杨晦等虽然对这部剧作有所批评，但同时不仅有夏衍为其作"辩词"，这些批评者中如谷虹总体上仍对这部剧持以赞赏态度。抗战胜利后到新时期，《蜕变》影响逐渐衰退，虽然得到过洪深的高度评价，也进入文学史叙述，然而在艺术上多呈否定状态，总体上批评多于赞美。关于这部剧艺术缺陷的批评主要集中在人物形象塑造上，许多批评者都点明该剧人物形象存在概念化、理想化、脱离现实的特点。相比于这部剧在刚诞生时所产生的轰动以及曹禺前期的其他几部剧作来说，新时期以来关于《蜕变》的研究是沉寂的。有部分研究者撰文对《蜕变》进行重评，对其评价有所肯定，但影响小，研究少，热度低。同时，此时学界多部曹禺研究著作的论述中虽都涵盖《蜕变》，但在文学史叙述中则鲜少提及，这意味这其研究进入更细分的曹禺剧本研究领域中，而在现代文学史上产生的作用则极为微小。

（二）《蜕变》研究的反思

　　蜕变的定位到底在何处，如何认识这部剧作的价值？《蜕变》早期研究受制于当时抗战特殊的社会环境，其赞美多是从剧作演出的现场鼓动性效果出发，忽略该剧本身存在的艺术缺陷。抗战结束后，《蜕变》研究多从阶级性、艺术性出发，但忽视了历史环境对剧作造成的影响。新时期以来，《蜕变》研究在肯定其历史影响的同时也承认该剧存在的艺术缺陷，但未能充分结合这部剧作的历史意义与作品本身价值给予该剧更合理的评价与定位。

　　首先，要从两方面来认识和评价《蜕变》，给予这部作品更合理的文学史定位。一方面应将其定位为抗战戏剧，还原历史语境，发掘其作为抗战文学重要组成部分的意义及在文学史上的意义，结合艺术价值与社会价值，给这部作品更准确的历史定位。另一方面，该剧是曹禺解放前剧作中曾有巨大影响力的剧作，应该将其与其他解放前剧作一同纳入曹禺解放前剧作研究的整体框架中，进行更全面的综合性研究，进一步丰富曹禺在文学史上做出的贡献。其次，要发掘新的角度研究《蜕变》中的内容，对这部作品进行更详细的分析，进一步挖掘其艺术魅力，让这部剧重新得到认可。如过去研究者往往将《蜕变》中的人物形象研究集中于丁大夫或梁公仰身上，但实际上剧中描写的腐败环境下的知识分子群像也同样值得关注。总之，《蜕变》本身的艺术特征还有诸多值得讨论和研究的内容。

结语

　　《蜕变》发表至今，其文学地位与评价经历了巨大的起伏。作为曹禺前期一部曾有巨大影响力的剧作，现今批评家们并没有因其过去的历史影响而过高吹捧，也没有因其存在的艺术缺陷而完全忽略，只是新时期多年来的研究关注度还不高，也未形成研究规模，因而导致了这部剧作在读者及部分研究者视野中的消失。笔者目的不在于将这部剧作视为完美无瑕的作品，只是希望借梳理《蜕变》的文学接受史，给予这部作品更合理的文学史定位，让这部作品有机会重新回到读者及研究者的视野。随着时间的推移，新史料和新研究视角越来越难发掘，把曹禺研究的范围逐渐扩大，提高对冷门剧作的关注度，这无疑有利于未来的曹禺研究。

参考文献：

[1] 曹禺.曹禺全集 [M].花山文艺出版社,1995.

[2] 孙庆生.曹禺论 [M].北京大学出版社,1986.

[3] 钱理群.《大小舞台之间——曹禺戏剧新论》[M], 北京大学出版社, 2007.

[4] 刘川鄂,汪亚琴.曹禺综合研究述评 [J].中国现代文学研究丛刊,2020(04):149-165.

[5] 祝宇红."回溯"与"闯入"——论曹禺戏剧的双重隐形结构 [J].中国现代文学研究丛刊,2020(03):29-47.

[6] 邱霞.曹禺戏剧文本研究综述 [J].新世纪剧坛,2018(06):11-15.

[7] 曹树钧.抗战名剧《蜕变》永放艺术光芒 [J].当代戏剧,2015(04):4-7.

[8] 廖全京.曹禺:在《北京人》和《家》中走向潜沉 [C].曹禺诞辰 100 周年纪念文集 .:中国戏剧家协会,2011:176-186.

[9] 李扬.《蜕变》与《莫斯科天空下》——从一篇佚文看曹禺的思想与创作 [J].中国现代文学研究丛刊,2011(09):159-166.

[10] 李扬.《蜕变》创作中的几个问题 [J].文艺理论研究,2010(06):106-115.

[11] 曹树钧.抗战名剧《蜕变》风波 [J].红岩春秋,2006(02):52-53.

[12] 刘艳坤.《蜕变》之"变" [J].重庆社会科学,2005(05):105-107.

[13] 曹树钧.略论巴金对曹禺剧作的影响 [J].四川戏剧,2003(05):8-11.

[14] 刘勇,李春雨.曹禺研究述评 [J].中国现代文学研究丛刊,2001(03):181-204.

[15] 张耀杰.《蜕变》的首演及其他 [J].新文学史料,1999(01):104-108.

[16] 岳小燕,刘泰隆.论抗战著名话剧《蜕变》——兼论编写抗战文学史的一个原则问题 [J].学术论坛,1995(01):65-71.

[17] 马俊山.1934—1985 曹禺前期剧作研究述评 [J].文学评论,1987(03):25-36.

[18] 石曼.《蜕变》四十年代在重庆 [J].戏剧报,1987(04):66.

[19] 王兴平.曹禺剧本写作和发表时间考辨 [J].中国现代文学研究丛刊,1982(02):276-288.

曹禺戏剧创作思想研究

灵魂苦闷与思想求索

——从曹禺的精神历程看其艺术初心

施旭升 ①

内容摘要：作为艺术家的曹禺，一生都充满着"苦闷"。如何理解曹禺的"苦闷"？或者说，曹禺"苦闷"的根源究竟何在？也便成为理解曹禺创作的"艺术初心"的关键所在。在曹禺"苦闷的灵魂"当中，一方面正是出于对其灵魂"苦闷"的真诚地表达，才造就了他的一系列杰出的剧作，正所谓"愤懑出诗人"，亦可谓"苦闷的象征"；而另一方面，随着知识分子"思想改造"运动的开展，其思想求索的功能日渐萎缩，也造成了其"艺术初心"的失落，导致晚年曹禺更多的"苦闷"。失却了"最初一念之本心"，才是剧作家曹禺真正悲剧性之所在。

关键词：曹禺；灵魂苦闷；思想求索；艺术初心

一、问题的提出

田本相先生的《曹禺传》是以曹禺"童年的苦闷"开篇来阐述曹禺的创作历程，特别是曹禺晚年接受田本相的访谈被结集为《苦闷的灵魂》出版，可以看出，曹禺终其一生，其精神世界都被笼罩在无边的"苦闷"之中。人生之所谓"苦闷"，固然多是出于不能得其所欲，于是便心生"愤懑"，但是，对于一个艺术家来说，却又绝非仅仅出于某种物质欲求的不能满足，因为，艺术更直接关乎人的心灵；艺术家的心灵"苦闷"定当不会只是物欲的不能满足，相反很多杰作却是在艺术家的困顿之中诞生。故而可以说，艺术家的"苦闷"，与其说是出于对物欲的追求，不如说对于物欲的抵抗；或者说，艺术家的"苦闷"更多的还应该是与心灵的不能得其"澄明"有关。亦如厨川白村所谓的"生命力受了压抑而生的苦闷懊恼乃是文艺的根柢" ②。

那么，艺术家"苦闷"的心灵状态又是如何作用于其创作行为的呢？惟其"在人类的种种生活活动之中，却独有一个绝对无条件地专营纯一不杂的创造生活的世界" ③，这就是艺术的创造，所以，这种在艺术创作中普遍存在的由"苦闷"所铸就的创作心态不妨把它称之为一种艺术之"初心"。

---

① 施旭升，中国传媒大学教授。

② [日] 厨川白村：《苦闷的象征》，鲁迅译，人民文学出版社 2007 年，第 22 页。

③ [日] 厨川白村：《苦闷的象征》，鲁迅译，人民文学出版社 2007 年，第 15 页。

何谓初心？初心即本心，最初一念之本心。也就是王阳明所谓"致良知"；李贽更是直言为一种无碍无滞的"童心"，或者亦可谓之"赤子之心"。"童子者，人之初也；童心者，心之初也。夫心之初，曷可失也？"有了初心，日月澄明。"不忘初心，方得始终。"①初心，不在于说教，不囿于成见，不服从谎言。艺术家只有拥有了这种"艺术初心"，因为，如李贽所言，"天下之至文，未有不出于童心焉者也"②。在这个意义上不妨可以说，"初心"出华章，"苦闷"出诗人。

应该说，苦闷或者焦虑，本身并无所谓对错与是非，相反，"一些特定的焦虑感可以帮助我们追求安全的状态，发展自己的能力"③弗洛依德曾经指出：人的精神生活中的"感情活动受到其自身的目的性的约束，依赖于各式各样与之共存的因素，并通常为美学研究提供素材。心理分析学家偶尔也确实对美学的某一特定范围感兴趣。而去事实往往证明，这一特定范围是美学的最边远地区，也是为标准的美学著作所忽视了的地方。"④对于曹禺来说，终其一生的"苦闷"精神历程与其创作得失之间的密切关联，已引起艺术史、文艺美学乃至精神分析的研究者越来越多的关注。曹禺聪敏而好学，少年得志，生活也不见得困顿，何以从少年开始，一生都在"苦闷"当中？曹禺精神"苦闷"的根源究竟何在？这与他演戏编戏的"艺术初心"有何关联？由此，深入的理解曹禺的"苦闷"，或者说，追问曹禺"苦闷"的根源究竟何在，也便成为理解曹禺创作的"艺术初心"的关键所在。

在这个意义上，从曹禺的精神历程来看其"艺术初心"的实质及其表现，就不仅与其艺术创作的实践分不开，不仅需要在曹禺戏剧文本的内部找原因，更应该是与其精神历程及其思想求索密切相关，从而需要回到曹禺的精神本源与思想演变过程当中，在对其"艺术初心"的回溯当中来加以深入探究。从而，在曹禺"苦闷"的精神历程中来审视其不倦的"艺术初心"，在精神分析学与艺术心理分析的视域下考察分辨其艺术创作之是非得失，也就成为本文的立意所在。

二、精神的苦闷与思想的求索

从性格及心理上看来，作为艺术家的曹禺，终其一生都生活在"苦闷"之中。原本，人人生而有苦闷。"从原始时代以至现在，几乎没有一个不为这苦痛所恼的人们。"⑤"人生不满百，常怀千岁忧"；忧愁愤懑，成为人生的常态。诗人作家，尤其如此。离骚者，罹忧也。千古诗人皆忧愤，早期的曹禺亦如是。

曾有人称"曹禺是位具有喜剧情愫的悲剧诗人"⑥。其实，曹禺的喜剧情愫仅为其表，悲剧体

---

① 《华严经》，华严宗四祖澄观《华严经疏》解释说："初心为始，正觉为终。"《大方等大集经》也讲菩萨"心始心终"，所谓"心始"即初发心。从最初的发心到最终的成佛，此心是不变的，所以《华严经》主张初发心即成正觉。"不忘初心，方得始终"的说法即从此演化而来。

② （明）李贽：《童心说》，《焚书 续焚书》，中华书局 1975 年，第 97 页。

③ [英]阿兰·德波顿：《身份的焦虑》，陈广兴等译，上海译文出版社 2018 年，第 126–127 页。

④ [奥]弗洛依德：《弗洛依德论创造力与无意识》，孙恺祥译，中国展望出版社 1986 年，第 123 页。

⑤ [日]厨川白村：《苦闷的象征》，鲁迅译，人民文学出版社 2007 年，第 15 页。

⑥ 胡叔和：《曹禺评传》，中国戏剧出版社 1994 年，第 94 页。

验才是其根。曹禺的人生，本质上是属于悲剧性的。亚里士多德把悲剧的效果归结为"怜悯和恐惧"，其实也可以是理解曹禺精神品格的一个尺度。在曹禺的精神世界里，如果说，早期的曹禺，其"苦闷"还更多的是出于以一己悲天悯人的情怀而对于社会大众的苦难的"怜悯"，那么，可以说，晚年的曹禺，其"苦闷"则更多的是出于"恐惧"和"焦虑"，一种自我的怀疑和不满中产生的"身份的焦虑"，一种在不可把控的境遇中对于失却自我的精神"恐惧"。

从这样一个角度来看曹禺，就十分鲜明地显示出曹禺两个阶段的精神历程。

在《雷雨·序》中青年曹禺曾经这样解析自己：

> 我不知道怎样来表白我自己，我素来有些忧郁和暗涩；纵然在人前我有时也显露着欢娱，在孤独时却如许多精神总不甘于凝固的人，自己不断地苦恼着自己，这些年我不知道"宁静"是什么，我不明了我自己，我没有希腊人所宝贵的智慧——"自知"。除了心里总感着乱云似的匆促，迫切，我从不能在我的生活历找出个头绪。①

曹禺以其天性的敏感、忧郁和苦闷，作为一个具有"艺术初心"的剧作家，他热情奔放，在舞台上驰骋着自己的想象；然而，作为一个生活中"苦闷"的人，总感到不"自知"，常"匆促"，喜"孤独"，"不甘于凝固"且多"苦恼着自己"。这种矛盾的多面体，其个性倾向明显表现出一种抑郁质的气质类型。更为重要的，他从"家"的梦魇中体察社会民情，通过《雷雨》《日出》《原野》《家》及《北京人》等一系列的杰作展现出自己对于社会人性的不倦的思考和探索。

所以，早期曹禺虽总是在"苦闷"之中，却不是无所作为，而是一直没有停止他的思想的求索。甚至毋宁说，正是那种发自内心的"苦闷"成为其思想求索的动力。他厌恶家庭的沉闷，他试图冲破思想的牢笼，他努力思考人性的弱点，他不断揭示社会的黑暗，他还竭力表现对于新世界的向往，等等。可以说，正是在无边的"苦闷"之中，孕育了曹禺的"艺术初心"。

晚年的曹禺，虽然如田本相先生所言，"应当从新中国成立以后说起"②，但曹禺的"蜕变"其实早在抗战剧《蜕变》中就已现端倪。《蜕变》一剧虽然只是曹禺一种关于抗战的言说，但是，其中民族抗战情绪的表达似乎已呈现出压倒了其艺术的"初心"之势。尽管如此，抗战之中的曹禺仍然能坚守自己的"艺术初心"，坚守其对爱情的思考（《家》），执着于对社会人性的批判（《北京人》）。新中国成立，使得曹禺跟这个国家一样自此获得了新生，但其精神却陷入另一种"苦闷"当中。随着全社会的知识分子"思想改造"等运动的开展，在曹禺精神世界当中，似乎已经"雷雨"不在，阴霾也一扫而光，走向了自己的"明朗的天"。但是，时代的风潮并未就此歇息，甚至不断地酝酿着更大的社会风暴，直至"史无前例"的"文革"的爆发。

因此，"蜕变"之后的晚年的曹禺，特别是经历过1950年代一系列的"思想改造"运动，虽然"苦闷"依旧，但其性质却发生了改变，从一个剧作家的精神苦闷，逐渐陷入一种蜕旧变新的"身份的焦虑"当中。其间，曹禺不仅丧失了一个艺术家的初心，而且逐渐放弃了自己思想的权力和能力。特别是"文

---

① 曹禺：《雷雨·序》，《曹禺自述》，京华出版社2005年，第58页。
② 田本相：《曹禺探知录》，北京时代华文书局2016年，第85页。

革"中的曹禺，身陷泥淖，陷入精神上的挣扎，既没有人能解救他，他自己也无能自救。自此以往，他无法独善其身，也无法一清二白，他的分裂和无奈背后是那个时代整个知识分子群体的分裂和无奈，他的孤独和痛苦也正是 20 世纪中国知识分子所能切身体验到的精神历程。

那么，怎样摆脱这种"身份的焦虑"？西方的哲人告诉我们，为了摆脱"身份的焦虑"，"应该遵循自己内心的良知，而不是遵循来自外部的赞扬或谴责。"[①]东方的智者更是明言：以"良知"为本，不忘"初心"，方得始终。初心者何？童心是也。"夫童心者，真心也。若以童心为不可，是以真心为不可也。夫童心者，绝假纯真，最初一念之本心也。若失却童心，便失却真心；失却真心，便失却真人。人而非真，全不复有初矣。"[②]所以，从艺术初心的角度来说，曹禺从一个剧作家"蜕变"为剧界的领导者，身份"蜕变"所带来的苦痛和不适应，成为他新的"苦闷"之源。虽然也有《胆剑篇》及《王昭君》等"遵命"之作，但终究因为有违自己的艺术初心而不能使自己满意。故而，晚年曹禺的焦虑，就是因为不能成就一个真实的自我，穷于应付各种应酬；从 1950 年代的"思想改造"到改革开放新时期的"思想解放"，他所遵循的多是各种"来自外部的赞扬或谴责"，而不是"遵循自己内心的良知"，这才是曹禺晚年真正的悲剧性之所在。

三、初心的迷失与人生的困境

厨川白村指出："文艺是纯然生命的表现；是能够全然离了外界的压抑和强制站在绝对自由的心境上，表现出个性来的唯一的世界。忘却名利，除去奴隶根性，从一切羁绊束缚解放下来，这才能成文艺上的创作。"[③]没有精神的自由，没有艺术的"初心"，哪里有创作上的获得。亦如鲁迅所指出的，"非有天马行空式的大精神就没有大艺术的产生"[④]。所以，在曹禺，"苦闷"是其艺术初心的表征，"自由"才是其根本的目标和指向。与其"苦闷的灵魂"相一致，他更是"一个渴望自由的灵魂"[⑤]。

曹禺的艺术初心当在其幼年童年时期就开始萌发。年幼失母及家庭压抑的氛围使得曹禺天性敏感且内向；而随着后母"泡戏园子"更在他的心中种下了最初的戏剧的种子。及至在南开中学高二年级读书时，曹禺就曾非常明晰地感悟到一种艺术创作的"原动力"：一种"纷复的情趣"，且足以显示其艺术初心的特质：

> 文学的天才绚烂地造出他们的武具，以诗、剧、说部向一切因袭的心营攻击。他们组成突进不止的冲突与反抗，形成日后一切的辉煌。然而种种最初的动机，不过是那服从于权威，束缚于因袭畸形社会的压制下而生的苦闷懊恼中，显意识地或潜意识地，影响了自己的心地所发生杂乱无章的感想。那种纷复的情趣同境地是我们生活的阴荫，它复为一切动机的原动力，形

① [英] 阿兰·德波顿：《身份的焦虑》，陈广兴等译，上海译文出版社 2018 年，第 134 页。
② （明）李贽：《童心说》，《焚书 续焚书》，中华书局 1975 年，第 98 页。
③ [日] 厨川白村：《苦闷的象征》，鲁迅译，人民文学出版社 2007 年，第 16 页。
④ 鲁迅：《苦闷的象征》"引言"，《苦闷的象征》，鲁迅译，人民文学出版社 2007 年，第 5 页。
⑤ 田本相：《曹禺探知录》，北京时代华文书局 2016 年，第 114 页。

成大的小的一切事业。①

可以说，曹禺的"艺术初心"，指向的是一种审美的"自由"和艺术的"解放"。所以，在曹禺"苦闷的灵魂"当中，一方面正是出于对其灵魂"苦闷"的真诚地自由地表达，才造就了他的一系列杰出的剧作，正所谓"愤懑出诗人"，所谓"苦闷的象征"；而另一方面，随着知识分子"思想改造"运动的开展，曹禺或主动或被动地在"运动"中沉浮，其思想求索的功能日渐萎缩，也造成了其"艺术初心"的失落，而导致了曹禺晚年更多的"苦闷"。

当艺术初心表现为一种创作的情态时，那就是艺术家"胸中有如许无状可怪之事，其喉间有如许欲吐而不敢吐之物，其口头又时时有许多欲语莫可所以告语之处，蓄极积久，势不能遏。一旦见景生情，触目兴叹，夺他人之酒杯，浇自己之块垒；诉心中之不平，感数奇于千载。既已喷玉唾珠，昭回云汉，为章于天矣。"②那些"纷复的情趣"感受使得他急切地需要一吐为快。这种情态也许就可以视之为艺术初心的生动勃发。

正是基于这种"艺术初心"，曹禺的剧作创造出一个属于自己的独特的意象灿然的世界来。比如，在《雷雨》当中，曹禺惟其"能做到仅被在自己心里烧着的感激和情热所动，象天地创造的曙神所做的一样程度的自己表现的世界"③，所以，他觉得"写《雷雨》是一种情感的迫切需要。我念起人类是怎样可怜的动物……我用一种悲悯的心情来写剧中任务的争执。我诚恳地祈望着看戏的人们也以一种悲悯的眼来俯视这群地上的人们"；"在《雷雨》里，宇宙正像一口残酷的井，落在里面，怎样呼号也难逃脱这黑暗的坑"；"《雷雨》是一种情感的憧憬，一种无名的恐惧的表征。"关于《雷雨》的世界的种种生动的表述，无不异常鲜明地呈现出其独到的艺术初心。然而，到了1956年10月，曹禺在《雷雨》的英译本"序"却提出了另一种说法："《雷雨》是一个描写当时现实的剧本。如今，苦痛的时代已经过去了，这个戏仅存留下它的历史的现实的意义。每想到这一点，我的心上便不由得浮起一种快乐、兴奋的感情，因为我写《雷雨》的时候最深切的愿望，今天已经实现了。"④假设人们完全可以把这段话理解为是曹禺真诚的想法，而这个果真就是曹禺"写《雷雨》的时候最深切的愿望"，那么，很显然就与其《雷雨·序》中所展示的"艺术初心"显得有些格格不入。这不仅表明他完全认同了主流话语对《雷雨》"反封建"或"暴露大家庭的罪恶"之类的目的论判断，而且，在他看来，这个戏似乎已在社会目的论的意义上完成了它的历史使命，因而只剩下了让今天的人看过去的"封建"和"家庭的罪恶"的"历史的现实的意义"⑤。

曹禺的认知何以会出现这种转变？曾经写出《雷雨》（1933年）、《日出》（1935年）、《原

---

① 万家宝：《〈杂感〉序》，1924年4月《南中周刊》第20期。《南开话剧史料丛编·剧论卷》，南开大学出版社2009年，第104-105页。

② （明）李贽：《杂说》，《焚书 续焚书》，中华书局1975年，第97页。

③ [日]厨川白村：《苦闷的象征》，鲁迅译，人民文学出版社2007年，第16页。

④ 曹禺：《〈雷雨〉·英译本序》，载曹禺著：《迎春集》，北京出版社1958年9月。

⑤ 参见邹元江：《曹禺剧作七十年解读的困惑》，《戏剧艺术》2005年第三期。

野》（1936 年）和《北京人》（1940 年）这些杰作之后，这个一夜间"剧坛忽然跳出来的天才者"[1] 何以在 1949 年之后转变成为一个"生怕这个错，那个错，没有主见，没有把握"[b] 的"陌生人"了呢？

实质上，随着曹禺的社会境遇的变迁，身份立场的改变，从"一片童心"走向了"老成练达"。"童心既障，于是发而为言语，则言语不由衷；见而为政事，则政事无根柢；著而为文辞，则文辞不能达。""所以者何？以童心既障，而以从外入者闻见道理为之心也。"[3] 失却艺术之"初心"的曹禺，也就只能"以从外入者闻见道理为之心"了。正如曹禺晚年曾反复讲的，一段时间以来，"我们总是写那些'合槽'的东西，'合'一定政治概念之'槽'，'合'一定哲学概念之'槽'"[4]。这种"合槽"之作，大体上都不是出自作者的本心，从而有违艺术之真心。

现代艺术批评当中对于曹禺创作的评价，特别是关于 1949 年前后的曹禺，曾有所谓"思想进步，艺术退步"的评价，事实上这样的评价是经不住推敲的。人们以一种外界的尺度来衡量曹禺，曹禺也以这样的尺度来衡量自我，所以，不是由于"思想进步"导致其"艺术退步"那么简单，而恰恰相反，由于现实的桎梏，个人思想的权力被剥夺，内在生命力的被阻隔，才应该是其"苦闷"的真切的根源所在。如果说，曹禺在其"艺术初心"的驱动之下，创作出《雷雨》《日出》《北京人》等，其灵魂的苦闷与思想的睿智也在其中得到淋漓尽致的表达，那么，晚年的曹禺，在其精神的"苦闷"当中，在"艺术初心"的丧失、艺术水准退步的同时，思想的睿智也随之失去，为求做一个"真人"的同时，却又难免陷入更深的"身份的焦虑"之中。

正如邹元江所指出的，"曹禺的悲剧性在于，他中晚年后虽一再反省批判艺术与意识形态'合槽'的狭窄性，可他业已形成的惯性思维又使他下意识地随时去听命、去迎合让他去'合槽'的创作指令，甚至自觉不自觉地花极大的气力试图去完成年轻时没有"很好"完成的'合槽'之作，以至于一再让那些给他发出指令的人也对他创作的拘束，甚至没有了天才的艺术灵性而深感失望。"[5] 其实，曹禺晚年在"苦闷"的同时，还明显有着对其"艺术初心"的真切反省与回归的成分。自然，离"初心"越远，其"苦闷"也就益甚。曹禺每念及此，"就总是有东西坠在心里，心里坠着东西（自然）就写不出来"[6]。所以，那种艺术的"初心"迷失之后，不再是思想求索的"苦闷"，而是思想的失落使其有了太多的羁绊，而陷入更深的"苦闷"。

四、结语

从反思曹禺的"苦闷"开始，在曹禺的精神演变的历程当中，审视其思想的探索与创作的得失，

---

① 欧阳予倩著：《导演者的话》，见《日出》演出特刊，转引自胡叔和著：《曹禺评传》，中国戏剧出版社 1994 年，第 38 页。

② 文化部文学艺术研究院编：《周恩来论文艺》，人民文学出版社 1979 年，第 107 页。

③（明）李贽：《童心说》，《焚书 续焚书》，中华书局 1975 年，第 98–99 页。

④《曹禺自述》，京华出版社 2005 年，第 190 页。

⑤ 邹元江：《曹禺剧作七十年解读的困惑》，《戏剧艺术》2005 年第三期。

⑥《曹禺自述》，京华出版社 2005 年，第 191 页。

当属于一条精神分析批评的路径；在此基础上进一步追问曹禺的艺术初心，也就是回归到艺术创造的本源上来，还原曹禺艺术创造的精神根源与思想动因，则是本文所预设的目标之一。因此，怎样永葆艺术之"初心"，不仅成为所有艺术家始终追求的目标，而且也成为艺术批评与艺术史研究的重要目的。在这个意义上，对于曹禺的"苦闷"与"初心"的探寻，不仅是一个戏剧史的课题，更是每一位研究者需要不断的叩问自己灵魂的过程。

论曹禺写作主体精神的嬗变

陈　军 [①]

内容提要：曹禺是中国话剧史上当之无愧的世界级戏剧大师，过去对他的研究偏于作家论、创作论及演出论，而对其创作经验总结不够。本文从编剧学的角度系统总结曹禺的编剧思想和方法，将它概括为四个方面，即"写我感受最深的东西""抽取别人的'金线'，织成自己的'衣服'""一个戏要和一个戏不一样""熟悉舞台、熟悉观众"，力求做到文学的"外部研究"与"内部研究"的有机结合。曹禺的编剧思想与方法是他馈赠给后人的又一笔宝贵的精神财富。

关键词：曹禺；编剧思想和方法

曹禺是中国话剧史上最为杰出的剧作家，先后创作了《雷雨》《日出》《原野》《北京人》《家》等 5 部戏剧经典作品，外来的话剧样式因为他而在中国走向成熟并获得了长远的发展。即使放在世界剧坛，他的作品、声誉和影响也占有重要的一席之地，是中国现当代作家中当之无愧的世界级戏剧大师。早在《雷雨》诞生不久，黎烈文就称赞道："亏了它，我才相信中国确乎有了'近代戏'，可以放在巴黎最漂亮的舞台上演出的'近代戏'。" [②] 后来的《日出》也受到广泛关注与好评，著名学者、英国谢迪克教授在《一个异邦人的意见》中就指出："《日出》在我见到的现代中国戏剧中是最有力的一部。它可以毫无羞愧地与易卜生和高尔斯华绥的社会剧的杰作并肩而立。" [③] 其他几部作品也分别经受了岁月的洗涤，获得了不朽的艺术生命力，并在世界舞台上熠熠生辉、大放异彩。

长期以来，曹禺研究可谓连篇累牍、层出不穷，已成为一门显学，并有学者提出要着力构建"曹禺学"，但正如于是之先生所指出的："曹禺剧作一直是曹禺研究中的热门课题，但另一个重要方面即曹禺对自己创作经验的总结，至今还没有引起研究界的更广泛的注意。" [④] 曹禺研究总体上偏于作品论、作家论，新世纪以来则有向曹禺戏剧舞台演出拓展的趋向，

而从编剧学的角度系统总结曹禺的编剧思想和方法的研究则仍嫌薄弱和滞后。实际上，曹禺是重视经验总结的，从《雷雨·序》《日出·跋》、国立剧专时期的《编剧术》，一直到新中国成立后他发表的大量创作谈，例如《漫谈剧作》《我的生活和创作道路》《和剧作家们谈读书和写作》

---

① 陈军，上海戏剧学院戏剧文学系主任、教授、博士生导师。

② 黎烈文：《大胆的手法》，天津《大公报》1937 年 1 月 1 日第 16 版。

③ ［英］H.E. 谢迪克：《一个异邦人的意见》，天津《大公报》1936 年 12 月 27 日第 11 版。

④ 于是之：《我们剧院的骄傲》，《中国戏剧》1997 年第 5 期，第 33 页。

等一系列文章，包括他与一些中青年剧作家的谈话、接受一些研究者和媒体的采访等，都不同程度地反映了他创作上的一些感悟和心得，值得提炼和推广。

本文旨在采用"知人认世"的方法，力求打通"作品论"与"作家论"的界限，把曹禺的"诗内功夫"与"诗外功夫"结合起来，思考曹禺"写什么""怎么写""为什么这样写""写得怎么样"等一系列创作问题，最终实现对他的编剧理念和方法的学理阐释。

一、"写我感受最深的东西"

曹禺在谈到《家》的改编时曾这样对田本相说："剧本和小说不同，剧本限制较多，三个小时的演出把小说中写的人物、事件、场面都写到剧本里，这是不可能办到的。但更重要的，是我得写我感受最深的东西，而我读小说《家》给我感受最深的是对封建婚姻的反抗，不幸的婚姻给青年带来的痛苦。"[①] 可见，即使是改编，曹禺除了注意文体形式的不同以外，仍十分强调自己的个体经验，立足自身感受和感悟来写。这是他的经验之谈，类似的表述有很多，如："写作不只是靠着某个观点，是要流着心血写的。这是多少年的生活感受，多少年的思想感情积累起来的，不是一时的冲动，不是从理论上接受了某种道理就能写出作品的。"[②] "从创作道路上看，应该说熟悉什么，写什么；爱什么，写什么。"[③] 剧作家梁秉堃在《在曹禺身边》一书中曾具体回忆了曹禺对北京人民艺术剧院作家们的亲切教诲，其中就有他为剧院编剧制定的三个"不要写"的原则："言不由衷的话，不要写"，"不熟悉的生活，不要写"，"熟悉的生活，但是在没有从中找出你相信的道理来，并且真正想通了的时候，也不要写。"[④]

曹禺创作的一个特点是他的作品有个人生活经历的投影，写自己熟悉的世界。他说："我出身在一个官僚家庭里，看到过许多高级恶棍、高级流氓，《雷雨》《日出》《北京人》里出现的那些人物我看得多了，有一个时期甚至可以说是和他们朝夕相处。"[⑤] 曹禺喜欢调动自己的生活积累、社会观察和人生体味来写作，在日常生活中，他也注意用笔用纸耐心地随时随地记录，囤积材料，其作品中的人物不少是有生活原型的。例如《北京人》中的曾皓有他父亲万德尊的影子，曾文清则酷似他大哥万家修，他的父亲就曾跪在他哥哥面前求他不要再抽大烟了，令他哥哥无地自容、仓皇逃窜。《家》的改编中，瑞珏是以他第二任妻子方瑞为原型的，觉新的苦闷也有曹禺自身的婚姻感悟和情感宣泄……从曹禺的自述中，可以看出，他作品中的人物有以一个特定人物为原型加以想象发挥的；也有鲁迅说的"杂取种种人、合成一个"——以多个人物原型加以整合创造的，这方面论述很多，这里不再赘述。由于曹禺的生活环境、个性气质、成长经历等原因，曹禺的经验和感受也

---

① 田本相：《曹禺传》，北京十月文艺出版社 1994 年，第 298 页。

② 曹禺：《我的生活和创作道路》，《曹禺全集》（五卷），田本相、刘一军主编，花山文艺出版社 1996 年，第 99 页。

③ 于是之：《我们剧院的骄傲》，《中国戏剧》1997 年第 5 期，第 103 页。

④ 梁秉堃：《在曹禺身边》，中国戏剧出版社 1999 年，第 87 页。

⑤ 曹禺：《曹禺谈〈雷雨〉》，《人民戏剧》1979 年第 3 期，第 40 页。

是有限的，马俊山就指出："曹禺的生存体验并不十分宽阔，但很特殊，也很深刻。总而言之是旧人多于新人，家庭重于社会，女性胜过男性。"①应该说，这种概括是极为准确的。对于自己不熟悉的生活，曹禺也尝试通过体验生活的方式来弥补，例如为了写好《日出》第三幕，他曾去下等妓院探访，尽可能多地搜集素材。但生活体验和体验生活是两个不同的概念，前者是自己有了长期的生活积累和经验认识后的再提升和再创造；而后者则是对相对陌生的生活的一种考察和了解，难以达到前者那样的广度和深度，前者比后者更具有真情实感。

由于所写内容带有自传色彩，曹禺的创作总是伴随着强烈的直觉性和情感因素，他在《雷雨·序》中就说："写《雷雨》是一种情感的迫切的需要。""《雷雨》的降生是一种心情在作祟，一种情感的发酵。"②在《日出·跋》中，他又说："梦魇一般的可怖的人事"，"化成多少严重的问题，死命地突击着我。这些问题灼热了我的情绪，增强我的不平之感，有如一个热病患者。"③等等，不一而足。除了真情投入以外，曹禺的前期作品也坚持自己的生活实感和认知，例如他的处女作《雷雨》就有对命运甚至包括对宿命论的思考，《日出》《原野》《北京人》等作品中也不乏基督教哲学、道家哲学、生命哲学等中西方各种哲学思想的影响。他改编的《家》则以觉新、瑞珏、梅小姐三个人物的关系作为剧本的主要线索，而小说中描写觉慧的部分，他和许多朋友的进步活动都适当地删去了，其重心已不在新生一代的反抗，而侧重写封建社会恋爱婚姻的不幸。

值得指出的是，曹禺后期创作的式微与他不再写自己熟悉的生活和题材，从既定的主题观念出发有关。新中国成立后，为了写好《明朗的天》，曹禺也曾到北京协和医院蹲点采访，了解知识分子思想改造问题，但还是很隔膜，收效不大。他后来回忆说："尽管当时我很吃力，但仍然是很想去适应社会主义现实主义创作方法，是硬着头皮写的，但现在看来，是相当被动的，我那时也说不清楚是怎样一种味道。"④在谈及《王昭君》的写作时，曹禺曾这样说："我现在想写的王昭君，是力图按照毛主席在'六条标准'中提出的'有利于民族团结'的指示精神去考虑的。关于写这个戏，周总理指示我的基本精神是：民族团结，文化交流。我要写一个比较符合历史真实的剧（当然不能完全符合，因为历史剧不只是'历史'，还有个'剧'字，要有戏剧性）。王昭君是个笑嘻嘻的而不是哭哭啼啼的王昭君，一个促进民族团结的王昭君，一个可能为周总理赞成的王昭君。"⑤很显然，这种"主题先行"的做法违背了他前期的创作原则，也背离了他的创作个性，其失败是不可避免的。曹禺后来也有反思，他说："看见什么问题，就写什么问题，看见什么人物，就写什么人物，不是真正从自己的精神世界中深思熟虑过的，真正在自己情感世界中感动过的，就拿来写，这样的戏写出来，也许可以感动一时，但不能感动永久。我是不赞成这样一种写法的，我觉得很长一段时间里，

① 马俊山：《曹禺：历史的突进与回旋》，中国工人出版社1992年，第127页。
② 曹禺：《雷雨·序》，《曹禺全集》（五卷），田本相、刘一军主编，花山文艺出版社1996年，第12页。
③ 曹禺：《日出·跋》，《曹禺全集》（五卷），田本相、刘一军主编，花山文艺出版社1996年，第25页。
④ 田本相：《曹禺传》，北京十月文艺出版社1994年，第379页。
⑤ 曹禺：《关于话剧〈王昭君〉的创作》，《人民戏剧》1978年第12期，第41页。

我们的文学艺术太讲究'用'了。为什么我们不能创作世界性作品？这是颇令人深思的。"①

二、抽取别人的"金线"，织成自己的"衣服"

《雷雨》问世之后，有人认定"（曹禺）是易卜生的信徒，或者臆测剧中某些部分承袭了Eu-ripides的Hippolytus或Racine的Phedre的灵感"②，曹禺在《雷雨·序》中予以了回应，他说："我是我自己——一个渺小的自己……在过去的十几年，固然也读过几本戏，演过几次戏，但尽管我用了力量来思索，我追忆不出哪一点是在故意模拟谁。也许在所谓的'潜意识'的下层，我欺骗了自己：我是个忘恩的奴隶，一缕一缕地抽去主人家的金线，织好了自己丑陋的衣服，而否认这些褪了色（因为到了我的手里）的金线也还是主人家的。"③这句话形象地说明：作为现代戏剧大师，曹禺并不否认自己吸收了古今中外的各种艺术资源，但在这个过程中他并没有不加选择地全盘接受、一味模仿他人，而是有着彰显自己主体精神的"整合"品质的，即抽取别人的"金线"，织成自己的"衣服"。④香港刘绍铭博士曾经在《曹禺论》中引述林以亮先生的意见，认为不应在曹禺身上花功夫，因为他的作品浅薄得不能入流派，并把曹禺与英国的马罗、德国的歌德、挪威的易卜生、美国的奥尼尔等人比较，肯定了外国大师的影响，指出了曹禺的"失败"。我不同意刘的观点，因为曹禺虽然借鉴或模仿了这些戏剧大师的作品，但曹禺转学多师，博采众长，已经形成了自己独特性的创造。我个人认为曹禺是具有整合品质的集大成的作家，从某种意义上说，整合也是创新。

曹禺曾说："学外国人的好东西，是不知不觉的，是经过消化的，不是照搬、模仿，而是融入、结合，在这种融入结合之中，化出中国自己的风格，化出作家自己的风格，总之，是引出新的创造。"⑤对于外国的东西，曹禺不是全盘接受，而有他自己的消化、融入和再创造。例如他在创作中注意向中国戏曲学习，他曾说："如果我，还有田汉、夏衍、吴祖光这些人，没有深厚的中国文化传统的修养，没有深厚的中国戏曲的根基，是消化不了西方话剧这个洋玩意儿的。"⑥同时，因为他写的是中国题材和中国人，他十分注意民族性格的刻画和民族情感的抒发，彰显创作的民族特色。他说："在风格上。《北京人》受到契诃夫影响……但是，《北京人》和契诃夫的戏剧还是不一样的，因为《北京人》毕竟写的是中国人的思想感情。你可以把《北京人》和《三姊妹》中的人物比较一下，他们的痛苦、他们的悲哀、他们的憧憬和希望是不同的啊！人物的感情表现方式也是不一样的。"⑦

曹禺创作所受外来影响的多元化与他广泛阅读有关。小时候在家里，他就读《戏考》，一折一

---

① 梁秉堃：《在曹禺身边》，中国戏剧出版社1999年，第26页。

② 曹禺：《雷雨·序》，《曹禺全集》（五卷），田本相、刘一军主编，花山文艺出版社1996年，第12页。

③ 曹禺：《雷雨·序》，《曹禺全集》（五卷），田本相、刘一军主编，花山文艺出版社1996年，第12页。

④ 以《雷雨》为例，有学者考证过，它借鉴了埃塞库罗斯的《俄狄浦斯王》、易卜生的《群鬼》《玩偶之家》、奥尼尔的《天边外》《榆树下的欲望》等多部世界名剧，但它并不是这些名剧的翻版，已有曹禺自己的创造性的转化。

⑤ 曹禺：《谈〈北京人〉》，《曹禺论创作》，上海文艺出版社1986年，第104页。

⑥ 田本相：《曹禺的意义》，《戏剧文学》1997年第6期，第5页。

⑦ 田本相：《曹禺传》，北京十月文艺出版社1988年，第280页。

折的京戏，他读得很熟，从旧戏里学到写性格的本领以及曲折动人的故事。后来去南开中学上学，尤其是去清华大学西洋文学系学习，他更是如饥似渴、博览群书，从古希腊悲剧、莎士比亚戏剧到易卜生的社会问题剧、契诃夫的现实主义戏剧一直到当时比较前卫的象征主义、表现主义戏剧（例如美国戏剧家奥尼尔等作家作品），从古典到现代无不涉猎。这使他在创作时能不断与前辈范本进行对话，眼界宽、起点高、思维活跃。曹禺说："要从中国和外国的好剧本学习技巧。读一个好剧本，在最吸引我们的地方，要反复地读。研究它为什么吸引我们，是思想感情好？是人物好？是结构好？是文章好？为什么它给我们这样美好的印象？作者用了什么方法？在这种地方反复地读，才能看出'窍'来。"[①] 曹禺的好读书在圈内是十分出名的，凡是与曹禺有过接触和交往的人对他酷爱读书这一点皆印象深刻、记忆犹新。他的学生叶子就称他是一位书斋剧作家，看书特多，记忆力超强。在北京人艺，他是有名的活字典，很多不常见的戏剧，只要问他，他总能给你满意的解答。梅朵在《艺术生命不朽》中曾这样回忆说："他是抓紧一切时间读书，即使他在走路的时候，也不肯浪费时间……可以说，像曹禺老师那样博览世界戏剧名著的人绝少绝少，而像他那样打开心灵，让那些艺术家的生命创造融进他的生命，从中吸取力量，也是绝少绝少。"[②]

曹禺的阅读除了上面的"多"和"精"以外，还有一个特点是"杂"。除了戏剧，他读小说，既读《红楼梦》这样的古典小说，也读鲁迅、茅盾、郁达夫等现代作家的小说。除了小说，他还读各种思想书籍——"他读佛、老，诵圣经，求教过柏拉图、尼采、叔本华、林肯，也研究过孙中山的著作和主张。"[③] 在清华大学读书时，他对巴赫的宗教音乐也有过接触，看了托尔斯泰的《复活》后，他又想了解大弥撒的仪式，他说："一个人的艺术修养要广，除了读书，对各种艺术的鉴赏能力要多方培养，要从多方面吸取营养，兴趣偏狭是不利于艺术创造的。"[④] 正是因为曹禺兼收并蓄，多方抽取"金线"，织成的"衣服"才不同凡响、亮丽夺目。

三、"一个戏要和一个戏不一样"

前文讲过，曹禺作品因为汲取多种艺术资源，一直饱受质疑，似乎给人模仿有余、创新不足的感受，这实际上是对曹禺其人其作的极大误解。曹禺是一位有远大抱负、不甘于平庸的剧作家，他后期创作那么少，其实与他自我要求高有关，他不想重复自己，更不想重复别人。在他晚年的病床上总是放着外国戏剧大师的作品，他的内心也怀有成为世界戏剧大家的理想和渴求，并为自己晚年写不出高水平的戏剧作品而焦虑、苦恼。早在《雷雨·序》中，他就这样形容自己的个性特点："我不知道怎样来表白我自己，我素来有些忧郁而暗涩；纵然在人前我有时也显露着欢娱，在孤独时却

　① 曹禺：《切忌浅尝辄止》，《曹禺全集》（五卷），田本相、刘一军主编，花山文艺出版社1996年，第541页。

　② 梅朵：《艺术生命不朽》，《曹禺评说七十年》，刘勇、李春雨编，文化艺术出版社2007年，第56页。

　③ 王兴平（执笔）、刘思久、陆文璧：《曹禺传略》，《曹禺研究专集》上册，王兴平、刘思久、陆文璧编，海峡文艺出版社1985年，第5页。

　④ 曹禺：《童年琐忆》，《曹禺评说七十年》，刘勇、李春雨编，文化艺术出版社2007年，第8页。

如许多精神总不甘于凝固的人，自己不断地来苦恼着自己。"①

精神上不甘于凝固是曹禺写作创新追求的原动力。他的成名作《雷雨》就堪称大手笔，那么多复杂的人物关系和戏剧冲突要在有限时空内安排好，并巧妙地通过穿插和照应，使人看不出破绽和漏洞，这是需要功力的。曹禺在谈到《雷雨》写作构思时说："不知是什么原因，交响乐总是在耳边响着，它那种层层展开，反复重叠，螺旋上升，不断深入升华的结构，似乎对我有一种莫名的吸引力；还有古希腊悲剧中那些故事，所蕴藏的不可逃脱的命运，也死死纠缠着我。这原因很可能是，那时我就觉得这个社会是一个残酷的井，黑暗的坑，是一个任何人也逃脱不了的网，人是没有出路的，人们无法摆脱悲剧的命运。而这些都是《雷雨》结构的因素，它就是一个天网，天网恢恢，在劫难逃！一个戏的结构，决不是形式，它是一种艺术的感觉，是一个剧作家对人生、对社会特有的感觉。"②这就难怪美国著名戏剧家、诺贝尔文学奖获得者阿瑟·米勒说："《雷雨》的结构是很有气魄的，是他看到的戏剧中最伟大的戏剧结构之一。"③但到了写《日出》时，曹禺"渐渐生出一种对于《雷雨》的厌倦"，开始"试探一次新路"，"用片段的方法"，"用多少人生的零碎来阐明一个观念。"④由家庭悲剧转向社会悲剧，极力批判"损不足以奉有余"的金钱社会。他的《原野》写作则是又一种路子，他把视域扩大到广袤的农村，表现农民复仇的故事和由此造成的心狱，在创作方法上有意突破现实主义的模式，吸收了表现主义艺术手法，向心灵更深处挺进。曹禺说："《日出》之后，我似乎就觉得没有什么办法了，总得要搞出些新鲜意思，新鲜招数来。我是有这种想法，一个戏要和一个戏不一样。人物、背景、氛围都不能重复过去的东西。"⑤《原野》之后的《北京人》从写法、结构、人物等又与以前剧作有所不同、有所创造，它开始反思文化对人的影响，不仅揭示封建文化的腐朽，而且挖掘传统文化的真金及新生力量。即使是他改编的巴金的《家》，他也不大忠实于原著，而以自己的感受、眼光和手笔进行再创作，有着独立的审美价值。评论家刘念渠就指出："这剧本是由小说改编的，可不是仅仅形式上的变换，使之适合于舞台而已。显然的，曹禺在这份并不轻松的工作中，注入了他自己的生命、思想和感情，所以，说它是一部新的剧作，并非过分。"⑥

即使是曹禺被诟病的后期剧作，他仍想突破和超越自我，这是不容抹杀的事实。《明朗的天》虽然有政治化、概念化的毛病，但也展现了新的题材、新的人物和新的方法，只不过受制于"十七年"特殊的精神气候，作者对这些新的创造还不能很好把握和了解。其他两部戏剧《胆剑篇》和《王昭君》都是历史剧，也是曹禺创作领域的新拓展，一些人物的塑造如伍子胥、勾践、孙美人等栩栩如生，令人印象深刻，他们都是曹禺人物画廊的新面孔，从这两部剧作中能看出曹禺在诗意风格上的新追

---

① 曹禺：《雷雨·序》，《曹禺全集》（五卷），田本相、刘一军主编，花山文艺出版社1996年，第12页。

② 田本相：《神话与仪式：戏剧的原型阐释·序》，胡志毅著，学林出版社2001年，第4页。

③ 田本相：《曹禺传》，北京十月文艺出版社1994年，第451页。

④ 曹禺：《日出·跋》，《曹禺全集》（五卷），田本相、刘一军主编，花山文艺出版社1996年，第32-33页。

⑤ 曹禺：《原野之路》，《曹禺评说七十年》，刘勇、李春雨编，文化艺术出版社2007年，第26页。

⑥ 刘念渠：《生活是要自己征服的——曹禺的新剧作〈家〉书后》，《戏剧日报》1943年第1卷第3期，第37页。

求，虽然二者都有功利化的弊端。

最后，我想指出的是，在曹禺创作的求新求变中有一以贯之的东西，那就是以人为中心，始终把人当成真正的人来写。曹禺自己不止一次说："作为一个戏剧创作人员，多年来我倾心于人物。我总觉得写戏主要是写'人'；用心思就是用在如何刻画人物这个问题上。"① 曹禺的创作始终关注人的生命存在，力求写出复杂多样的人物性格和人物的全部心灵奥秘来，恰如李扬所说："曹禺是中国现代作家群中仅有的几个有意识地进入对人类本性的深刻思考的作家之一。"②

四、"熟悉舞台，熟悉观众"

曹禺曾被很多学者称为戏剧天才。《雷雨》奇峰崛起，一鸣惊人，是他的成名作也是代表作，这乍看起来有点不可思议，实际上与曹禺本人的前期准备有关。曹禺在《〈雷雨〉之前》一文中说："我不是什么天才。天才是肯勤奋有耐性、勇于苦思冥想、具有丰富的斗争生活和取之不尽的精力的人。写《雷雨》我是经过了十几年的思想和生活的积累，经过八年的学徒时期。"③ 这八年的学徒时期指 1925—1933 年曹禺八年的舞台演出实践。应该说，曹禺接触戏剧是很早的，他从小跟着继母看戏，后来就读的南开中学是中国现代话剧运动的摇篮，那里有着良好的艺术氛围、高明的指导老师、正规的戏剧社团、丰富的演出实践。在南开期间，曹禺是南开新剧团的演出骨干和活跃分子，曾在丁西林《压迫》的演出中饰女房客，在易卜生《娜拉》（即《玩偶之家》）的演出中扮演娜拉，其他在《刚愎的丈夫》《新村正》《财狂》等剧中曹禺均是主要角色，演出过许多反响很大、备受好评的话剧。曹禺的舞台实践对其戏剧创作的影响很大，他说："南开新剧团是我的老师，……它使我熟悉舞台，熟悉观众，熟悉如何写戏才能抓住观众。戏剧有它自身的内在规律，不同于小说和电影。掌握这套规律的重要途径，就是舞台实践。因此，如何写戏，光看剧本不行，要自己演，光靠写不行，主要在写作时知道在舞台上应如何举手投足。"④《雷雨》上演不久，著名戏评家刘西渭就在他的一篇评论中敏锐地指出："曹禺原即万家宝先生，《雷雨》是一个内行人的制作，虽说是处女作，立即抓住了一般人的注意。《雷雨》现在可以说是甚嚣尘上。"⑤

曹禺的先"演"为后"写"提供了良好的支撑条件，他懂舞台，创作时场面思维活跃，视听感受丰富细腻，其剧作能读又能演，真正做到文学性和舞台性的双美。当田本相采访曹禺，说他的戏剧语言很成功，既简练，又有韵味；既幽默，又深邃，还有潜台词，是一般人不可企及时，他回答说："我的戏剧语言，可能同演戏有关。……这种语言的磨练不是一天两天的事，同舞台感、群众感有关。

① 曹禺：《看话剧〈丹心谱〉》，《光明日报》1978 年 4 月 10 日第四版。

② 李扬：《论作为一种文人生存模式的"曹禺现象"》，《文艺理论研究》1995 年第 6 期，第 41 页。

③ 路工：《〈雷雨〉之前》，《剧坛》1981 年第 1 期，第 6 页。

④ 田本相：《曹禺传》，北京十月文艺出版社 1988 年，第 88 页。

⑤ 刘西渭：《雷雨——曹禺先生作》，《曹禺研究专集》上册，王兴平、刘思久、陆文璧编，海峡文艺出版社 1985 年，第 538 页。

这个台词该怎么说才能调动群众，才能产生动作，都需要斟酌。"①

　　如果说"剧本的生命在于演出"②，那么舞台／剧场的生命在于观众，曹禺写作时是有强烈的观众意识的，他说："一个弄戏的人，无论是演员、导演，或者写戏的，便须立即获有观众，并且是普通观众。只有他们才是'剧场的生命'。"③由于考虑观众的审美心理和演出效果，曹禺戏剧能做到雅俗共赏，备受追捧。以《雷雨》为例，虽然立意深远，不乏对人的命运及生存困境的哲理思考，但故事内容却写得非常通俗，这里有阶级斗争，有三角恋爱；有父子反目，有兄弟相仇；有乱伦和自杀，更有天谴与怨天，人际关系错综复杂，情节的戏剧性很强。王蒙在《永远的〈雷雨〉》一文中指出："《雷雨》可说是通俗的经典与经典的通俗。"④到了写《日出》时他已不满足于《雷雨》的"太象戏"，而力求向契诃夫戏剧学习，因为在契诃夫的戏里，"没有一点张牙舞爪的穿插，走进走出，是活的人，有灵魂的活人，不见一段惊心动魄的场面，结构很平淡，剧情人物也没有什么起伏生展，却那样抓牢了我的魂魄。"⑤但写了几稿，曹禺还是把它烧掉了，因为他认识到："即便写得出来，勉强得到半分神味，我们现在的观众是否肯看仍是问题。他们要故事，要穿插，要紧张的场面。"⑥所以从观众接受考虑，《日出》增加了情节结构的故事性，穿插了漫画式的喜剧片段。同样，曹禺改编的《家》的第一幕，在洞房之夜觉新和瑞珏大段内心独白的戏之后，忽然从床底下钻出三个闹新房的小孩，逗得观众哈哈大笑，这是因为曹禺善于捉摸观众心理，注意场面冷热相剂，较好地起到了插科打诨的作用。据梁秉堃回忆："不知道有多少次，上演曹禺老师的戏和别人的戏的时候，我看到曹禺老师独自一人或在观众席里，或在边幕旁边，或在侧面灯光下方，全神贯注地看着戏，也全神贯注地看着观众的反应，与观众一起随着剧情的发展而喜怒哀乐。"⑦曹禺说："要从观众中去学习技巧。观众是活的，要研究他们为什么在这个地方哭，在那个地方笑，为什么他们在这个地方鼓掌，在另一个地方又一点声音也没有。"⑧总之，曹禺写戏时总是想着观众，注意研究观众的喜好与心理，这是他的戏剧深受观众喜爱的原因之一。

　　以上我们从四个方面全面客观总结曹禺的编剧思想和方法。曹禺一生都献给中国戏剧事业，是我国为数不多的集编、导、演于一身的全才和通才，他高度重视戏剧的本体特色和内在规律，其编剧思想和方法是在学习中西戏剧艺术经验并融合自身创作体会中逐渐形成的，至今仍具有可资借鉴的价值，这是他馈赠给后人的又一笔宝贵的精神财富。

---

　　① 田本相、刘一军：《苦闷的灵魂》，江苏教育出版社 2001 年，第 102 页。

　　② 曹禺：《曹禺谈〈雷雨〉》，《曹禺研究专集》上册，王兴平、刘思久、陆文璧编，海峡文艺出版社 1985 年，第 188 页。

　　③ 曹禺：《〈日出〉跋》，《曹禺全集》（五卷），田本相、刘一军主编，花山文艺出版社 1996 年，第 33 页。

　　④ 王蒙：《永远的〈雷雨〉》，《曹禺评说七十年》，刘勇、李春雨编，文化艺术出版社 2007 年，第 77 页。

　　⑤ 曹禺：《〈日出〉跋》，《曹禺全集》（五卷），田本相、刘一军主编，花山文艺出版社 1996 年版，第 32 页。

　　⑥ 曹禺：《〈日出〉跋》，《曹禺全集》（五卷），田本相、刘一军主编，花山文艺出版社 1996 年版，第 33 页。

　　⑦ 梁秉堃：《在曹禺身边》，中国戏剧出版社 1999 年版，第 89 页。

　　⑧ 曹禺：《〈日出〉跋》，《曹禺全集》（五卷），田本相、刘一军主编，花山文艺出版社 1996 年，第 89 页。

曹禺与天津文化影响

王海冰 [1]

一个人的文化烙印，首先源于他出生和青少年成长的地方。一代戏剧大师曹禺先生出生在天津，童年与青少年时期在天津生活成长，天津的文化对曹禺先生的影响是必然是很大的。

租界文化

曹禺先生 1910 年 9 月 24 日出生于当时的天津英租界一个叫"小白楼"的地区，两三岁时全家搬入了意大利租界两座共计 600 平米的小洋楼"万公馆"。在此度过了他童年与青少年时期，这段时光的小洋楼里"终日弥漫着忧郁、伤感的环境，熔铸了一个苦闷的灵魂，使他早早地开始思索社会，思索人生，思索灵魂。"同时"万公馆"的地域位置和周围环境也使曹禺从一出生就感受着租界殖民文化的氛围。

天津是中国近代洋务运动的摇篮，在全国占有突出的位置。从 1860 年《北京条约》开始至 1902 年，有英、法、美、德、俄、意、比、奥匈帝国共九个国家在天津获得租界，清朝一半以上的对外条约是在天津签订的，22 个国家的领事馆设在天津。李鸿章担任直隶总督和北洋大臣期间，洋务运动在华洋杂处的天津一直走在前列，许多全国第一诞生在天津。

清末民初风云际会，政局动荡，由于天津离北京近，清廷的遗老遗少和一些达官贵人、军阀商贾、金融地产商、有钱的文人墨客，以及部分失意的政客等纷纷在租界置办家产，居住生活。有的政客还可时时窥视着北京的政局变化，以期在短时间内卷土重来，东山再起。这些社会的上层人物为什么愿意在租界居住，因为当时殖民化的地区由于西方制度与文化的移植，促进了这些地区社会文明程度发展，引领着城市的进步与走向现代化。如公共卫生设施、城区土地整治和规划、现代化管理理念，甚至包括反映民众呼声的请愿制度、社会治安秩序，以及小洋楼居住的舒适度等等。

曹禺家"万公馆"是其曾做过民国两任总统黎元洪秘书的父亲万德尊于 1912 年买下的，黎元洪下野后，万德尊回到天津做起了"寓公"。"万公馆"坐落的意大利租界是一个近四方形比较完整的街区。租界内设施齐全，有道路、花园、菜市场、警察局（兼管消防）、教堂、医院、兵营、俱乐部等，还有马可·波罗和但丁两个广场。200 余座地中海风格的洋房，一楼一样，没有重复。紧挨着"万公馆"的邻居是曹锐（民国第六任总统曹锟的四弟，曾任直隶省省长）的旧居洋楼，往西走不到 50 米是戊戌变法领袖之一梁启超的寓所和饮冰室。曹禺曾还记得，一次中学暑假的一天，

---

① 王海冰，天津曹禺纪念馆馆长。

光头的梁启超先生来到南开中学给同学们讲诗人杜甫。

顺着"万公馆"门前的二马路（现民主道）向西200多米的道路两旁还有段祺瑞（曾任民国总理）、张廷谔（曾任民国两任天津市长）、吴毓麟（曾任北洋政府交通总长）、汤玉麟（曾任热河都统、29军总参议），华世奎（清末翰林、著名书法家）等名人的旧居，走到海河边是袁世凯（曾任民国总统）宅邸和冯国璋（曾任民国代总统）的旧居，类似以上的"名人"在天津的租界还有很多。那时曹禺每日从"万公馆"到南开中学去上学，一般需经过意、英、德、法租界地儿，他有时还将省下的车钱和零花钱在英租界的戏院买票观看意大利、俄国来津演出的歌剧，有时还和小伙伴到德租界大光明影院看电影。经典戏剧《日出》中陈白露寓居的高级饭店及交际花原形，就是他在法租界的惠中饭店见到的。

曹禺家意大利风格的小洋楼"万公馆"与天津城市租界内的洋楼均是租界文化的产物（现在统称为"洋楼文化"）。曹禺23岁创作的经典处女作《雷雨》中二层洋楼的周公馆有着万公馆的影子。就连舞台上周公馆室内的布局，也有"万公馆"受租界"西化"影响室内摆设的影子。据20世纪30年代天津《益世报》刊发学生记者安正元撰写的长篇专访《戏剧家"雷雨"的作者万家宝先生访问记》，其中对万公馆客厅有一番介绍："万先生家这个客厅的面积是很宽阔的，一切设备都很艺术化，靠窗有一书桌，可以看到马路，在这张书桌的左边有几只白布蒙着的沙发，靠墙有崭新的烤炉，迎门的一面墙上挂着一个穿军人衣服的中年人像片，客厅左边有一个门，里面就是曹禺的卧室。"

1936年曹禺在正式出版的《雷雨》单行本的扉页上深情地写道："我将这本戏献给我的导师张彭春先生，他是第一个启发我接近戏剧的人。"当年进入南开学校并加入南开新剧团的曹禺得到了恩师张彭春最好的戏剧教育，带他翻译并改编外国名剧，演出外国名剧。他研究西方戏剧史，与莎士比亚、易卜生、契诃夫、莫里哀，以及奥尼尔等戏剧大师进行心灵的对话，经过四五年的酝酿，他将这些大师的魂灵融化在了他创作的经典戏剧《雷雨》中。所以他于南开中学在张彭春的引导下，能没有任何障碍自然地接受西方戏剧影响并能很快融入其中，以及他创作出《雷雨》《日出》等经典的"西式"戏剧，这与他生活在租界"准西式"的环境氛围及影响应该说也是有一定关系的。

戏剧（曲）文化

生性喜欢戏剧的曹禺，两三岁开始就由喜欢看戏的继母带着到戏院看戏，使他感到"戏原来是这么迷人的东西"，而天津深厚的戏剧（曲）底蕴为曹禺着迷于戏剧（曲）提供了天然的客观条件。

从元明清三代建都北京之后，天津就成了京都门户、水陆要冲，有着九河下梢地理位置和五方杂处的人文环境，形成了天津人特有的市民文化，其中最具特征的就当属是曲艺了。因为历史上的天津城市建设发展的形成，是以外乡人口陆续迁入而随之组建壮大扩展的。这些外乡人将各自家乡的娱乐形式带到了天津，促成各种声腔曲种在天津地界既竞争又相互借鉴吸收多元化的繁衍，受到广大市民的喜爱，逐渐形成了天津曲艺的民间基础。有了这个基础，在19世纪京剧从北京传到天津时受到市民欢迎和喜爱，京剧在所有戏曲中可谓影响最大最广被后来称为国粹的戏曲艺术。发展至20世纪上半叶，戏剧界流传的俗话"北京学戏，天津唱红，上海赚包银"。可见天津这个大舞台在京剧地位的重要。

天津人不但爱看戏听曲，更爱跟着传唱，广泛的群众基础让京剧在天津很快就流行起来，吸引了大批外来艺人来天津演出，包括京城谭鑫培、杨小楼这样的大腕。身为曲艺之乡的人们，对传统剧种的鉴赏水平自是非凡。凡是来天津登台唱戏，能镇得住场子，博个满堂彩，那才说明唱得是真的好，才能红。一批才华高、功夫好的年轻演员经受住了天津这个曲艺之乡的考验，在这个时期迅速崛起，如京剧李派创始人李少春，著名的"童加班"旦角童芷苓。不但张君秋等四小名旦在天津唱出了名声，树起了自己的牌子，就连已经名满天下的四大名旦的梅兰芳、程砚秋、荀慧生、尚小云也经常来天津献艺。那时的天津"戏园子"很多，演出不断，对喜欢戏剧（曲）的小时候的曹禺真是得天独厚。有时看完戏回到家里，他还要系上布带表演一番，引起家人哄笑，有时还与邻居的小伙伴在家门口装扮戏中的角色玩耍。到了南开中学、清华大学时他还演出过《打渔杀家》等名剧名段，曹禺对京剧的各个流派名角如数家珍，能唱能演。看京剧演出是曹禺一生的喜欢。新中国成立初期曹禺回天津的家看望，他的侄儿万世雄回忆说，曾听到他唯一大声说的纯粹的天津话"东天仙（曹禺小时候离他家最近的奥地利租界的一所剧院，后改为民主剧场），看大戏"。

市井文化

曹禺先生对天津的市井文化是了解和熟悉的，在他的经典戏剧体现最为典型的，一是《雷雨》中城市贫民居住区域的鲁家，二是《日出》中翠喜、小东西等为生存生活"工作"的下等妓院区域。

天津是个"移民"的城市，其市井文化也是随着城市的不断发展逐渐形成的。居住在市井文化典型区域的人员构成主要来自于河北、山东、河南等农村的农民，家乡年景好的时候，农村殷实家庭想让孩子有发展，来到城市找一些有技术含量的事由学徒，学点生活的本事，有的学买卖，做生意。有钱了可以租房住，再有钱还可以买房住。但是如果赶上年景不好，或水灾、旱灾，天灾人祸的年头，为生存所迫，大量的灾民、农民便会涌向城市讨口饭吃，这些人一般在铁路两旁、河沟两岸搭建窝棚聚居，他们什么也没有，只有两只手，在城市什么活都干，五行八作，出卖廉价的劳动力，挣点钱生存生活。时间久了，年头长了，人越聚越多，区域也不断扩大，随着多少年的发展，大部分农民演变为城市贫民市井小民，大片的自然、无序、生活化的街市陋巷棚户区逐渐形成，伴随着这个阶层的人们生产生活的历史发展，产生了天津特点的"市井文化"。

"市井文化"就是产生于街区小巷，带有一些商业倾向，通俗浅近，充满变幻杂乱无章的一种市民文化。它反映着市民真实的日常生活和心态，表现出浅近而表面化的喜怒哀乐。居住在此区域的人也是大千世界，各色人均有。大部分市井小民胸无大志，乐天知命，迎着日头出门，扛着星星回家，居家过日子。但也有懒散俗鄙以及像曹禺先生在《雷雨》中塑造的鲁贵之类的市井之徒。曹禺说："这种人在天津在北京都有，我写得更贴近天津的生活。在天津老龙头火车站（今天津站，离"万公馆"很近）一带，住着一些很贫困的人，他们是生活在社会底层的劳动人民。因为在大户人家当差，又沾染了许多坏习气，很会计算，察言观色，看主人眼色行事，所谓势利小人。但这种人最后的命运大都很悲惨。"说到鲁贵的名字，"我家有个仆人叫陈贵，善于煮羊肉胡萝卜，这个人很斯文，会画画，经常躲在仆人房画观音，这人就是鲁贵的模特儿，鲁贵就是陈贵名字转化而来的。"

曹禺的家"万公馆"距离老龙头火车站很近，小时候他有时和邻居的小伙伴到铁路两旁的贫民区去玩，见到过贫民区的生活状况和像鲁贵式的人。其实市井小民中还有比鲁贵坏过百倍的恶人，他们整日游手好闲，不干正事，见到有权有势的极尽阿谀奉承、奴颜婢膝之能事，见到比自己强的像耗子见猫一样。自己本身很贫穷，还专门欺负比自己弱的老实善良的穷人，尤其对那些农村来的小商小贩拳打脚踢、敲诈勒索。就是老百姓说的"见到比自己弱的人不欺负心里难受"的那种市井之徒中的流氓无赖，可怜、可恶、可悲。

《日出》是曹禺先生 1935 年在天津创作的第二部经典戏剧，该剧第三幕取材于天津南市的"三不管"地带，更是天津市井文化的典型代表区域。曹禺曾说，"《日出》一剧，事情完全在天津，天津的味道多，像第三幕绝对是纯天津的，翠喜、小东西确有其人。那些妓女很可怜，一个女人，后边跟着老鸨子，在外边拉客，人家不理，骂她一通，或者被流氓耍一通，那不是人过的日子，是人间最黑暗也是最悲惨的角落。"

当年曹禺去调查采访的天津南市"三不管"，是天津旧城南门外自发市场中"乱葬岗子（随便埋死人）没人管，打架斗殴没人管，坑蒙拐骗没人管"所谓"三不管"的一块洼地。其实"三不管"是说一般位于行政边界，或行政重合的地带，各相关部门推拉扯皮，疏于管理的地方。因此，这种地方的最大"特色"就是治安和环境乱，这里混杂着三教九流各色人物，城外的平头百姓聚在这里做些小生意，引车卖浆之辈穿梭其中，外地来津打把势卖艺的聚集此处卖艺，说相声的、唱大鼓的、变戏法的等等在此自食其力。天长日久，成了平民百姓的"游乐场"。这里还有不少窑子（妓院）、宝局（赌场）、大烟馆、洗澡堂子和戏园子。一些底层贫民也愿意到这里混事由找饭辙，哪怕你什么本事都没有，趁着下雨天的时候，拿几块大青砖摆在泥坑中，让那些窑姐儿踩着青砖过去，别弄脏了高跟鞋，你都能赚上几毛钱。两毛钱买棒子面，一毛钱买烧酒，一毛钱买"老果仁"，够一家人吃的了。这里对底层人有所谓的"魅力"，但这里也是藏污纳垢、恶霸横行、混混成帮的地方，充斥着欺诈、野蛮以及暴力。有人说，进了"三不管"人的本来面目展示一览无余，在这讲斯文、文明、大道理，地方不对，初来乍到敢造次，揍不死你算你造化。

为塑造《日出》底层的人物，曹禺多次到天津老城，特别是南市"三不管"等地去调查采访。他曾回忆说，"那时年轻，也不知道哪里来的那么大的胆子，非要到妓院、土药店——就是抽大烟的地方去看看。不入虎穴，焉得虎子嘛！去三等妓院调查，那什么"鸟"都有，土药店又叫戒烟所，像澡堂似的，一排排的床，乌烟瘴气，女招待给烧烟泡。记得有一次，半夜里我在那一片荒凉的贫民区候着两个嗜吸毒品的龌龊乞丐，来教我唱数来宝，约好了，许了他们赏钱，大概赏钱许得过多了，他们猜疑我是侦缉队之流，他们没有来。我忍者刺骨的寒冷，瑟缩地踯躅到"鸡毛店"找他们，被一个有八分酒意罪犯模样的落魄英雄误会了，动了手。那次险些瞎了一只眼。我得了教训，以后再去必须是有人帮助我，我不熟悉嘛！后来托人介绍，自己改头换面跑到"土药店"和黑三一类的人物"讲交情"，为一个"朋友"瞥见了，给我散布许多不利我的无稽谣言，弄得我多少天无法解释自己。但为了创作，我见到了许多奇形怪状的人物，有的嘲笑我，有的就直接辱骂我，把我推出门。我穿着的破旧衣服口袋里藏着铅笔和白纸，厚着脸皮，一次次的经验，将许多愉快和不愉快的事实记下来。然后躲到我那小屋子里，埋头写那么一点点东西。"

"见过许多三等妓女，我是很认真地采访这些人，翠喜的话都是记录的。" "人家也奇怪，干嘛记这些话？有时我说我是报馆记者，这样搞熟了，才肯对我说些心窝子里的话。有时同学靳以同我一起去，靳以就是那么呆头呆脑的，像方达生。方达生不是我凭空编造出来的，有靳以的影子。下等妓院砸窑子是常事，妓女一招待不好，很可能就被砸了。妓女翠喜是自由身，可以回家，可"小东西"就不能乱跑。搭班的可以回家，其实她也跑不了，得给当班的印子钱。高级妓女有所不同，解放后，有的高级妓女还不愿意解放。"曹禺在剧中尽力把握了社会下层民众的基本心理特点，同情他们，最终塑造出像翠喜那样"有着一颗金子般的心"的妓女等下层民众的形象。

"《日出》中的砸夯，是天津地道的东西。工人是很苦的，那时盖房子、打基础，没有机器，一块大铁饼，分四个方向系绳，由四人用力举起，然后砸下，一边劳动，一边唱，节奏感很强，唱起来满有劲，他们唱的都是一段段小故事，也有即兴打趣的内容，有领唱，我一看就是两三个小时。《日出》最后工人唱的夯歌，是我把工人请来，就在师范学院里，我把同学陆以循请来作记录。工人唱着，他记录下来，稍加整理，就谱写出来了。"

以上曹禺先生的叙述给我们描述了那时真实的下层民众生活的市井画面。

自由主义思潮中的青年曹禺

左　边[①]

一、引言

2019 年 4 月 30 日，纪念五四运动 100 周年大会在北京人民大会堂隆重举行。习近平同志在大会上发表了重要讲话，他明确指出："五四运动，爆发于民族危难之际，是一场以先进青年知识分子为先锋、广大人民群众参加的彻底反帝反封建的伟大爱国革命运动，是一场中国人民为拯救民族危亡、捍卫民族尊严、凝聚民族力量而掀起的伟大社会革命运动，是一场传播新思想新文化新知识的伟大思想启蒙运动和新文化运动，以磅礴之力鼓动了中国人民和中华民族实现民族复兴的志向和信心。"他又说："五四运动前后，我国一批先进知识分子和革命青年，在追求真理中传播新思想新文化，勇敢打破封建思想的桎梏，猛烈冲击了几千年来的封建旧礼教、旧道德、旧思想、旧文化。"[②]

今天，如果我们要追问"何为新思想新文化新知识"，它又是如何催生中国现代新文学"这样的问题的话，那么我们无疑必须要到它赖以发生的历史语境即"五四"运动前后那一场"传播新思想新文化新知识的伟大思想启蒙运动和新文化运动"中去寻找答案。显然，这种"新思想""新文化""新知识"则是针对中国几千年封建统治所形成的旧有的思想体系、文化体系和知识体系而言的，然而这种新的东西又是来自何方？历史早已作出了明确的回答。当一个腐败不堪极其贫弱即将没落的东方老大帝国的国门被迫打开之后，"西风"也就"东渐"起来，于是一场大的思想风潮激剧形成，一大批追求真理的知识分子和革命文学青年肩负起了其应有的历史责任和使命，他们拿起了思想理论武器和文学艺术武器，投入了"为自由而战"（胡适语）的伟大斗争之中。于是，一种别样思想的启蒙、一种别样文化与知识的传播，催生了中国现代新文学。

年轻的曹禺虽稍晚出现在这个历史的风潮之中，但他所做的一切为这段历史增添了浓墨重彩的一笔。曹禺以及他的杰出剧作在现代新文学中所占据的地位和所产生的影响得到了历史的充分检验与肯定。我们该如何才能触摸到这位为世人景仰的文学泰斗的精神世界的边缘，又将如何去探索他经典性的悲剧作品的价值所在？如今，我们也只能同样回眸早已逝去的岁月并拂去时光的烟尘，才可以真切地认识到在那场"伟大思想启蒙运动和新文化运动"中曹禺所作的不懈努力，并从他身上深刻地发现那段历史时期的一种伟大精神存在。

[①] 左边，江汉艺术职业学院教授。

[②] 习近平：《在纪念五四运动 100 周年大会上的讲话》，新华网，2019 年 4 月 30 日。

二、西方自由主义的基本特征

"'自由主义'是动态的历史的运动，它的概念不太容易界定，但并不是说它没有特征和内在规定性"。安东尼·阿巴拉斯特（英）的《西方自由主义的兴衰》、约翰·格雷（英）的《自由主义》、圭多·德·拉吉罗（意）的《欧洲自由主义史》和刘军宁主编的《北大传统与近代中国：自由主义的先声》一书中登载的胡适的《自由主义》以及闫润鱼的《自由主义与近代中国》等著述中都有对自由主义的阐释。胡明贵说："在上述中西思想理论家或研究者对自由主义特征的归纳和描述中，我们可以看出西方自由主义的一些基本原则和内在规定性：自由、平等、民主与法制、个人主义重视人的价值、尊重人的尊严和权利、容纳异己、有限政府、私有制、市场经济、反对专制与极权、反对暴力革命、主张渐进改革等"。[①]

三、追求真理以图变革的知识分子对自由主义思想的认知与接受

近现代的中国，对外来看，饱受西方帝国主义列强的欺凌，已然沦为一个半殖民地的国家；对内来看，囿于几千年的封建统治，导致整个政治体制机制毫无生气，腐朽衰败，正如闻一多先生在他著名的诗篇《死水》里所描述的那样："这是一沟绝望的死水，清风吹不起半点漪沦。"

高举"五四"新文化运动大旗的陈独秀先生在《为自由而战》一文中对中外历史发展作了深刻的解读，他认为：

> 人类的智慧必须不受约束，才能自由发展，换言之，人类智慧之发展，和所获得的自由程度成正比例。欧洲人在中世纪，受了宗教和王权的束缚，学术政治的思想一切都没有自由。自文艺复兴前后，科学、艺术、宗教、政治，各方面都有过为自由而战的流血的剧烈斗争，因此才有光华灿烂的今日。东方比西方落后，正因为一切学术思想，都为古来传统的政教所束缚，不能自由发展。[②]

同样，"五四"新文化运动时期的胡适先生，是一个自由主义运动的强有力的推手，他曾向青年们发出了一种震耳发聩的声音：

> 争你们个人的自由，便是为国家争自由！争你们自己的人格，便是为国家争人格！自由平等国家不是一群奴才建造得起来的。[③]

一生致力于中国历史文化研究，并极具战斗性的文化革命旗手鲁迅先生更是对中国的传统政治进行了强烈的抨击，并主张"个人的自大"。他认为：

---

① 胡明贵：《自由主义与新文学现代性品格》，人民出版社 2015 年 7 月第 1 版，第 12-15 页。

② 陈独秀：《为自由而战》，刘军宁主编《北大传统与近代中国自由主义的先声》，中国人事出版社 1998 年，第 136 页。

③ 胡适：《介绍我自己的思想》，《新月》第 3 卷第 4 期，1930 年 6 月 10 日。

中国人向来有点自大。——只可惜没有"个人的自大"，都是"合群的爱国的自大"。这便是文化竞争失败之后，不能再见振拔改进的原因。

"个人的自大"，就是独异，是对庸众宣战。除精神病学上的夸大狂外，这种自大的人，大抵有几分天才，——照 Nordau 等说，也可说就是几分狂气。他们必定自己觉得思想见识高出庸众之上，又为庸众所不懂，所以愤世嫉俗，渐渐变成厌世家，或"国民之敌"。但一切新思想，多从他们出来，政治上宗教上道德上的改革，也从他们发端。①

鲁迅创作的一系列小说如《狂人日记》《示众》《药》《阿 Q 正传》等，对中国人缺少个体自由独立主体意识的现象进行了深刻的解剖、分析与批判，这也是他在自由主义思想影响下所产生的"个人自大"的一种"独异"精神。他的一生，便是在"几分狂气"的自我鼓动下，始终举起自由的旗帜不断向愚弱而缺少自由独立主体意识的国民进行无情地"宣战"。

"五四"运动前后的一些仁人志士，为寻求解决中国问题的方法，大多倾向于西方自文艺复兴以来所提供的自由主义思想，以西方文明为参照系或者标准，发起了比较系统的思想研究，并倡导新的文化运动或文化革命，以此推动对中国现实的改造和历史革命性的发展。也就是说，这场新文化运动思潮的形成是来自于中国近现代无数有良知的知识分子对国家民族危机的思考，同时也来自于他们对西方文明尤其是西方自由主义思想的崇尚与接受。听起来这好像是一种历史悖论，我们为什么要去向西方眺望那些奉行"船坚炮利"强权政治的西方列强社会的思想意识形态呢？为什么要去崇尚与接受资本主义世界自文艺复兴以来所形成的所谓普世价值呢？这背后有着极为深刻而复杂的历史原因。我们的国体如此残破衰弱，我们的民族处于即将消亡的危急关头，一大批有着历史担当的中国知识分子和文化精英站在风雨迷茫之中，审视着这个岌岌可危的世界，他们除了对自我文化的重新认识与定位外，也必定会去思考西夷强盛的根本原因。从"师夷之长技以制夷"到"中学为体西学为用"再到"毁坏这铁屋"的呐喊，这是一个极其漫长的历史性探索。因此，"五四"新文化运动是一场"对追求个性解放、思想自由、民族独立、科学与民主、人民共和的国家想象等表达"的运动，它的爆发是一种历史的必然，可以说其核心价值所产生的影响力至今未减。走在这段历史前列的先驱们，包括近代早期的魏源和后来的严复、梁启超、谭嗣同等，以及现代的蔡元培、李大钊、陈独秀、胡适、鲁迅等政治家、思想家和文学家，他们当中的一部分人除了在政治上、思想上推崇西方的民主制度和自由主义思想外，还积极主张将文学作为揭露社会人生病痛的武器。

任何一种思想的出现，应该视为社会历史发展的必然产物，它既来自于发展的社会，又推动社会的发展。"五四"时期输入的"自由、平等、博爱"资产阶级思潮无疑是对传统中国几千年的封建专制文化的极大冲击，人们对新思想、新文化、新制度的追求所掀起的狂热浪潮，深深灼伤乃至摧毁了中国封建文化的精神内核。简而言之，虽然自由主义后来在中国的政治思想界以及学术理论界没有形成主流意识；但它早期的兴起，却符合那个时代深切的要求，顺应了社会前进的步伐，并深刻地影响和改变了中国未来发展的历史走向。

---

① 鲁迅：《热风》，人民文学出版社 1973 年 5 月第 1 版，第 19 页。

三、曹禺自由主义思想的来源

毋庸置疑，同所有近现代早期的进步的政治家、思想家、革命家、文学家一样，曹禺自由主义思想的产生、形成，究其原因无疑应该是受到近现代西方意识形态的影响。他曾说：

> 人究竟该怎么活着？总不应该白白活着吧？应该活出一点道理来吧！为什么活着的问题，我是想过的。我曾经找过民主，也就是资产阶级民主，譬如林肯，我就佩服过。甚至对基督教、天主教，我都想在里边找出一条路来。①

曹禺 1910 年农历八月二十一（公历 9 月 25 日）出生于天津。

其时的天津，不仅是传统意义上的商业都市，由于特殊的地理位置和中国晚清的腐败无能，天津卫被迫对外开放，早已成为一个半殖民地的港口城市。在第二次鸦片战争后期，英法联军攻占了天津，自 1860 年 10 月 24 日起，日趋孱弱的清王朝允以天津郡城海口作为通商之埠提供给英国人居住与贸易，随后几十年间，相继有法国、美国、德国、日本在天津设有租界。1900 年八国联军侵华后，俄国、意大利、奥地利、比利时也在天津划有租界。

因此，租界的开辟使中国（天津）产生了对外的经济贸易，当时帝国主义采取各种手段掠夺中国的大量财物，正像马寅初先生 1925 年 11 月于北京洋商公会所作的演讲中分析的那样，外商在中国一直以来享有的特别权利有如下种种：洋商的权利得于现行关税者，洋商的利益得于不法买卖者，洋商的利权得于特别割让者，利权之得于外交行政处分者，利权之得于政府的无利存款者。同时，由殖民主义者带来的西方文化，对天津这座城市也产生了深远的影响，其中包括城市建筑样态的西洋化、宗教文化（基督教、天主教）的广泛传播、教会学校（书院、学馆、女校等）的大量开办等。这些不平等的带有十分强烈掠夺性的贸易活动、以及资本输入，沉重地打压了我们本土的自身产业与经济的发展，其文化渗透也使得绵延几千年的中华文化丧失了其自尊性与独立性。

近代的中国之所以造成如此局面，其根本原因在于满清政府的闭关锁国，自封天朝。"满清政府恐怕其臣民得了欧洲的方法而知识新颖和能力加增，不便于统治之故，遂采用愚民政策，使人民脑筋中深印着中国固有东西之充足而排斥外国各种之发明。"② 这段话深刻揭示了一个帝国没落的深层次原因和问题所在。晚清政府在西方帝国列强的强势围堵之下，被迫打开了国门，但也无法挽救其颓势。而 1911 年由资产阶级领导的辛亥革命虽然推翻了帝制，但实质上也并没有改变中国社会的根本性质，囿于其自身的软弱性和妥协性，不可能完全彻底的完成反帝反封建的历史任务。"城头变幻大王旗"，加上出现了政权的无序更迭，国家处于严重的分裂局面，使得一个羸弱的中国又深深陷入了水深火热之中。

因此，可以说天津于近现代所呈现的一种特殊文化形态对后来曹禺的成长产生过极其重要的影响。

---

① 曹禺：《曹禺自述》，京华出版社 2005 年 10 月第 1 版，第 50 页。

② [美] 林恩·桑戴克著：陈廷璠译《世界文化史》，上海三联书店 2005 年 11 月第 1 版，第 386 页。

1919 年，北京"五四"运动爆发。那年，曹禺已经九岁。

曹禺生长的地方天津，虽不是"五四"运动的中心；但在此期间，天津在学界、商界、宗教界对北京的学生运动进行了声援，尤其是学界乃至市民阶层。在学界，天津临时学生联合会为声援北京学生的爱国斗争，统一举行了罢课、集会、请愿和游行示威。广大市民也举行了罢市斗争，抵制洋货提倡国货。同年 6 月，天津学生联合会开办了《天津学生联合会会报》，并由周恩来担任主编，其创刊号社论为周恩来撰写，在《革心！革新》一文中明确提出了改造社会、改造思想、倡导新思潮等主张。身处这场轰轰烈烈爱国运动之中的曹禺虽然年幼，但在他幼小的心灵里却埋下了改造中国的种子。

1922 年 9 月，12 岁的曹禺就读于南开中学。

南开中学的校长是张伯苓，这位教育家接受的是资产阶级维新派的办学主张，认为国家"自强之道，端在教育"，培养出来的学生应是"允公允能"的栋梁之才。他在办学思想和方法上自由灵活大胆，敢于摒弃传统的教育方式，日式教育和美式教育对他影响极大，因此，常受到保守派的攻击。南开中学开放式的教育为学生们的自由而全面地发展打下了坚实的基础。在南开中学，曹禺阅读了"五四"以来一些新作家大量的作品，承受着"五四"新文学的雨露滋润，在"五四"新文学的浪潮中经受洗礼。《曹禺传》的作者田本相 1983 年 9 月 14 日同曹禺有一段谈话，曹禺说：

> 我 13 岁就读了鲁迅的《呐喊》。……我很爱读，有的能读懂，有的就不理解了。《狂人日记》当时没有读懂，《孔乙己》《社戏》《故乡》《祝福》就给我深深的感染。

同时，曹禺说，那时《语丝》《创造》《小说月报》那是必看的。《语丝》每期到来，就抢先去买。而给精神以强烈震撼的却是《女神》。

1978 年 6 月 20 日《光明日报》发表了曹禺一篇题为《郭老活在我们心里》的回忆性文章，文中这样写道：

> 我被震动了。《凤凰涅槃》仿佛把我从迷蒙中唤醒一般。我强烈地感觉到，活着要进步，要更新，要奋力，要打碎四周的黑暗。

"正是翩翩少年、血气方刚的时刻，新文学作品中所跃动着的时代潮汐，激扬着对现实人生的强烈爱憎，自然，会像火种一样点燃着他心中的热情之火。"[①]

《语丝》周刊，在中国现代文学史上有着极为崇高的地位。1924 年 11 月于北京创刊，它以散文为主体，说古论今，放纵而谈。语丝社的发刊词这样写道："我们并没有什么主义要宣传，对于政治经济问题也没有什么兴趣，我们所想做的只是想冲破一点中国的生活和思想界的昏浊停滞的空气，我们个人的思想尽自不同，但对于一切专断与卑劣之反抗则没有差异。我们这个周刊的主张是提倡自由思想，独立判断，和美的生活。我们的力量弱小，或者不能有什么着实的表现，但我们总

---

① 田本相：《曹禺传》，东方出版社 2009 年 7 月第 1 版，第 49 页。

是向着这一方面努力。"①语丝社的代表人物主要有梁遇春、周作人、鲁迅等。"不愿在有权者的刀下，颂扬它的威权，并奚落其敌人来取媚，可以说，也是'语丝派'一种几乎共同的态度。所以《语丝》在北京虽然逃过了段祺瑞及其叭儿狗们的撕裂，但终究被'张大元帅'所禁止，发行的北新书局且同时遭了封禁，其时是一九二七年。"②这是鲁迅在《我和〈语丝〉的始终》一文中道出《语丝》被查禁的原因。

《创造》是五四时期新文化运动中的重要文学团体，它早于《语丝》周刊。1921 年 6 月在日本东京成立，由郭沫若、郁达夫等人发起。起初，该社团强调艺术的自身独立价值，倾向于浪漫主义文学。在《创造社的回忆》一文中郭沫若写道："团体的从事于文学运动的开始应该以 1922 年的 5 月 1 日《创造季刊》的出版为纪元"。③郑伯奇在谈到"创造社的倾向"时，认为"歌德而外，海涅、拜伦、雪莱、济慈、惠特曼、雨果、斯宾诺莎、泰戈尔、尼采、伯格逊，这些浪漫派的诗人和主观的哲学家也是他们所最崇拜的……象征派、表现派、未来派，也都经创造社的同人介绍过。这些流派，实在和浪漫主义在思想上，是有血缘的关系。"④自 1925 年起，创造社便提出了革命文学的口号，1929 年 2 月便被国民政府查封。

《小说月报》创刊更早，1910 年由上海商务印书馆主办发行，五四运动前为"鸳鸯蝴蝶派"刊物，主要刊发一些趣味庸俗的言情小说。1918 年之后，在新思潮的的影响下开始改良。1921 年该刊第 12 卷第一号起内容全面革新，成为文学研究会代用机关刊物，倡导"为人生"的现实主义文学。

有资料表明：《小说月报》从第 12 卷起到终刊为止一共译介了近 40 个国家 300 多位作家的作品，曾经编印《被损害民族的文学号》《泰戈尔号》《安徒生号》《非战文学号》以及《现代世界文学号》等专号和《俄国文学研究》《法国文学研究》，登载了鲁迅、郑振铎、张闻天、沈雁冰等多人的论文 40 篇，同时译载了俄国里戈理、高尔基、安德烈夫、陀思妥耶夫斯基和法国巴尔扎克、乔治桑、莫泊桑、法郎士等多位外国现代作家的作品，为中国读者较为充分地展示了西方的文学作品。同时发表了中国一批现代作家的作品，作者包括鲁迅、巴金、老舍、茅盾、冰心、丁玲（小说）和朱自清、朱湘等人（新诗）；除此之外，后来的一批新作家包括胡也频、沈从文、戴望舒、施蛰存、张天翼等也得到了该刊物大力扶持。

从以上曹禺的谈话中可以看出，对他有着实际影响的刊物包括了《语丝》《创造》和《小说月报》，其间刊载的大量西方各个流派作家作品和国内一大批有着"自由思想、独立判断"倾向的优秀作家作品，无疑催化了曹禺追求思想自由、个性解放、人格独立的意识的产生与形成。尤其是当时的鲁迅和郭沫若的作品散发着浓烈的自由思想意识和社会批判意识（其实对社会的批判也是自由思想的表现）。从鲁迅《狂人日记》中的"狂人"再到郭沫若《女神》中的"超人"，无一不是对现实与历史的怀疑、批判与否定，无一不是对未来社会充满无限的期待与憧憬。"当围绕着以'人'的价

---

① 原载《语丝》第一期，1924 年 11 月 17 日。

② 鲁迅：《三闲集》，人民文学出版社 1973 年 5 月第 1 版，第 137 页。

③ 摘录自《中国现代出版史料》甲编《革命文学之回顾》第四节。

④ 摘录自《中国新文学大系·小说三集导言》。

值重估与发现为目的的自由、平等、民主、法制、个人主义、重视人的价值、尊重人的尊严和权利、容纳异己、反对专制等自由主义观念不断介入中国文学批评与创作的整个运作过程中的时候，新文学才具有了异常的'良心'震撼力、现实号召力与艺术感染力。"[1]13岁的曹禺虽没能读懂鲁迅的《狂人日记》，但郭沫若的《凤凰涅槃》却深深震撼了他，这些"五四"时期的思想先驱者那种狂飙突进的精神在17岁的曹禺那儿得到了充分的认可，说他们才是"先觉的改造者""文学的天才"。

除了阅读当时有影响力的中国刊物外，在南开时，曹禺的英文水平已经达到了直接阅读的水平。高一时就可以借助字典读英文小说《大卫·科波菲尔》，他说他是流着眼泪读完这部作品的。

促使曹禺早期自由主义思想产生，还有一个较为重要的来源，那就是演戏，即参与南开中学的演剧团。南开学校大学部部分同学毕业在即，特演剧而筹款，以备购置纪念品等毕业用费。曹禺回忆说："我入南开新剧团，正赶上拍这齣戏（指王尔德所编的《少奶奶的扇子》），我天天看天天背，把剧本都翻烂了。"那是1925年的事，曹禺才15岁。曹禺还回忆：

> 我开始接近戏剧是十五六岁的时候。那时，刚上中学，我参加了'南开新剧团'，距现在半个多世纪了。那时我们演了德国作家霍普特曼的一个戏，叫《织工》，是写工人罢工的，最后失败了。这个戏给了我很大影响。这之后还演过易卜生、莫里哀等人的戏。[2]

> 我年轻时演过《娜拉》《国民公敌》《新村正》（我们自编的）、《财狂》（即莫里哀的《悭吝人》，我改变成中国味道了），还演过高尔斯华绥的《斗争》、霍普特曼的《织工》，还有其他一些大大小小的戏。我还导演过戏。[3]

曹禺参演的戏剧作品大多出于西方思想进步的作家，包括王尔德、易卜生、莫里哀、高尔斯华绥、霍普特曼等。这些作家伟大的批判精神和现实主义风格及作品所表现出的内容，不能不说是一个巨大的思想宝库。

大学校园里的西方文化熏陶。大量的外国文学作品的阅读也使曹禺获得了广阔而丰富的精神文化资源。他说：

> 我最初接触外国文学是读林琴南翻译的小说，以后读鲁迅先生翻译的《域外小说集》，这使我大开眼界，耳目一新。我还读了莫泊桑、狄更斯、托尔斯泰、巴尔扎克、屠格涅夫、哈代的许多作品。我觉得我们每个人的阅历都是有限的，读小说能帮助我们扩大眼界，认识人生，了解世界上各种人物。……外国剧作家对我的创作影响较多的，头一个是易卜生，易卜生是西欧公认的近代戏剧之父。有人说现代许多戏剧流派都受易卜生的影响，甚至如荒诞派等。……莎士比亚的戏博大精深，宇宙有多么神奇，它就有多么神奇。我从易卜生的作品中学到了许多写作的方法，而莎士比亚的变异复杂的人性，精妙的结构，绝美的诗情，充沛的人道主义精神，

---

① 胡明贵：《自由主义与新文学现代性品格》，人民出版社2015年7月第1版，第183页。

② 田本相 阿鹰：《曹禺年谱长编》，上海交通大学出版社2017年1月第1版，第45页。

③ 曹禺：《曹禺自述》，京华出版社2005年10月第1版，第41页。

浩瀚的想象力，是任何天才不能比拟的。①

1930年暑假之后，曹禺离开天津南开大学考入了北京清华园。清华期间，曹禺开始接触西方古典戏剧。他全身心地投入对古希腊三大悲剧作家埃斯库罗斯、索福克勒斯、欧里庇得斯作品的研读，这些作家雄伟浑厚的思想感情、观察现实的本领以及写实主义的表现方法无不对曹禺产生影响。"他还阅读了不少高尔基、萧伯纳、奥尼尔和契诃夫的作品，涉猎了许多十九世纪英国、法国和帝俄时代的剧作与小说。"曹禺欣喜地发现"原来在戏剧世界中，还有另外一个天地"，"世界是如此灿烂多姿"。②"从西洋戏剧理论到剧场艺术，从外国古代戏剧到近代戏剧作品，清华图书馆收藏得很多。正是这些戏剧藏书，为曹禺打开了一个广阔的戏剧天地"，③同时，也打开了一个广阔的思想天地，他的灵魂在一个美妙的世界里自由飞翔、遨游！

四、青年曹禺自由主义思想的主要表现

1. 对自由主义的推崇与向往

对自由主义的推崇与向往，主要表现在编辑文学刊物和参与文学创作活动（包括文学剧本翻译）之中，并以此来不断实践自己的梦想，为今后"形成大的小的一些事业"而奠定了思想理论基础和掌握了一定的艺术创作规律。

1926年，曹禺16岁，是南开中学高中一年级学生。一个由南开中学和南开大学的学生共同发起组织的新的文学团体"玄背社"在校园里形成，并创办了文学刊物《玄背》。曹禺回忆说：

办《玄背》这个刊物时，年仅16岁。那时胆子很大，几个学生办个刊物，也没有看成是什么了不起的事。

《玄背》，是临时随便翻字典起的。先是随便地翻到一个"玄"字，就要了它，"玄而又玄"。然后，又翻到一个"背"字，这就叫"背道而驰"，"反其道而行之"。就是这样把起出来的，由此也可见那是的思想情绪，是很苦闷的。④

可见，年轻的曹禺不仅喜欢上了文学，还同许多青年一道参与文学社团的组建活动和文学刊物的创办活动。正因为如此，在刊物命名时，也就注进了这样一批"没有在社会上作事的""纯正的青年"（郁达夫语）的思想感情，"玄而又玄"，就是对这个风云变幻社会的一种感喟，对苦难郁闷人生的叹息，也是对刊物命运与前途的担忧。但不管怎样，这群青年人"反其道而行之"，与社会抗争、与命运抗争，用稚嫩的文学肩膀担当起历史与时代的道义。1926年11月15日，作家郁达夫于广州复函"玄背社"的同学们，给曹禺等青年学生以鼓励和支持，他说：

① 曹禺：《曹禺自述》，京华出版社2005年10月第1版，第33页、35页。
② 田本相 阿鹰：《曹禺年谱长编》，上海交通大学出版社2017年1月第1版，第73页。
③ 田本相：《曹禺传》东方出版社2009年7月第1版，第132页。
④《苦闷的灵魂——曹禺访谈录》转引自田本相 阿鹰:《曹禺年谱长编》，上海交通大学出版社2017年1月第1版，第47页。

《玄背》使我感到清新的一个最大原因，就是你们的小刊物上，也有几处骂人的地方，我觉得态度……是光明磊落，不失分寸的……总之我希望你们同志诸君，此后也能够不屈不挠的奋斗，能够继续作进一步打倒恶势力，阻止开倒车的功夫。

就在这一年的 9 月，曹禺第一次用笔名"曹禺"在《庸报·玄背》第 6 期上发表了小说《今宵酒醒何处》。小说讲述了一对年轻人——夏震与梅璇的爱情故事。这篇小说的创作显然受到了郁达夫《沉沦》的影响，调子虽显得有些感伤；但作品着力讴歌了纯真的爱情，鞭挞了现实社会的丑恶，表达了作者对自由而美好爱情的向往。

1927 年，曹禺 17 岁。那年，曹禺担任了校刊《南中周刊》"杂俎"栏目的编辑，同时自己也撰写和发表一些杂感。这年的 4 月，在该刊的第 20 期上，他用万家宝的名字发表了杂感三则，并在杂感前加写了一段序言，其中有这样一段惊人的话语：

假若生命力犹存在躯壳里，动脉还不止地跳跃着的时候，种种社会的漏洞，我们将不平平庸庸地让它过去。我们将避去凝固和停滞，放弃妥协和降伏，且在疲弊和困惫中要为社会夺得自由和解放吧。怀着这样同一的思路：先觉的改造者委身于社会的战场，断然地与俗众积极地挑战；文学的天才绚烂地造出他们的武具，以诗、剧、说部向一切因袭的心营攻击。他们组成突进不止的冲突与反抗，形成日后一切的辉煌。然而种种最初的动机，不过是那服从于权威，束缚于因袭畸形社会的压力下而生的苦闷懊恼中，显意识地或潜意识地，影响了自己的心地所发生杂乱无章的感想。那种纷复的情趣同境地是我们生活的阴荫，它复为一切动机的原动力，形成大的小的一些事业。

年轻的曹禺，在这段话语里表达了他以及那个时代跃动着火热生命力的青年一代的强烈心声，他们"将避去凝固与停滞，放弃妥协和降伏"，哪怕"在疲弊困惫中"也要"为社会夺得自由和解放"！这明明是一段战斗宣言，是一份预备向一个旧有的世界发起挑战的战书，他崇敬委身于社会战场的"先觉的改造者"，他向往文学的天才以绚烂的武器"向一切因袭的心营攻击"。一个威权主义制度，一个畸形存在的社会，使之"苦闷懊恼"，要使得这个社会奋力突出精神压力的重围，获得自由与解放，年轻的一代就得要拿起"武具"去战斗！这充分地展示了青年曹禺的社会责任感、使命感，他大胆且充满朝气与智慧，他向往自由与光明，他剖析着这个社会，他呼唤着青年一代与之一起为求得"自由与解放"而战斗。

在这里，曹禺第一次提到"自由"这一概念，这种思想或者精神的资源显然来自于那些"先觉的改造者"，来自于那些以文学为武器而进行战斗的文学天才们。

1928 年，《南开双周》第 2 期上刊登了曹禺的一首诗，诗名为《不久长，不久长》。

不久长，不久长／乌黑的深夜隐伏／黑矮的精灵儿恍恍／你忽而追逐在我身后／忽而啾啾在我身旁／啊，参参，不久我将冷硬硬地睡在衰草里哟／我的灵儿永在深林间和你歌唱。

不久长，不久长／莫再弹我幽咽的琴弦／莫再空掷我将尽的时光／从此我将踏着黄湿的草

径蹀躞 / 我要寻一室深壑暗洞作我的墓房 / 啊，我的心房是这样的抽痛哟 / 我的来日不久长。

……

不久长，不久长 / 袅袅地，他吹我到沉死的夜邦 / 我望安静的灵魂们在水晶路上走 / 我见他们眼神映现出和蔼的灵光 / 我望静静的月儿吻着不言的鬼 / 清澄的光射在惨白的面庞 / 啊，是这样的境界才使我神往哟 / 我的来日不久长。

……

今天读起这首诗来，深深感到年轻曹禺内心的苦痛与悲哀已经达到了一种极致，一种巅峰。他为什么感觉到"黑矮的精灵儿恍恍"追逐在他身后，啾啾在他身旁，这"黑矮的精灵"又象征着什么？又是什么原因导致其用"将尽的时光"去"寻一室深壑暗洞"作他的墓房？是年轻的曹禺厌倦了人生吗？他不是曾经发誓"将避去凝固与停滞，放弃妥协与降伏"，要拿起"武具"去为"自由与解放"而战斗吗？在这里他却宣告自己要告别现实，走进一个"沉死的夜邦"，让自己的灵儿永远地睡在衰草里与那些灵魂们为伴！在这里，曹禺以为另外一个世界比起现实世界来要美丽得多，那些"安静的灵魂们在水晶路上走"，"他们眼神映现出和蔼的灵光"，"静默的月儿"是那样妩媚温婉，轻吻着不言的灵魂们，那个世界铺满了清澈的光！作者用诗化的语言勾勒出一个令人神往的宁静而欢愉的"夜邦"，他建构起来的是一种具有强烈的对比色彩的两极世界，表达了对现实的极度不满。曹禺的思想情绪看似消极与悲观，而实际上充满的极其严肃而强烈的批判精神。面对现实，他的心房无比"抽痛"，这个年轻而微弱的声音，在沉寂的旷野里幽然地低徊、飘荡！他在黑夜里寻找一个像水晶一般纯净清澄像月儿那样温婉静默的世界，他在用"灵儿"歌唱！

"愿中国青年都摆脱冷气，只是向上走，不必听自暴自弃者流的话。能做事的做事，能发声的发声。有一份热，发一分光。就令萤火一般，也可以在黑暗里发一点光，不必等候炬火。此后如竟没有炬火：我便是唯一的光！"[①]在茫茫无际的黑暗里，曹禺的声音不是炬火，但他将"萤火一般"的光汇入了滚滚"炬火"的铁流之中。

同年2月，曹禺在《国闻周刊》第5卷第7期发表了译作莫泊桑的小说《一个独身者的零零碎碎》；同年3月，在《南中半月刊》创刊上发表了《四月梢，我送别一个美丽的行人》；同年5月，在《南开双周》第1卷第4期发表长诗《南风曲》，本期曹禺还编辑发表了署名死钟的独幕剧《疯人的世界》；同年12月，曹禺被南开大学出版部聘为《南开大学周刊》文艺组的特约撰稿员。[②]

1929年11月，《南开大学周刊》重组，曹禺出任文艺组编辑。文艺组编辑成员为孙毓棠（组长）、贾闻津、梁家椿、万家宝、颜毓蘅、张羽。同年12月，曹禺便在此刊物第74期和77期上发表了自己改译的剧本《太太》（独幕剧）和《冬夜》署名为小石。

1930年4月《南开大学周刊》第83期上刊发了《校闻·出版先声——〈争强〉及〈向导〉》。《争强》，是英国戏剧家高尔斯华绥的作品，经南开大学新剧团改译（改译者为张彭春、万家宝）

---

① 鲁迅：《热风·随感录四十一》，人民文学出版社1973年，第30页。

② 田本相，阿鹰：《曹禺年谱长编》，上海交通大学出版社2017年1月第1版，第60—62页。

后出版并进行排练和公演。

2. 充满强烈的社会批判意识

在现代文化思想史上，自由主义思潮孕育了各种不同的文化派别与文化组织，他们从理论上探索着中国的现实与未来之发展。而文学家虽有别于那些政治家、思想家，但他们同样担负着一定的社会责任和历史任务。

可见，文学家的任务不仅仅在于故事的建构、人物形象的塑造、语言技巧的驾驭。我倒认为其首先必须在于对社会生活的思考，在于对社会的批判，尤其在一个风云际会百年未有之大变局的历史时刻，一个作家应该保持清醒的头脑，将自己的笔端触探到社会生活的命门，触探到人性的深处。"五四"新文化运动的风潮涌起有其前期长期酝酿的过程，同时也有其后期长远的延展性。"五四"运动中产生的现代文学担负起了开启民智、批判社会的历史任务。正如鲁迅先生所说的那样："凡是愚弱的国民，即使体格如何健全，如何苗壮，也只能做毫无意义的示众的材料和看客，病死多少是不必以为不幸的。所以我们的第一要著，是在改变他们的精神，而善于改变精神的是，我那时以为当然要推文艺，于是想提倡文艺运动了。"①

1933 年，23 岁的曹禺正就读于清华大学，他用半年的时间完成了精心构思整整五年的《雷雨》。

1935 年，曹禺 25 岁。那年，他在天津写下《日出》。1936 年连载于巴金、靳以主编的《文学季刊》上。

著名哲学家殷海光认为："一个真正的自由主义者，至少必须具有独自的批评能力和精神，有不盲从权威的自发见解，以及不依附任何势力的气象。" 田本相先生据此标准和原则对曹禺先生做了中肯的评价，他认为，曹禺虽然不是思想家、批评家，"但是从他早期的杂感，到《雷雨·序》《日出·跋》洋溢激扬蹈厉、独立不倚的精神，独到精辟的见解；敢于辩诬，敢于抗争，可以说不畏权威"；"在政治上，他绝不向当局低头"，"他的作品中更是处处响彻着向往自由争取自由的高昂声音。""如果从文化思想史的角度来看，他可以称得起是一个伟大的自由主义作家。"②

的确如此，在《雷雨·序》中，曹禺深刻地阐发了自己的思想，他认为：

> 我并没有明显地意识着我是要匡正讽刺或攻击什么。也许写到末了，隐隐仿佛有一种情感的汹涌的流来推动我，我在发泄着被压抑的愤懑，毁谤着中国的家庭和社会。③

在《日出》的跋里，曹禺如是说：

> 我应该告罪的是我还年轻，我有着一般年轻人按捺不住的习性，问题临在头上，恨不得立刻搜索出一个答案；苦思不得的时候便冥眩不安……
>
> 这样我挨过许多煎熬的夜晚，于是我读《老子》，读《佛经》，读《圣经》，我读多少那

---

① 鲁迅：《呐喊自序》。

② 田本相：《曹禺探知录》，北京时代华文书局 2016 年 3 月第 1 版，第 122 页。

③ 曹禺：《曹禺选集》，人民文学出版社 2004 年 3 月第 1 版，第 182 页。

被认为洪水猛兽的书籍。我流着眼泪，赞美着这些伟大的孤独的心灵。他们怀着悲哀驮负人间的酸辛，为这些不孝的子孙开辟大路。但我更狠人群中一些冥顽不灵的自命为"人"的这一类的动物。他们偏若充耳不闻，不肯听旷野里那伟大的凄厉的唤声。他们闭着眼，情愿做地穴里的鼹鼠，避开阳光，鸵鸟似地把头插在愚蠢里。我忍耐不下了，我渴望着一线阳光。我想太阳我多半不及见了，但我也愿望我这一生里能看到平地轰起一声巨雷，把这群盘踞在地面上的魑魅魍魉击个糜烂，哪怕因而大陆便成为海。①

3. 呼唤国民个人"主体意识"的觉醒

对一个社会自由程度的衡量，主要看其民众"主体意识"是否存在，且是否强烈。在当时的中国，自由独立的"主体意识"早已淹没在强权政治之中，威权统治吞噬了人们的精神与灵魂，甚至肉体，这与西方现代文明形成了天渊之别。鲁迅先生在《阿Q正传》中一方面揭露和抨击了国民中存在的"精神胜利法"，另一方面也反映了弱者要求革命的愿望。其"精神胜利法"的产生，源自于几千年的封建专制统治，人们在一种惯常的生活态势中所习得；但对于变革，或者说想获得一点自由，那也只不过是耽于"赵司晨的妹子真丑。……假洋鬼子的老婆会和没有辫子的男人睡觉，……吴妈……可惜脚太大"的单相思的恋情，或者说耽于"我要什么就是什么""我想谁就是谁"这种奇葩幻想。可见，整个国民没有一种自由独立的主体意识，其精神与灵魂深深地根植于一种无知而可怕的集体无意识之中。

年轻的曹禺像鲁迅一样，也深深认识到了这样一个问题，他把自己的笔触探伸到人们的灵魂深处，他在创作《雷雨》时说：

> 我念起人类是怎样可怜的动物，带着踌躇满志的心情，仿佛是自己来主宰自己的运命，而时常不是自己来主宰着。受着自己——情感的或者理解的——捉弄，一种不可知的力量的——机遇的，或者环境的——捉弄；生活在狭的笼里而洋洋地骄傲着，以为是徜徉在自由的天地里，称为万物之灵的人物不是做着最愚蠢的事么？②

曹禺所说的那些"踌躇满志的""洋洋地骄傲着"的人们，以为自己"徜徉在自由的天地里"，而实际上"生活在狭的笼里"而不自知，他们忘记了是谁在主宰这个世界，他们习惯于一种自我安慰，一种鸵鸟心态让他们看不到这个世界的诡秘与荒唐，罪恶与阴谋，"精神胜利法"使他们安安稳稳地困顿于涸藩与泥淖之中，心安理得地接受命运的"捉弄"。从某种角度讲，曹禺像鲁迅一样深深地揭露了国民精神之中的劣根性，他希望看戏的人们"带着一种哀静的心情""低着头，沉思地，念着这些在情热、在梦想、在算计里煎熬着的人们"。戏剧如人生，舞台即社会，他企图通过文学创作唤醒沉睡的人们，"导引观众的情绪入于更宽阔的沉思的海"。

曹禺在《日出》中所塑造的陈白露、方达生等人物形象，无一不是在唤醒人们的"独立主体"

---

① 曹禺：《曹禺选集》，人民文学出版社 2004 年 3 月第 1 版，第 381、383 页。

② 曹禺：《曹禺选集》，人民文学出版社 2004 年 3 月第 1 版，第 182–183 页。

意识觉醒。尤其是陈白露，她是一个不甘于依附龌龊社会而追求独立生存状态的女性，她说："太阳升起来了，黑暗留在后面。但是太阳不是我们的，我们要睡了。"年轻的曹禺无疑是在唤醒人们、鼓励人们必须看到一个新的时代的到来，也正如他在剧本前所引用的《启示录》中的一句话那样"我又看见一片新的天地，因为先前的天地已经过去了！"

《雷雨》的呼啸之声，振聋发聩；《日出》的磅礴之气，撼人心魄。一个国家与民族的强盛与否，完全在于她的国民素质的优劣。在这里我们不难看出，曹禺像鲁迅一样，同样倡导国人的自我觉醒。历史要求当时的社会格局发生革命性的变化，但首先是民众的精神必须改变，民众的自我认知能力必须提升，"主体意识"的觉醒才是社会变革的核心与关键。

"文学即人学"。曹禺曾说，人为什么活着，总该有着其存在的意义吧。从中国文学发展史的角度来看，传统的文学基本上是流于一般的社会经验、历史经验和人生经验的描写和叙述，即便是到了近代出现了一些具有一定批判性意识与色彩的作品，但也还是受到传统文化和威权思想的规制，缺少一种强大的精神突围的文学生态图景，缺少从民主自由思想的角度或者人的生存哲学的角度进行深层次发掘的宏大叙事之作。文学家虽然不能等同于政治家、思想家和哲学家，但"五四"前后的一些作家试图借助西方的现代性文化（包括思想观点以及文学艺术）以开辟中国近现代文学创作的新的路径，他们极力主张用文学去探索人类社会发展的基本规律以及人的本质特征，尤其是国民的现代性启蒙和国民性的改造，曹禺就是其中之一。

五、结语

总而言之，自由主义思想在中国的传播推动了中国思想文化史和现代文学的发展，应该说它是与中国现代政治家、思想家乃至文学家艰难探索努力寻求现实社会问题解决方式的一种有机结合，今天看来，这便是一种历史选择的必然。文化的历史性生成与现实性的演绎，其本质就在于与当下人们生存状态的契合，就在于对人的生命内涵的重新认知、理解和重构。正如胡明贵所说的那样：五四时期的"新文化运动从西方窃来自由主义火种，努力将国民从封建专制与封建礼教的桎梏下解放出来，变奴隶之民为自治之民，变民奴之国为民主之国。为了人的解放及民族的解放，新文化运动赋予新文学一项重要使命——'救人'与'辟人荒'。"[1]置身于这场伟大思潮激荡之中的青年曹禺以其自身的精神追求和社会责任感，以其自身的卓越胆识和无与伦比的文学（戏剧）天赋，义无反顾地谱写出了他人生最为激越的也是最为辉煌的篇章，真诚地为中国现代文学事业，同时也为促进国民个性解放启蒙运动的深入开展和中国现代文化思想的生成做出了不可磨灭的贡献。

---

① 胡明贵：《自由主义与新文学现代性品格》，人民出版社 2015 年 7 月第 1 版，第 181 页。

纷复的情趣：论曹禺早期戏剧创作的诗性思维

王艺珍 [①]

内容摘要： 曹禺说他的剧作"是一首诗"。这里的"诗"不仅在于曹禺早期剧作所显现出来的浓厚的诗意氛围和抒情倾向，更重要的是作者是以"纷复的情趣"也即诗性的思维，而非以明确清晰的理念来营构戏剧世界。诗性思维是诉诸于感官的感性体验和想象力而持续进行的一种非对象性的沉思或感悟。这种基于内知觉的诗性之思，本质上是海德格尔意义上的"存在之思"，它提示的是生命在场状态的诸多可能性而非某种确定的界说。曹禺独特的创作思维使他早期的作品具有超越时空的意涵，也因此，曹禺早期的作品较其后期的作品更具有艺术自为的特性。曹禺早期剧作的成功，对于我们反思当代戏剧创作的得失具有重要的启发意义。

关键词： 曹禺；诗性思维；存在之思；艺术自为

曹禺戏剧创作风格的分野，大致可以 1940 年为界。[②]1940 年之前（包括 1940 年），曹禺的戏剧创作是以"纷复的情趣"为原动力，驰骋在诗性思维所赋予的广阔艺术天地之中；后期的曹禺则自觉或不自觉地向"革命精神"靠拢，走入了前期所反对的"社会问题剧"的路子。曹禺前后期作品在现代舞台上的遭际也形成了鲜明的反差。以北京人艺为例，曹禺作品在 1954 年到 2004 年之间的演出中，以《雷雨》《日出》《北京人》的演出最为频繁，而后期剧作《王昭君》《明朗的天》《胆剑篇》等则仅在剧本完成的当年各出演过 1 次。[③]由此可见，曹禺早期的剧作具有鲜活的艺术生命力。应当说，曹禺后期创作的转变确实有其深刻的社会历史原因。但正如海德格尔所说，对作品的考察应当走向作品本身，因此，我们应当重回曹禺的戏剧作品本身去思索其转变的内在逻辑。那么，是什么样的基质吸引着一代又一代的导演去阐释和演绎曹禺早期的戏剧作品？又是什么样的原因使其

---

① 王艺珍，武汉大学哲学院戏剧美学博士研究生。

② 以 1940 年作为曹禺前后期剧作的分界线只是一个较为模糊的界定。曹禺于 1937 年创作的《黑字二十八》（与宋之的合作）、1938 年完成的《蜕变》因为鲜明的反映时代精神的主题倾向，与后期的剧作主体、风格相近，因此往往也被归类为后期的代表剧作。

③ 据不完全统计，在 1954 年到 2004 年之间，曹禺剧作在北京人艺的演出情况如下：《雷雨》：1954 年、1959 年、1979 年、1989 年、1997 年、2000 年、2004 年；《日出》：1956 年、1981 年、2000 年；《原野》：2000 年；《北京人》：1957 年、1987 年、1990 年；《明朗的天》：1954 年；《胆剑篇》：1961 年；《王昭君》：1979 年；《家》：1984 年；《蜕变》：1985 年。（陈军：《戏剧文学与剧院剧场》，北京：社会科学文献出版社，2011 年版。）

后期的作品受到冷遇呢？思考曹禺前后期创作转变的内在原因，对于我们反思当代戏剧创作的得失与走向具有重要的启发意义。

一、诗性思维：以情趣为原动力的致思方式

1934 年，《雷雨》在《文学季刊》上发表。此后《雷雨》不断被搬演，而曹禺也因此被称为"剧坛忽然跳出来的天才者"。[①]其实，天才有迹可循。早在 1927 年，当时读高二的曹禺就试图寻绎天才创作的心理路程并提出创作的原动力——纷复的情趣的说法，表现出独特的艺术审美意识。

> 文学的天才绚烂地造出他们的武具，以诗、剧、说部向一切因袭的心营攻击。他们组成突进不止的冲突与反抗，形成日后一切的辉煌。然而种种，最初的动机不过是在那服从于权威，束缚于因袭畸形社会的压制下而生的苦闷懊恼中，显意识地或潜意识地，影响了自己的心地所发生杂乱无章的感想。那种纷复的情趣同境地是我们生活的阴荫，它复为一切动机的原动力，形成大的小的一些事业。[②]

曹禺认为，艺术创作是天才者对畸形社会反抗和攻击的"武具"。从表面上来看，这种观点似乎与时行于社会的艺术启蒙"工具论"别无二致，实则曹禺这里所说的"武具"具有超逸于纯粹"工具论"的人文主义内涵。在年轻的曹禺看来，艺术创作所关涉的对象是"束缚于因袭畸形社会的压制下而生的苦闷懊恼"与"自己的心地所发生杂乱无章的感想"，是对那喷涌而出的"纷复的情趣"的宣泄与纾解。可见，曹禺所谓的"武具"不是攻伐声讨与理性批判的武器，而毋宁是天才对个体生命情感也即"纷复的情趣"的表达。"情趣"发自内心，是创作者心之所感的"纯粹创造物"。"情趣"重在"情"，"趣"则因情所生。"情"有"喜怒哀惧爱恶欲"，"七者不学而能"，[③]因而又曰"情，性也"。[④]人与世界的交集最先获得的是一种情感上的觉知，这种感知是基于先天性的情感直觉的把握，而非诉诸逻辑分析的认知。在曹禺看来，创作的最初动机是为了表达心中的苦闷懊恼，这种苦闷是作者基于自己的切身体验而生发的"纷复"的情感，它往往是不可定义的，模糊的。同样在《杂感》一文中，曹禺又说："他（天才——引者注）的话头里当发现孕含着不灭的创造性；他的思想常变化流动，永进不息，显现他在彻底地思索面前的事物，不为一切庸俗的利望所扰而变动他的观念。"[⑤]曹禺见出天才"不灭的创造性"的源头在于"变化流动"的思想以及永进不息的想象力。可见，对于曹禺来说，天才的创作往往是以想象力营构可感的情感意象去表达内心的苦闷和感悟。这种对情感觉知和想象力的强调的致思方式本质上是一种诗性思维。

---

① 欧阳予倩：《导演者的话》，见《日出》演出特刊，转引自胡叔和《曹禺评传》，中国戏剧出版社 1994 年，第 38 页。

② 万家宝：《杂感》，《南中周刊》，1927 年第 20 期。

③ [汉]许慎撰，[清]段玉裁注：《说文解字注》，上海古籍出版社 1988 年，第 502 页。

④ [战国]吕不韦撰，[汉]高诱注：《吕氏春秋》，[清]毕沅校，徐小蛮标点，上海古籍出版社 2014 年，第 451 页。

⑤ 万家宝：《杂感》，《南中周刊》，1927 年第 20 期。

　　何谓"诗性思维"？维柯在《新科学》中指出，人类最初的认识活动是"凭一种完全肉体方面的想象力"而进行的。[①] 正因为原始人类具有"巨大想象力"，才能创造出崇高的诗歌（《荷马史诗》）和伟大的神话世界，而近代人抽象思维过于发达心中只有虚假观念，无法想象出"'具有同情心的自然'那样巨大的虚幻的形象"。[②] 所谓"具有同情心的自然"，是人类以己度物的认知方式所形成的想象性的第二自然，而非外在对象的客观实体。这样的第二自然不仅是由人类的"巨大想象力"营构而成，而且内蕴着人类投射在其身上的情感，所以它"具有同情心"。由此可见，诗性思维首先是非理性，它往往与人的感性知觉和情感相关，其次它是指那种凭想象来创造的思维方式，它一般是通过具体可感的形象或情感意象来来加以显现的，并由此激发人们的情感和认知。质言之，诗性思维并非是对诗歌这一体裁而言，它毋宁是一种创造性思维，是诉诸于个体的情感体验和想象力而持续进行的一种非对象性（具有同情心）的沉思或感悟。

　　在曹禺早期的戏剧作品中，诗性思维的运思集中体现在曹禺对生命体验的强调。曹禺说："情感上是不能不写的，写作不只是靠着某个观念，是要流着心血写的。这是多少年的生活感受，多少年的思想感情积累起来的，不是一时的冲动，不是从理性上接受了某种道路就能写出作品的。"[③] 如曹禺所说，戏剧创作的真正对象并不是对某种观念的直接传达，而毋宁是对自身个体生命的情感体验的表达。曹禺早期的戏剧创作正是以"纷复的情趣"为原动力而写就的：《雷雨》的写作"是一种情感的迫切需要"。[④] 写《日出》，作者是因着那"终久按捺不住"的情感活动，是"怀着一腔愤懑"写出来的。[⑤] 曹禺似乎想在其中找到一个答案，但最后只是"暗示出一个伟大的未来，但也只是暗示着"[⑥]，无怪乎当时有评论者说看完《日出》反倒觉得更"迷茫"了。《原野》则是"讲人的极爱和极恨的感情，它是抒发一个青年作者情感的一首诗"。[⑦]《北京人》的写作，则是在纷复的"生活感受"的基础上"化为舞台形象"的。曹禺有意虚化时代背景，因为在他看来，"不能把具体的东西写出"，否则"戏就变了味，就丝毫没有个捉摸劲儿，也就没有'戏'了"。[⑧] 可见，对于曹禺来说，最令人着迷的是基于纷复的情趣所生发出来的感性非确定性的审美意象，而非冷静地去"匡正什么，或讽刺、攻击什么"。[⑨] 这种最初因"一种复杂而又原始的情绪"所驱使的创作方式，赋予了曹禺剧作的诸多不确定性，并因此营构出一个个充满艺术张力的戏剧世界。

　　① [意]维柯：《新科学》，朱光潜译，商务印书馆 1989 年第 188 页。

　　② [意]维柯：《新科学》，第 190 页。

　　③ 曹禺：《我的生活和创作道路——同田本相的谈话》，见《曹禺全集》第五卷，田本相、刘一军主编，花山文艺出版社 1996 年，第 98-99 页。

　　④ 曹禺：《〈雷雨〉序》，见《曹禺全集》第五卷，第 14 页。

　　⑤ 曹禺：《〈日出〉跋》，见《曹禺全集》第五卷，第 26 页。

　　⑥ 曹禺：《〈日出〉跋》，见《曹禺全集》第五卷，第 28 页。

　　⑦ 曹禺：《给蒋牧丛的信》，转引自田本相：《曹禺传》，十月文艺出版社 1988 年，第 464 页。

　　⑧ 曹禺：《谈〈雷北京人〉》，见《曹禺全集》第五卷，第 76 页。

　　⑨ 曹禺：《〈雷雨〉序》，见《曹禺全集》第五卷，第 14 页。

　　另一方面，注重个体生命情感书写的创作方式使曹禺早期的戏剧创作更切近人的生命本质。海德格尔认为，近代形而上学以"计算理性之逻辑"来规定人的心灵世界是对存在的颠倒。[①] 为此，他引用里尔克 1924 年 8 月 11 日寄自慕佐的一封信来佐证自己的观点："不管'外部世界'多么广大，所有恒星间的距离也无法与我们内心之深层维度相比拟，这种深不可测甚至连宇宙的广袤性也难以与之相匹敌……在我看来，似乎我们的习惯意识越来越局促于一座金字塔的顶尖上，而这金字塔的基础却在我们心中（并且以某种方式在我们底下）如此充分地扩展着，以至于我们越是深远地看到我们自己有能力进入这个基础，我们就越是普遍地显得进入了那些东西中……它们是尘世地，最广义的理解，就是世界实存的东西"。这里的"金字塔的顶尖"就是近代形而上学所极力推崇的计算性的逻辑思维，而那"金字塔的基础"则是人的活生生情感体验和广袤的想象空间。在海德格尔看来，那被忽视已久的"内心之深层维度"才是关乎存在的更根本性的东西。而曹禺以"纷复的情趣"为创作的原动力，正是对生命个体情感体验作诗性观照，这恰恰在本源处触及了生命的本质。这种触及不是一种口号性的呼唤，而是具体而形象地通过戏剧人物的悲欢离合来观照。正因为如此，曹禺早期剧作中的人物总是鲜活生动而充满丰富性。

　　曹禺说："当人物在你写着写着忽然活起来以后，他们就会按照逻辑活动起来，比你想的复杂得多，有趣得多。有的使你不得不推翻你原来的写法。这是什么逻辑？也许是写作的逻辑、想象的逻辑？或者是最深的生活逻辑渗透在里头。"[②] 所谓人物"按照逻辑活动起来"，就是说作者赋予所塑造的人物以丰满的血肉，人物具有自足性和完满性。这里的完满性并非指人物符合"善"的标准，而更多是指人物的复杂性和多面性得到表现，正如黑格尔所说："每个人都是一个整体，本身就是一个世界，每个人都是一个完满的有生气的人，而不是某种孤立的性格特征的寓言式的抽象品"。[③] 曹禺早期作品的中所塑造的人物都是"完满的有生气的"：诸如繁漪、周萍、陈白露、方达生、仇虎、花金子、曾文清、愫芳等人的性格是矛盾的，有着自己的爱和恨；即使如周朴园、李石清、焦大星、江泰等人也并非是纯然"恶"的抽象品，他们困顿于自己的遭际中或挣扎或陷落，让人觉得可感可亲甚至是可怜的。因此，正如李广田所说，曹禺早期戏剧中的人物"简直没有办法来判决他们的是非，当然这里并不是没有是非的存在，不过我们是被另一种东西给破除了是非观念，于是不论他们是犯罪的，是无罪的，都赢到我们的同情"。[④] 可以说，李广田的评价是极为精到的。曹禺早期剧作的戏剧人物的可爱之处不在于他 / 她代表了某种善恶的价值观念，而是以其鲜活而直接的生命形象引起了观者 / 读者的同情。借用卡西尔的话来说，在这些人物身上，"我们感受到的是生命本身的动态过程，那在对立的两极之间，在欢乐与悲伤、希望与恐惧、狂喜与绝望之间往复振荡的过程"。[⑤]

---

① [德]海德格尔：《诗人何为？》，见《海德格尔选集》上册，孙周兴选编，上海三联书店 1996 年，第 446 页。

② 曹禺：《和剧作家们谈读书和写作》，见《曹禺全集》第五卷，第 389 页。

③ [德]黑格尔：《美学》第一卷，朱光潜译，商务印书馆 1982 年，第 303 页。

④ 李广田：《我更爱〈雷雨〉》，《大公报》，1936 年 12 月 27 日。

⑤ [德]恩斯特·卡西尔：《人论》，李荣译，上海文化出版社 2020 年，第 171 页。

二、意象与氛围：对现实的非对象化创造

诗性思维的运思本质上是情感具象化的过程。在曹禺早期的戏剧创作中，诗性思维有多种的实现方式。首先，曹禺早期的剧作往往是以想象对现实对象加以非对象化创造。在卡西尔看来，"在艺术家的作品中，激情力量本身就是一种赋形能力"。[①] 所谓"赋形能力"，就是艺术家以"令人惊异"的想象力将自己所思所想通过纯粹直观的形式表现出来。与"赋形能力"最直接相关的是艺术创作者的想象力。曹禺早期的戏剧作品的高明之处就在于他善于将"纷复的情趣"形诸于某种具体的形象或影像之中，从而实现对现实对象的非对象性创造。在《〈雷雨〉序》中，曹禺说："我念起人类是怎样可怜的动物，带着踌躇满志的心情，仿佛是自己来主宰自己的命运，而时常不能自己来主宰着……生活在狭的笼里而洋洋地骄傲着，以为是徜徉在自由的天地里，称为万物之灵的人物，不是做着最愚蠢的事么？"[②] "狭的笼"是作者对个体生命在畸形社会中的生存状态的直观想象，这一意象贯穿于曹禺早期的戏剧作品中。而这种直观想象的形成与作者早期的生活体验是分不开的。曹禺生长于天津的旧官僚家族，自幼就敏锐地感受到家的沉闷。作者对自己幼年的家庭的形容是"整个家沉静得像座坟墓""家里是一口死井"，[③] 在这个家中，曹禺一方面受着家的庇护，感受来自于家的温暖；但更多的时候，曹禺感受到家的压抑与桎梏。在相关剧评或回忆中，曹禺屡次提到青少年时期的经验对自己创作的影响，比如《北京人》中曾文清抽鸦片，曾皓给他下跪等情节都是作者童年时的亲身遭际。可见，曹禺对"狭的笼"这一意象的创造是基于自己感性体验和心观想象而得，它内蕴着作者少年时期所感受到的阴翳与压抑。而这种压抑的生存状态是不可用概念性的语言加以传达，它只能以想象赋予某种形象加以显现、揭示。正如叶燮所说："惟有不可名言理，不可施见之事，不可径达之情，则幽渺以为理，想象以为事，惝恍以为情，方为理至、事至、情至之语。"[④] 事理之幽微含蓄、情感之曲折起伏往往无法直接用语言全盘说出，此时就需要借助心观想象将之形诸于某种可感的意象或情境，以唤起人们对无限的事理的寻思。曹禺以诗一般的幻想/想象揭示出人生世相的纷繁复杂，他要的是让观者"纵横自由地、广阔地去思索"，[⑤] 而非为观众提供一种明确的答案。无怪乎，曹禺说自己无法"运用理智的刀来支解分析"自己的作品，而对它们只有"如母亲抚慰自己婴儿那样单纯的喜悦"。[⑥]

其次，象征手法的化用使曹禺早期的戏剧作品具有超逸于语言所指本身的意涵。斯泰恩在《现代戏剧理论与实践》中指出："一种象征，即使它是作为诗人或剧作家个人的象征，一旦它的含意

---

① [德]恩斯特·卡西尔：《人论》，第 171 页。

② 曹禺：《〈雷雨〉序》，见《曹禺全集》第五卷，第 15 页。

③ 曹禺：《我的生活和创作道路——同田本相的谈话》，见《曹禺全集》第五卷，第 84–85 页。

④ [清]叶燮撰，蒋寅笺注：《原诗笺注》内篇下，上海古籍出版社 2014 年，第 210 页。

⑤ 曹禺：《我的生活和创作道路》，见《曹禺全集》第五卷，第 106 页。

⑥ 曹禺：《〈雷雨〉序》，见《曹禺全集》第五卷，第 13 页。

与作用被精心地表现出来，并为人所理解地话，它同样也是强有力的"。①艺术创作者所精心营构的象征物也即意象之所以强有力正在于其具有超越于语言所指本身的能指意涵。早期的曹禺非常排斥将情感、观念机械式地植入作品之中，而认同以象征的方式将自己的体验和思考显现出来。《雷雨》《日出》《原野》《北京人》的作品命名本身就是作者匠心营构的总体意象。"雷雨"之于《雷雨》，既是整部戏的氛围塑造的潜在背景，对戏剧情节的发展、人物心理的变化起着烘托的作用；同时，还是剧中人物走向毁灭的关键推力。不仅如此，曹禺认为"雷雨"是戏中最重要的"第九个角色"，②它象征的是"天地间的'残忍'"——"自然的法则"，它始终笼罩在剧中人物的上空，对舞台上的人们虎视眈眈。"雷雨"的在场是曹禺对于人类命运作诗性观照的表征，但正如作者所说，这种思考所蕴含的是"对宇宙间许多神秘的事物一种不可言喻的憧憬"，是复杂而模糊，无法给予适当的命名，"也没有能力来形容它的真相"，因此，只能以"雷雨"这一意象现身。③"日出"构成曹禺第二部剧作的整体意象。曹禺说："我求的是一点希望，一线光明。人毕竟是要活着的，并且应该幸福地活着。……我们要有新的血，新的生命。……我们要的是太阳，是春日，是充满了欢笑的好生活，虽然目前是一片混乱。于是我决定写《日出》。"④在《日出》中，以金八为代表的恶势力并未真实出场，但恶又无处不在，随时摧毁陷在这"漆黑的世界"的小东西、陈白露等人的憧憬。作者以悲悯的诗情而非理性批判的姿态来观照这群小人物的挣扎和毁灭，而朝阳的升起则象征着黑暗的世界终将逝去，"新的生命"即将到来。日出这一意象寄寓着作者对人类生存困境的诗性观照以及对新世界的感性期待。苍茫寥落的"原野"意象内蕴着作者对"原始蛮性世界"的惊奇和敬畏。仇虎与花金子在这片荒原上左右奔突而最终陷落在这"好黑的世界"，是曹禺再度对人类生存境域的思考。《北京人》中，巨大无比的"北京人"所象征的是史前人类"要爱就爱，要恨就恨，要哭就哭，要喊就喊，不怕死，也不怕生，他们整年尽着自己的性情，自由地活着，没有礼教来束缚，没有文明来捆绑，没有虚伪，没有欺诈，没有阴险，没有陷害，没有矛盾，也没有苦恼……"的生命状态。⑤与之形成鲜明反衬的是围困在曾家旧宅的"耗子们"蝇营狗苟、死气沉沉的生存情态。正是在这两者意象的强烈对比下，作者再次揭示出"活着的意义"。

第三，气氛的营造对现实的距离感。曹禺十分注重对戏剧氛围的安排。1935年4月，《雷雨》在日首演。曹禺一方面为剧作能在国外演出感到欣喜，另一方面又为着序幕和尾声的删去感到可惜。在与在日演职人员的通信中，曹禺写道："我写的是一首诗，一首叙事诗，……在许多幻想不能叫实际的观众接受的时候，……我的方法乃不能不把这件事推溯，推，推到非常辽远时候，叫观众如听神话似的，听故事似的，来看我这个剧，所以我不得已用了《序幕》及《尾声》，而这种方法犹如我们孩子们在落雪的冬日，偎在炉火旁边听着白头发的老祖母讲从前闹长毛的故事，讲所谓'Once

① [英]J.L.斯泰恩：《现代戏剧理论与实践2》，刘国彬等译，中国戏剧出版社2002年，第236页。
② 曹禺：《〈日出〉跋》，见《曹禺全集》第五卷，第30页。
③ 曹禺：《〈雷雨〉序》，见《曹禺全集》第五卷，第14页。
④ 曹禺：《〈日出〉跋》，见《曹禺全集》第五卷，第28页。
⑤ 曹禺：《北京人》，见《曹禺全集》第二卷，第449页。

upon a time'的故事，在这氛围里是什么神怪离奇的故事都可以发生的。"①在曹禺看来，序幕和尾声所营造出的诗的意境是将观众放置到"更幽静的境界内"，使观众与所看的戏剧事件之间产生一种距离感，跳出单纯的剧场幻觉而以"旁观者"的目光审视剧中人物的命运悲剧，从而获得多向度的生命之思，而不是仅仅局限于对社会问题的反思。而这种所谓的"更幽静的境界"本质上是一种诗意氛围的营造。无独有偶，曹禺在其他三部戏剧作品中也注重对氛围的营造，在《和剧作家们谈读书和写作》一文中，作者花了大量篇幅来阐述自己如何渲染环境气氛。"《北京人》中有个大配角，就是我所说的各种音响，音响帮了戏很多忙，创造环境气氛。有的导演不大注意，戏就丢了很多。例如戏中有一台苏钟，即苏州出产的时钟，钟的嘀嗒声很迟缓，很单调，走起来慢极了，给人的感觉就是单调地活着、活着、活着，无聊地无味地活着、活着。没有这种钟声，气氛就搞不出来。……曾霆和瑞贞要离婚的时候，又有一种瞎子算命的铜锣声，这声音让人感到生命非常没有保证，人活着毫无意义。"②可见，对于曹禺来说，氛围的营造是艺术构思中重要的一环，它与纷复的情趣的显现是直接相关的，因此不可删去。

更为重要的是，这种氛围的营造使观众获得一种基于自身在场、情感震动而来的空间感。③正如伯梅所指出，"气氛就是某人、某物在空间的可察觉的在场"，这种空间不是物理学意义上的空间，也非纯粹主观的心理空间，它"恰好是一种'居间'之物（Zwischensein）"，它置身于主客之间，"既有'准客体性'（Quasi-Objektivität），也有'类主体性'（Subjekhaft），具有一种现象学意义上的真，具有主体间可互证的实在性"。④在戏剧氛围这一空间之中，观者亲在的情感体验与戏剧的人物或情节相互交织，从而使观者获得一种基于自身在场的情感共鸣。也就是说，这种诗的境界"能够在每个欣赏者的当时当境的特殊性格与情趣中吸取新鲜生命"，使每个欣赏者获得不一样的审美体验。⑤

情趣的纷复构成作品丰满的厚度，但同时也造成表达的困难。曹禺另辟蹊径，以想象力和情感的非对象性创造、象征手法的化用以及氛围的塑造等创作方式来将情趣加以明晰化，使得他早期的戏剧呈现出独特的面相。

三、艺术自为：走向纷然杂陈的存在之思

20世纪30年代，中国革命方兴未艾，戏剧启蒙、宣传革命的功利论弥漫整个艺术界，大多数戏剧家以戏剧为武器投身到革命斗争中，将笔锋指向对现实生活的具体矛盾和社会问题的表现上；而曹禺却坚持以"纷复的情趣"为自己创作的原动力，以悲悯的情怀观照个体生命的生存状态和历史命运。曹禺之所以能从同时代的剧作家中脱颖而出，最主要的原因就在于他明确意识到特定的社会意识形态与艺术创作多面向的性质是相悖离的。曹禺对高尔斯华绥的《争强》极为赞赏，他在《〈争

① 曹禺：《〈雷雨〉的写作》，见《曹禺全集》第五卷，第10页。
② 曹禺：《和剧作家们谈读书和写作》，见《曹禺全集》第五卷，第389-390页。
③ 杨振：《"存在即显出"——伯梅"气氛美学"评述》，《外国美学》，2018年第29辑。
④ 杨振：《"存在即显出"——伯梅"气氛美学"评述》，《外国美学》，2018年第29辑。
⑤ 邹元江：《论朱光潜〈诗论〉的非对象化审美思维》，《哲学与文化》，2019年第四十六卷第九期。

强〉序》中说："全篇由首至尾寻不出一点摇旗呐喊，生生地把'剧'卖给'宣传政见'的地方。我们不能拿剧中某人的议论当作著者个人的见解，也不应以全剧收尾的结构——工人复工、劳资妥协——看为作者对这个问题的答案。因为作者写的是'戏'，他在剧内尽管对现代社会制度不满，对下层阶级表深切的同情，他在观众面前并不负解答他所提出的问题的责任的。"① 曹禺认为戏剧不应成为社会意识形态的传声筒，为某种具体的社会问题提供答案；戏剧的创作应当是作者以"悲悯的眼"去观照人物的不幸遭际，并为之发声、表达。曹禺反对非审美的"宣传剧"的观点与康德的纯粹鉴赏判断的界定在一定程度上有相似之处。在康德看来，"关于美的判断只要混杂有丝毫的利害在内，就会是很有偏心的，而不是纯粹的鉴赏判断了……我们必须对事物的实存没有丝毫倾向性"。② 审美判断一旦与某种利害相关联，也即美被用作实现某种目的"意图工具"，则就会"造成了对鉴赏判断的纯粹性的损害"。③ 对于曹禺来说，戏剧成为"意图工具"是"生生地把'剧'卖给了'宣传政见'"，戏剧就失去自身作为艺术所具有的独立品格，就不是"戏"。

　　席勒认为："每部艺术作品仅仅是它自己本身，亦即应当说明它自身的美的法则，并不服从其他要求……仅仅以美为目的而神圣地追求这个目的的诗人，最终将几乎就带着他似乎忽略以致不想要或不知道的考虑达到附加的目的。"④ 艺术作品要成为"它自己本身"，则意味着它的内在规定性的尺度是自身给予自己的，而非求诸于外在于艺术自身的任何外物，比如社会意义、宣传教育等。在曹禺看来，戏剧作为一种具有强烈感染力的艺术样式，其深度和广度不应该为某种确定的政治观念所扁平化。正如钱理群所说："曹禺的本性，他的内在生命要求，是要创造一个原始的蛮性的世界——这是他心中真正的'诗'……他要寻找一个更加阔大、自由的空间，让他的性情中的郁热得到完全的释放，让他的已经达于饱和的内在激情、欲望，他的不可遏止的生命力，冲决而出，作天马行空般的自由驰骋……这是生命的寻找，更是艺术的寻找"。⑤ 这种饱含激情的"生命的寻找"与"天马行空般"的诗性观照所走向的正是海德格尔意义上的"存在之思"。海德格尔认为"存在之思"是对生命场域作一种"预备性"的思考，"它满足于唤起人们对一种可能性的期待，而这种可能性的轮廓还是模糊不清的，它的到来还是不确定的"。⑥ "存在之思"将人的在场作为"弥散的场域而不是确定的实体"§ 来思考，它提示的是在场状态的诸多可能性而非某种确定的界说。可见，在海德格尔看来，以存在之思为"原始方式"的艺术创作应超越庸常的琐碎而走向对存在者鲜活的生命本身的多种可能性的展现。早期的曹禺正是秉持着这样的艺术观进入戏剧创作的。他在《我的生活和创作道路》中说道："作品是要真正的叫人思、叫人想，但是，它不是叫人顺着作家预先规定的

---

① 曹禺：《〈争强〉序》，见《曹禺全集》第五卷，第 5 页。

② ［德］康德：《判断力批判》，邓晓芒译，杨祖陶校，人民出版社 2002 年，第 39 页。

③ 杨祖陶、邓晓芒编译：《康德三大批判精粹》，人民出版社 2001 年，第 449 页。

④ ［德］席勒：《席勒散文选》，张玉能译，百花文艺出版社 1997 年，第 283 页。

⑤ 钱理群：《大小舞台之间：曹禺戏剧新论》，北京大学出版社 2007 年，第 91 页。

⑥ ［德］海德格尔：《面向思的事情》，陈小文、孙周兴译，商务印书馆 1999 年，第 73 页。

⑦ ［美］巴雷特：《非理性的人——存在主义哲学研究》，段德智译，上海译文出版社 1992 年，第 230 页。

思路去'思'，按照作家已经圈定的道路去'想'。而是叫人纵横自由地、广阔地去思索，去思索你所描写的生活和人物，去思索人生……"。①在曹禺看来，优秀的艺术作品所呈现的应当是一个纷然杂陈的意义敞开性的世界，人们可以在其中"纵横自由地、广阔地去思索"。曹禺早期的戏剧作品是充分自足的，它排除外在功利的纷扰，而总是以纷然杂陈的意义敞开性召唤着读者／观者在自己的境域中加以"索解"和思考。②

曹禺早期诗性思维的创作方式使其作品显现出纷繁复杂的面相，也给评论者留下深广的阐释空间，但这种诗性的致思方式在后期却遭到剧作者自己的反对。1956 年，曹禺在《〈雷雨〉英译本序》中说："《雷雨》是一个描写当时现实的剧本。如今，苦痛的时代已经过去了，这个戏仅存留下它的历史的现实的意义。每想到这一点，我的心上便不由得浮起一种快乐、兴奋的感情，因为我写《雷雨》的时候最深切的愿望，今天已经实现了。"③1979 年，曹禺再次谈起《雷雨》的创作，"我曾说过我写《雷雨》是在写一首诗。当时我对诗的看法是不正确的，认为诗是一种超脱的，不食人间烟火的艺术。我自己只是觉得内心有一种要求，非这样写不可。评论家们说我写这个剧本有比较进步的思想在指导着我，我当时还不大领会。后来我才渐渐懂得，无论写什么，一个作家总逃不脱时代精神的影响，或者是反映了时代精神，或者是反对时代精神，跟着时代前进的就是进步的。"④曹禺似乎忘记自己在《雷雨》初演后"绝非一个社会问题剧"的掷地有声的告白（着重号为引者加）。此时的曹禺完全认同《雷雨》是一部社会问题剧的主流看法。《雷雨》最深刻的地方不在于自己前

---

① 曹禺：《我的生活和创作道路——同田本相的谈话》，见《曹禺选集》第五卷，第 106 页。

② 惟其如此，曹禺早期的剧作是鲜活而富有生命力的。以《雷雨》为例，它的演出史就是一部复杂而深广的阐释史。1935 年 4 月，《雷雨》在日本首演，当时主流的解读是该剧作是"对于现实的一个极好的暴露，对于没落者一个极好的讽刺"。首演的主题倾向在此后相当长一段时间得到延续，只不过即便如"社会问题的暴露"主题在不同时代不同导演身上也有细致的差异。比如 1942 年，焦菊隐在桂林为国防艺术社导演时，认为《雷雨》的主题是反封建，并进而"把宿命归纳变成封建家庭崩溃的必然性显示"。1953 年，在北京人艺执导的夏淳认为《雷雨》"鲜明地刻画了以鲁大海为代表的中国工人阶级和以周朴园为代表的民族资产阶级之间的矛盾"。把《雷雨》作为社会问题剧是 1980 年代之前演出界的主流看法。然而，1982 年，在天津人艺话剧院导演《雷雨》的丁小平打破这种僵化的解读。导演在舞台上用空而黑的背景来象征那"狭的笼"，力图展现曹禺观照的"他们正如一匹跌在泽沼里赢马，愈挣扎，愈深沉地陷落在死亡的泥沼里"的人类生存境域。1989 年，《雷雨》在北京人艺第四度排演，导演夏淳一改此前的社会问题的阐释维度，转而"力图将人物之间感情最真实和最本质的一面再现出来"。1993 年，王晓鹰则推出了"没有鲁大海"的演出版，极大地弱化了人物之间由阶层差异而形成冲突的"社会问题剧"的意味，而"进入那些人物复杂隐秘的情感世界，力图掘开人物更深的生命体验"。进入 21 世纪后，王延松于 2007 年导演的《雷雨》真正还原了曹禺的"序幕"和"尾声"，力图通过人物的情爱与伦理的冲突，揭示剧中人物的人性挣扎与生存困境……此外，《日出》《原野》《北京人》也成为了当代剧坛的经典，吸引着一代又一代的导演和演员去作新的阐释和解读。（参见孔庆东：《从〈雷雨〉的演出史看〈雷雨〉》，《文学评论》1991 年 3 月；邱霞：《曹禺戏剧的改变与演出研究综述》，见《新潮演剧与话剧的发展》，汤逸佩主编，广西师范大学出版社 2019 年，第 659 页。）

③ 曹禺：《〈雷雨〉英译本序》，见《曹禺全集》第五卷，第 55 页。

④ 曹禺：《简谈〈雷雨〉》，见《曹禺全集》第五卷，第 68 页。

期所说的对人类命运的诗性观照，而在于实现了"反封建""暴露大家庭罪恶"的"历史的现实的意义"。曹禺对自己前期坚持的诗性思维的创作方式作了完全的否定和自我批评，从根本上否定了戏剧作为艺术的自足性，而将戏剧归置为"反映时代精神"的社会传声筒。这种所谓的"进步"其实是以艺术的"降格"为代价的。正如邹元江指出，"这种以宏大的庸俗社会学叙述话语表现出来的对艺术创作的目的论诉求，其在本质上是反艺术、反审美的"。[①] 正是在"反映时代精神"的目的论指导下，曹禺创作出了《黑字二十八》（1938 年，与宋之的合写）、《蜕变》（1939 年）、《艳阳天》（1947 年）、《明朗的天》（1953 年）、《胆剑篇》（1961 年）和《王昭君》（1978 年），以及两部未完成的《三人行》《李白与杜甫》。这些剧作大多是为了完成某种政治任务或配合社会形势而写成。在创作中，曹禺往往是先有某种"预定的观念"，然后再依循主题去选择人物、设计情节。[②] 对此，曹禺自己在接受田本相采访时也说："现在是束缚太多了，也许领导的意思倒不一定是那样，但是不知怎么搞的，就使作家陷入圈圈里边。我写《雷雨》时，也不怕人说，也不怕人批评，现在是多方面的顾虑。我觉得创作是不能勉强的，是自然涌流出来的，不能勉强要表现四个现代化，要表现这个，要表现那个。"[③] 可见，曹禺后期剧作艺术魅力的缺失，最深层的原因在于后期的作者是循着某种明确的目的而惨淡经营，而失去了早期诗性思维运思所赋予的"无限自由"性。

结语

布尔迪厄说："从种系发生学角度说，那种能够按照艺术品所要求的方式（亦即自在和自为的，以形式而非功能）来理解艺术品的纯粹凝视（the pure gaze），与纯艺术目的所促成的艺术生产者的出现密不可分，因而也与一个自主艺术场域的形成密不可分，这是一个能够提出和确立抵制外在要求的自身目的的场域。"[④] 也就是说，艺术能否抵御诸如社会体制、意识形态等外在之物的进犯往往取决于创作主体是否能坚持以无功利性的"纯粹凝视"去审视和显现自己的所感所得。曹禺早期的戏剧创作乃是以一种"纯粹凝视"的诗性思维去观照人的存在境域，而不为外在的社会意识形态

① 邹元江：《论意象与非对象化》，中国社会科学出版社 2014 年，第 251 页。

② 与前期"以剧写诗"的创作方式不同，后期的曹禺是"以诗写剧"。这种"以诗写剧"的创作方式并不是对前期诗性致思方式的延续和发展，而是表现出一种语言诗化的倾向。曹禺后期的剧作在语言风格上更向诗歌靠拢，但早期那种关注感性经验和想象力的诗性思维被明确的观念所取代，比如《明朗的天》的创作是为了"讲一讲中国的知识分子在这大变动的时代中如何改造思想，逐渐放下旧思想的桎梏，终于开始向新知识分子的道路上变化着"。《王昭君》的创作，曹禺在《关于话剧〈王昭君〉的创作》中就明确指出这个剧作是力图按照当时的"'六条标准'提出的'有利于民族团结'的指示精神去考虑的"。在这一主题的规定下，曹禺对王昭君形象的设置就只能是一个"笑嘻嘻的而不是哭哭啼啼"的平面化的王昭君。这种主题先行的创作方式使曹禺后期的作品失去了早期所具有的灵性和诗意，而为社会意识形态的传声筒。（参见曹禺：《明朗的天》，《曹禺全集》第四卷，第 9 页；曹禺：《关于话剧〈王昭君〉的创作》，《曹禺全集》第五卷，第 71 页。）

③ 田本相、刘一军：《苦闷的灵魂：曹禺访谈录》，江苏教育出版社 2001 年，第 25 页。

④ [法]皮埃尔·布尔迪厄：《纯美学的历史起源》，见《激进的美学锋芒》，周宪译，中国人民大学出版社 2003 年，第 48 页。

所规定；与之相较，他后期的艺术创作大都是在某种预定的观念的指导下而进行。曹禺戏剧创作的转变见证了艺术审美自律的消解以及社会意识形态对艺术的解构与重构。反观当代的戏剧发展，我们应该反思唯目的论是从的艺术创作方式所带来的弊病，将戏剧交割给某种明确的观念或某个狭小的社会问题，则创作容易陷入机械化、概念化以及套路化的泥沼之中。反之，回归诗性思维的维度，从艺术本体出发，则可能营构出纷然杂陈的戏剧世界。曹禺早期戏剧创作的成功对于我们修正那种主题先行、创作主体性欠缺、想象力贫弱、感性经验匮乏的概念戏具有重要的借鉴意义。

编后记

2020 年 9 月，曹禺先生诞辰 110 周年。同年 11 月，中国文联和湖北省人民政府共同主办了第四届中国（潜江）曹禺文化周。

作为本届文化周"重头戏"之一的"纪念曹禺诞辰 110 周年国际学术研讨会"，经过近一年的筹备，在中国话剧理论与历史研究会的鼎力支持下，国内外曹禺研究专家学者们积极参与，克服新冠疫情带来的种种困难，取得了圆满成功。

本次研讨会，围绕曹禺研究之研究、曹禺戏剧域外传播研究、曹禺戏剧价值研究、曹禺戏剧舞台研究、曹禺戏剧文本研究和曹禺戏剧创作思想研究等议题进行了研讨与交流。我们将《曹禺研究》第十七辑作为"纪念曹禺诞辰 110 周年国际学术研讨会"论文专辑，刊载会议论文 34 篇，一展本次会议丰硕的研究成果。

杰出人物是一个国家、一个地区文明的重要标志。曹禺先生是潜江人，曹禺文化艺术深深激励着潜江人民。我们要打造曹禺文化品牌，弘扬曹禺戏剧精神，发掘曹禺文化的当代价值，使之从潜江走向全国，走向世界。

感谢潜江市委、市政府对《曹禺研究》的亲切关怀与大力支持，感谢所有作者的辛勤劳动，感谢长江出版社一如既往的鼎力相助！

编　者
2021 年 8 月

图书在版编目(CIP)数据

曹禺研究. 第十七辑/潜江市曹禺研究会,湖北大学文学院编.
—武汉：长江出版社，2021.8
　ISBN 978-7-5492-7890-9

　Ⅰ.①曹… Ⅱ.①潜… ②湖… Ⅲ.①曹禺（1910-1996）—人物研究—
文集 Ⅳ.①K825.6-53

中国版本图书馆 CIP 数据核字(2021)第 176109 号

曹禺研究. 第十七辑　　　　　　　　　　　潜江市曹禺研究会 湖北大学文学院 编
责任编辑：张琼
封面装帧：蔡丹
出版发行：长江出版社
地　　　址：武汉市汉口解放大道 1863 号　　　　　　　　邮　　编：430010
网　　　址：http://www.cjpress.com.cn
电　　　话：(027)82926557(总编室)
　　　　　　(027)82926806(市场营销部)
经　　　销：各地新华书店
印　　　刷：武汉市首壹印务有限公司
规　　　格：880mm×1230mm　　　　　1/16　　　　17.5 印张　　　397 千字
版　　　次：2021 年 8 月第 1 版　　　　　　　　　2021 年 11 月第 1 次印刷
ISBN 978-7-5492-7890-9
定　　　价：56.00 元